IDEIAS POLÍTICAS NA ERA ROMÂNTICA

ISAIAH BERLIN

Ideias políticas na era romântica

Ascensão e influência no pensamento moderno

Organização
Henry Hardy

Introdução
Joshua L. Cherniss

Tradução
Rosaura Eichenberg

1ª reimpressão

Copyright © 2006 by The Isaiah Berlin Literary Trust
Copyright da organização © 2006 by Henry Hardy
Copyright de "As ideias políticas de Isaiah Berlin" © 2006 by Joshua L. Cherniss

Proibida a venda em Portugal

*Grafia atualizada segundo o Acordo Ortográfico da Língua Portuguesa de 1990,
que entrou em vigor no Brasil em 2009.*

Título original
Political Ideas in the Romantic Age — Their Rise and Influence on Modern Thought

Capa
João Baptista da Costa Aguiar

Foto de capa
Getty Images

Preparação
Cide Piquet

Índice remissivo
Douglas Mathews (original)/ Todotipo Editorial (tradução)

Revisão
Carmen S. da Costa
Marise Leal

Dados Internacionais de Catalogação na Publicação (CIP)
(Câmara Brasileira do Livro, SP, Brasil)

Berlin, Isaiah, 1909-1997.
    Ideias políticas na era romântica : ascensão e influência no
pensamento moderno / Isaiah Berlin ; organização Henry Hardy ;
introdução Joshua L. Cherniss ; tradução Rosaura Eichenberg —
São Paulo : Companhia das Letras, 2009.

    Título original : Political Ideas in the Romantic Age — Their
Rise and Influence on Modern Thought
    Bibliografia
    ISBN 978-85-359-1565-5

    1. Ciência política - Filosofia 2. Ciência política - Europa -
História - Século 18 3. Ciência política - Europa - História -
Século 19 I Hardy, Henry. II. Cherniss, Joshua L. III. Título.

09-10323   CDD-320.01

Índice para catálogo sistemático:
1. Ciência política : Filosofia   320.01

[2022]
Todos os direitos desta edição reservados à
EDITORA SCHWARCZ S.A.
Rua Bandeira Paulista, 702, cj. 32
04532-002 — São Paulo — SP
Telefone: (11) 3707-3500
www.companhiadasletras.com.br
www.blogdacompanhia.com.br
facebook.com/companhiadasletras
instagram.com/companhiadasletras
twitter.com/cialetras

Em memória de Solomon Rachmilevich

Sumário

Abreviaturas e convenções	9
Prefácio do organizador	11
Pós-escrito ao prefácio do organizador	23

As ideias políticas de Isaiah Berlin: Do século xx à era romântica
— *Joshua L. Cherniss* 25

Prólogo	61
1. A política como ciência descritiva	77
2. A ideia de liberdade	149
3. Dois conceitos de liberdade: o romântico e o liberal	216
4. A marcha da história	270
Apêndice: Ética subjetiva *versus* ética objetiva	323

Resumos das Conferências Flexner	329
Nota do organizador para o autor	343
Notas	349
Índice remissivo	367

Abreviaturas e convenções

As obras de Isaiah Berlin sem publicação no Brasil serão citadas com o título original. As abreviaturas dos títulos, usadas ao longo do livro para facilitar a referência, baseiam-se sempre no título em inglês.

AC   *Against the Current* (1979)

CC   *Concepts and Categories* (1978)

CTH   *Limites da utopia* [*The Crooked Timber of Humanity*] (1990)

FIB   *Freedom and its Betrayal* (2002)

KM   *Karl Marx* (1939; 4ª edição, 1978)

L   *Liberty* (2002)

LI   *Flourishing: Letters 1928-1946* (2004)

MN   *The Magnus of the North* (1993; incorporado em TCE)

PI; PI2   *Personal Impressions* (1980); 2ª edição (1998)

PIRA   *Political Ideas in the Romantic Age* (2006)

POI   *A força das ideias* [*The Power of Ideas*] (2000)

PSM   *Estudos sobre a humanindade* [*The Proper Study of Mankind*] (1997)

RR   *The Roots of Romanticism* (1999)

RT   *Pensadores russos* [*Russian Thinkers*] (1978)

SM   *The Soviet Mind* (2004)

SR   *O sentido de realidade* [*The Sense of Reality*] (1996)

TCE   *Three Critics of the Enlightenment* (2000)

As referências a PIRA na introdução são indicadas apenas pelo número da página.

As chaves — { } — identificam a marginália manuscrita de Berlin (em sua maioria notas para futura revisão), aqui apresentadas como notas de rodapé. Os colchetes — [ ] — marcam comentário ou intervenção editorial, exceto que esses colchetes não foram usados para identificar referências exatas a obras publicadas, pois quase todas foram fornecidas pelo organizador.

Quaisquer correções necessárias a este volume serão indicadas em <http://berlin.wolf.ox.ac.uk/>, na seção "Obra publicada", assim que chegarem ao conhecimento do organizador.

Prefácio do organizador

A HISTÓRIA DE UM TORSO

> [...] *ao aceitar o convite para tornar-se Presidente do Iffley College em 1965,*
> *Berlin reconhecia sua incapacidade de escrever um livro volumoso.*
> Maurice Cowling[1]

> *275 páginas impressas!* Quel horreur!
> Isaiah Berlin[2]

Ideias políticas na era romântica pode ser visto como os *Grundrisse*[3] de Isaiah Berlin, o Ur-texto ou "torso",[4] como Berlin o chamava, do qual se originou grande parte de sua obra subsequente, mas que também contém muito de distintivo e que não se encontrará em nenhuma outra parte de seus escritos. Ele foi primeiro composto entre 1950 e 1952, e baseia-se num destilado de seu trabalho anterior sobre a história das ideias, ele próprio informado e em grande medida constituído pela enorme quantidade de leituras prévias que Berlin realizara para sua biografia de Karl Marx,[5] escrita para a Home University Library nos anos 1950, quando era membro do All Souls College, Oxford. Trata-se do texto contínuo mais extenso que ele escreveu, com mais de 100 mil palavras.[6] O prólogo foi escrito um pouco mais tarde, e Berlin revisou o texto principal com indicações de seu próprio punho — particularmente numerosas nos primeiros capítulos — depois de a obra ter sido datilografada a partir de seu ditado inicial.

Já contei sucintamente a história desse texto em meu prefácio a *Freedom and its Betrayal*,[7] de Berlin, uma transcrição editada de uma série de conferências radiofônicas que dele derivam. Mas permitam-me estender-me um pouco mais aqui.

Em 21 de abril de 1950, Katherine E. McBride, presidente do Bryn Mawr College, na Pensilvânia, escreveu a Berlin convidando-o a proferir as Conferências Mary Flexner. A carta o alcançou num momento oportuno, quando ele estava prestes a retornar para All Souls a fim de tornar-se um historiador das ideias em período integral. Ele aceitou com grande alegria, primeiro provisoriamente e seis semanas mais tarde em caráter definitivo. Em sua segunda carta,[8] ele propôs um tema:

Quanto ao tema das minhas conferências, eu me pergunto se você acharia as ideias políticas do final do século XVIII e início do XIX um assunto adequado. Eu gostaria de falar dos diferentes modelos fundamentais de abordagem dos problemas sociais e políticos — por exemplo, o utilitário; o do Iluminismo (racional e sentimental) desde a Enciclopédia até a Revolução Francesa; o autoritário-reacionário (De Maistre e seus aliados); o romântico; o tecnocrático-científico (Saint Simon e seus seguidores), e talvez o marxista.[9] Esses me parecem ser os protótipos a partir dos quais se desenvolveram nossas visões modernas em sua grande e conflitante variedade (só que expostos, me parece, com muito mais clareza, vigor e força dramática pelos fundadores do que por seus epígonos modernos). Embora tratando da história das ideias, minhas conferências teriam uma relação muito direta com os nossos presentes dissabores. Não sei que nome dar a esse tema — ele é parte de um trabalho sobre a história das ideias europeias de 1789 a 1870 que, em todo caso, devo escrever em algum momento para a Oxford History of Europe,[10] mas talvez se pudesse pensar no título mais tarde. Talvez algo bem simples, "Seis (ou quantos forem) modelos de teoria política", ou talvez algo um pouco mais atraente. Contudo, se esse tipo de assunto for adequado, eu poderia pôr mãos à obra e preparar algumas conferências.

[...] Espero que não hesite em rejeitar minha sugestão para as conferências se por algum motivo elas não forem o que você deseja, mas estou interessado no pensamento do início do século XIX e seus antecedentes, e teria dificuldade em voltar minha atenção para algo muito diferente; mas isso não é razão para que permita que esse tema lhe seja impingido se algum outro plano lhe for mais conveniente. Se, por outro lado, minha sugestão for aceitável, não tenho dúvida de que eu próprio tirarei um imenso proveito da experiência.

Naturalmente, a sugestão de Berlin foi aceita. E ele estava certo ao prever que o ato de proferir as conferências serviria a seus propósitos, porque o convite veio a ser o catalisador para a preparação, ao longo dos dois anos seguintes, da presente obra, que desta vez pode ser corretamente descrita como "seminal". Digo "preparação" em vez de "escrita" propositalmente, uma vez que em dezembro de 1951 ele ainda está "no processo de ditado histérico do rascunho bruto".[11]

A única outra evidência detalhada que restou do pensamento de Berlin enquanto ele trabalhava para o texto datilografado, que eu saiba,[12] aparece numa carta a Bryn Mawr escrita em novembro de 1951, enviada em resposta ao pedido de um título global sob o qual se pudesse anunciar a série de conferências, bem como de títulos para cada uma das conferências:

Não sei ao certo qual seria o melhor título para minhas conferências, talvez "Ideias políticas na era romântica" seria o melhor, e vocês podem acrescentar "1760-1830", se isso lhes agradar. Tenho procurado um título que denote aquilo de que realmente quero falar; isto é, o período particular durante o qual as crenças políticas e sociais modernas realmente vieram a ser formuladas e as controvérsias adquiriram sua expressão clássica, no sentido de que os argumentos dos dias atuais ainda utilizam conceitos e mesmo terminologia que se cristalizaram durante aqueles anos. O que eu queria evitar era um termo como "origens" ou "fundamentos", porque isso me obrigaria a falar de pessoas como Maquiavel, Hobbes, Locke etc., que podem ser os pais de todas essas coisas, mas são sem dúvida vistos como predecessores e precursores e, certamente no que diz respeito ao modo de expressão, estão completamente obsoletos. Eu tinha pensado, portanto, num título alternativo: "O surgimento e a cristalização das ideias políticas modernas". Se puderem pensar em algo mais elegante do que qualquer uma das minhas sugestões, eu agradeceria. Talvez o primeiro possa ser o título, o segundo um subtítulo. Deixo isso aos seus cuidados.

Quanto às conferências individuais, gostaria de sugerir o seguinte: (1) "O conceito de natureza e a ciência da política" (Helvétius e Holbach); (2) "A liberdade política e o imperativo ético" (Kant e Rousseau); (3) "O liberalismo e o movimento romântico" (Fichte e J. S. Mill); (4) "A liberdade individual e a marcha da história" (Herder e Hegel); (5) "A organização da sociedade e a era dourada" (Saint-Simon e seus sucessores); (6) "A contrarrevolução" (Maistre e Görres).[13]

Seu estado de espírito ao terminar o rascunho datilografado era tipicamente de pouca confiança em si mesmo. Como escreveu a um amigo íntimo em New College, David Cecil:

> aqui estou eu tentando escrever este livro sobre ideias políticas, & está saindo todo torto — sentimental, vago, desajeitado, suave, pouco erudito, um grande volume de verbosidade & recheio sem tempero, nenhuma ideia aguçada, só de vez em quando pequenos lampejos do que pensei ter dito, do que pensei ter querido dizer. Contudo persisto. Não sei como as conferências soarão, mas, a não ser que eu caia doente ou morra, *haverá* um livro. Não muito bom, menos do que posso fazer sobre os russos. Mas devo deixar o sangue continuar circulando: aceitei as conferências porque sabia que elas assentariam os fundamentos de um livro. — & tendo ditado 150 mil palavras, suponho que ele exista.[14]

As conferências foram devidamente proferidas na primavera de 1952 — a primeira em 11 de fevereiro e a última em 17 de março —, depois de muitos disparates administrativos característicos, que não precisamos investigar aqui. Como de costume, o ato de proferir as conferências lhe causou uma terrível insegurança. Entre a segunda e a terceira conferências, ele escreveu a Marion Frankfurter: "As conferências são uma agonia, é claro, tenho a impressão de estar berrando frases sem sentido a um público vagamente discernível, meio obscurecido; & sinto-me aterrorizado antes, histérico durante & envergonhado depois".[15]

Berlin certamente pretendia publicar um livro baseado no texto datilografado que havia preparado para as conferências, e fazê-lo dentro de um ou dois anos após a realização das conferências. Como disse a A. L. Rowse durante a última fase da preparação: "Estou no momento nos paroxismos da mais terrível agonia escrevendo as conferências para Bryn Mawr, a serem realizadas em fevereiro & depois impressas, suponho que no ano seguinte".[16] Em 25 de novembro de 1952, ele escreveu a Arthur Schlesinger Jr. que teria "terminado a política — o livro de Bryn Mawr" em 1953. No janeiro seguinte, ele continuava otimista numa carta à presidente McBride:

> Isso me traz ao assunto que estou tentando eludir e evitar, a questão do manuscrito, que realmente espero poder lhe enviar lá por maio. Só Deus sabe quais serão as condições, se terá 140 mil palavras ou 60 mil palavras ou ambas as coisas — mas vamos abandonar esse assunto sombrio e desagradável.[17]

Ele nunca completou o trabalho necessário, e o torso foi posto de lado e esquecido, apesar de ele ter revisado grande parte do manuscrito de maneira exaustiva.

É difícil dizer em que conjuntura específica se perdeu a esperança de um livro, mas a última referência que vi nos arquivos de Bryn Mawr ocorre em março de 1956, quando a presidente McBride espera com ânimo fortalecido um manuscrito para aquele julho;[18] e em 1959 Berlin ainda escreve à Oxford University Press como se o livro estivesse em sua agenda; em todo caso, esse trabalho lhe fornece uma desculpa para explicar a demora em escrever seu livro para a Oxford History of Modern Europe, um compromisso de que passa então a se desembaraçar.[19]

Em 1992, produzi uma bela cópia de PIRA, incorporando toda a miríade de correções manuscritas de Berlin, além do prólogo que ele escrevera posteriormente, mas não acredito que ele jamais tenha chegado a vê-la ao menos com seriedade. Eis aqui a parte relevante da carta que enviei junto com o texto datilografado:

> Com alguma ansiedade, anexo a minha produção provisória do que é de longe a sua obra inédita mais extensa (cerca de 110 mil palavras, ou 275 páginas impressas em oitavo), a "versão longa" das Conferências Flexner. Não entre em pânico! Não estou lhe pedindo que faça qualquer trabalho no texto — nem mesmo que o examine com alguma minúcia. Mas como ele agora existe, pareceu-me razoável

mostrá-lo a você, ao menos para que possa admirar seu volume. Talvez você não fizesse ideia de que tinha escrito de fato um livro tão longo?!

Inseri depois da página do sumário uma nota sobre o texto,[20] que talvez você ache interessante. Ela propõe uma ou duas questões, tais como: Houve realmente uma "longa versão" correspondente das duas últimas conferências, ou você nunca teve tempo de rascunhá-la? Por que nunca publicou as conferências com OUP, como deveria fazer por contrato? Era na verdade um plano de Anna Kallin que a versão do Third Programme fosse constituída pelas Conferências Reith de 1952, e em caso positivo, quando e por que essa ideia foi eliminada? Houve uma gravação das conferências proferidas nos Estados Unidos?[21]

Berlin respondeu:

275 páginas impressas! *Quel horreur!* Nada sei sobre as duas últimas conferências — os textos da BBC estão à sua maneira certamente completos? Não me lembro de um contrato com a OUP (não se esqueça, farei 83 anos em junho). Anna Kallin realmente conjeturou se eles poderiam fazer as Conferências Reith — eu estava mais que disposto. Ela propôs seu plano, recebi uma carta convidando-me a realizá-las, seguida por outra carta, dois dias mais tarde, cancelando o convite. Foi isso. Fui solicitado a fazer a série sete ou oito anos mais tarde, e àquela altura disse que não tinha nada a dizer. Isso foi antes de eu pensar no romantismo.

Apesar de eu ainda não ter encontrado nenhum vestígio dos dois últimos capítulos, há alguma evidência de que foram esboçados, embora não se possa ter certeza.[22] Em todo caso, sobre Maistre ele poderia usar um texto datilografado preparado alguns anos antes. Ele tinha razão sobre os textos da BBC, e suas visões sobre Saint-Simon e Maistre aparecem em *Freedom and its Betrayal*. Uma versão mais longa de seu tratamento de Maistre é a parte central de *The Crooked Timber of Humanity*. Não repeti esses textos neste volume, mas o leitor talvez queira examiná-los depois de terminar este livro, para completar a viagem iniciada aqui.

Não é preciso dizer aos leitores familiarizados com a *oeuvre* de Berlin em que lugar de sua obra posterior reaparecem as ideias de PIRA, numa forma mais ou menos alterada; aqueles menos conhecedores de seus escritos talvez acolham com prazer uma breve orientação preliminar. Em determinada fase, pensei numa concordância exaustiva de paralelos, mas assim que comecei a fazer essa compilação, logo ficou claro que uma listagem completa seria mais confusa que proveitosa, porque grande parte da obra de Berlin consiste em percursos por terreno similar. O contexto e o propósito da investigação diferem muitas vezes; Berlin tampouco se repete de forma exata, mesmo quando está ostensivamente recapitulando discussões que apareceram em outro lugar, o que significa que precisamos ler todas as suas discussões de um tema para estarmos seguros de que esprememos cada gota do que ele (nem sempre consistentemente) tem a dizer a respeito. Ainda assim, há muita imbricação na sua obra considerada em sua totalidade, e os leitores que enfrentam a sua leitura reconhecerão sistematicamente vários conhecidos anteriores — até velhos amigos — à medida que seguem em frente.

Um exemplo notável de como Berlin evita as repetições é fornecido por seus múltiplos tratamentos do que ele às vezes chama o "banco de três pés" ou o "tripé" de pressuposições-chave (para ele, equivocadas), sobre o qual a filosofia ocidental tem se assentado, na sua opinião, por uns 2 mil anos. Em seu texto costumeiro, essas pressuposições estabelecem que na ética e na política, assim como na ciência, todas as questões genuínas têm respostas únicas, que essas respostas podem ser em princípio descobertas, e que todas se ajustam num todo coerente. Esse *leitmotiv* está implícito no primeiro capítulo de PIRA, embora não seja estipulado ali numa única passagem coordenada.[23] Torna-se explícito na obra posterior de Berlin, por exemplo (entre muitas outras ocorrências) em "A revolução romântica" (1960; SR), na segunda conferência — "O primeiro ataque ao Iluminismo" — de *The Roots of Romanticism* (1965), e em "O divórcio entre as ciências e as humanidades" (1974; AC).

Esses textos são amplamente similares. Entretanto, se voltamos nossa atenção para outros tratamentos do tropo, as diferenças aparecem. Em "O nascimento do individualismo grego" (1962; L),[24] descobrimos que os habituais primeiro e terceiro pés se tornaram os pés 1 e 2, e que há um novo pé 3: "A terceira pressuposição é que o homem tem uma natureza capaz de ser descoberta e descrita, e que essa natureza é essencialmente, e não só contingentemente, social". Embora essa substituição tenha sido sem dúvida motivada pelo tema da conferência, revelado no título, é de conjeturar se não há uma certa arbitrariedade quanto à seleção dos pés do tripé, na verdade quanto ao número de pés que essa mobília de apoio alegadamente possui. No capítulo 4 de "O mago do norte" (1965; TCE), encontramos a tradição do Iluminismo apoiada em "três pilares" da fé — "na razão", "na identidade da natureza humana através dos tempos e na possibilidade de metas humanas universais" e "na possibilidade de atingir as segundas por meio da primeira".[25] O doce é reconhecido, mesmo que a receita seja sutilmente diferente. Em todo caso, conforme Berlin escreveu em outro contexto, "como todas as classificações excessivamente simples desse tipo, [ela] se torna, se forçada, artificial, escolástica e em última análise absurda", embora possa certamente oferecer "um ponto de partida para a investigação genuína".[26]

Deixem-me agora mencionar algumas das outras correspondências principais entre PIRA e as obras posteriores que podem chamar a atenção do leitor que lê a primeira quando já familiarizado com as últimas, ou mesmo vice-versa. A primeira e mais direta delas é certamente a que existe entre os quatro capítulos de PIRA, as quatro primeiras Conferências Mary Flexner e as quatro primeiras Conferências da BBC publicadas em *Freedom and its Betrayal* (contando a introdução desse volume junto com o seu primeiro capítulo — sobre Helvétius — como o único item que elas originalmente constituíam). A segunda em importância é o uso do segundo e terceiro capítulos em "Dois conceitos de liberdade", e do quarto em "A inevitabilidade da história". Essas são as reelaborações que George Crowder tem em mente quando resume a essência de PIRA nos seguintes termos: "No torso, Berlin esboçou as linhas gerais do que se tornaria a sua posição madura em muitas áreas, mas particularmente em três: o legado político complexo do racionalismo do Iluminismo e seus críticos, o contraste entre a liberdade negativa e positiva, e a vulnerabilidade da liberdade positiva à corrupção".[27]

Isso nos leva a ecos mais locais de capítulos e passagens individuais de PIRA em escritos posteriores. Nesse ponto, deve-se primeiro fazer soar uma nota de cautela: não há necessariamente uma correspondência direta um-a-um entre o assunto das passagens anteriores e posteriores, porque os tópicos diferentes, ou os aspectos diferentes do mesmo tópico, aparecem em combinações diferentes em momentos diferentes. Assim, por exemplo, as primeiras páginas de "O divórcio entre as ciências e as humanidades" ecoam o delineamento do cientificismo iluminista no primeiro capítulo de PIRA — a ideia de que o progresso cumulativo é possível em todas as áreas de investigação, se for aplicado o método científico (alegadamente o único método racional que existe) — enquanto a última parte do ensaio, com seu foco em Vico, está mais intimamente relacionada com o capítulo 4 de PIRA. Inversamente, o capítulo 1 aponta de algumas maneiras para "O divórcio..." e de outras para "O conceito de história científica" (1960; CC, PSM); na verdade, os próprios capítulos 1 e 4 apresentam uma boa dose de coincidências. Assim, a especificação de paralelos é uma ciência necessariamente inexata.

Dito isso, é possível alguma orientação preliminar. O prólogo de PIRA contém a famosa definição de filosofia de Berlin como uma terceira via, diferentemente tanto das disciplinas empíricas como das formais.[28] Isso torna a vir à tona de forma mais completa em diversas passagens, inclusive na introdução de *The Age of Enlightenment* (1956; POI), em "O propósito da filosofia" (1961; CC, POI), em "Ainda existe a teoria política?" (1961; CC, PSM), e em "Uma introdução à filosofia", uma entrevista televisiva com Bryan Magee.[29]

O prólogo e o primeiro capítulo de PIRA, "A política como ciência descritiva", apresentam a visão assumidamente hipersimplificada do Iluminismo que Berlin tantas vezes repetiu em seus escritos, refinando-a até certo ponto com o passar do tempo. Alguns exemplos notáveis são o capítulo sobre "O Iluminismo" em *The Magus of the North* (1965), descrito por John Gray como canônico,[30] e a parte relevante de "O primeiro ataque ao Iluminismo", a segunda conferência de *The Roots of Romanticism*, proferida no mesmo ano. Como observado acima, todas essas obras incluem descrições do fundamento variadamente triforme em que Berlin julgava que o Iluminismo estava assentado.

Além disso, Berlin inicia o primeiro capítulo propondo o problema da obediência como fundamental para a filosofia política. "Por que uma pessoa deveria obedecer a outra?'" Essa pergunta também inaugura a primeira Conferência Flexner/BBC e "Dois conceitos de liberdade".[31] Um dos temas principais do mesmo capítulo, a saber, a diferença entre a lógica da investigação na ciência em oposição à das artes, e a rejeição associada do monismo metodológico, reaparece em "O divórcio entre as ciências e as humanidades".

A discussão sobre Rousseau e Kant no segundo capítulo, "A ideia da liberdade", é reconhecível numa forma condensada em "Dois conceitos de liberdade". E a seção sobre Kant que termina o capítulo é desenvolvida em "Kant como uma fonte não familiar de nacionalismo" (1972; SR).

O material sobre Fichte em "Dois conceitos de liberdade", o terceiro capítulo de PIRA, é usado não só em "Dois conceitos de liberdade", mas também na quarta conferência, "Os românticos inibidos", de *The Roots of Romanticism*. No capítulo 3, encontramos também indícios do extenso tratamento do realismo histórico que Berlin ofereceu em "O sentido de realidade", escrito logo depois (1953; SR), embora aqui ele o chame de "sentido de história".[32]

O quarto e último capítulo, "A marcha da história", depois de uma recapitulação de grande parte do capítulo 1, inclui não apenas o material (sobre Hegel, por exemplo) que é reelaborado em "A inevitabilidade histórica", mas também seções sobre Vico e Herder que podem ser vistas como as sementes da obra posterior de Berlin sobre esses dois pensadores, representada especialmente pelos estudos a seu respeito (1960 e 1965, respectivamente) incorporados em *Three Critics of the Enlightenment*. Nesse capítulo, vemos também o começo da preocupação de Berlin com o pluralismo e o Contrailuminismo, além da origem principal da discussão do historicismo e das visões discordantes da natureza da história em "O conceito de história científica".

Algumas ressonâncias posteriores do apêndice sobre "Ética subjetiva *versus* ética objetiva" são identificadas na introdução de Joshua Cherniss.[33]

Mais uma vez, enfatizo que as ressonâncias aqui enumeradas compreendem apenas uma pequena seleção, escolhida mais ou menos ao acaso, e não devem ser tomadas como uma espécie de guia abrangente para a presença ubíqua das ideias de PIRA na obra posterior de Berlin. Nem se deve permitir, por outro lado, que sua existência obscureça o fato, aludido no início, de que há muita coisa em PIRA que não é dita — ou não é dita tão plenamente ou/e tão bem — nos escritos posteriores de Berlin. Algumas dimensões dos pensadores discutidos por Berlin recebem aqui um tratamento muito mais detalhado do que ele jamais lhes deu mais tarde. Muito importante, como explica Joshua Cherniss, é o fato de PIRA ser a única obra que reúne a maioria dos principais temas de Berlin, que os apresenta como uma tese global coerente e que mostra como os debates travados são protótipos de muitas de nossas preocupações atuais. Nesse contexto, gostaria de citar Ian Harris,[34] que observou que PIRA

> revela a unidade do pensamento de Berlin de uma forma muito melhor do que qualquer coisa publicada até o momento. Em particular, mostra muito claramente que, assim como Cassirer, Croce, Lovejoy, Oakeshott e Collingwood, Berlin escreveu uma história que era formada por suas visões filosóficas e que servia de

veículo para elas. Isso é também o que a torna intelectualmente interessante e a coloca em uma categoria diferente de uma série de obras especializadas que se publicaram nesse intervalo de meio século.

Comparada com as outras obras que tenho reconstruído a partir do *Nachlass* de Berlin — principalmente *The Magus of the North, O sentido de realidade, The Roots of Romanticism, Freedom and its Betrayal* —, PIRA apresentou um problema um tanto especial de arqueologia intelectual. Aquelas outras obras estavam num estado de suficiente acabamento para que eu pudesse transformá-las em livros que não demandavam explicação ou apologia especiais além do esclarecimento de suas origens, de modo que não fossem julgadas por padrões inapropriados. PIRA, entretanto, estava numa condição muito mais bruta, como as grandes esculturas para a tumba do papa Julius II deixadas inacabadas por Michelangelo, ou o *kouros* colossal que jaz, um momento de história sustada, numa encosta perto do mar em Apollonas na ilha grega de Naxos. Isso lhe emprestava certa aura e grandiosidade, mas significava que não podia ser completada assim como o foram as suas predecessoras, especialmente porque lhe faltam os dois capítulos finais. Portanto, eu e os outros curadores literários de Berlin decidimos lhe dar o tratamento um tanto diferente que constitui este volume. Ou seja, PIRA não é oferecida ao público como uma espécie de obra esquecida porém essencialmente acabada, mas como o "torso" que Berlin sabia ser o seu estado, sem próteses artificiais afixadas onde lhe faltam os membros, e sem a excisão de suas notas para revisão não implementadas ou a ocultação de outros sinais de incompletude.

Sou muito grato a Joshua Cherniss, cuja introdução situa PIRA talentosamente no contexto do desenvolvimento do pensamento de Berlin e de seu tema. Além disso, Joshua generosamente ajudou a traçar o citado esboço de paralelos posteriores. Gostaria também de agradecer a Robert Wokler pelas contribuições inestimáveis de seu conhecimento especializado durante um longo período; a Alan Ryan, um de meus colegas curadores literários, por seu apoio e orientação indispensáveis durante a preparação do volume; e a James Chappel pela pesquisa oportuna e eficiente nos Berlin Papers sobre a história de PIRA. George Crowder, Steffen Gross, Jennifer Holmes, Michael Inwood e Serena Moore forneceram auxílio para questões específicas: a eles agradeço calorosamente, assim como a todos aqueles cuja colaboração descuidadamente perdi de vista.

Espero e acredito que Isaiah Berlin teria aprovado a dedicatória deste livro à memória de Solomon Rachmilevich. Como Berlin disse a seu biógrafo: "Ele foi a primeira pessoa que me proporcionou um gosto pelas ideias em geral, ideias interessantes *telles quelles*".[35] "Rach" morreu em 1953, no início de seus sessenta anos, mais ou menos na mesma época do projeto PIRA, e me pareceu correto trazê-los juntos de volta à vida.

Henry Hardy
Wolfson College, Oxford
Maio de 2005

Pós-escrito ao prefácio do organizador

Desde que este volume foi para o prelo, tenho me deparado com mais referências na sua correspondência ao trabalho que Berlin realizou no livro, depois que já havia proferido as Conferências Mary Flexner. Numa carta ao diretor de All Souls (John Sparrow) datada de 17 de fevereiro de 1955, ele escreve ter "concluído o segundo rascunho de um livro sobre 'Ideias políticas na era romântica' que se originou das conferências proferidas em Bryn Mawr College e mais tarde transmitidas pela BBC". Isso talvez coloque um verniz algo otimista sobre o que ele tinha realizado, mas aumenta realmente as evidências de que todos os seis capítulos foram originalmente rascunhados e que o texto publicado aqui representa um estágio relativamente tardio na preparação da obra feita por Berlin. Ainda assim, ele claramente percebeu que havia muito mais a ser feito, porque em 28 de julho de 1956 escreveu de Oxford para seu amigo Morton White: "em set. (exterior) & out. (aqui) vou tentar trabalhar como um mouro para terminar o meu livro de política da Bryn Mawr. Depois, a novas pastagens".

Ainda em 1959, Berlin continuava prometendo uma entrega final. A srta. McBride lhe escreveu em 11 de fevereiro de 1959, com imenso tato, sugerindo que ele enviasse o manuscrito do jeito que estivesse. Na sua resposta levemente insincera de 16 de fevereiro de 1959, ele escreveu: "Estou coberto de vergonha.

Se as conferências que proferi em Bryn Mawr tivessem sido redigidas, deveria poder entregá-las, depois de todos esses anos, fechando meus olhos e ouvidos para as consequências. Mas receio que elas não existam, apenas uma coletânea medonha de fragmentos e notas a me lembrar do que deveria ter feito e do que fiz. Mas ainda estou determinado a produzir um livro e enviar-lhe um manuscrito. Apesar de tudo o que se tem dito sobre boas resoluções, desde que estejamos os dois vivos — e me sinto belamente otimista a esse respeito apesar de tudo —, você deverá ter as minhas conferências dentro de mais ou menos dois anos. Por favor, perdoe-me os meus terríveis, mas por demais característicos, atrasos e adiamentos".

Três anos mais tarde, entretanto, o seu belo otimismo desapareceu. Como um pós-escrito num cartão redigido em 6 de agosto de 1962 a Alfred A. Knopf, que havia perguntado, num pós-escrito próprio, se poderia publicar as conferências, Berlin escreve: "Confiei as conferências de Bryn Mawr misericordiosamente à lata de lixo". Não era verdade, ao menos literalmente, mas é claro que Berlin tinha a essa altura finalmente aceitado que nunca entregaria o livro ao qual o presente volume é a aproximação mais fiel possível. Numa carta dos idos de março de 1963 a Chester Kerr da Yale University Press, ele atribui o fato a uma "insegurança da minha parte, sobre a qual [a Oxford University Press] foi um tanto crítica", e diz que "nenhum manuscrito lhes foi jamais entregue, nem é provável, agora, que o seja algum dia".

As ideias políticas de Isaiah Berlin

Do século XX à era romântica

Joshua L. Cherniss

> *O estudo da história da opinião é um passo preliminar à emancipação da mente.*
>
> J. M. Keynes[1]

> *O uso da palavra "liberdade" é um dos indicadores mais seguros do ideal supremo de vida de quem a emprega, do que deseja e do que evita [...] um dos indicadores mais precisos da posição de um homem.*
>
> Isaiah Berlin[2]

I

Isaiah Berlin foi um pensador fundamentalmente assistemático. Sua obra explorou muitas disciplinas — principalmente a história das ideias, a teoria política, a filosofia analítica, a literatura russa, a política soviética, a filosofia da história e as ciências sociais — e abarcou um variado elenco de personalidades. Berlin não produziu nenhuma grande síntese ou *magnum opus*; por temperamento e por estilo, era um ensaísta. O pluralismo de valores e o liberalismo formaram os *leitmotivs* de grande parte de sua obra da maturidade;[3] mas seus escritos não podem ser reduzidos a uma descrição sistemática ou a uma exposição abrangente de nenhuma dessas doutrinas. Entretanto, ainda que o pensamento de Berlin não constituísse um sistema centrípeto ou convergisse para uma solução única, ele de fato formava um todo coeso, que consistia num conjunto de interesses e convicções recorrentes, imbricados, inter-relacionados. Os temas que examinou ao longo de muitos anos e páginas se ajustaram por fim num padrão; mas são mantidos unidos antes por sua personalidade intelectual que por uma única ideia mestra, princípio condutor ou plano predeterminado.

Ideias políticas na era romântica (PIRA) não é uma soma da carreira de Berlin como historiador intelectual ou teórico político. Não é de modo algum a melhor, a mais original ou a mais interessante de suas obras históricas. Não é um exemplo característico de sua abordagem da história das ideias, pois carece em grande medida do *insight* psicológico e do foco em pensadores individuais que marcam os seus melhores ensaios históricos, nem oferece uma exposição abrangente de princípios metodológicos. E não contém ideias capitais que não possam ser encontradas — muitas vezes mais plena e coerentemente elaboradas — em seus outros escritos.

Entretanto, PIRA ocupa um lugar central na vida intelectual de Berlin; e, lido apropriadamente, revela muito sobre o desenvolvimento e a natureza de seu pensamento e carreira. Pois contém, frequentemente de forma embrionária, a maior parte das ideias e abrange a maior parte dos interesses que dominariam sua obra durante as três décadas seguintes. Aqui encontramos as primeiras manifestações de sua conceituação da liberdade, sua análise da filosofia da história e crítica do determinismo, e seus textos sobre o Iluminismo e seus variados críticos e sucessores — românticos, reacionários, historicistas e socialistas. Além disso, encontramos todos esses temas, que Berlin desenvolveria em ensaios separados ao longo de muitos anos, expostos lado a lado. PIRA nos ajuda a compreender o desenvolvimento do pensamento de Berlin e a apreciar sua unidade, além de nos lembrar o alto grau de sua ousadia como pensador. Por essa razão, é um documento importante para aqueles que desejam compreender sua obra e aprender com sua leitura.

II

Berlin iniciou sua carreira como um filósofo profissional, absorvido primariamente por questões da teoria do conhecimento. Embora esse campo de interesse ainda esteja em evidência na sua obra posterior, a sua atenção intelectual se deslocou para outras áreas. Enquanto trabalhava em sua biografia de Karl Marx na década de 1930, ficou fascinado pelos precursores e exegetas de Marx, bem como pelos problemas da teoria social e política e pela filosofia da história que eles forçosamente propunham. A ameaça iminente do totalitarismo, que lançou uma sombra sobre os anos 1930, e sua experiência direta tanto da administração política nos Estados Unidos como do sofrimento da *intelligentsia* russa sob o stalinismo durante e imediatamente após a Segunda Guerra Mundial, acabaram por voltar sua mente ainda mais para a política. Ele retornou a Oxford em 1946 mais envolvido com os acontecimentos políticos de seu tempo do que antes, e decidiu deslocar sua atenção da filosofia analítica para a história das ideias.[4]

Essa conjunção não foi fortuita. Para Berlin, a história das ideias não era só um tema de fascínio intrínseco, mas também um meio de compreender a si mesmo. Ele interpretava os conflitos políticos contemporâneos à luz da história das ideias, e se voltou para a história a fim de compreender o sentido dos conceitos que dominavam a política de seu tempo: procurou fazer com que as ideias passadas falassem aos problemas presentes. "As palavras, noções e atos políticos", declarou, "não são inteligíveis a não ser no contexto das questões que separam os homens que os empregam [...] é provável que as nossas próprias atitudes e atividades permaneçam obscuras para nós, se não compreendemos as questões dominantes de nosso mundo."[5] Problemas sociais, políticos e morais surgem em todas as épocas. Mas as ideias têm um poder especial em momentos de mudança particularmente rápida e confusão aguda. Em sua aula inaugural como Professor Chichele de Teoria Social e Política em 1958, Berlin declarou que a sua própria época constituía um desses momentos: "não houve talvez na história moderna nenhuma outra época em que um número tão grande de seres humanos [...] tenha tido suas noções, e até mesmo suas vidas, tão profundamente alteradas, e em alguns casos perturbadas violentamente, por doutrinas sociais e políticas adotadas com fanatismo". Alguns professores universitários e intelectuais podiam exercer um poder imenso e destrutivo; cabia a outros professores universitários e intelectuais compreender a sua influência, revelar os seus erros e fornecer uma compreensão mais clara e mais verdadeira da realidade.[6] Essa foi a tarefa de que Berlin se incumbiu.

Mas por que abordar *historicamente* as ideias políticas? Porque, respondia ele, tais ideias eram fenômenos históricos. "A teoria política é um aspecto do pensamento (e às vezes do sentimento) sobre a relação dos homens entre si e com as suas instituições, em termos de propósitos e escalas de valor que *se alteram elas mesmas em decorrência de circunstâncias históricas de tipos variados*, e, não menos importante, em termos de novos modelos derivados de outros campos da experiência."[7] Compreender as ideias passadas exigia o conhecimento das circunstâncias, sociais e intelectuais, das quais elas surgiram. Mas também dependia de que alguns aspectos da experiência humana permanecessem os mesmos, de modo que os problemas do passado continuassem a ser cativantes, e as reações a eles, compreensíveis, para os homens e mulheres do presente.

"[C]ada filosofia política responde às necessidades de seu tempo, e só é plenamente inteligível em termos de todos os fatores relevantes de sua era, e só é inteligível para nós na medida em que (uma medida muito maior do que alguns relativistas modernos querem nos fazer crer) temos uma experiência comum com as gerações anteriores."[8] Essas filosofias políticas sucessivas e concorrentes "não são comensuráveis, assim como os romances ou as histórias, que brotam de um determinado mundo e resumem cada experiência, não podem ser classificados em uma ordem estrita de mérito ou 'progresso', como se houvesse uma meta única que todas essas obras de arte estivessem buscando atingir".[9] Para contribuir à autocompreensão humana, o historiador das ideias não deve procurar classificar os sistemas de crenças do passado, nem retratar o inevitável progresso de um a outro, mas antes descrever os modelos dominantes que têm dado forma à experiência humana ao longo dos tempos, e que continuam por trás das perspectivas do presente. O modo de Berlin abordar a história das ideias era assim coerente com o seu pluralismo e sua filosofia antiteleológica da história.

Berlin considerava o período em torno da Revolução Francesa um divisor de águas político e intelectual. As ideias que surgiram nessa época continuavam a "formar o capital intelectual básico do qual [...] vivemos hoje em dia"; o discurso político da era de Berlin dependia dos "conceitos, da linguagem, até das imagens e metáforas que foram gerados durante aquele período". Durante aqueles anos "as questões debatidas eram literalmente idênticas às que agitam os indivíduos e as nações" no presente.[10] Embora repudiasse a prática de atribuir a culpa a pensadores passados, ou de ver a árvore ideológica em pleno florescimento na bolota de carvalho filosófica,[11] Berlin se esmerava por traçar ligações entre as ideias do passado que discutia e as pressuposições políticas e movimentos ideológicos do presente. Ele ligava o racionalismo e humanitarismo do Iluminismo, bem como o utilitarismo dos *philosophes* mais radicais e de Bentham, ao liberalismo posterior de Mill, Morley, Wilson, dos arquitetos da Liga das Nações e da ONU, e aos opositores liberais do comunismo. Berlin se identificava com essa tradição; mas era também crítico de muitas das pressuposições dos *philosophes*, e especialmente daquelas dos fisiocratas e primeiros utilitaristas. E, se associava a influência do Iluminismo ao liberalismo, ele também a via nutrindo um dos rivais ideológicos mais traiçoeiros do liberalismo: o comunismo. Assim, o que via como a luta ideológica central do tempo em que ele escrevia, aquela entre o comunismo e a democracia liberal, era um conflito menos entre o Iluminismo e seus críticos do que entre diferentes dimensões e implicações dentro do Iluminismo e nos seus sucessores.

Berlin expressava uma ambivalência semelhante em relação ao lugar de Rousseau na história das ideias, ao valor de seu pensamento e a seu legado. Rousseau é aqui identificado como um adepto e como um crítico apaixonado do Iluminismo. É retratado como o progenitor intelectual do individualismo radical e do autoritarismo, do nacionalismo, com todo o bem e o mal que ele acarretou, e de todos os movimentos de "resistência à opressão estrangeira e nacional", com seus nobres ideais e meios frequentemente destrutivos. Rousseau rompeu com o materialismo e cientificismo do Iluminismo radical, mas não com seu racionalismo, nem com sua convicção de que a liberdade podia ser conciliada com a ordem; assim, ele foi ao mesmo tempo longe demais e não longe o suficiente em sua revolta intelectual.

Berlin via a influência de Hegel em ação ao longo de todo o espectro político, influenciando fascistas, comunistas, imperialistas (todos aqueles a quem Berlin se opunha firmemente), bem como os republicanos liberais e os monarquistas constitucionais. Afirmava que os cientistas sociais (muitos dos quais, como mostram suas cartas do período, não gozavam de sua boa opinião),[12] assim como os "planejadores e os tecnocratas", dos quais tinha muito medo,[13] e os "*new dealers*", pelos quais sentia admiração e simpatia, e com muitos dos quais tinha as relações pessoais mais calorosas, tinham todos perspectivas modeladas por Saint-Simon. Os opositores desses grupos — irracionalistas reacionários, existencialistas e outros expoentes intelectuais do "anti-intelectualismo" — eram os epígonos (às vezes involuntários) de Maistre e Fichte, respectivamente. Para Berlin, parafraseando Faulkner, as ideias passadas não estavam mortas; não eram sequer passadas.

III

O compromisso político era uma fonte de tensão e constrangimento para Berlin (e algo que explorou em suas obras sobre os intelectuais russos do século XIX).[14] Ele era ao mesmo tempo engajado e não engajado, politicamente comprometido e politicamente cauteloso. Foi um anticomunista apaixonado a vida inteira, e um guru intelectual para a esquerda anticomunista; mas cuidava para não se transformar num propagandista ou cruzado.[15] Admirava intensamente a coragem política, e apreciava e respeitava os ativistas políticos; mas seu temperamento e ponto de vista eram demasiado moderados, hesitantes e irônicos para que ele próprio fosse capaz de ativismo. A obra de Berlin foi decisivamente influenciada pelos conflitos e incertezas morais inerentes à política; mas ele em geral se esquivava de fazer pronunciamentos diretos sobre acontecimentos atuais. Era um teórico político que quase nunca escrevia diretamente sobre teoria política, e ignorava muitos de seus tópicos centrais e perenes — a base da legitimidade política, as demandas da cidadania, a natureza e funcionamento das instituições políticas. Dos pensadores discutidos em PIRA, apenas dois são geralmente reconhecidos como pensadores políticos de primeira ordem — Rousseau e Hegel. Além disso, suas interpretações dessas figuras decisivas estão entre as partes mais fracas do livro; e o texto sobre Hegel focaliza muito mais sua filosofia da história do que sua teoria do Estado. Por fim, Berlin procurava evitar o partidarismo político em seus escritos, oferecendo descrições solidárias de pensadores profundamente antiliberais, e apontando os aspectos sombrios das ideias dos fundadores do liberalismo, a despeito de seu firme compromisso com os valores liberais.

Entretanto, apesar de tudo isso, seus escritos sobre a história das ideias — particularmente aqueles que datam do período em torno e depois da composição de PIRA — eram inspirados por convicções morais e medos políticos. Ele era frequentemente ambivalente, mas não ambíguo. Seus julgamentos eram complexos e condicionais; mas estava constantemente julgando, mesmo quando procurava compreender.

Fundamental nesses compromissos e julgamentos era a sua visão característica da liberdade humana. Embora PIRA não esteja explicitamente focado na ideia da liberdade, essa ideia ocupa um lugar central no texto, pois, como ele primeiro escreveu aqui, e repetiria em "Dois conceitos", a questão central da filosofia política era a da liberdade e obediência: "Por que um homem deveria obedecer a outro homem ou a um grupo de homens?".[16]

As ansiedades de Berlin a respeito da liberdade foram influenciadas, naturalmente, pela sombra iminente do totalitarismo. Tanto a ameaça então recentemente derrotada do nazismo como o espectro sobrevivente do comunismo ocupavam as mentes dos intelectuais liberais em 1951-2. Eles dedicavam suas obras a tentar explicar as origens, o apelo e os males das ideologias e regimes totalitários, e a propor uma defesa do que havia de melhor na tradição liberal do pensamento e prática políticos.[17] Essa reação horrorizada ao totalitarismo, que assumiu a forma de um desejo de compreender e também de uma determinação de lutar, levou muitos intelectuais a olharem para suas sociedades com apreensão. Um interesse pelas raízes psicológicas dos regimes nazista e soviético deu origem ao receio de que a vida social e o caráter individual nas democracias ocidentais estivessem cada vez mais dominadas por uma mistura tóxica de conformismo, obediência, dependência, mediocridade e agressão ressentida.[18] O estudo da política nesse período foi também marcado pelo surgimento do positivismo e do behaviorismo nas ciências sociais, e pela busca mais geral de um estudo plenamente científico, "neutro-quanto-aos-valores", dos indivíduos e da sociedade — uma tendência intelectual que foi acompanhada, provavelmente não por acaso, por uma ênfase semelhante na neutralidade e na administração tecnocrática da vida política.

Havia, então, uma tendência crescente para o consenso, a coesão social e uma abordagem gerencial, "objetiva", não sectária dos problemas sociais e políticos, que gerava ansiedade em relação ao conformismo e à coerção — seja a coerção "dura" do totalitarismo, seja a coerção "suave" da propaganda e da socialização integradora e pacificadora na sociedade ocidental — e que provocava uma insistência no valor da liberdade, experiência pessoal e não conformismo.

Uma das primeiras formulações da fase madura de Berlin sobre o significado de liberdade proveio, assim como PIRA, de uma conferência em uma faculdade norte-americana para mulheres. Trata-se de "Democracia, comunismo e o indivíduo", palestra proferida no Mount Holyoke College em junho de 1949. Berlin afirmava que a "proposição básica" do comunismo e outras ideologias totalitárias era que, se sabemos como os seres humanos devem viver e como a sociedade deve ser ordenada, "podemos, em nome da razão, impor [esse conhecimento] de forma cruel aos outros, porque se eles são racionais, concordarão de livre e espontânea vontade; se não concordam, não são racionais". A posição totalitária afirmava que "há apenas uma condição saudável e eficiente para a alma": a harmonia com as leis da necessidade histórica. Aqueles que não conseguiam se adaptar à necessidade "não eram dignos de ser ouvidos, e constituíam na verdade um incômodo [...] a ser varrido como um obstáculo ao progresso".[19]

A proposição totalitária de que as "decisões da alma individual só têm validade se essa alma está em posição de descobrir o verdadeiro caminho" negava completamente a crença democrática e liberal de que todos os indivíduos têm igual valor, não havendo, portanto, nenhuma elite com o direito de "guiar e governar" todos os outros; de que "a experiência individual" é mais valiosa que "as necessidades impessoais da sociedade"; de que "diferentes ideais de vida, não necessariamente de todo conciliáveis, são igualmente válidos e igualmente dignos"; e de que o Estado deve ter "o menor poder possível" sobre as vidas de seus cidadãos, que devem ser livres para decidir, "cada um [...] de acordo com suas próprias ideias, o que devem fazer, e como devem viver", uma vez que "a fonte suprema e única de autoridade a respeito da correção ou incorreção da legislação e da ação social mais ampla é o senso moral do indivíduo".[20] Os democratas liberais estavam comprometidos com "um equilíbrio necessariamente precário entre ideais incompatíveis baseados no reconhecimento da validade igual ou quase igual das aspirações humanas como tais, nenhuma das quais deve estar subordinada a qualquer princípio único incriticável".[21] Aqui encontramos a primeira manifestação do que se solidificaria na doutrina do pluralismo de Berlin — e a ligação desse pluralismo a um compromisso liberal de salvaguardar uma zona de liberdade pessoal, o que seria central para o argumento de "Dois conceitos de liberdade".

Em seu artigo "Notas sobre o caminho" (1949) na série *Time and tide*, e em "Ideias políticas no século xx" (1950), Berlin alertava para o surgimento da crença de que os problemas psicológicos e intelectuais atormentadores eram uma doença a ser curada "tratando-se o paciente de tal modo que o problema já não o perturbe", isto é, removendo-se o problema "como um dente que dói"; "Em vez de desemaranhar, corta-se o nó. Em vez de responder a pergunta, ela é removida da consciência de quem pergunta".[22] Os movimentos políticos característicos do século xx — fascismo, comunismo e nazismo, mas também o gerencialismo, progressista ou corporativo — consideravam o pensamento independente com hostilidade, uma fonte de "inquietação demasiada", e as "questões incômodas" que ele poderia propor, como "uma forma de perturbação mental, nociva à saúde mental dos indivíduos e, quando discutidas de maneira demasiado ampla, à saúde das sociedades".[23] A tendência do pensamento político moderno era "reduzir todas as questões a problemas técnicos", tentando produzir contentamento social ao suprimir "no indivíduo qualquer coisa que pudesse despertar nele dúvidas ou levá-lo a impor-se contra o plano único que tudo abarcava, tudo clarificava, tudo satisfazia".[24]

Berlin temia que "a autoexpressão livre, a infinita variedade de pessoas e de relações entre elas, bem como o direito de livre escolha", que ele identificava com "a área dentro da qual o indivíduo pode cometer asneiras", corriam o perigo de serem sacrificados em nome de "uma ordem de funcionamento eficiente, imperturbada pelo conflito moral angustiante".[25] Contra isso, enfatizava a necessidade de "mais espaço para que as metas pessoais pudessem ser alcançadas pelos indivíduos e pelas minorias cujos gostos e crenças encontram (não importa se com ou sem razão) pouca resposta entre a maioria [...] uma textura frouxa e a tolerância de um mínimo de ineficiência" para permitir "uma variação individual mais espontânea", que "sempre terá mais valor que o mais cuidado e mais delicadamente modelado padrão imposto".[26] Berlin se declarava "mais interessado em tornar as pessoas livres do que em fazê-las felizes", e preferia "que elas fizessem escolhas ruins a que não fizessem escolha alguma".[27] Horrorizava-se com o espetáculo de "um grupo de pessoas que tanto se intrometem na vida dos outros e os 'corrompem' que os outros fazem a vontade delas sem saber o que estão fazendo; e dessa [maneira] perdem o seu status de seres humanos livres, até mesmo de seres humanos". O que ele achava intolerável era

> apoderarem-se [das vítimas], torcerem-nas para um e para outro lado de acordo com seu capricho, destruírem sua personalidade ao criarem termos morais desiguais [...] pelos quais o carcereiro sabe o que está fazendo, e por que razão, e faz da vítima seu joguete, isto é, trata-a como um mero objeto, e não como um sujeito cujos motivos, visões e intenções possuem qualquer peso intrínseco.[28]

Essas passagens expressam uma enorme oposição à manipulação e degradação, fundamentada numa visão moral dos seres humanos como fins em si mesmos, cuja dignidade provém de sua capacidade de escolher livremente. Nesse ponto, Berlin ainda não distinguia entre essa visão positiva do autogoverno humano, influenciada pela filosofia moral de Kant, e o programa político "negativo" que ela inspirava. A percepção de que o princípio moral kantiano a que era devotado havia nutrido as mesmas doutrinas políticas a que ele se opunha, e a distinção que ele traçaria entre a dimensão "positiva" dessa visão de liberdade e outra "negativa", mais modesta, ainda estavam por surgir na obra de Berlin. Foi nesse ponto que seu estudo sobre a história das ideias foi decisivo; e PIRA representa esse momento-chave no desenvolvimento de seu pensamento político.

Os dois capítulos centrais de PIRA focalizam explicitamente a liberdade, e formariam a base para "Dois conceitos de liberdade". Em "A ideia de liberdade", Berlin define o desejo de liberdade como o desejo que não deve sofrer interferência dos outros; a liberdade é primariamente um conceito negativo. Ele faz a distinção entre essa definição e a ideia de liberdade como autorrealização, individual ou coletiva, que (segundo os propositores dessa concepção) depende de uma compreensão do nosso propósito, conforme ditado pelo padrão racional do universo, e da submissão a esse propósito. Compreender é aceitar, e aceitar é eliminar outras alternativas. Nessa visão, a liberdade, paradoxalmente, implicava o estreitamento, em vez do alargamento, da escolha.[29]

Uma figura central nesse texto é Rousseau, que, afirma Berlin, procurou conciliar uma crença na liberdade individual definida como autodomínio com a convicção de que há um modo correto de ordenar a sociedade, que justifica e requer obediência à autoridade. A solução de Rousseau para o conflito entre a liberdade e a autoridade baseia-se na ideia da vontade "real", segundo a qual o homem tem duas naturezas, uma mais elevada, outra mais baixa; a supressão da mais baixa libera a mais elevada.[30] A insistência de Rousseau na necessidade de liberdade para a moralidade foi adotada por Kant, que ocupa um lugar de pivô no texto de Berlin sobre o desenvolvimento da ideia de liberdade, mantendo-se paradoxalmente como o progenitor tanto do humanismo liberal moderno como de seus opositores mais notáveis. Kant enfatizava que os indivíduos eram fins em si mesmos, porque eram os "únicos autores de valores morais"; e, como a fonte e o reservatório de todos os valores, eram "as únicas coisas absolutamente boas, absolutamente valiosas no mundo". Privá-los da capacidade de tomar decisões seguindo os ditados de suas próprias consciências, por meio de engano ou manipulação, era uma negação da essência da moralidade.[31] Essa visão estava no âmago ético do liberalismo do século XIX, com seu protesto contra "qualquer forma de despotismo, por mais benevolente e racional [...] [como] intrinsecamente degradante, uma falsificação do que [...] as relações entre seres iguais e independentes [..] deveriam ser".[32]

Nesse ponto começa a surgir uma complicação em seu texto sobre a ideia de liberdade. A posição kantiana, que define a liberdade como a liberdade *de* tomar decisões, *de* "desenvolver a capacidade individual de cada um", é o que Berlin mais tarde chamaria de liberdade positiva. Ele pintava esse compromisso kantiano com a liberdade individual como central para as versões posteriores do liberalismo (inclusive a sua própria), ainda que em outro lugar tivesse descrito o conceito "liberal" de liberdade no século XIX em termos "negativos". Para liberais como Constant, Tocqueville e Mill, a liberdade era um "conceito fundamentalmente negativo", que consistia na proteção do indivíduo contra a intrusão. Essa visão sustentava que "o indivíduo tem certos gostos [...] desejos [...] inclinações, e deseja levar a sua vida de certa maneira", e que portanto um certo vácuo em torno do indivíduo, dentro do qual lhe é permitido realizar "desejos razoáveis" — a saber, aqueles que não entram em conflito com as liberdades semelhantes dos outros —, devia ser mantido.[33] Berlin sugere assim que o liberalismo dos séculos XIX e XX tinha em seu âmago as concepções positiva e negativa de liberdade, provenientes tanto do primeiro liberalismo ocidental como do romantismo alemão.

Entretanto, Berlin inicia o terceiro capítulo de PIRA, significativamente intitulado "Dois conceitos de liberdade: romântico e liberal", afirmando que o "significado mínimo, central, nuclear" de liberdade é a ausência de restrição ou coerção da parte dos outros seres humanos. A liberdade *política* é um conceito negativo, a ser concebido como uma esfera dentro da qual os indivíduos não são proibidos de fazer o que bem quiserem. A liberdade é liberdade *contra*; liberdade *para* fazer algo, "sob análise", significa estar livre de obstáculos. Para os liberais que subscrevem essa visão, a liberdade é um ideal central porém instrumental, um meio necessário de evitar que metas positivas sejam frustradas, mas não um fim em si mesma.[34]

A posição liberal apresentada aqui é essencialmente a visão de liberdade que Berlin endossaria em "Dois conceitos". Mas em PIRA ele associa essa posição a uma visão instrumentalista da liberdade, válida apenas como um meio ou uma condição para alcançar outros fins, enquanto atribui a Rousseau e Kant a visão de que a liberdade é um bem intrínseco, um fim em si mesma. Embora criticasse duramente o que em PIRA denomina de concepção romântica de liberdade (que mais tarde identificou com a liberdade positiva),[35] Berlin tinha simpatia pela opinião de Rousseau e Kant de que a liberdade era "um fim absoluto [...] que não precisava de justificação em termos de nenhuma outra finalidade, e pelo qual valia a pena lutar [...] por ele mesmo, independentemente de seu valor em fazer as pessoas felizes, sábias ou fortes".[36] Ao tentar combinar uma concepção "negativa" de liberdade com uma compreensão não instrumentalista do valor da liberdade, ele se posicionava entre os campos romântico e liberal, que ele retratava como opostos inconciliáveis.[37]

Na conclusão de sua discussão da liberdade em PIRA, Berlin faz outra distinção entre duas concepções opostas de liberdade — nesse caso, "humanista e não humanista". A primeira consiste na posição liberal tradicional, que sustenta que a liberdade é a ausência de interferência por parte dos outros e a proteção contra essa intromissão, fortalecida com a ênfase kantiana na importância da escolha para a dignidade moral humana. Ela afirma que os indivíduos devem ser considerados valiosos como fins em si mesmos, porque são "a fonte de toda moralidade, os únicos seres pelos quais o que quer que vale a pena ser feito vale a pena ser feito", e portanto não devem ser sacrificados a princípios maiores.[38] A concepção humanista de liberdade difere da romântica, e não está de acordo com a liberal, ao basear-se numa concepção antes empírica que metafísica do indivíduo, cuja liberdade consiste em "buscar alcançar aqueles fins que deseja atingir não importa por que razões", e portanto requer "uma certa zona protegida contra a invasão dos outros". Mas se a concepção humanista de liberdade leve a conclusões liberais — a necessidade de proteção de uma zona de não interferência dentro da qual os indivíduos possam agir como quiserem —, ela o faz, ao menos em parte, com base na insistência kantiana de que a importância da liberdade de fazer escolhas próprias é em si mesma um elemento essencial numa vida plenamente humana. Em outras palavras, ela sustenta que a liberdade é boa, não só como um meio para alcançar os fins que o indivíduo opta por atingir (sejam eles quais forem), mas também porque é simples e intrinsecamente bom ser livre.

A concepção "não humanista", por outro lado, define a liberdade como autorrealização por meio da união do indivíduo a um grupo ou movimento maior, ou pela devoção do indivíduo a um ideal mais elevado. A concepção "humanista" da liberdade, com sua concepção empirista particular do eu, combinando a prática da liberdade negativa a um respeito não instrumental pela liberdade de escolha e pela dignidade humana, é reconhecível como a base da posição de Berlin em "Dois conceitos". Seu pensamento político viria a ser associado com a distinção conceitual entre liberdade negativa e positiva, e tem sido frequentemente compreendido como defesa da primeira e ataque à última. Na verdade, como seus escritos do início dos anos 1950 sugerem e PIRA revela, para Berlin a distinção moral ou avaliadora crucial era aquela relacionada, porém distinta, entre as concepções humanista e não humanista da liberdade; e seu pensamento político era devotado a defender a primeira contra a última.

IV

Apesar das preocupações políticas que existem por trás de sua composição, PIRA se dispõe a ser um relato histórico, que cobre o pensamento político durante um determinado período da história intelectual, focalizando as questões em debate entre os expoentes do Iluminismo e seus críticos, conflito que continuaria a formar o núcleo da obra de Berlin sobre a história das ideias pelo resto da sua vida. Esse texto é interessante primariamente pelo que nos diz sobre como Berlin via o mundo, pelo que revela dos conceitos e categorias que estão por trás de seu pensamento e o estruturam, e pelas questões filosóficas substantivas que propõe. Essas questões, as diferentes reações a elas, e o impacto que têm sobre o pensamento, experiência e ação modernos são reais, mesmo que os textos de Berlin sobre o Iluminismo e seus críticos, e sobre pensadores individuais, sejam frequentemente, na melhor das hipóteses, defeituosos e exageradamente simplificados, e na pior das hipóteses categoricamente desorientadores. O leitor que busca uma reconstrução histórica escrupulosamente acurada não deve consultar Berlin. Mas, por outro lado, ele não tinha a formação nem a prática de um historiador profissional; e suas obras históricas, embora deficientes em alguns aspectos, são e continuam a ser ricamente compensadoras em outros.

A obra histórica de Berlin é marcada por uma tensão sempre presente entre os objetivos de compreender o passado em seus próprios termos e o de recorrer ao passado para explicar como o presente veio a ser como é, a fim de obter uma perspectiva sobre as questões que são mais importantes para nós hoje; entre identificar o que era único no passado e revelar o que ainda o torna relevante; entre o passado como algo intrinsecamente interessante por si mesmo, e como algo interessante por causa de sua relação com o presente. Relacionada a essa tensão, existe outra entre o interesse de Berlin pela história das ideias e seu interesse por seu conteúdo. Alan Ryan definiu-a muito bem: Berlin "não estava interessado na história cotidiana que havia por trás das ideias pelas quais sentia fascínio. O que o interessava eram ideias ousadas e pensadores imaginativos, originais e sutis", e não as derivadas ou de segunda mão, por mais historicamente proeminentes ou significativas que pudessem ter sido.[39] Berlin era por demais o intelectual — isto é, em sua própria definição, alguém que se interessava pelas ideias, e queria que as ideias fossem tão interessantes quanto possível[40] — para ser um historiador intelectual absolutamente diligente e acurado. Seu conhecimento não deve ser subestimado;[41] mas não era empregado com disciplina rigorosa para fins de reconstrução cuidadosa. Se tivesse sido, as leituras da história feitas por ele seriam muito menos controversas, e muito mais confiáveis. Mas é improvável que tivessem expressado com tanta força uma agenda intelectual tão importante e original; ou que ainda fossem lidas, como o são as obras de Berlin, tanto por eruditos como por leitores em geral, décadas depois de sua composição e anos depois da morte de Berlin.

Berlin era, em suma, menos um historiador intelectual do que um intelectual que se revelou um profundo conhecedor e estudioso de história (intelectual ou de outro tipo), recorrendo a esses conhecimentos em toda a sua obra. Ao mesmo tempo, sua contribuição para a prática da história intelectual não deve ser esquecida ou subestimada. Berlin escreveu durante um período em que a história intelectual estava totalmente fora de moda na Grã-Bretanha (ainda que estivesse florescendo nos Estados Unidos). Talvez seja difícil lembrar como os interesses históricos de Berlin eram marginais, exóticos naqueles dias remotos, antes que John Pocock, Quentin Skinner, John Burrow e outros conquistassem para a história das ideias um lugar central na historiografia britânica.

Berlin sobressaía-se, sobretudo, na arte do retrato; é por isso que PIRA, seu esboço mais próximo de um cenário panorâmico de grande escala, é uma de suas obras históricas menos satisfatórias. Seu melhor desempenho se dava quando a sua receptividade e sensibilidade eram ativadas. Tão poderosas eram essas suas qualidades que ele às vezes dava a impressão — para si mesmo, bem como para os outros — de que conhecia os temas de seus escritos por experiência própria.

Sua personalidade intelectual era forte e singular e coloria tudo o que ele escrevia. Sendo ou não verdadeira a doutrina do expressivismo de Herder sobre a linguagem humana e a atividade em geral, como Berlin parecia acreditar, ela era certamente verdadeira a respeito de Berlin. Entretanto, essa personalidade tão singular era também evasiva e proteica. Em parte porque um de seus traços mais marcantes era a capacidade de sentir e pensar a seu modo sob outras perspectivas. Essa capacidade não se originava de uma "capacidade negativa" à guisa de Keats;[42] era uma capacidade positiva. A receptividade e a empatia de Berlin não refletiam a falta de alguma coisa, nenhum espaço vazio esperando para ser preenchido, mas antes um excesso, um transbordamento de pensamento e sentimento.

Essa qualidade de Berlin, que o tornava um ser humano tão atraente, era tanto uma força como um defeito num historiador das ideias. Permitia que ele entrasse nas perspectivas de outros, mas também significava que, sempre que procurava delinear perspectivas diferentes da sua própria, alguma coisa sua coloria o texto e frequentemente o distorcia. Em alguns de seus ensaios, Berlin parece começar a se tornar aqueles sobre quem escreve — Herder, Vico, Sorel, Herzen ou Hess; mas eles, por outro lado, parecem muitas vezes tornar-se Berlin.[43] Em seus escritos sobre essas figuras, ele estava empenhado numa tarefa que era artística, político-filosófica e histórica, ou ainda mais; na expressão de Borges, ele criou seus precursores.[44] Em seus melhores momentos, a personalidade e os interesses intelectuais de Berlin existem em seus escritos ao lado dos daqueles sobre quem escreve, produzindo uma complexa interação entre os dois. O resultado final é frequentemente fascinante, e não se trata de mera projeção das suas pressuposições e preocupações; mas também não é história tal como ela é escrita ou concebida pela maioria dos historiadores.

A maneira profundamente "pessoal" de Berlin abordar a história das ideias tornou sua obra singularmente convincente e viva, mas nem sempre propiciou uma análise ou reconstrução acurada e, para falar a verdade, às vezes a estragou. Os próprios dons de Berlin talvez o tenham levado, às vezes, a subestimar a pura incognoscibilidade das pessoas do passado e de suas ideias, e a necessidade de se basear em detalhes factuais exatos, análise e reconstrução textual cuidadosa de contextos intelectuais, quando o conhecimento "interno" ou de primeira mão é insuficiente ou impossível. Ele tinha a tendência de formar impressões pessoais vívidas dos pensadores sobre os quais escrevia, além de explicações sutis e plausíveis de seus pensamentos, comportamento, reações a ideias e acontecimentos, para depois apresentar os retratos resultantes a seu público. Às vezes sua imaginação o arrebatava. E às vezes sua sensação de conhecer aqueles sobre quem escrevia como seres humanos — de ser capaz de ouvi-los falar[45] — se interpunha à sua capacidade de perceber acuradamente o que eles tinham de fato dito — que era frequentemente menos incisivo, penetrante, convincente ou humano (no caso dos heróis de Berlin), ou menos simplista, monolítico e mal-concebido (no caso dos alvos de sua crítica, como Rousseau ou Hegel), do que aquilo que ele apresentava. Berlin procurava servir tanto às suas próprias ideias e percepções quanto à história das ideias. Essas metas não eram as mesmas, e frequentemente não se mostravam compatíveis; e quando divergiam, Berlin muitas vezes compreendia as coisas de forma ao menos parcialmente equivocada.

Se a característica mais marcante e atraente da obra histórica de Berlin em geral é o seu retrato de indivíduos, enquanto suas descrições de contextos e correntes maiores são com frequência demasiado breves e impressionistas para não sofrerem com uma simplificação excessiva, sendo portanto insatisfatórias, PIRA exibe qualidades inversas, sendo defeituoso em seus detalhes, mas poderoso em seu amplo alcance. O retrato de pensadores individuais feito por Berlin pode ser contestado.[46] Mas ele também faz declarações sobre a forma maior da história intelectual no período que discute, sobre a evolução do pensamento europeu num período que considerava, plausivelmente, importante e turbulento. Sobre esses aspectos, seu texto também pode ter defeitos — e que tinha consciência de suas deficiências se reflete no fato de que, durante toda a sua carreira, modificou suas declarações sobre os desenvolvimentos que traçava, e nunca produziu uma versão final ou abrangente do tema. Mas, por outro lado, Berlin sempre desconfiava de versões finais, tanto porque elas nunca podem captar a plena complexidade e o caráter aberto da realidade, como porque colocam o ponto final na conversa — isto é, no projeto de aprender sobre o mundo e compreender seu sentido. O relato histórico apresentado em PIRA deve ser tomado como um entre muitos modos possíveis de interpretar não só os fenômenos que descreve, mas a natureza, o curso e o destino da modernidade de maneira mais geral (se podemos usar um estilo portentoso que o próprio Berlin não usaria e no qual não confiaria). Ele é penetrante, mas não é completo. Deve ser tomado como uma provocação que incita mais reflexão, um estímulo a pensar sobre a influência das ideias e as grandes implicações do curso da história, a ocupar-se das questões que ele identifica de modo tão convincente e acessível, em vez de ser lido como um livro-texto, uma reconstrução erudita autorizada ou uma síntese final. Criticar Berlin por não escrever, ou PIRA por não ser essa obra tão exata ou cuidadosa de erudição é perfeitamente lícito e justo; mas também é, no entanto, deixar de compreender a questão.

Além de ser contencioso em muitas de suas interpretações, PIRA representa uma abordagem da história das ideias, e faz pressuposições sobre o período estudado, que eram ou amplamente aceitas ou estimulantemente pouco familiares em 1952, mas que estão muito fora de moda hoje em dia. A erudição recente tende a quebrar os grandes movimentos que Berlin caracteriza com tanta confiança e intensidade em fenômenos menores, mais concretos, mais variados. Assim, a descrição do Iluminismo feita por ele talvez pareça demasiado simplista mesmo para outros eruditos que aceitam a ideia de um movimento singular e unificado que é conhecido por esse nome.[47] Mas a própria ideia de "o" Iluminismo começou a ser rejeitada recentemente por muitos historiadores em favor de uma variedade de "Iluminismos", divididos e diferenciados uns dos outros por fronteiras nacionais, culturais, religiosas e cronológicas.[48] Uma mudança ainda mais marcante tem ocorrido na profissão histórica em geral, sob a forma de um afastamento do tipo de história intelectual praticado por Berlin em favor de uma história social e cultural — e isso tem sido acompanhado por um eclipse da história das ideias em muitas universidades inglesas e norte--americanas.[49]

Entretanto, Berlin não pode ser facilmente agrupado com os historiadores intelectuais e os historiadores da literatura e filosofia de gerações anteriores, que escreveram textos gerais sobre o Iluminismo. Sua exposição é muito menos sistemática e mais seletiva; está mais interessada em transmitir uma mensagem filosófica particular — sendo ao mesmo tempo, em última análise, menos sectária em seu tratamento do Iluminismo do que os textos oferecidos por muitos historiadores.[50] A esse respeito, a interpretação contida em PIRA é também difícil de ser inteiramente assimilada, apesar de toda a semelhança entre elas, às narrativas mais sectárias e teleológicas de Horkheimer, Adorno ou Talmon.[51] A obra de Berlin revela-se, mais uma vez, difícil de categorizar. Em parte porque os conceitos intelectuais por trás de suas investigações históricas, bem como a personalidade que as modelava e coloria, eram muito diferentes dos da maioria de seus predecessores, sucessores ou mesmo pares.

V

Como historiador das ideias e teórico político, Berlin se interessava por dois tipos de ideias políticas: conceitos políticos normativos, como liberdade e igualdade, e as ideias sobre moralidade e natureza humana nas quais estavam fundamentados; e teorias sobre como a política deve ser compreendida ou estudada, e as pressuposições metafísicas e psicológicas sobre as quais foram construídas. Ele estava interessado no modo como a política era compreendida tanto no passado como no presente, e na relação dessa compreensão com a ação — isto é, como o estudo da política afetava a prática, e como a prática da política era compreendida, ou mal compreendida, pelos estudiosos da política.[52] Berlin reagia contra a visão de um estudo neutro-quanto-aos-valores e plenamente científico do comportamento político, que predominava nos anos 1950 e que ele julgava ter se originado no Iluminismo. Procurava revelar as compreensões errôneas da política que atormentavam seus contemporâneos, e oferecer uma concepção alternativa de compreensão política, retornando às raízes da ciência social moderna, assim como buscava combater as ideologias antiliberais e defender o liberalismo, retornando aos conflitos ideológicos e às aspirações políticas do período em torno da Revolução Francesa.

A arquitetura intelectual de PIRA é construída sobre um conjunto de dicotomias imbricadas, porém distintas, entre posições intelectuais opostas, que são expostas numa carta à presidente de Bryn Mawr citada no prefácio de Henry Hardy,[53] bem como no Prólogo de Berlin. A primeira dessas posições é a dos racionalistas "lúcidos e apaixonados" do Iluminismo, com sua fé de que o método científico podia resolver todas as questões, tanto dos fins como dos meios, e descobrir um plano harmonioso de organização social que acabaria para sempre com a injustiça, a miséria e o conflito, e com sua crença de que os seres humanos eram "infinitamente maleáveis" e podiam ter suas emoções "canalizadas" por especialistas iluminados de modo a promover a felicidade, a segurança e a eficiência. A isso ele opõe o "protesto kantiano liberal" contra tratar as pessoas como crianças, com sua insistência no caráter sagrado do ato de escolha individual, seu compromisso com a liberdade como um fim em si mesma, e seu medo de qualquer forma de controle social, por mais sábio e benéfico que possa ser. Relacionada a essa dicotomia, mas não idêntica de todo, estava aquela entre o utilitarismo otimista de Helvétius e Bentham, que enxergava a busca racional da felicidade como a melhor forma de vida, e a visão rebelde de Rousseau de "seres humanos social e emocionalmente emancipados", não corrompidos pelo egoísmo e pela sofisticação, simples, espontâneos e regidos apenas pela consciência.

Outro conflito dizia respeito à maneira apropriada de compreender a natureza humana e a sociedade. Um lado desse debate era dominado por aqueles racionalistas que procuravam aplicar a lógica cartesiana, ou os métodos indutivos das ciências naturais, aos assuntos humanos. A eles se opunham os críticos cristãos e conservadores que adotavam uma visão historicista e organicista da sociedade, enfatizando a singularidade da vida humana, a sua mudança dinâmica ao longo do tempo, a importância da tradição e laços emocionais, e a necessidade de compreender as instituições humanas a partir de dentro.

Finalmente, Berlin pretendia discutir a oposição entre a fé na benevolência ou maleabilidade da natureza humana por parte de liberais e racionalistas que acalentavam visões de perfeição e liberação, e um pessimismo reacionário sombrio que não considerava os homens nem bons, nem maleáveis, mas inerente e irremediavelmente fracos, vaidosos e perversos, sustentando que deviam ser governados pelo medo da autoridade e pela fé cega.

Berlin atribuiria mais tarde a importância histórica do romantismo à sua ruptura profundamente radical com as pressuposições monísticas que tinham dominado o primeiro pensamento ocidental. Em PIRA, ele identifica como a contribuição central do romantismo uma doutrina diferente, mas afim. Ela sustentava que os valores não eram, como anteriormente se acreditava, "ingredientes do universo" a serem descobertos, mas criações humanas. Essa visão, e a nova escala de valores e conjunto de ideais que gerava, era para Berlin "o maior passo da consciência moral da humanidade desde a Idade Média, talvez desde o surgimento do cristianismo".[54]

Ele estuda esse tema na sua nota sobre "Ética subjetiva *versus* ética objetiva" (SVOE). Ali, como em sua obra posterior que defende o pluralismo, Berlin identifica como a fonte de erro intelectual o desejo de certeza e segurança, e tenta superar essa aspiração enganosa identificando e corrigindo as confusões que lhe servem de base — sem cair no extremo oposto de um cinismo e de um ceticismo exagerado sobre a moralidade. Nesse caso, Berlin insiste que a ânsia por fundar a ética sobre uma "base objetiva" firme e o medo de resvalar-se inevitavelmente para o subjetivismo, se isso não for feito, originam-se de uma compreensão errônea básica da natureza das afirmações sobre o valor. As afirmações normativas são "em princípio diferentes, pelo modo como são usadas, das afirmações lógicas ou descritivas". Sendo assim, a oposição objetivo/subjetivo, que se aplica às afirmações lógicas ou descritivas, simplesmente não se aplica às afirmações normativas. Berlin espera, com esse método de argumentação — que apresenta como uma explicação da teoria ética de Hume —, salvar a ética, por um lado, do impasse do debate sobre o subjetivismo, da busca fútil de objetividade e, por outro, do cinismo e da desistência.

A interpretação de Hume apresentada por Berlin foi influenciada tanto pelo neokantismo alemão como pelos interesses e estilo da filosofia analítica de Oxford.[55] Em particular, reflete provavelmente uma resposta ao positivismo lógico, que asseverava que todas as afirmações significativas são empiricamente verificáveis. Aquelas afirmações que não são empiricamente verificáveis — inclusive as afirmações normativas — são estritamente desprovidas de sentido, e devem ser vistas apenas como afirmações de preferência ou gosto subjetivos expressas de modo confuso. Assim, a afirmação "A crueldade é má" e a afirmação "Gosto de meu café puro" são da mesma espécie subjetiva, em oposição a afirmações verificáveis como "O gato está sobre o tapete" ou "$E = mc^2$". Contra essa posição, Berlin argumentava que as afirmações normativas, enquanto afirmações não verificáveis de fatos objetivos, são também não só afirmações de preferência subjetiva, mas *sui generis*. O impacto da filosofia de Oxford é ainda mais evidenciado por sua ênfase no modo como essas espécies diferentes de termos são usadas (nesse caso, o modo como termos éticos e termos factuais funcionam de maneira essencialmente diferente) e por sua tentativa de superar problemas antigos desconsiderando-os como erros de categoria.

Essa abordagem é acentuadamente diferente da exemplificada pela maioria dos escritos de Berlin. Felizmente; porque SVOE não é, em última análise, bem-sucedido. Berlin assevera que as afirmações sobre o valor não são nem subjetivas, nem objetivas, mas não explica exatamente o que são afirmações normativas, nem por que a distinção subjetivo/objetivo, que se aplica a duas outras espécies totalmente diferentes de afirmação (sobre o fato empírico e as regras lógicas), não se aplica na esfera normativa. Seu texto é, portanto, frustrantemente incompleto, mesmo que a intuição básica a que ele recorre seja plausível. Entretanto, ele lança luz sobre seu pensamento sobre a ética naquele momento, bem como sobre as conexões entre seus escritos sobre a revolução ética do romantismo e sua primeira imersão na filosofia de Oxford.

A insistência de Berlin na natureza *sui generis* das afirmações e conceitos normativos manifesta a sua convicção de vida inteira de que diferentes métodos e padrões são apropriados a campos diferentes da experiência e pensamento humanos, e de que um dos erros intelectuais mais comuns e perigosos é a aplicação inapropriada de um único modelo a todas as facetas da vida. Berlin articulou pela primeira vez essa visão — que Jonathan Allen denominou "antiprocrustianismo" — num de seus primeiros ensaios, "Some procrustations", e continuaria a enfatizá-la em seus escritos posteriores sobre a distinção entre as ciências e as humanidades.[56]

PIRA sugere também que, para Berlin, a ideia de que os valores são fatos estava ligada à crença de que as metas não são livremente escolhidas, mas determinadas, de que há verdades sobre a natureza humana a serem descobertas, as quais, uma vez descobertas, devem reger nosso pensamento e comportamento. Berlin era particularmente avesso à ideia de um "eu verdadeiro", cuja natureza dita as escolhas que devem ser feitas e os fins buscados pelo indivíduo; essa noção assume proeminência pela primeira vez em PIRA, e seria o cerne de "Dois conceitos de liberdade". Mas ele às vezes parece ir além desse ataque à ideia "metafísica" do eu, sugerindo que qualquer forma de essencialismo a respeito da natureza humana — a visão de que a natureza humana (seja individual, seja coletiva) é algo natural e inalterável, e de que os valores não são criações humanas, mas antes resultam das necessidades da natureza humana e podem ser descobertos pelo conhecimento dessa natureza — apresenta uma ameaça para a liberdade humana.

Embora SVOE reflita algumas continuidades no pensamento de Berlin, revela também pelo menos uma mudança significativa. Ali, e no texto principal de PIRA, Berlin enfatiza afirmações sobre a origem dos valores humanos: o ponto crucial é a alegação de que os valores são criados pelos seres humanos, em vez de descobertos — de que não são fatos, mas algo completamente diferente. Embora continuasse a identificar essa noção em seus escritos posteriores como uma das contribuições filosóficas mais originais, significativas e na verdade revolucionárias do romantismo,[57] sua descrição do significado do romantismo, e seu escrito sobre a natureza dos valores, deslocavam o foco desses textos para o pluralismo. Berlin passou a acentuar não as origens dos valores, mas o modo como os valores aparecem para nós — isto é, passou das afirmações numenais sobre de onde vêm os valores ou onde eles residem, para as afirmações fenomenais sobre a nossa experiência dos valores.

Embora a concepção da natureza dos valores conforme expressa em SVOE e PIRA seja central na obra de Berlin, ela também aponta para uma tensão importante em seu pensamento. Ele se opunha à visão de que os fins são dados em vez de escolhidos, de que há uma natureza humana geral e uma natureza pessoal e individual que dita os fins que os indivíduos escolhem e buscam realizar. Mas também parece recorrer com frequência à ideia de que há realmente verdades inerentes e inalteráveis sobre a natureza humana bem como sobre os seres individuais, complexos e proteicos como são, que não devem ser forçados a adaptar-se a padrões e exigências que lhes são inaturais.[58] A preocupação de Berlin com a deformação da personalidade humana pelas tentativas de "moldá-la" para que se conforme a projetos ideológicos sugere que existe ali algo que não vai se ajustar ao molde ou que será violado por ele. O horror do "procrustianismo", afinal, deriva do fato de que envolve o tolhimento ou a vivissecção de algo que existe; Proteus, o que-muda-de-forma, presumivelmente não correria perigo com Procrusto, pois seria capaz de se adequar a qualquer forma que o bandido pudesse lhe exigir. Se os seres humanos são caracterizados apenas ou primariamente por sua capacidade de mudança, sua maleabilidade, o que há de errado em moldá-los para que tenham valores e vidas mais harmoniosos?[59] O pluralismo de Berlin sugere que a realidade da complexidade é em si mesma um "fato bruto" sobre o caráter humano, que deve ser reconhecido e respeitado, e que é ignorado a um custo moral e intelectual. Há limites para o poder de transformação dos seres humanos, ao menos se quiserem continuar humanos — o que, sugere Berlin, deveriam continuar a ser.[60] A aceitação aparente da distinção entre fatos e valores por parte de Berlin precisa ser compreendida com ressalvas. Os valores que as pessoas perseguem são fatos sobre elas, e os fatos do caráter humano — tanto do caráter individual como de grupos e da humanidade em geral —, embora flexíveis, têm implicações normativas.

SVOE também pode ser visto como uma resposta à visão instrumentalista dos seres humanos que Berlin atacou em seus primeiros escritos, e dessa forma está relacionado com a crítica do determinismo histórico que figurou com proeminência em sua obra ao longo de toda a década de 1950.[61] Ele via a doutrina do determinismo como um ataque à capacidade humana de julgamento moral e à faculdade de escolha autodeterminante que confere dignidade moral aos indivíduos. Acusava tanto o determinismo histórico como a visão moderna dos seres humanos que examinou em "Democracia, comunismo e o indivíduo" e "Ideias políticas no século XX", diagnosticando uma negação da valia das percepções de si mesmos, julgamentos e ações morais dos indivíduos, por serem considerados "subjetivos" e, portanto, sem validade ou valor.[62] Berlin estava tão interessado em defender os valores contra a atitude de descartá-los como subjetivos, e portanto sem importância, quanto em rejeitar a crença de que os valores podiam ser derivados dos fatos ou conhecidos com a mesma certeza dos fatos, uma crença que levava à condenação da divergência e da variedade, bem como à fé no domínio dos especialistas morais. Apesar de todas as suas falhas, SVOE focaliza esse delicado esforço intelectual de duas vertentes, que foi central em toda a obra de Berlin — a sua crítica do determinismo, a sua defesa do pluralismo, a sua investigação do romantismo e a sua condenação do autoritarismo, da conformidade e do "procrustianismo".

VI

Foi em grande parte sua associação do Iluminismo (cujos compromissos morais e políticos despertavam nele considerável simpatia)[63] com uma tentativa "procrustiana" de compreender toda a experiência humana de forma sistemática a partir de uma única perspectiva (em geral, a da ciência natural empírica) que gerou em Berlin o fascínio pelos críticos dessa forma de pensamento.[64] Sua convicção de que Hume e os românticos expressaram percepções importantes da natureza dos valores humanos como algo que é antes criado que descoberto, e cuja importância deriva mais de seu papel nas vidas humanas individuais que de sua existência como ingrediente numa ordem objetiva, fomentava igualmente esse envolvimento com o romantismo. Assim também a sua abordagem histórica das ideias e da experiência humana em geral: Berlin tendia a associar o Iluminismo com a hostilidade à história tanto do cientificismo como da filosofia analítica da qual primeiro se ocupara, mas de cuja aridez acabou se afastando.[65]

Uma última razão para a simpatia de Berlin pelo romantismo era a sua ênfase (muitas vezes, ele reconhecia, terrivelmente exagerada nas formas que assumia) na força das emoções e personalidade humanas, e na importância do caráter e ações individuais. Seus escritos nos anos anteriores e posteriores à composição de PIRA deixam claro que ele via o "humanismo romântico" — com sua simpatia pelos dissidentes, pelas minorias e pelos "irregulares da civilização", sua ênfase antes na qualidade da personalidade que no sucesso mundano, o valor que atribuía à dignidade e à escolha em oposição à eficiência, ordem e correção — como intimamente ligado à reconceituação revolucionária da natureza dos valores como criações humanas, cuja valia provinha da valia dos seres humanos para quem eram importantes, e de cujas vidas constituíam ingredientes essenciais.[66] Esses valores "humanistas românticos", bem como a visão da natureza e importância da personalidade humana a que estavam ligados, eram caros ao coração de Berlin e modelaram tanto a sua concepção de história como a sua prática histórica.[67]

Isso propõe a questão da atitude de Berlin em relação aos movimentos e ideias históricos que ele discute em PIRA e em outros textos. Tem havido um debate já há alguns anos sobre sua posição em relação ao Iluminismo e seus críticos — se é melhor considerá-lo um *philosophe* tardio ou um crítico profundo e comprometido, embora simpatizante, do Iluminismo e até mesmo um seu opositor.[68]

Também nesse ponto, PIRA esclarece consideravelmente a questão, representando a primeira tentativa extensa e registrada de Berlin em sua luta corpo a corpo com o Iluminismo e seus críticos. A obra dá crédito à imagem de Berlin como crítico do Iluminismo, que ele associa nesse livro com uma crença na indivisibilidade da razão, fomentando uma mentalidade do tipo ou isso/ou aquilo.[69] Os seus representantes consideravam factual todo o conhecimento verdadeiro, não conseguiam emancipar-se das pressuposições teleológicas de eras anteriores, e construíam suas teorias sobre a falsa crença na harmonia natural da vida humana.[70] PIRA deixa claro que Berlin atribuía ao Iluminismo a origem da crença na permissibilidade e até na conveniência de planejamento racional por quem detinha o conhecimento, algo que particularmente o preocupava.[71] Mas revela também que ele associava a perversão do conceito de liberdade com o romantismo, vendo o Iluminismo como a origem da tradição liberal com a qual estava comprometido, bem como da visão tecnocrática que deplorava.

Como pluralista, Berlin percebia que nos conflitos dentro do Iluminismo, e entre o Iluminismo e seus críticos, cada lado representava valores genuínos — e cada lado também se equivocava ao deixar de reconhecer esse fato. Seu pluralismo o levou a ver os pontos fortes e as falhas de monismos em duelo.[72] Assim, ele inicia seu texto sobre as ideias políticas na era romântica enumerando dicotomias, não para construir um relato simples de heróis e vilões, mas para acentuar a maneira como facetas diferentes do Iluminismo e as reações contrárias a elas encarnavam valores genuínos — e, em alguns casos, como a busca desses valores incorria em erros e produzia males. Nesse texto, tanto o liberalismo moderno como seus opositores mais perigosos aparecem como herdeiros de uma herança dividida e complexa em que as correntes do Iluminismo e do Contrailuminismo se combinam entre si e se opõem umas às outras. Berlin escreveu a história das ideias com um propósito moral em mente, mas o seu relato não é uma moralidade teatral simplista.

Essa perspectiva pluralista impediu-o de ser sectário, mas não o tornou neutro. Ao lado do pluralismo que lhe permitiu ver que nem todos os valores são compatíveis, de modo que as ideologias e as *Weltanschauungen* contenciosas podem dividir e partilhar o mérito entre elas, havia um humanismo liberal que o tornava capaz de discriminar entre os sistemas de valor.[73] A isso ainda se somava um empirismo arraigado, embora refinado, que fazia Berlin confiar na particularidade da experiência humana. Dentro de cada visão de mundo, ele adotava aqueles elementos que reconheciam a complexidade, a irredutibilidade e a ilimitabilidade da realidade, que respeitavam a liberdade e a dignidade, e que levavam em consideração a variedade e a felicidade; opunha-se àqueles que desculpavam ou estimulavam a crueldade, o dogmatismo, a coerção, a simplificação, a intolerância, o paternalismo presunçoso, o cinismo brutal, a mesquinhez e a mediocridade moral e emocional.

PIRA reflete um estágio importante no desenvolvimento do pensamento de Berlin sobre o pluralismo. As primeiras raízes da ideia são visíveis nos seus escritos já nos anos 1930, mas suas críticas ao monismo só se tornam explícitas nas notas para "Democracia, comunismo e o indivíduo".[74] PIRA expande esse texto, ainda sem expor explicitamente o pluralismo de valores. Berlin identifica neste livro a pressuposição monística de que todas as perguntas genuínas podem ser em princípio respondidas, e de que há uma única solução verdadeira, que é factual. A própria "rica variedade"[75] de respostas a todos os problemas genuínos e significativos sugeria-lhe que essa crença era problemática. Ainda mais problemáticas eram as consequências que essa crença havia acarretado: a busca pelo sábio ou conhecedor erudito que pudesse descobrir a verdade e torná-la concreta, e a crença de que, se havia um único modo correto de viver ou acreditar, todos os outros modos estavam errados — na melhor das hipóteses devendo ser tolerados como um erro deplorável mas inextirpável, e na pior das hipóteses devendo ser extirpados.

O pluralismo de Berlin foi modelado tanto por suas crenças morais como pela consciência aguda da divergência e variedade, proporcionada por sua perspectiva histórica das ideias e por sua experiência de judeu russo vivendo e amadurecendo na Inglaterra. Mas essas não foram as únicas influências que levaram Berlin ao pluralismo. Algumas convicções filosóficas também entraram em ação. Seu "antiprocrustianismo" o levava a desconfiar de todas as pretensões de abrangência ou validade universal por parte de qualquer teoria; uma tal crença, ele pensava, não era compatível com um empirismo genuíno e escrupuloso, que fizesse justiça à singularidade de cada faceta da realidade. Berlin suspeitava da "falácia jônica", a crença na unidade de todas as ciências, e portanto da inteligibilidade de toda experiência em termos de "um princípio ou lei integradora única", bem como da possibilidade de deduzir todo o conhecimento desse princípio. Foi o desafio que o historicismo propunha a essa crença — bem como a tendência de Berlin a adotar uma abordagem histórica — que o atraiu aos fundadores do historicismo.

Berlin estivera ciente do historicismo desde cedo, graças às conferências de R. G. Collingwood (que o apresentou a Vico por meio de Croce) e à tutela mais informal, excêntrica e inspiradora do exilado político russo menchevique Solomon Rachmilevich, que talvez tenha introduzido o jovem Berlin às ideias neokantianas sobre as diferenças entre as ciências e as humanidades.[76] Entretanto, sua atenção parece ter realmente se concentrado nesse tópico por causa de seu estudo sobre Marx: seguindo Plekhanov, Berlin via o desafio historicista de Hegel às teorias naturalistas anteriores da sociedade como decisivo para o desenvolvimento e a importância de Marx. Embora Vico e Herder tivessem sido objeto de

breves retratos nos primeiros escritos de Berlin, foi só em PIRA que eles apareceram como protagonistas. Ao mesmo tempo, Hegel conservava em PIRA uma
importância que perderia em sua obra posterior; ou ao menos seu nome deixaria
de figurar com tanto relevo. Na verdade, a oposição de Berlin ao que ele considerava ser a filosofia de Hegel continuou decisiva durante toda sua carreira intelectual. Berlin se opunha ao que via como as dimensões de teleologia e teodiceia do
sistema de Hegel, o qual, ele acusava, justificava o que quer que viesse a acontecer
como sendo racional e necessário. Hegel, no seu entender, estava no lado dos
vencedores e descartava as vítimas; seu pensamento fornecia uma justificação
para a coação e a glorificação da força. Para Berlin, o tipo de historicismo de Hegel
parecia partilhar uma das maiores deficiências do progressismo do Iluminismo:
uma fé exultante na marcha do progresso que ignorava os seus custos, e uma
negação da realidade do sofrimento e da perda que encorajava sua insensível
imposição.[77] O hegelianismo também caía no erro de confundir afirmações sobre
fatos com afirmações sobre valor: tal como os primeiros pensadores haviam
equivocadamente localizado a fonte do valor na natureza, os historicistas a loca-
lizavam no movimento para a frente da história. Daí a preferência de Berlin por
Vico e Herder, que eram ambos figuras mais marginais, e aos olhos dele simpa-
tizavam mais com as minorias e os excêntricos.[78]

O arrazoado histórico oferecido em PIRA reflete assim as preocupações
filosóficas e as convicções morais que motivavam a obra de Berlin à época, e que
dariam origem à sua obra posterior tanto sobre teoria política como sobre a
história das ideias. PIRA representa o ponto em que os principais fios de seu
pensamento se uniram; da confluência desses interesses históricos, filosóficos,
morais e políticos brotariam as ideias e obras que fizeram sua reputação e domi-
naram sua carreira intelectual.

VII

A discussão precedente procurou situar PIRA no desenvolvimento do pensamento de Berlin, e desse modo explicar o seu interesse para os estudiosos da
obra berliniana. Entretanto, mesmo quando isso é compreendido, continua a
existir uma questão mais fundamental: por que vale a pena estudar seu desenvolvimento intelectual e o pensamento que ele produziu?

Para os fins deste ensaio, a primeira parte dessa questão pode ser sumariamente descartada. Se quisermos aprender sobre Berlin, devemos tentar entender corretamente as suas ideias, compreender o que ele de fato disse e pensou. Se é isso o que queremos fazer, e não compreender erroneamente Berlin deixando de perceber o significado de sua obra, devemos entender de onde vieram as suas ideias, como elas se desenvolveram, o que a sua obra pretendia realizar, e por que ele ansiava tanto para que ela se realizasse. O objetivo de estudar um pensador do passado deve ser, ao menos em parte, aprender algo novo, expandir os nossos horizontes mentais, entrando em contato com uma mente diferente da nossa e passando a compreender essa mente. É esse alargamento dos horizontes intelectuais que torna a história das ideias uma das ocupações intelectuais mais desafiadoras e potencialmente enriquecedoras.

Mas por que vale a pena estudar Berlin em particular? O interesse de sua carreira intelectual é, em primeiro lugar, histórico. Ele era um membro representativo e influente de uma geração significativa de intelectuais que viveram durante uma época momentosa na história política e intelectual, e que procuraram reagir a seu tempo. Ele se interessava profundamente pelos acontecimentos, sendo agudamente sensível às correntes de sua época. Era também totalmente *sui generis*, movendo-se com passos seguros por mundos mentais discrepantes e unindo-os numa síntese pessoal única. Berlin revelou heranças esquecidas e pouco familiares e comunicou-as a um público amplo; recorrendo a esses recursos, enriqueceu e revitalizou a tradição importante, mas fatigada do liberalismo ocidental. Ao longo do processo, deu contribuições importantes para a vida intelectual de seu tempo, que também oferecem lições para o nosso.

Sua contribuição para o liberalismo foi ao mesmo tempo de restauração e inovação. Ele retornou às ideias dos primeiros liberais, como Constant, Tocqueville e Mill, e suplementou os recursos da teoria liberal com os *insights* de pensadores não liberais simpatizantes como Herzen, e até com as lições de pensadores antiliberais, como um Hamann, Maistre e Sorel. Mas Berlin também trouxe algo que era inteiramente seu e de seu tempo para o liberalismo. Essa contribuição consistia em parte no seu pluralismo de valores, em parte no ceticismo e antiutopismo que impregnava sua obra, em parte no seu antiprocrustianismo, e em parte em algo mais pessoal que teórico: seu interesse pela personalidade humana, seu reconhecimento da diversidade como um bem intrínseco, e da complexidade como uma carga inevitável e ao mesmo tempo como uma fonte de dignidade. Nesse aspecto ele foi além dos primeiros pensadores liberais; e o seu liberalismo, com sua oposição aos mitos de progresso e perfeição, com sua consciência das limitações e da tragédia que assombram a vida humana, e com sua combinação de um compromisso com a liberdade individual e uma apreciação da profunda diversidade e das dificuldades que ela engendra, continua sendo uma visão fascinante para o mundo atual.

A obra de Berlin também continua relevante para os estudiosos da política. Ele é instrutivo como um teórico e um praticante das ciências humanas, alertando contra as limitações dos paradigmas científicos e o descaso em relação ao particular e irredutível na experiência humana, e dando um exemplo contrastante por meio do alcance imaginativo, *insight* psicológico e entusiasmo emocional de sua própria obra. Ele nos lembra a importância de evitar a desumanidade no pensamento bem como na prática, de restaurar o unicamente humano no estudo das ciências humanas, de colocar o bem-estar individual no centro de nossas considerações éticas, e de reintroduzir a pessoa nos estudos políticos e na teoria política.[79]

Berlin não estava sozinho ao atacar o cientificismo, o totalitarismo ou os dogmas ideológicos. Entretanto, o seu humanismo liberal, pluralista, antiprocrustiano permanece característico pelo modo como encarna as virtudes que exalta e como põe em prática as lições que recomenda. Ele resumiu o ponto principal de toda sua obra como sendo uma desconfiança de qualquer pretensão à posse de um conhecimento incorrigível sobre o comportamento humano.[80] Ele defendia uma ética intelectual e uma sensibilidade moral baseada na humildade, no ceticismo e na simpatia. A sua crítica da ideologia, do reducionismo e da simplicidade era vigorosa e apaixonada, mas não ideológica, não reducionista e não simplista, uma defesa complexa da complexidade, mais bem representada por sua própria descrição da natureza humana:

O homem é incapaz de autoperfeição e, portanto, jamais inteiramente previsível; falível, uma combinação complexa de opostos, alguns conciliáveis, outros incapazes de serem resolvidos ou harmonizados; incapaz de interromper a sua busca da verdade, felicidade, novidade, liberdade, mas sem nenhuma garantia [...] de ser capaz de atingi-las; um ser livre e imperfeito capaz de determinar o seu próprio destino em circunstâncias favoráveis ao desenvolvimento de sua razão e de seus dons.[81]

Berlin alertava contra as ciladas do pensamento para defender o pensamento. Advertia contra os erros característicos dos intelectuais, mas não era ele próprio um anti-intelectual (como atesta a sua reação hostil em PIRA ao que ele considerava o anti-intelectualismo de Rousseau). Argumentava que as limitações da razão devem ser reconhecidas; mas assim também as suas virtudes, a sua importância, e até mesmo a sua necessidade para a vida humana. As nossas tentativas de compreender o sentido do mundo sempre serão imperfeitas e incompletas, algo que devemos reconhecer. Mas ainda assim devemos continuar nosso esforço para compreender. "Não podemos falar sem incorrer em algum risco [...] a única maneira de estar absolutamente seguro é não dizer absolutamente nada."[82] Devemos ter consciência desses riscos e ser cautelosos; mas não devemos deixar que essa cautela se torne sufocante. "Os homens não podem viver sem procurar descrever e explicar o universo para si mesmos [...] A meta da filosofia é sempre a mesma, ajudar os homens a compreender a si mesmos e assim atuar às claras, e não loucamente, no escuro."[83] Mesmo quando se tornou um historiador das ideias, com seu trabalho sobre PIRA, Berlin permaneceu um filósofo na medida em que continuou a se esforçar para atingir essa meta; mesmo quando criticava o Iluminismo, ele continuava a trabalhar em nome da luz, e contra a escuridão.

AGRADECIMENTOS

Sou grato a Ryan Hanley, Steven B. Smith, José Harris, Luca Cuneo, Chris Brooke, John Burrow e Arthur M. Schlesinger Jr., com os quais tive conversas que contribuíram para o meu pensamento sobre Berlin e sua obra; a Michael Hughes e James Chappel por me fornecerem informações colhidas com o seu trabalho escrupuloso e ativo nos papéis de Berlin; a Jonathan Allen e Ryan Hanley por partilharem comigo o seu trabalho sobre Berlin, com o qual muito aprendi; a Cary e Deborah Cherniss e Bradley e Marcia Marcus por suas sugestões estilísticas e estímulo; a Chiansan Ma por um comentário produtivo sobre Borges; a Cary Cherniss, Alan Ryan e especialmente Ryan Hanley por lerem vários rascunhos deste texto e oferecerem comentários proveitosos; a Robert Wokler por partilhar comigo seu trabalho sobre PIRA e por ler e comentar este ensaio, bem como por muitos atos de gentileza e conversas estimulantes sobre este e outros projetos; e, acima de tudo, a Henry Hardy, pois sem o seu trabalho editorial esmerado, conselho judicioso, perguntas penetrantes e estímulo inabalável, ou esta introdução teria sido muito pior do que é, ou nem existiria. Sou, é claro, o único responsável pela interpretação apresentada e pelos erros e idiossincrasias contidos neste texto.

BIBLIOGRAFIA

O local de publicação é Londres, exceto quando especificado de outra maneira. As citações das obras de Berlin nas notas estão na forma "Berlin 1954" quando a referência é a todo um ensaio, "Berlin 1949b, 1" para uma passagem específica de um trabalho inédito incluído em *The Isaiah Berlin Virtual Library* (ver Hardy 2000, abaixo), e "L 168" para uma passagem específica de uma coletânea de ensaios ou cartas de Berlin. As referências a obras de outros autores assumem a forma "Allen 1998", mas as entradas para essas obras citadas abaixo não fornecem a data logo depois do nome, exceto nos casos em que mais de uma obra do mesmo autor seja listada.

Livros de Isaiah Berlin

Ver p. 9.

Outras obras de Isaiah Berlin

1930: "Some procrustations", *Oxford Outlook* 10 (1930), 491-502.
1932: Resenha de Leonard Woolf, "After the Deluge", *Oxford Outlook* 12 (1932), 68-70.
1937a: "Utilitarianism", conferência inédita, em Hardy, "Obras inéditas" (URL completo http://berlin.wolf.ox.ac.uk/lists/nachlass/utilitarianism.pdf)
1937b: Resenha de Julius Weinberg, "An Examination of Logical Positivism", *Criterion* 17 (1937-8), 174-82.
1949a: Contribuição para a série "Notes on the Way", *Time and Tide* 30 (1949), 1133-4, 1157-8, 1187-8.
1949b: "Democracy, Communism and the Individual", notas para uma confe-

rência em Mount Holyoke College, em Hardy, "Obras inéditas". (URL completo http://berlin.wolf.ox.ac.uk/lists/nachlass/demcomind.pdf)

1950a: "Soviet Beginnings" (resenha de E. H. Carr, *A History of Soviet Russia*, vol. 1: *The Bolshevik Revolution, 1917-1923*), *Sunday Times*, 10 de dezembro de 1950, 3.

1950b: "Political Ideas in the Twentieth Century", L 53-93.

1953a: "The Hedgehog and the Fox", RT 22-81.

1953b: "The Sense of Reality", SR 1-39.

1953c: Resenha de Cassirer 1932, *English Historical Review* 68 (1953), 617-9.

1954a: "Historical Inevitability", L 94-164.

1954b: "Realism in Politics", POI 134-42.

1956: "The Philosophers of the Enlightenment", POI 36-52.

1957: "Political Judgement", SR 40-53.

1958: "Two Concepts of Liberty", L 166-211.

1959: "European Unity and its Vicissitudes", CTH 175-206.

1960a: "The Concept of Scientific History", PSM 17-58.

1960b: "The Romantic Revolution", SR 168-93.

1961: "Does Political Theory Still Exist?", PSM 59-90.

1962a: "Artistic Commitment: a Russian Legacy", SR 194-231.

1962b: "Mr. Carr's Big Battalions" (resenha de E. H. Carr, *What is History?*), *New Statesman* 63 (janeiro-junho 1962), 15-6.

1972: "Fathers and Children: Turgenev and the Liberal Predicament", RT 261--305.

1974: "The Divorce Between the Sciences and the Humanities", PSM 326-58.

1975: "The Apotheosis of the Romantic Will", CTH 207-37.

1980: "A Tribute to my Friend", *Forum* (Israel) nº 38 (verão 1980), 1-4.

1992: Cartas a Conor Cruise O'Brien, em Conor Cruise O'Brien, *The Great Melody: a Thematic Biography and Commented Anthology of Edmund Burke* (1992), 612-5, 617-8.

Obras de outros autores

Adorno, Theodor W., et al., *The Authoritarian Personality* (Nova York, 1950).

Allen, Jonathan, resenha de SR, *South African Journal of Philosophy* 17, nº 2 (1998), 173-7.

Arendt, Hannah, *The Origins of Totalitarianism* (Nova York, 1951).

Arieli, Yehoshua, "Sir Isaiah Berlin: Humanism and the Romantic Experience", em Avishai Margalit, ed., *On the Thought of Isaiah Berlin: Papers Presented in Honour of Professor Sir Isaiah Berlin on the Occasion of his Eightieth Birthday* (Jerusalém, 1990).

Aron, Raymond, *The Opinion of the Intellectuals* (1957).

Ayer, A. J., *Language, Truth and Logic* (1936).

Becker, Carl, *The Heavenly City of the Eighteenth-Century Philosophers* (New Haven, 1932).

Beiser, Frederick (1987), *The Fate of Reason: German Philosophy from Kant to Fichte* (Cambridge, Mass., 1987).

_____ (1992), *Enlightenment, Revolution, and Romanticism: the Genesis of Modern Political Thought, 1790-1800* (Cambridge, Mass., 1992).

_____ (2003), *The Romantic Imperative: the Concept of Early German Romanticism* (Cambridge, Mass., 2003).

Borges, Jorge Luís, "Kafka and his Precursors", em *Labyrinths: Selected Stories and Other Writings*, trad. D. A. Yates, J. E. Irby, A. Kerrigan, L. A. Murillo, D. Fitts, J. M. Fein, H. de Onás e J. Palley (Nova York, 1962).

Cassidy, Suzanne, "*I Think I Hear them Talk*", entrevista com Berlin, *New York Times*, seção Book Review, 14 de março de 1991, 30.

Cassirer, Ernst, *The Philosophy of Enlightenment* (1932), trad. Fritz C. A. Koelln e James P. Pettegrove (Princeton, 1951).

Chamberlain, Lesley, *Motherland: a Philosophical History of Russia* (2004).

Cherniss, Joshua, "*A Cautious, Sober Love Affair with Humanity*: Humanism in the Thought of Isaiah Berlin" (2002), em Hardy, "Publicações sobre Berlin" (URL completo http://berlin.wolf.ox.ac.uk/writings_on_ib/vherniss.doc)

Cracraft, James, "A Berlin for Historians", *History and Theory* 41, nº 3 (outubro 2002), 277-300.

Crowder, George (2002), *Liberalism and Value Pluralism* (2002).

_____ (2004), *Isaiah Berlin: Liberty and Pluralism* (Cambridge, 2004).

Darnton, Robert (1971a), "The High Enlightenment and the Low-Life of Literature in Pre-Revolutionary France", *Past and Present* 51 (1971), 81-115.

_____ (1971b), "In Search of the Enlightenment: Recent Attempts to Create a Social History of Ideas", *Journal of Modern History* 43 (1971), 113-32.

Dupré, Louis, *The Enlightenment and the Intellectual Foundations of Modern Culture* (New Haven, 2004).

Foot, Philippa, *Virtues and Vices and other Essays in Moral Philosophy* (Oxford, 1978).

Fromm, Erich, *The Fear of Freedom* (1942).

Galipeau, Claude J., *Isaiah Berlin's Liberalism* (Oxford, 1994).

Galston, William A., *Liberal Pluralism: the Implications of Value Pluralism for Political Theory and Practice* (Cambridge, 2002).

Garrard, Graeme, "The Counter-Enlightenment Liberalism of Isaiah Berlin", *Journal of Political Ideologies* 2 (1997), 281-96.

Gay, Peter (1966-9), *The Enlightenment: an Interpretation*, 2 vols. (Nova York, 1966, 1969).

_____ (1999), "Intimations of Partiality", *The Times Literary Supplement*, 11 de junho de 1999, 3-4.

Gellner, Ernest, "Sauce for the Liberal Goose", resenha de Gray 1995, *Prospect*, novembro de 1995, 56-61.

Goodman, Dena, *The Republic of Letters: a Cultural History of the French Enlightenment* (Ithaca e Londres, 1994).

Gray, John, *Isaiah Berlin* (1995; Princeton, 1996).

Hanley, Ryan P., "Political Science and Political Understanding: Isaiah Berlin on the Nature of Political Inquiry", *American Political Science Review* 98 (2004), 327-39.

Hardy, Henry (ed.), *The Isaiah Berlin Virtual Library*, website de The Isaiah Berlin Literary Trust, http://berlin.wolf.ox.ac.uk/ (Oxford, 2000-).

Hare, R. M., *The Language of Morals* (Oxford, 1952).

Hausheer, Roger, "Enlightening the Enlightenment", em Mali e Wokler 2003.

Hayek, Friedrich, *The Road to Serfdom* (1944).

Hazard, Paul, *European Thought in the Eighteenth Century* (1946), trad. J. Lewis May (1954).

Himmelfarb, Gertrude, *The Roads to Modernity: The British, French, and American enlightenments* (Nova York, 2004).

Hoffer, Eric, *The True Believer* (Nova York, 1951).

Horkheimer, Max, e Theodor W. Adorno, *Dialectic of Enlightenment* (1944), trad. de John Cumming (1972; Título original alemão: *Philosophische Fragmente*).

Ignatieff, Michael, *Isaiah Berlin: a Life* (1998).

Israel, Jonathan, *Radical Enlightenment: Philosophy and the Making of Modernity 1650-1750* (Oxford, 2001).

Jacob, Margaret, *Living the Enlightenment: Freemasonry and Politics in the Eighteenth-Century Europe* (Oxford, 1991).

Jahanbegloo, Ramin, *Conversations with Isaiah Berlin* (Nova York, 1991).

Keynes, John Maynard, *The End of Laissez-Faire* (1926).

Kirsch, Adam, "Letters of an Aloof Young Man: Philosopher of Perennial Dissatisfaction", resenha de L1, *New York Sun*, 7 de julho de 2004, 1, 15.

Larmore, Charles, *The Romantic Legacy* (Nova York, 1996).

Lee, Hermione, "Swerving Berlin", resenha de L1, *Guardian*, 1º de maio de 2004, *Saturday Review*, 9.

Lênin, Vladimir Ilitch, *What is to be Done?* (1937).

Lilla, Mark, "The Trouble with the Enlightenment", resenha de MN, *London Review of Books*, 6 de janeiro de 1994, 12-3.

Lukes, Steven, "The Singular and the Plural: on the Distinctive Liberalism of Isaiah Berlin", *Social Research* 61 (1994), 12-3.

MacIntyre, Alasdair C. (1967), *A Short History of Morals* (1867).

_____ (1981), *After virtue: a Study in Moral Theory* (1981).

McMahon, Darrin, *Enemies of the Enlightenment: the French Counter-Enlightenment and the Making of Modernity* (Oxford, 2001).

Mali, Joseph, e Robert Wokler (eds.), *Isaiah Berlin's Counter-Enlightenment* (Filadélfia, 2003).

Margalit, Avishai, "The Philosopher of Sympathy: Isaiah Berlin and the Fate of Humanism", *New Republic*, 20 de fevereiro de 1995, 31-7.

Moore, G. E., *Principia Ethica* (Cambridge, 1903).

Munck, Thomas, *The Enlightenment: a Comparative Social History 1721-1794* (Oxford, 2000).

Niebuhr, Reinhold, *The Children of Light and the Children of Darkness* (1945).

Outram, Dorinda, *The Enlightenment* (Cambridge, 1995).

Pocock, J. G. A. (1999a), "Enlightenment and Counter-Enlightenment, Revolution and Counter-Revolution: a Euroskeptical Enquiry", *History of Political Thought* 20 (1999), 125-39.

_____ (1999b), *Barbarism and Religion*, vol. 1, *The Enlightenments of Edward Gibbon* (Cambridge, 1999).

Popper, Karl R., *The Open Society and its Enemies* (1945).

Porter, Roy, *Enlightenment: Britain and the Creation of the Modern World* (2000).

Porter, Roy, e Mikulás Teich (eds.), *The Enlightenment in National Context* (Cambridge, 1981).

Riasanovsky, Nicholas V., *The Emergence of Romanticism* (Oxford, 1992).

Rickert, Heinrich, *The Limits of Concept Formation in Natural Science* (1902), ed. e trad. Guy Oakes (Cambridge, 1986).

Riesman, David, com Nathan Glaser e Reuel Denney, *The Lonely Crowd* (New Haven, 1950).

Robertson, John (2003), "The Case for the Enlightenment: a Comparative Approach", em Mali e Wokler 2003.

_____ (2005), *The Case for the Enlightenment: Scotland and Naples, 1680-1760* (Cambridge, 2005).

Roche, Daniel, *France in the Enlightenment* (1993), trad. Arthur Goldhammer (Cambridge, Mass., 1998).

Ryan, Alan, "Berlin, Sir Isaiah (1909-1997)", *Oxford Dictionary of National Biography* (Oxford, 2004).

Schmidt, James, "What Enlightenment Project?", *Political Theory* 28 (2000), 734-57.

Siedentop, Larry, "The Ionian Fallacy", *The Times Literary Supplement*, 23 de setembro de 1994, 8.

Steinberg, Jonny, "The Burdens of Berlin's Modernity", *History of European Ideas* 22 (1996), 369-83.

Talmon, Jacob L., *The Origins of Totalitarian Democracy* (1952).

Warnock, Mary, *Ethics Since 1900* (Oxford, 1960).

Weldon, T. D., *The Vocabulary of Politics* (1953).

Wittgenstein, Ludwig, *Tractatus Logico-Philosophicus* (1922), trad. D. F. Pears e B. F. McGuinness (1961).

Wokler, Robert (2003), "Isaiah Berlin's Enlightenment and Counter-Enlightenment", em Mali e Wokler 2003.

_____ (a ser publicado), "A Guide to Isaiah Berlin's *Political Ideas in the Romantic Age*", *History of Political Thought*.

Prólogo

Este livro é uma tentativa de examinar algumas das ideias sociais e políticas de certos pensadores proeminentes da Europa ocidental perto do fim do século XVIII e no início do século XIX. Algumas dessas ideias são intrinsecamente interessantes; quase todas tiveram uma influência marcante em gerar, ou alternativamente em neutralizar, o impacto do que ainda é a maior sublevação dos tempos modernos, a grande Revolução Francesa. Mas elas têm ainda outro interesse para nós hoje em dia, porque, novas e velhas, revolucionárias e contrarrevolucionárias, em sua esfera particular elas formam o capital intelectual básico do qual, com poucos acréscimos, vivemos até o presente. A discussão social, moral, política, econômica tem ocorrido desde então em termos dos conceitos, da linguagem e até das imagens e metáforas que foram gerados durante aquele período, nas mentes e sentimentos desses que foram os mais legítimos fundadores da perspectiva moderna.

Platão e Aristóteles, Dante e Santo Tomás de Aquino, Epicuro e Santo Agostinho, Maquiavel e Hobbes, Grotius e Locke foram, em alguns aspectos, pensadores mais audaciosos e mais originais do que aqueles de que trata este volume, mas os seus conceitos e linguagem nos são, na melhor das hipóteses, alheios. Eles precisam de tradução e interpretação; tentar enunciar as questões cruciais que nos dividem, e que dividiram o mundo ocidental durante o último século, em termos da filosofia de Aristóteles, ou mesmo de Hobbes ou Montesquieu, é um procedimento artificial justificado apenas como um *tour de force* realizado para mostrar a continuidade do pensamento europeu. Mas a linguagem e o pensamento de Helvétius ou Condorcet são muito mais semelhantes aos de Mill que aos de Locke, Bayle ou Leibniz, não muito diferentes dos de Morley ou Woodrow Wilson, ou daqueles que estruturaram a Carta das Nações Unidas, ou daqueles que participaram e participam dos debates entre as potências ocidentais e os mundos asiáticos ou comunistas sobre os direitos dos indivíduos, das classes ou dos povos.

Da mesma forma, hoje não falamos literalmente em termos de contrato social, vontade geral ou sociedade civil. Ainda assim, são as palavras e o imaginário de Rousseau que têm modelado a linguagem do nacionalismo, da resistência à opressão estrangeira ou intestina, ao mesmo tempo sincera e enganadora, por bem mais de cem anos: Mazzini e Michelet, Lincoln e Masaryk, os republicanos espanhóis e Nehru, que usam as suas fórmulas, todos acreditam em seus princípios, e há ecos perceptíveis dessa linguagem em Carlyle, em Nietzsche, em Lawrence, de um modo como, digamos, Santo Agostinho ou Pascal, cujos pensamentos são muito mais profundos e mais originais que os de Rousseau, não ressoam diretamente no discurso de ninguém.

Fascistas e comunistas, imperialistas e totalitários, republicanos liberais e monarquistas constitucionais também falam até os nossos dias a linguagem não apenas de Burke, mas de Hegel; cientistas sociais de todos os tipos, planejadores e tecnocratas, *new dealers* e historiadores sociais e econômicos usam, sem o saber, as noções e a terminologia de Saint-Simon quase inalteradas. E não são apenas os irracionalistas tradicionais, os inimigos da democracia e os discípulos de Charles Maurras que habitam um mundo violento criado, quase sem ajuda, por Joseph de Maistre. Tampouco deveria causar tamanha surpresa como pode ser que cause encontrar muito do anti-intelectualismo e existencialismo modernos (particularmente do tipo ateísta) e muito da ética "emotiva", não apenas em Kierkegaard, Nietzsche ou Bergson, mas nos escritos de Fichte e nos tratados esquecidos de Schelling.

Não se trata simplesmente de determinar fontes e atribuir responsabilidades. Poucas atividades são mais perigosas para a causa da verdade histórica que a tentativa de encontrar um carvalho plenamente desenvolvido numa de suas bolotas, ou a tentativa de estigmatizar (ou elogiar) pensadores que viveram numa sociedade distante de nós e a ela se dirigiram pela transformação, e frequentemente degradação, que suas ideias muitas vezes sofrem nas mãos de demagogos e movimentos populares que tiram o que precisam dessas doutrinas e as colocam a serviço de seus fins mais grosseiros, e que na maioria das vezes pervertem de forma cabal ou, na melhor das hipóteses, simplificam com violento exagero a visão original de um grande homem cujo nome afixam em suas bandeiras. Mas, durante os anos de que falo, as questões debatidas eram literalmente idênticas àquelas que agitam indivíduos e nações em nossa própria época.

Os anos em questão são aqueles em que as ideias foram particularmente influentes. Constituíam o que os saint-simonianos chamavam uma época crítica, durante a qual a antiga ordem está em declínio visível, suas instituições já não servem às suas necessidades e estão sendo na verdade usadas por aqueles a quem elas oprimem contra eles próprios — como os advogados e escritores "subversivos" de eras perigosas usam as leis e os princípios da ordem estabelecida como as armas mais eficazes para destruí-la. Nessa atmosfera, as ideias desempenham um papel crucial, seja ou não aceito que constituem o produto direto de outras forças que não são ideias — econômicas, sociais ou biológicas.

O conflito de ideias durante esse período (e seus resultados) é muito familiar para nós. De um lado estão os opositores mais lúcidos e apaixonados: as noções dos enciclopedistas e seus discípulos do século XIX, os saint-simonianos e os positivistas. Segundo estes, o método científico pode resolver todas as questões, tanto dos fins como dos meios. A pesquisa paciente e desinteressada pode estabelecer quais são as necessidades fundamentais de todos os homens como tais; essas necessidades não são inconciliáveis. Desde que se pretenda formulá--las e satisfazê-las de um modo racional, é possível desenvolver um plano harmonioso de existência que dará fim, para sempre, a toda injustiça, miséria, conflito e frustração de qualquer tipo. Os males humanos não são causados pela natureza, nem por alguma imperfeição incurável da alma humana, mas pela ignorância, ociosidade, preconceito e pela exploração desses defeitos por alguns — as minorias que detêm o poder —, bem como por uma incapacidade da imensa maioria da humanidade de lhes oferecer uma resistência eficaz. Onde alguns homens fracassaram, outros homens podem ser bem-sucedidos. Os homens são infinitamente maleáveis. A educação, e acima de tudo a legislação, guiadas pelas elites esclarecidas — que canalizarão as pessoas humanas para canais produtivos, transformarão zangões em abelhas operárias, e por um sistema racional de recompensas e punição, bem como pela eliminação de interesses velados nos defeitos humanos, providenciarão incentivos irresistíveis à eficiência, benevolência, justiça e esclarecimento —, garantirão uma felicidade harmoniosa e perpétua para todos os homens.

Por outro lado, contra isso, e até antes dos jacobinos e de Napoleão, mantém-se firme o protesto kantiano liberal contra tratar os seres humanos como crianças ou ovelhas dóceis, ainda que seja para promover a sua felicidade e paz; a insistência reiterada nos direitos, inclusive o direito de se desviar do caminho apropriado, mesmo que conduza ao pecado, ao sofrimento e à punição; o caráter sagrado do ato de escolha por parte do ser humano individual, e a noção de liberdade como um fim em si mesma, quaisquer que sejam as suas consequências; o medo do controle, ainda que sábio e benevolente, para além de um mínimo essencial socialmente necessário, por ser provável que leve à destruição da única coisa que faz valer a pena almejar todas as outras coisas — a vontade individual livre de empecilhos; isto é, ao menos sem empecilhos criados por outros seres humanos — em suma, as noções de liberdade e igualdade em contraposição às de segurança, felicidade, eficiência, embora desinteressadas, embora justas — até mesmo pelas formas mais humanas e atraentes do que Karl Popper denominou muito bem "a sociedade fechada". Sem dúvida, essas prioridades não se tornaram menos, e sim mais relevantes e imediatas com o passar do tempo.

Outro envolvido nesse conflito é o mundo dos seres social e emocionalmente emancipados proposto por Rousseau: os homens "naturais", não corrompidos por instituições destinadas a servir, na melhor das hipóteses, a necessidades de interesses setoriais, e na pior, a ruínas obsoletas e opressivas de erros antigos, tão efetivamente destruídos por Bentham e seus seguidores; homens que levam vidas simples e espontâneas seguindo os ditados de suas consciências, os quais, desde que a virtude original não tenha sido destruída em seus corações por instituições nocivas ou por uma educação inescrupulosa ministrada por homens maus ou corruptos, sempre votarão de um modo propenso a criar uma vida comunal que realizará todas as necessidades e desejos legítimos de seus membros. Há uma suspeita de riqueza demais, sofisticação demais, uma economia em demasiada expansão, um encorajamento demasiado indiscriminado de todos os talentos, tanto os úteis como os perigosos; o sentimento de que os pobres estão de certa maneira mais próximos do coração das coisas que os ricos, os simples mais do que os inteligentes, os homens comuns mais do que os oficiais ou aristocratas, ou intelectuais. Há uma paixão tolstoiana pelo que os existencialistas de nossos dias gostam de descrever como "autenticidade", alertas perpétuos contra a vontade autoiludida que racionaliza e convence demasiado facilmente o seu dono de que seu interesse egoísta ou setorial é idêntico ao do bem comum, no qual tão somente os indivíduos podem encontrar realização; uma analogia geral, muitas vezes não realçada, com a noção de uma comunidade de fiéis simples, fervorosos, uma Igreja cujos membros constituem antes partes uns dos outros que uma sociedade fundada para a proteção dos direitos mínimos de seus membros, ou para o poder, a glória ou a produção máxima de bens materiais e espirituais. Oposto a tudo isso está o utilitarismo otimista de Helvétius e Bentham, convencidos de que a busca da felicidade (que é de qualquer maneira psicologicamente inevitável) e o uso dos meios mais racionais para esse fim (que a realizará da maneira mais eficiente, rápida e universal) não acarretam um retorno à economia e disciplina restritivas de Esparta em oposição à civilização mais rica de Atenas, mas, ao contrário, o desenvolvimento de todos os recursos e faculdades sob a orientação benéfica de governantes esclarecidos, individuais ou coletivos, que abrirá possibilidades ainda não sonhadas de felicidade humana.

Helvétius acreditava no planejamento e no controle de especialistas; Bentham, situado em circunstâncias sociais e históricas diferentes, temia o tratamento violento e a interferência das instituições mais que dos indivíduos arbitrários, e dizia que todo homem era o melhor juiz de sua própria felicidade, e que a única obrigação das instituições seria a de lhe possibilitar essa procura. Mas ambos, na companhia de Turgot e Adam Smith, Voltaire e Diderot, Holbach e Hume, consideravam o ataque de Rousseau às artes e ciências (assim como intelectuais posteriores consideraram o ódio de D. H. Lawrence à civilização de seu tempo) capaz de subverter a sociedade civilizada e tolerante pela qual estavam lutando; tampouco tinham qualquer gosto pela linguagem dos direitos ou outras abstrações metafísicas, que lhes pareciam derivar de uma teologia desacreditada e pré-científica, embora raramente a atacassem com a violência de Bentham e seus seguidores ingleses. E também não tinham demasiada confiança no julgamento do simples e puro de coração, ainda menos das maiorias, que, como os liberais de dias posteriores, suspeitavam ser repositórios de preconceito, ódio filistino ao que eles próprios mais apreciavam — verdade, liberdade, a retidão da verdade [sic] e da cultura —, fontes potenciais de opressão muito mais difíceis de refrear ou reformar que indivíduos, déspotas ou oligarquias. Julgavam as medidas pelas suas consequências e pouco se importavam com a sinceridade ou a inocência, se essas levassem a resultados destrutivos da felicidade individual ou social, sendo sob esse aspecto inteiramente alheios e até antagonistas às visões éticas de Kant, de Rousseau ou dos românticos alemães, com sua ênfase na pureza de motivos, na nobreza de caráter, na qualidade da visão interior como a única capaz de conferir valores às vidas ou ações dos homens.

Esse conflito — que estava destinado a se tornar declarado no século XIX, especialmente na forma do triunfante romantismo materialista de Saint-Simon, com sua visão de um sistema econômico e social autossustentável e sem atritos, a gerar incessantemente benefícios materiais e espirituais sob a orientação de homens de gênio criativo, em oposição ao neopuritanismo de Proudhon, Tolstói, Sorel e o forte elemento de positivismo tanto na perspectiva liberal como na socialista, em parte ligado ao contraste entre o deslumbramento com o triunfo sempre em expansão da revolução industrial e científica de nosso tempo e uma rejeição emocional fundamental de seu avanço —, essa colisão de valores encontrou sua expressão clássica durante o período em questão, imediatamente antes e imediatamente depois da Revolução Francesa. Isso nunca mais se manifestou de forma tão clara e tão simples.

Mas quaisquer que fossem as diferenças profundamente arraigadas que separavam Helvétius de Rousseau, Holbach e Diderot de Rousseau e Mably, ou Kant de Helvétius, ou Fichte e seus seguidores de todos esses pensadores, ou aqueles que acreditavam que a natureza tinha um propósito e nela viam ao mesmo tempo a meta e o mestre do homem, a fonte dos direitos naturais, a corretora dos erros, em oposição àqueles que acreditavam meramente no domínio da causalidade mecânica e repetitiva, ou aqueles que não acreditavam na natureza como um ideal a ser seguido, um mestre-escola a ser temido e venerado, mas como uma grande quantidade de matéria-prima a ser moldada, matéria morta, um desafio à atividade criativa, não um modelo, mas um estímulo e um obstáculo — ainda assim todos esses se mantêm unidos contra duas outras escolas de pensamento cujas doutrinas também ocuparam o primeiro plano, assim como tantas outras, apenas em sua própria época: em primeiro lugar, a daqueles que, inspirados por Herder ou por Burke, afirmavam que o novo racionalismo, a aplicação do método científico e da lógica cartesiana aos assuntos humanos, havia fracassado até mesmo como um instrumento respeitável de análise social, quanto mais como um guia para a vida. Vico, que havia originalmente enunciado com ousadia visões originais contra os racionalistas de seu tempo, não era lido e foi esquecido. Hamann, que sozinho pregou sobre a inadequação da razão durante o auge do Iluminismo alemão, escrevia de forma demasiado obscura para ser lido por muitos, mas Burke foi um dos escritores mais eloquentes e amplamente admirados de seu tempo, e Herder escrevia com uma paixão e eloquência contagiantes. Seus seguidores, a suas variadas maneiras, sustentavam que a decomposição da sociedade em átomos humanos homogêneos, por analogia com as ciências físicas, acarretava uma distorção grosseira dos fatos; que o cimento social e espiritual que mantinha os homens unidos em associações, comunidades, Igrejas, nações, culturas tinha pouco a ver com o interesse pessoal; que o sentimento de solidariedade, de pertencer a uma certa unidade, com raízes conscientes e inconscientes estendendo-se continuamente por um passado infinito, a grande sociedade dos vivos, dos mortos e daqueles ainda não nascidos,[1] com a qual todo membro de uma sociedade ou de uma nação se sabia de certa maneira envolvido, não podia ser representado como uma associação consciente para proveito mútuo; que a nova análise científica não oferecia nenhuma explicação desse sentimento de lealdade que não se manifestava para com indivíduos específicos, mas para com a tradição e o passado da comunidade, para com instituições impessoais cujas características não podiam ser decompostas sem resíduo nas das legiões de seres humanos anônimos que as compõem, nem fazer justiça aos motivos da ação, conscientes e inconscientes, racionais e irracionais, em nome dos quais os homens estavam prontos a se sacrificar e a ascender a alturas ilimitadas de heroísmo, que inspiravam a sua arte e impregnavam os seus modos de vida de um jeito incapaz de ser descrito, muito menos explicado, na terminologia das novas ciências, as quais cometiam o erro fatal de supor que os seres humanos eram mecanismos psicológicos passíveis de total dissecação, e que as sociedades eram combinações mecânicas para fins determináveis e finitos, em vez de produtos orgânicos cujas células estavam ligadas por fios impalpáveis que os homens sentiam e manipulavam, ainda que não pudessem dar uma explicação deles em termos químicos, matemáticos ou psicológicos, ou nos termos da nova ciência da economia política. O desenvolvimento histórico dos padrões da experiência humana, os ideais interiores e apenas semiarticulados, a diferença entre eles que dava um caráter e sabor único, uma qualidade de sentimento, a culturas, nações, períodos históricos — essas eram as características com que os homens, de forma consciente ou não, estavam muito mais familiarizados, por elas impregnarem inevitavelmente seus pensamentos e sentimentos, do que com os fatos para os quais a absurda simplificação das novas ciências do homem voltava sua atenção. Aquele que não constrói sobre a sua compreensão das conexões impalpáveis que ligam os homens uns aos outros e às gerações que os precedem, nem admite o dado não analisável e inefável, que só pode ser transmitido por imagens e exemplos — do qual nenhuma generalização (que só é admissível nas ciências) será válida —, constrói sobre areia. Suas reformas devem fracassar, porque são uma tentativa de pulverizar a sociedade nos elementos imaginários de suas falsas sociedades. Esse era o coração da revolta contra o racionalismo do século XVIII em nome da história e da tradição cristã. Ela cresceu em força no século XIX e constitui a filosofia social quase dominante do presente.

Em segundo lugar, havia um ataque ainda mais violento às premissas do Iluminismo. Ele provinha da escola de Maistre na França, e de Görres e seus seguidores na Alemanha. Tudo o que os filósofos do Iluminismo afirmavam, eles negavam. O homem não era nem naturalmente bom, nem neutro e infinitamente maleável: nascia em pecado, fraco, vaidoso, defeituoso e, se deixado por sua própria conta, era incapaz de resistir a seus impulsos autodestrutivos. Fazia-se necessária toda a disciplina, toda a fé e toda a sabedoria da Igreja de Roma para lhe criar uma vida ao menos tolerável sobre a terra, e quando ele se desvencilhou de sua canga e se rebelou contra esse jugo no século XVIII, sua selvageria desenfreada e sua violência bestial provocaram a grande revolução que destruiu as fundações de sua cultura tradicional.

O homem não pode ser governado sem autoridade. Investigar perpetuamente as razões das coisas, cavar fundo nas fundações, para ver em que alicerce se assenta o edifício, só pode destruí-lo. A razão analítica é por natureza destrutiva e deve ser mantida dentro de limites pela fé cega. O que o Iluminismo denuncia como superstição e preconceito é meramente esse conhecimento tradicional acumulado pelas gerações que resistiu ao teste da experiência. Não se deve permitir que a ciência avance sem peias, ela deve ser reprimida artificialmente, se necessário, antes que comece a solapar a fé, que é a única capaz de manter as sociedades e os homens unidos contra um retorno ao caos primitivo — a selva da qual o homem emergiu dolorosamente. O que a razão constrói, a razão desfaz. Somente as instituições cujas origens estão ocultas numa escuridão impenetrável possuem suficiente domínio sobre a imaginação humana. Diz-se que os homens se associam para o proveito mútuo: seria mais verdadeiro dizer que uma das grandes paixões que mantêm os homens unidos é o desejo de autoimolação no altar de algum ideal — religioso, nacional, histórico. E é por isso que as guerras, que são as mais irracionais das atividades, nítida e inegavelmente contrárias aos interesses do indivíduo, nunca cessarão; é por isso que a monarquia hereditária, a mais absurda das instituições pelos padrões racionais, é muito mais bem-sucedida e duradoura do que as democracias ou as repúblicas liberais, ou ainda as monarquias eletivas, é por isso que o papado vai permanecer para sempre.

Os caminhos de Deus são inescrutáveis e as pretensões humanas a poder compreendê-los, no funcionamento da natureza ou da história, são uma farsa lamentável. Aqueles que procuram orientar suas ações pela luz débil proporcionada pela ciência humana inevitavelmente sofrerão um naufrágio. A antiga sabedoria da raça ou da Igreja, pela qual somente fala a voz de Deus, só ela pode assegurar o fundamento de uma vida que, na melhor das hipóteses, deve continuar dolorosa, precária, amortalhada em ignorância; somente a obediência cega por parte do sujeito, o dever abnegado por parte dos governantes, que sabem o pouco que conhecem e nunca explicarão, e que reprimem severamente todas as tentativas de exame de suas credenciais, somente isso salvará a sociedade humana da destruição total. A alternativa é um retorno à natureza — tolamente invocada pelos profetas superficiais do Iluminismo como uma harmonia divina e uma fonte de sabedoria e força. Se faziam as observações objetivas e desinteressadas que defendiam, esses homens podiam ver com bastante facilidade que a natureza, longe de ser benigna e pacífica, é um campo ensanguentado em que cada planta, cada animal está ocupado na destruição de outras espécies, e que o homem só é excepcional na medida em que, ao contrário dos outros animais, destrói os membros de sua própria espécie, bem como os de outras. Apenas a fé, a humildade e a resignação — e a sabedoria coletiva da Igreja — podem impedir que essa guerra de todos contra todos e contra tudo prive o homem de seus últimos consolos sobre a Terra.[2]

Muito se tem dito para indicar que as questões que se confrontavam no século XVIII, derivadas de outras ou recém-surgidas, estão entre as mais profundas que têm dividido o período histórico do qual somos, talvez, os habitantes mais recentes. Mas há outra tese que é talvez ainda mais revolucionária — assim como é certamente muito mais nova e mais original — que as outras doutrinas desse tempo. É a doutrina que está no coração do movimento romântico, e que, ao que me consta, não tem sido adequadamente apresentada na literatura sobre o assunto.

No passado, os valores humanos — as finalidades da vida, pelas quais valia a pena criar, promover ou destruir outras coisas, pelas quais tudo o que vale a pena ser e fazer é considerado válido — esses fins, propósitos ou valores máximos eram tidos como ingredientes do universo a serem encontrados no cosmo por meio de qualquer que tenha sido a faculdade utilizada pelos investigadores para classificar o inventário do mundo. Dizer que uma coisa era boa ou má, certa ou errada, bela ou feia, nobre ou ignóbil, digna de se lutar para alcançá-la, digna de ser descoberta ou feita, era considerado uma afirmação descritiva — e registrava que as coisas em questão possuíam essas propriedades. Aquilo em que um valor consistia dependia, sem dúvida, da filosofia geral adotada. Com isso, alguns se referiam a qualidades objetivas existentes no mundo, fossem elas percebidas ou não, como as propriedades naturais ou as características comuns discernidas na experiência diária — cores, gostos, tamanhos. Outros poderiam pensar que o valor consistia em fazer parte do propósito geral da vida no mundo, criado por Deus ou criado por si mesmo. Ou então poderia ser aquilo que satisfaz alguma necessidade de minha parte, ou da parte de minha sociedade, uma necessidade que devia ser identificada por meio de introspecção psicológica ou observação sociológica; aquilo que aprecio, aprovo ou acho provável que me dê prazer ou conduza à glória — em suma, o valor que pode ser analisado segundo inclinações subjetivas ou as de grupos de homens, num determinado ponto no tempo e durante todo um período. Mas qualquer que fosse a visão adotada, objetiva ou subjetiva, absoluta ou relativa, naturalista ou metafísica, *a priori* ou *a posteriori*, individualista ou social, uma declaração de valor ou propósito descrevia fatos e representava a realidade. Era por certo crucial — literalmente uma questão de vida e morte — descobrir a verdade em questões de conduta, isto é, quais eram os valores verdadeiros. Muitos homens morreram e guerras foram travadas por divergências a esse respeito.

É durante o período de que estamos falando que, pela primeira vez, começa a surgir a noção de que talvez os juízos de valor não sejam absolutamente proposições descritivas, de que os valores não podem ser descobertos, de que não são ingredientes do mundo real no mesmo sentido em que são as mesas, as cadeiras, os homens, as cores ou os acontecimentos passados, de que os valores não são descobertos, mas inventados — criados pelos homens assim como as obras de arte, sobre as quais não faz sentido perguntar onde estavam antes de serem concebidas. Enquanto os filósofos, de Platão em diante, pareciam concordar que perguntas como "O que é bom?", "Como devo viver?", "O que torna os atos corretos?", "Por que devo obedecer?" tinham respostas que uma sabedoria especial era capaz de descobrir, embora as opiniões pudessem diferir amplamente quanto ao lugar em que a resposta devia ser encontrada, e portanto em que consistia a sabedoria, a nova doutrina sustentava ou sugeria que essa era uma abordagem tão sem sentido quanto aquela que se propunha descobrir onde estava a sinfonia antes que o compositor a concebesse, onde estava a vitória antes que o general a conquistasse. Os ideais e as metas não eram encontrados, mas criados.

A revolução que resultou desse ponto de vista — a transformação de valores, a nova admiração do heroísmo, integridade, força de vontade, martírio, devoção à visão interior independentemente de suas propriedades, veneração por aqueles que combatem em condições de inferioridade avassaladora, não importa quão estranha e desesperada seja sua causa, em oposição à reverência anterior pelo conhecimento, habilidade, sabedoria, sucesso e verdade, virtude, felicidade, dom natural — foi a mais decisiva dos tempos modernos. Foi certamente o maior passo da consciência moral da humanidade desde o fim da Idade Média, talvez desde o surgimento do cristianismo. Nenhum passo de magnitude comparável ocorreu desde então — foi a última grande "reavaliação de valores" na história moderna.

É um dos objetivos deste livro chamar a atenção para suas consequências — a intensidade com que ela modificou atitudes existentes, a reação contra si mesma que estimulou, e a força com que marca um rompimento entre as gerações — aquelas que vieram depois, que aceitam essas mudanças, às vezes mal conscientes de como elas devem ter parecido grandes e surpreendentes aos observadores mais autoconscientes e perspicazes de seus tempos, e aquelas cujas palavras e pensamentos, meramente por terem vindo antes, parecem antiquados e pouco profundos, às vezes apenas por essa razão. O nosso próprio pensamento é em

grande medida o produto e o campo de batalha dos pontos de vista antigos, "pré-
-revolucionários", e dos novos, "pós-revolucionários"; nenhuma síntese verdadeira entre eles foi realizada pelo mero processo do tempo ou pelo mero processo
da mudança. As atuais controvérsias, tanto na moral como na política, refletem o
choque de valores iniciado pela revolução romântica. Talvez tenha chegado o
tempo de avaliar sua importância intrínseca e suas vastas consequências.[3]

Ao contrário da história da ciência natural ou da matemática, ou até, em
certa medida, da própria história, a história das ideias morais e políticas não
constitui uma história cumulativa de progresso constante, nem mesmo de um
progresso interrompido por momentos ocasionais de regressão. O pensamento
político não é uma forma de conhecimento no sentido em que as ciências ou o
senso comum contêm conhecimento ou fatos, ou em que se pode dizer que as
disciplinas formais — matemática ou lógica, ou até a heráldica ou a arte do
xadrez — encarnam o conhecimento de relações formais. A filosofia política é
um ramo do pensamento que não lida nem com questões empíricas de fato, nem
com as relações formais regidas por regras e axiomas identificáveis. Sua tarefa é
explicar, elucidar, classificar, tornar claro o que uma determinada doutrina afirma, acarreta, se é internamente coerente ou não, de qual visão do universo forma
parte. Mas essas visões — de cuja perspectiva geral a teoria política não é senão
um aspecto, uma expressão coerente e articulada — não são elas próprias formas
de conhecimento, se esse constituir um desenvolvimento contínuo de informações sobre um tema relativamente imutável, em que erros do passado são cor-
rigidos, técnicas podem ser aprendidas e aplicadas por homens que não têm eles
próprios suficiente talento para inventá-las, e um conhecimento do período
passado não é necessário para tornar possível o emprego dos métodos do presente com sucesso. A teoria política é um aspecto do pensamento (e às vezes do
sentimento) sobre as relações dos homens entre si e com suas instituições, em
termos de objetivos e escalas de valor que se alteram como resultado de circunstâncias históricas de variados tipos, sobretudo em termos de novos modelos
derivados de outros campos da experiência — científico, histórico ou religioso
— que enfeitiçam a imaginação dos homens mais impressionáveis e socialmente conscientes de seu tempo e transformam sua visão. Mas a expressão
dessa visão não constitui progresso, apenas uma história de atitudes sucessivas
dos seres humanos diante de sua difícil situação, atitudes que, precisamente
por ser às vezes tão difícil que as pressuposições de uma era e cultura sejam

captadas por aqueles criados numa época diferente, requerem para sua compreensão o exercício de um tipo específico de imaginação moral num grau muito incomum.

É um lugar-comum dizer que cada era tem seus problemas, sua experiência, seu imaginário, simbolismo e modos de sentir e falar. É uma obviedade menor acrescentar que a filosofia política deriva sua inteligibilidade unicamente da compreensão dessa mudança, e que seus princípios perenes, ou o que parece ser assim, dependem da estabilidade relativa e das características imutáveis dos seres humanos em seu aspecto social. Se a substituição da doutrina do século XVIII, que avaliava tudo de forma não histórica, por um ponto de vista mais histórico ou evolutivo tem algum valor, ela deve nos ensinar que cada filosofia política responde às necessidades de seu tempo e só é plenamente inteligível em termos de todos os fatores relevantes de sua era, e inteligível para nós apenas na medida em que (e é uma medida muito maior do que alguns relativistas modernos querem nos fazer crer) temos experiências em comum com gerações anteriores. Mas sendo assim, é vão esperar progresso nesse empreendimento; as confusões, problemas e angústias de cada era são o que são, e as tentativas de soluções, respostas e panaceias só podem ser julgadas apropriadamente à luz dessas experiências.

Os grandes filósofos políticos deixaram sua marca projetando algum grande padrão que revelou características até então ocultas da experiência (quanto mais permanente e constante essa experiência, maior a penetração da contribuição do filósofo), e, ao fazê-lo, é provável que tenham inevitavelmente ocultado outros aspectos que não se ajustavam à grande analogia. O melhor que temos a fazer é tentar descrever em que consistiam alguns desses modelos que afetaram muito profundamente a nossa era. Eles não são comensuráveis, assim como os romances ou as histórias, que brotam de um determinado mundo e resumem cada experiência, não podem ser classificados em uma ordem estrita de mérito ou "progresso", como se houvesse uma meta única que todas essas obras de arte estivessem buscando atingir.

Bertrand Russell disse com razão que o engenho dos filósofos, o grande virtuosismo intelectual que demonstram ao empilhar argumento sobre argumento para apoiar determinada doutrina, frequentemente não passa de fortificações exteriores da cidadela que estão defendendo, armas para protegê-las contra o ataque, defesa contra objeções reais e possíveis, e que todas as sutilezas e complicações, que são realmente admiráveis na maioria das vezes como monumentos do gênio e habilidade humanos para o raciocínio, ocultam uma visão interior que é relativamente simples: coerente, harmoniosa e fácil de compreender. Mas a menos que a visão central seja percebida, as grandes construções da razão, erguidas para protegê-la, parecem na maioria das vezes meros exercícios de poder intelectual, impressionantes mas, em última análise, pouco convincentes. Pois a única coisa que convence em questões não passíveis de prova, no sentido em que as proposições da matemática ou da lógica, ou até mesmo as da ciência empírica, podem ser assim consideradas, é um apelo direto à experiência, uma descrição do que achamos correto ou verdadeiro, que varia com o que o nosso público tenha de certo modo, embora inarticuladamente, conhecido ou sentido. É nesse sentido que alguns modelos são mais revolucionários, mais convincentes e mais transformadores que outros, e resolvem dificuldades e dão resposta a problemas de um modo que nenhum argumento ou prova poderia fazer.

Durante a grande fermentação de ideias que ocorreu antes e depois da Revolução Francesa, a experiência alterou o que Collingwood costumava denominar as "pressuposições absolutas" da experiência. Essas categorias e conceitos que eram aceitos como axiomas e haviam sido aceitos como axiomas antes, que pareciam demasiado seguros para serem conturbados, demasiado familiares para serem dignos de inspeção, foram alterados ou ao menos gravemente abalados. As controvérsias de nossa era são o produto direto dessa "transformação do modelo", o que por si só torna o período e seus pensadores dignos de atenção. Escutaremos que não se deve exagerar o papel das ideias, que as ideias são criadas por "forças sociais" e não o contrário, que embora, sem dúvida, as ideias de Locke e Montesquieu tenham desempenhado um papel na Revolução Americana e no documento constitucional delas resultante, isso só ocorreu porque a estrutura social e econômica da sociedade americana colonial se parecia com a ordem europeia de que Locke e Montesquieu eram os "representantes ideológicos" — arautos ou porta-vozes, mas não criadores. Há sem dúvida muita verdade nisso, mas aqueles que sustentam esse ponto de vista com fervor partidário me parecem estar irrompendo à força através de portas abertas: estão dizendo algo que é verdade, mas demasiado óbvio para atrair a atenção. Claro, é improvável que os fundadores da república americana tenham sido influenciados em suas ideias por Bossuet, Bolingbroke ou pelos jesuítas — onde não há solo receptivo, a semente não crescerá. Mas o solo pode permanecer fértil e ainda assim nenhuma semente cair, ou então alguma planta adequada para um clima muito diferente pode ser plantada e definhar ou não chegar a florescer. E ainda não se descobriu uma lei social que garanta que a demanda gere inevitavelmente a provisão, e que onde as condições são maduras, o gênio humano está infalivelmente fadado a responder às necessidades humanas. Os americanos estavam muito inclinados a ser influenciados pela doutrina de Montesquieu da divisão dos poderes, mas essa doutrina é um produto de gênio individual, e se Montesquieu tivesse morrido ao nascer ou tivesse se limitado a escrever sátiras elegantes e livros de viagem, essa ideia talvez nunca tivesse visto a luz do dia na forma em que conseguiu ter um efeito tão profundo. O grande Heine não pode ser acusado de falta de senso histórico, pois as suas hipóteses, particularmente em relação à Alemanha e ao comunismo, tornaram-se muito literalmente verdadeiras. Ele era um hegeliano, um saint-simoniano, o amigo admirado por Marx. Poucos homens compreenderam melhor o seu tempo, e quando ele disse que "os kantianos implacáveis [...] com espada e machado cavarão o solo de nossa vida europeia para arrancar as últimas raízes do passado [...] os fichteanos armados entrarão na arena [...] sem serem refreados nem pelo medo, nem pelo interesse pessoal [...] como os primeiros cristãos a quem nem a tortura física, nem o prazer físico podiam quebrantar",[4] ele falava do que conhecia. Robespierre comportou-se da forma como se comportou porque estava impregnado das ideias de Rousseau e Mably, mas Rousseau e Mably poderiam não ter escrito, e Helvétius e Montesquieu poderiam ter tomado o seu lugar, e nesse caso o curso da Revolução Francesa poderia ter sido diferente, e Robespierre poderia ter vivido e até morrido de maneira diferente daquela como de fato viveu e morreu. O maior acontecimento de nosso tempo foi certamente a Revolução Russa, mas é difícil conceber que tivesse tomado a direção que tomou se Lênin tivesse sido abatido por uma bala perdida em 1917, ou não tivesse encontrado, durante seus anos impressionáveis, as obras de Marx ou Chernishevski.[5]

Os indivíduos realmente influem nos acontecimentos. O seu gênio — a sua grandeza histórica — é em parte definido por sua capacidade de curvar os acontecimentos à sua vontade; a força dos "fatos lógicos" pode ser exagerada a ponto de explicar tudo o que acontece como inevitável e considerar todos os cursos rejeitados, até todos os possíveis cursos diferentes daquele que foi adotado, como condenados desde o início. Não possuímos nenhuma ciência que justifique essa visão para nós, nem mesmo que a torne provável. A história, na medida em que ensina alguma coisa, não demonstra nada disso, e a noção que dominava os historiadores do século XVIII, a de que a história não passa de "filosofia ensinada por exemplos",[6] mostrando-nos meramente que em circunstâncias análogas as consequências são também similares, e que as leis do comportamento social podem ser facilmente derivadas disso, torna-se com razão, por falta de evidência, desacreditada entre os historiadores, e só continua a existir entre aqueles que procuram na história uma teodiceia. As ideias nascem em circunstâncias favoráveis ao seu surgimento, embora seja difícil especificar quais são as circunstâncias em casos específicos, porque essas leis quase equivalem a tautologias. Às vezes essas ideias resultam em pouco efeito prático; outras vezes o gênio organizador daqueles que as geram ou com elas se identificam torna possível conceber os homens e suas relações em termos de um padrão único, e transformar a visão de seus contemporâneos — e às vezes de seus opositores — por meio desse modelo.

Os padrões desse tipo adquirem às vezes, como o monstro de Frankenstein, uma realidade própria e seguem carreiras nas mentes de outros homens, independentemente de quem lhes deu origem ou primeiro os propagou. Rousseau não poderia prever aquele "centralismo democrático" totalitário que derivou, com efeito, de sua doutrina da vontade geral, mas do qual nem ele nem seus primeiros seguidores na Revolução Francesa tinham consciência. Tampouco Helvétius havia percebido — nem poderia ter percebido — o fim a que a estrada rumo à tecnocracia poderia, em última análise, conduzir. Tampouco Fichte foi responsável pelo romantismo e niilismo byroniano que ele tinha, em certo sentido, originado. Uma coisa é pôr a culpa em pensadores individuais, outra coisa é traçar o desenvolvimento e os efeitos de suas ideias uma vez postas em circulação. Saint-Simon foi provavelmente quem chegou mais perto da verdade, quando sustentou que as ideias de gênio só são proveitosas quando as circunstâncias são apropriadas (e por circunstâncias ele queria dizer tudo o que os marxistas mais fiéis poderiam exigir em termos de relações de classe e estrutura econômica), mas que se nenhum gênio surgisse, a era permaneceria inculta, as artes e as ciências declinariam, e ocorreria um retrocesso do qual ninguém podia predizer a duração ou a profundidade. A era de que falamos foi singularmente rica em concepções originais; elas transformaram o nosso mundo, e as palavras em que foram formuladas ainda nos falam de perto.

1. A política como ciência descritiva

*Não me importa que os homens sejam perversos desde que sejam inteligentes
[...] As leis farão tudo.[1]*

Claude-Adrien Helvétius

*[...] le tribunal suprême & qui juge en dernier ressort & sans appel de tout ce
qui nous est proposé, est la Raison [...][2]*

Pierre Bayle

*O povo [...] é gado, e o que ele precisa é de uma canga, uma aguilhada e
forragem.[3]*

François Marie Arouet de Voltaire

I

A questão central da filosofia política é a pergunta: "Por que haveria o
homem de obedecer a outro homem ou grupo de homens?" — ou (o que em
última análise dá no mesmo) "Por que um homem ou grupo de homens haveria
de interferir na vida de outros homens?".

O pensamento político tem-se ocupado, é claro, de muitos outros tópicos:
tais como o comportamento real dos indivíduos dentro e fora da sociedade, seus

objetivos, suas escalas de valor e suas crenças sobre o caráter e os fins de sua conduta social; assim como os motivos e causas que, tendo eles consciência disso ou não, influenciam as vidas, os atos, as crenças e os sentimentos dos seres humanos. Inclui, à medida que se torna mais analítico, o exame dos conceitos e categorias envolvidos nos pensamentos e nas palavras dos homens a respeito de suas relações entre si e com suas instituições passadas e presentes, reais e imaginárias, e procura elucidar noções como liberdade e autoridade, direitos e obrigações, justiça e felicidade, estado e sociedade, igualdade e opressão, regras e princípios, e muitos outros termos familiares do discurso político. Em sua forma mais esmerada e perspicaz, trata de questões ainda mais gerais e fundamentais, como a lógica do argumento ou deliberação políticos, e indaga como elos cruciais no pensamento humano tais como "porque" e "portanto", "obviamente" e "possivelmente", e ainda noções como "verdadeiro" e "falso", "convincente" e "implausível", "válido" e "inválido", são empregados no pensamento sobre questões políticas, em comparação aos modos como funcionam no pensamento de lógicos, matemáticos, historiadores, químicos, arquitetos, advogados ou críticos literários.

Há muito mais coisas que o pensamento político, no sentido mais amplo, tem abarcado. Ele especula sobre a possibilidade — e a plausibilidade do descobrimento — de leis gerais que regem o comportamento humano e sobre os limites de sua aplicação. Às vezes oferece conselhos práticos tanto para os governantes como para os governados. Outras vezes explica por que isso não é, nem deve ser parte de sua província, e prefere discutir as relações da teoria e prática políticas com outras esferas da atividade humana — religião, economia, ciência natural, ética ou direito. E embora se possa facilmente admitir que é pedante ou estúpido traçar distinções absolutas entre essas atividades, e supor que esses campos possam ser isolados uns dos outros e transformados em tema de disciplinas totalmente separadas, ainda assim não fazer nenhuma discriminação entre eles, tratar esses tópicos quando eles se apresentam, ou quando sentimos vontade, é um livre exercício do intelecto que cobra um preço alto. Esses métodos podem estimular o pensamento, excitar a imaginação e conduzir a *aperçus* interessantes e valiosos, mas tendem a aumentar a rica confusão predominante num tema que, talvez mais do que qualquer outro, requer disciplina e visão imparcial para ser objeto de um estudo sério.

A filosofia política é o que é, não sendo idêntica a qualquer outra forma de reflexão sobre os assuntos humanos. Suas fronteiras podem ter se tornado indistintas, e talvez seja árido escolasticismo erigir barreiras artificiais, mas disso não se segue que ela não tenha uma província própria. Nas circunstâncias presentes, parece-me que prestamos um serviço maior à causa da lucidez e da verdade tentando indicar qual é essa província, ainda que de forma provisória, em vez de supor, como alguns têm feito, que seja uma província da epistemologia ou da semântica — que nada de útil pode ser dito a menos que e até que o emprego das palavras no argumento político tenha sido apropriadamente comparado e contrastado com outros modos de usar as palavras (por mais valiosa e até revolucionária que possa ser essa análise nas mãos de um homem de gênio); ou, como nos dizem outros, que a política faz parte de um conjunto maior (o conjunto da história humana, a evolução material da sociedade ou uma ordem eterna), e só pode e deve ser estudada dentro desse conjunto, ou então deixar de ser examinada. E é por se ter insistido tanto em favor desses planos ambiciosos que proponho de forma mais modesta supor, de qualquer modo por meio de uma primeira hipótese tentativa, que no coração da filosofia política propriamente dita está o problema da obediência, e que é no mínimo conveniente ver as questões tradicionais do assunto em termos desse problema.

Propor a questão dessa maneira é ser lembrado da rica variedade das respostas. Por que deveria eu obedecer a este ou àquele homem ou grupo de homens, ou a um decreto escrito ou falado? Porque, diz uma escola de pensamento, é a palavra de Deus outorgada num texto sagrado de origem sobrenatural; ou comunicada por revelação direta a mim mesmo; ou a uma pessoa ou pessoas — rei, sacerdote ou profeta — cujas qualificações únicas nesses assuntos eu reconheço. Porque, dizem outros, o comando para obedecer é uma ordem do governante *de facto* ou de seus agentes escolhidos, e a lei é o que ele quer e porque ele a quer, quaisquer que sejam os seus motivos e razões. Porque, dizem vários pensadores metafísicos gregos, cristãos e hegelianos, o mundo foi criado, ou existe sem ter sido criado, para cumprir um propósito; e é apenas em termos desse propósito que tudo nele é como é, e onde e quando é, além de agir como age e sofrer as influências que sofre; e disso se segue que é exigida uma forma particular de obediência — mais a esta do que àquela autoridade, em circunstâncias específicas e de maneiras e aspectos especiais — de um ser tal como eu sou, situado no meu lugar e tempo particulares: pois somente obedecendo dessa maneira estarei cumprindo a minha "função" na realização harmoniosa do propósito global do universo.

Da mesma forma, outros metafísicos e teólogos falam do universo como o desdobramento gradativo de um padrão "eterno" ao longo do tempo; ou da experiência humana como um reflexo, menos ou mais fragmentário ou distorcido, de uma realidade "eterna" ou "suprema", ela própria um sistema harmonioso, inteiramente oculto, segundo alguns, ao olhar de seres finitos como os homens; parcial ou progressivamente revelado, segundo outros. Os arranjos políticos — e em particular os da obediência — derivam do grau de percepção dos fatos sociais que a profundidade da compreensão dessa realidade proporciona. Mas há ainda aqueles aos quais devo obedecer como obedeço porque a vida seria intolerável para mim se um mínimo das minhas necessidades básicas não fosse satisfeito, e uma forma particular de obediência é um método inteiramente indispensável, ou então o mais conveniente e razoável, de assegurar esse mínimo necessário.

Uma célebre escola afirma, ainda em resposta à mesma pergunta, que existem leis universalmente obrigatórias para todos os homens, qualquer que seja a sua condição, chamadas de lei natural, segundo a qual sou obrigado a obedecer a certas pessoas e, alternativamente, a ser obedecido por certas pessoas, em certas situações e aspectos. Se eu infrinjo essa lei (que, segundo Grotius, nem mesmo Deus pode revogar, porque emana da "natureza racional", isto é, logicamente necessária, das coisas, assim como as leis da matemática ou da física), frustro os meus desejos mais profundos e os de outros, gero o caos e acabo mal. É um corolário dessa visão que esses requisitos básicos — e as leis que tornam possível o seu cumprimento — provêm necessariamente dos propósitos para os quais fui criado por Deus ou pela natureza; por isso, a lei natural é a lei que regula o funcionamento harmonioso, cada um seguindo seu modo designado, dos componentes do universo concebido como um todo dotado de um propósito.

Estreitamente relacionada e historicamente ligada a essa visão está a doutrina de que possuo certos direitos, implantados em mim pela natureza, ou a mim concedidos por Deus ou pelo soberano, e de que esses não podem ser exercidos a menos que exista um código apropriado de leis ordenando a obediência de algumas pessoas a outras. Essa doutrina também pode fazer parte de uma teleologia — uma visão do mundo e da sociedade como sendo compostos de entidades dotadas de um propósito numa hierarquia "natural" — ou pode ser sustentada de forma independente, quando "os direitos naturais" são condicionados por necessidades que não derivam de nenhum propósito cósmico discernível, mas são encontradas universalmente como partes inevitáveis e supremas do mundo natural e do sistema de causa e efeito, segundo o pensamento de Hobbes e Spinoza.

Há a doutrina igualmente famosa de que sou obrigado a obedecer a meu rei ou a meu governo porque prometi de livre e espontânea vontade, ou porque outros prometeram por mim, que obedecerei e serei obedecido segundo certas regras, explícitas ou implícitas; por isso, não agir desse modo equivaleria a quebrar a minha promessa, o que é contra a lei moral que existe independentemente das minhas promessas. E há muitas outras respostas com uma longa tradição de pensamento e ação por trás delas. Obedeço porque sou condicionado a obedecer desse modo por pressão social, pelo ambiente físico, pela educação, por motivos materiais, por alguma combinação ou pela totalidade de todos esses fatores. Obedeço porque é correto fazê-lo, na medida em que percebo o que é correto por intuição direta ou senso moral. Obedeço porque sou obrigado a fazê-lo pela vontade geral. Obedeço porque agir dessa forma acarretará minha felicidade pessoal; ou a maior felicidade do maior número de outras pessoas em minha sociedade, na Europa ou no mundo. Obedeço porque, ao fazê-lo, estou satisfazendo em minha pessoa as "demandas" do espírito do mundo ou o destino histórico da minha Igreja, nação ou classe. Obedeço porque estou enfeitiçado pelo magnetismo do meu líder. Obedeço porque "devo essa atitude" à minha família ou a meus amigos. Obedeço porque sempre obedeci, por hábito, pela tradição — à qual estou ligado. Obedeço porque desejo agir dessa forma; e paro de obedecer quando bem quiser. Obedeço por razões que sinto, mas não posso expressar.

O que todas essas célebres doutrinas históricas, que são aqui apresentadas numa forma extremamente simplificada — quase numa caricatura benthamista —, têm em comum é que são respostas à mesma pergunta fundamental: "Por que os homens deveriam obedecer como, de fato, obedecem?". Algumas são também respostas à pergunta ulterior: "Por que os homens *realmente* obedecem como o fazem?", e outras não são; mas as respostas à primeira pergunta também não são necessariamente respostas, ou partes de respostas, à pergunta posterior — a sua *raison d'être* é que elas são respostas à primeira pergunta, a questão normativa: "Por que um homem deveria obedecer?". Se a questão não tivesse se apresentado dessa maneira no primeiro momento, as respostas, e as batalhas a seu respeito que são uma parte tão grande da história do pensamento e civilização humanos, dificilmente teriam adotado a forma que adotaram. Por isso a sua importância única.

Tenho chamado essa questão de normativa, isto é, uma questão que requer uma resposta da forma "deve" ou "deveria", e não descritiva, isto é, que pode ser respondida por "x é" ou "x faz isto ou aquilo", mas essa distinção, agora tão profundamente arraigada a ponto de não precisar de elaboração, quase não é discernível antes da metade do século XVIII. Esse fato é de importância crucial. Pois se baseia numa pressuposição que é universal, tácita, muito pouco questionada em todos os séculos que precederam Kant, a saber, que todas as questões genuínas devem ser questões sobre assuntos factuais, questões sobre o que existe, existiu, existirá ou poderia existir, e sobre nada mais. Pois se não são sobre os conteúdos do mundo, sobre o que poderiam ser? As questões perenes com as quais os grandes pensadores se ocuparam — Como o mundo foi criado? De que ele é feito? Quais são as leis que o regem? Ele tem um propósito? Qual é, se é que ele existe, o propósito dos homens no mundo? O que é bom, o que é permanente? O que é real e o que é aparente? Existe um Deus? Como o conhecemos? Qual a melhor maneira de viver? Como podemos afirmar que descobrimos as respostas corretas para quaisquer questões? Quais são as maneiras de conhecer os critérios de verdade e erro no pensamento ou de certo e errado na ação? — todas essas questões foram em geral consideradas parecidas entre si, na medida em que eram todas investigações sobre a natureza das coisas no mundo; e, além disso, foram incluídas, em última análise, no mesmo tipo de questões obviamente factuais como: Qual a distância entre Paris e Londres? Há quanto tempo César morreu? Qual a composição da água? Onde você estava ontem? Quais são os meios mais eficazes de se tornar rico, feliz ou sábio?

Algumas dessas questões pareciam mais fáceis de responder que outras. Qualquer pessoa bem informada sabe lhe dizer a distância entre duas cidades, indicar o que você deve fazer para responder a questão por si mesmo, ou como conferir as respostas de outros. Analisar a água exigia mais conhecimento e mais habilidade técnica; descobrir o que fazer para que você ou sua comunidade prosperem, talvez ainda mais; e só os maiores sábios, armados com uma imensa gama de conhecimentos, além de dons morais e intelectuais extraordinários, talvez mesmo faculdades especiais — "*insight*", "profundidade", "intuição", "gênio especulativo" e outras semelhantes —, eram considerados capazes de obter ainda que apenas um vislumbre das verdadeiras respostas aos grandes porém obscuros problemas sobre a vida e a morte, sobre a vocação do homem, sobre os verdadeiros propósitos da sociedade humana, sobre a verdade e o erro no pensamento e sobre as metas certas e erradas da ação — as grandes questões que haviam atormentado os homens de pensamento em todas as gerações. Mas por mais inatingível que fosse a extensão de conhecimentos necessária, ou por mais raras que fossem as faculdades especiais sem as quais essas verdades cruciais poderiam permanecer para sempre amortalhadas na escuridão, a tarefa era considerada fundamentalmente similar à de qualquer outra investigação factual, por mais humilde que fosse. As próprias questões eram mais ou menos inteligíveis a qualquer um dotado de mente inquiridora; as respostas podiam ser extremamente difíceis de descobrir, mas os dados necessários existiam em algum lugar — dispostos na mente de Deus, ou nos arcanos misteriosos da natureza física ou de alguma região misteriosa a que apenas um pequeno número de privilegiados — videntes ou sábios — tinha acesso; ou talvez pudessem ser descobertos, afinal, por um trabalho sistemático e coordenado, realizado de acordo com os princípios desta ou daquela disciplina — digamos, matemática, teologia ou metafísica — ou talvez de alguma ciência empírica.

Por mais amplos que fossem os desacordos sobre a possibilidade de alcançar esse conhecimento, ou sobre os métodos corretos de investigação, havia uma pressuposição comum subjacente à discussão inteira; a saber, que por mais complexo que pudesse ser um enigma, se ele fosse genuíno, e não simplesmente uma forma de confusão mental ou verbal, a resposta — a única resposta verdadeira — estava numa região em princípio alcançável, se não pelos homens, então pelos anjos; se não pelos anjos, então por Deus (ou por quaisquer entidades oniscientes que os ateístas, deístas ou panteístas pudessem invocar). A pressuposição acarretava que toda questão genuína era genuína precisamente na medida em que fosse passível de uma resposta genuína; a resposta, para ser "objetivamente verdadeira", devia consistir em fatos — ou padrões de coisas, pessoas ou outras entidades — que são o que são independentemente de pensamentos, dúvidas, questões a seu respeito. Na pior das hipóteses, sendo apenas criaturas finitas, falíveis, imperfeitas, podemos estar fadados a uma ignorância eterna sobre as questões mais essenciais; mas as respostas devem ser conhecíveis em princípio, ainda que nunca consigamos conhecê-las; as soluções existem, como que "lá fora", nas regiões desconhecidas, embora talvez nunca nos seja permitido vê-las: do contrário, *sobre* o que é a nossa investigação? O que limita o nosso conhecimento? Que alvo ele não alcança?

A questão em torno da qual tudo girou por séculos, na verdade desde que os gregos a propuseram pela primeira vez, era como saber com certeza onde estava a verdadeira sabedoria. E a sabedoria, não importa como adquirida — se pelo estudo, pela revelação ou pelo gênio inato para obter a verdade —, consistia sobretudo em compreender a natureza do mundo — os fatos verdadeiros — e o lugar — e as perspectivas — do homem no mundo. Quem possuía esse conhecimento era admirado com esperança e temor reverente e colocado bem acima das cabeças dos conquistadores ou heróis, pois somente ele tinha as chaves do reino — era capaz de dizer aos homens como viver, o que fazer e qual seria o seu destino a partir de então. Humanos e divinos — Pitágoras, Sócrates, Platão, Aristóteles; os sábios estóicos e epicuristas; Moisés, o Buda e Jesus, Maomé, os seus apóstolos; e mais tarde Bacon ou Descartes, Leibniz ou Newton e seus discípulos — eles conheciam os fatos verdadeiros.

Era como a procura da pedra filosofal tanto em questões espirituais como materiais. Não havia consenso sobre o lugar onde esse conhecedor devia ser encontrado. Alguns o procuravam na Igreja, outros na consciência individual; alguns na intuição metafísica, outros no coração simples do homem "natural"; alguns nos cálculos dos matemáticos, outros no laboratório, na sabedoria mundana ou na visão do místico. Em algum lugar o sábio, o homem que conhecia, poderia, ao menos em princípio, existir; se as suas visões fossem verdadeiras, as de seus rivais eram necessariamente falsas — pelo menos sobre o que mais importava — e assim mereciam ser exterminadas por todos os meios possíveis.

As grandes controvérsias dos séculos XVII e XVIII entre os católicos e os protestantes, teístas e céticos, deístas e ateístas, intuicionistas e empiristas — e dentro desses próprios campos — derivam principalmente das diferenças de visão sobre onde estava o verdadeiro conhecimento. A sabedoria política era, acima de tudo, uma questão de conhecimento aprofundado, habilidade, método apropriado para adquirir e aplicar as informações relevantes. Os jesuítas ensinavam, por exemplo, que somente a Igreja Romana podia fornecer a resposta verdadeira para a questão de saber se era certo obedecer a um dado governo ou soberano, porque ela se originava da questão mais ampla de saber por que o homem foi criado, por quem e para que fim, e quais eram os seus deveres em qualquer ponto específico de sua carreira histórica; e que essas questões — que eram questões de fato teológico — só podiam ser respondidas por aqueles que possuíam um conhecimento especializado nessa província do conhecimento humano — nesse caso, pessoas divinamente designadas que, em virtude de seu ofício sagrado, eram dotadas de um conhecimento especial herdado de seus predecessores, bem como de poderes únicos para discriminar a verdade nesses assuntos.

Contra isso, várias seitas protestantes sustentavam que as soluções apropriadas não estavam confinadas às mentes de um conjunto de conhecedores, ligados por uma tradição histórica contínua, mas podiam ser descobertas no coração de qualquer cristão sintonizado adequadamente para escutar a voz de Deus. Bossuet acreditava que as tradições nacionais tinham um papel especial a desempenhar na obtenção daquele estado de espírito em que homens de vários países e modos de vida tinham recebido de Deus a visão dos fatos verdadeiros — cada um à luz peculiar com que suas tradições irradiavam a verdade única central — e que as vontades e ações de monarcas individuais, em virtude das funções a eles outorgadas por Deus, eram na verdade indicações mais seguras da vontade divina do que os pronunciamentos de eruditos teológicos a serviço do papa.[4] Spinoza, por outro lado, supunha que só os seres humanos individuais tinham vontades e propósitos, enquanto o universo em geral, não sendo uma pessoa, não poderia possuir nada disso; tampouco fora criado para servir ao propósito de Deus, uma vez que não existia nenhum criador individual e, consequentemente, nenhuma tática divina, conhecível ou inescrutável. Mas os homens, sendo dotados de razão, podiam, se a exercitassem pacientemente e a mantivessem a salvo das paixões, perceber as conexões que existem entre tudo o que existe no mundo; conexões chamadas "necessárias", porque estar consciente delas não era apenas estar face a face com o que existe, mas também compreender por que tudo era necessariamente o que era, e onde e como era, em relação a tudo o mais — não apenas parecia ser, mas realmente era. Se quiséssemos saber a quem devíamos obedecer, e quando, e em que circunstâncias e por quê, isso só podia ser descoberto, como tudo o mais, pelo exame dos fatos à luz da razão. A faculdade pela qual nos convencemos das verdades da aritmética e da geometria, e compreendemos não só que $2 + 2 = 4$, mas também que não poderia ser de outra forma, resolveria também outras questões, como "O que é a vida da razão?" e, *eo ipso*, que papel a obediência desempenhava nela.

A política, como a física, era uma questão de descobrir as conexões necessárias entre os componentes do universo; e os métodos teológicos que desprezavam o uso da lógica e da compreensão racional do mundo da experiência haviam levado a muitos erros evitáveis. Era uma investigação factual; a ser realizada não por meio da mera observação empírica, e da generalização precária a esse respeito, mas pela arma superior daquela mesma compreensão racional que garantia os axiomas dos quais resultavam as verdades da matemática. Por isso Grotius pensava, combinando essa noção da investigação racional com as tradições romanas, medievais e até bíblicas, que as razões para a obediência podiam ser encontradas na existência de uma lei da natureza — um conjunto de axiomas, regras — eterna e compulsória para todos os homens, que eles poderiam ocasionalmente e por longos períodos esquecer, interpretar de modo errado, ou então violar. Mas, se observados ou não, esses axiomas existiam "de forma objetiva", independentemente do pensamento humano. Seguia-se que a tarefa da legislação era tornar a existência da lei natural indubitavelmente clara para as nações, e em particular para aqueles que as governavam. Uma vez reconhecida a existência dessa lei, a razão para obedecê-la não exigia mais nenhuma demonstração. Grotius e, aliás, Althusius e Pufendorf e os outros grandes teóricos da lei natural, católicos e protestantes, falam como se fosse autoevidente que as regras políticas e os direitos e deveres que delas decorrem não fossem um ingrediente menos real do mundo que outros ingredientes nele encontrados. O que se requer é o poder de descobrir a sua existência, e a sua descrição definitiva e autorizada por conhecedores confiáveis: assim como os físicos e os matemáticos se empenhavam em definir e descrever as relações de entidades no mundo físico — o que contribuía para um imenso aperfeiçoamento da vida material por meio da invenção e da exploração da natureza—, os juristas e os pensadores políticos deveriam se empenhar em definir e descrever o equipamento de seu mundo político-legal. Que "Matar é errado" (ou que "Todo homem tem o direito de defender sua vida contra um ataque") é uma proposição tão verdadeira sobre o mundo quanto a de que a Terra é redonda. Se a descoberta e demonstração desta última proposição transforma a navegação e o descobrimento geográfico, e com isso supre as necessidades e amenidades da existência material, não há razão para que o ato de assentar as regras políticas num fundamento racional igualmente seguro não deva transformar de forma semelhante a vida social dos homens e das sociedades. Devemos sempre procurar os fatos. Os fatos são o que são: e quando a verdade sobre eles é descoberta, deve ser formulada com clareza. Apenas isso já contribuirá muito para nos proteger dos erros crassos devidos à ignorância ou vaidade anterior. Na melhor das hipóteses, a aplicação do novo conhecimento abrirá novos e ricos domínios para nosso uso e prazer: o conhecimento físico assegurará satisfações físicas; o conhecimento dos fatos morais e políticos, a felicidade moral e política sobre a Terra e recompensas no céu. Os fatos, o conhecimento generalizado derivado dos fatos; a exatidão — é tudo.

Na verdade, isso parecia fluir muito naturalmente da própria noção de que as questões de moral e política eram questões genuínas, como de fato eram. Pois, sendo genuínas, as respostas só podiam ser encontradas pelas técnicas de descobrimento que lhes eram apropriadas. As opiniões, como observamos, entram em conflito a respeito do que seriam essas técnicas. Os tomistas e jesuítas podiam diferir dos occamistas ou jansenistas sobre o grau de confiança a ser depositado no racionalismo aristotélico exposto pela doutrina da Igreja: e, ainda mais, dos calvinistas e luteranos sobre a interpretação tradicional em oposição à inspiração literal das escrituras sagradas. Mas há consenso sobre a premissa principal, o ponto de partida de todas as demonstrações verdadeiras: mesmo os primeiros axiomas não demonstrados e indemonstráveis baseiam-se, em última análise, no testemunho da fé na palavra de Deus, revelada em textos sagrados, a que um espírito apropriadamente iluminado — uma razão apropriadamente instruída — confere uma anuência "natural", não forçada. Ao passo que Descartes ou Grotius, ou Leibniz e, às vezes, também Locke, ao lidar com os fundamentos da moralidade e da obrigação política, falavam de uma espécie de percepção intuitiva das conexões racionais — "necessidades" pelas quais tudo no universo se mantinha unido e comportava-se como se comporta. Outros ainda — espíritos muito audaciosos, Maquiavel ou Hobbes — ousavam ignorar as implicações teológicas e sugerir que as respostas, por estarem, afinal, interessadas primariamente no bem-estar dos homens neste mundo, não eram alcançáveis nem pela fé, nem por compreensão especial, mas empiricamente; isto é, examinando-se, com as faculdades de percepção sensorial que possuímos, o comportamento real de indivíduos e comunidades, junto com o conhecimento, a ser obtido pela introspecção e imaginação, das paixões que os moviam (e no caso de Hobbes, as evidências colhidas na discussão dos físicos), e que nada mais era necessário para proporcionar um conhecimento suficiente (tão certo quanto essas informações poderiam ser) de como as coisas acontecem, e qual era o curso apropriado para um indivíduo racional que sabia o que queria, e que observava como os outros tinham se comportado no passado e no presente.

É bastante natural que essas amplas divergências sobre a natureza do homem e do mundo, e principalmente sobre a direção correta em que procurar as respostas para os problemas de comportamento, tenham levado a controvérsias violentas e mesmo a guerras longas e amargas, e causado divisões profundas e permanentes na Europa. Mas para nós o aspecto mais significativo dessa situação não é aquele sobre o qual discordavam, mas, ao contrário, aquele sobre o qual até os antagonistas mais ferozes pareciam concordar — a base comum que tornava a controvérsia possível. Essa base comum é que todo conhecimento verdadeiro é descritivo: e sua validade depende da correspondência com "fatos" objetivamente existentes.

A ignorância, a curiosidade, a dúvida só podem ser plenamente satisfeitas pelo conhecimento. O conhecimento (parecia plausível supor) deve assumir a forma de proposições verdadeiras sobre o mundo real; além disso, se o mundo constituía um sistema harmonioso — e supor de outra forma era "contrário à razão" —, as proposições também deviam formar um sistema harmonioso e poder ser inferidas umas das outras (ao menos por uma mente onisciente), não importa qual fosse o ponto de partida do pensamento. Os pensadores "racionalistas" do século XVII e seus sucessores no século XVIII acreditavam precisamente nisso. A ciência das ciências daquela era da razão — a matemática — afirmava ser capaz de alcançar essa grande síntese. Afirmava registrar "necessidades" reais — as relações objetivas que constituíam a estrutura da realidade, da qual os sentidos davam apenas uma imagem embaçada, caprichosamente colorida, frequentemente ilusória. Descrever a realidade era a ambição de toda a investigação humana. Uma descrição verdadeira das coisas, verdadeiramente digna desse nome, devia ser em primeiro lugar inteiramente inteligível: expressa em termos transparentes e claros, isto é, definível em termos daqueles elementos básicos do mundo que podem ser inspecionados diretamente por um ser racional, e sendo simples — não suscetível de mais análise — incapaz de iludir ou induzir em erro. Em segundo lugar, devia ser capaz de prova demonstrativa e devia consistir em axiomas tão autoevidentes que rejeitá-los ou duvidá-los seria em si mesmo um sintoma de incapacidade ou desarranjo mental, ou então em proposições dedutíveis daqueles axiomas por regras universalmente reconhecidas como as leis do pensamento como tal: os critérios da reflexão racional. Em terceiro lugar, devia ser abrangente — consistir em proposições gerais e necessárias, e igualmente aplicáveis a todas as esferas da investigação; capazes de conduzir a mente, por etapas logicamente rigorosas, incontestavelmente válidas, de qualquer ponto no sistema a qualquer outro.

Testado por esses critérios, o empirismo carecia de precisão, rigor, sistema; e era, na melhor das hipóteses, um conjunto de impressões e regras práticas soltas, a que faltavam exatidão e conexão lógica, que não podiam refletir a natureza de uma realidade sistemática e harmoniosa; no melhor dos casos, uma primeira aproximação a seus aspectos não essenciais, efêmeros, superficiais. A teologia e a metafísica escolástica a ele relacionadas usavam termos que, sob análise, deixavam de corresponder a qualquer coisa na esfera da razão: e provavam ser na melhor das hipóteses uma retórica, poesia ou mitologia solene, e na pior das hipóteses muita verbosidade sem sentido; ali onde suas afirmações eram inteligíveis, eram na maioria das vezes demonstravelmente falsas. O misticismo apenas gaguejava incoerentemente sobre o inefável: suas percepções não podiam ser incorporadas no discurso racional. Sem definições, provas, leis demonstráveis de validade universal, a história igualmente fracassava em ser uma ciência, e não produzia nenhuma verdade certa. As questões centrais da ética e da política, mais cruciais que quaisquer outras, deviam ser passíveis de soluções tão certas quanto as da física. Supor que a verdade final era menos alcançável nas grandes questões morais que em esferas como as da astronomia ou da química era impensável — contrário à razão.

II

A ideia de que virtude é conhecimento é uma das mais antigas doutrinas humanas. Ela tem dominado o pensamento filosófico ocidental desde Platão até o presente: e não foi seriamente questionada até tempos relativamente recentes. As opiniões podem variar quanto ao que era virtude e o que era conhecimento, mas a proposição ligando os dois não era sujeita a dúvidas. Entretanto, aparentemente, isso é um paradoxo: por que o conhecimento — sobre a fauna da Ásia Central, ou sobre a geometria estereoscópica — tornaria um homem moralmente bom, e ainda mais, por que seria idêntico a tal bondade? Quanto mais um homem conhece, com mais eficácia pode realizar desígnios malignos: os criminosos não são decerto mais instruídos que os tolos bondosos? Mas essa visão, segundo a tradição central do pensamento europeu, é superficial e enganadora, tão vulgar e falsa quanto o corolário de que a virtude nem sempre compensa. O bem é a única coisa que satisfará minha natureza racional — que procura verdade, felicidade, realidade; pois é isso o que queremos dizer com "bem". Todos os homens procuram — não podem deixar de procurar — esses fins. Alcançá-los depende diretamente de saber como procurá-los. O criminoso também os procura, mas supõe erroneamente que os alcançará causando sofrimento a outros, contra as regras da moralidade. Erroneamente, porque só obedecendo às regras um homem pode esperar alcançar o que sua natureza procura. Assim é, porque as próprias regras fluem da natureza das coisas: compreender a natureza da realidade é compreender a razão para essas regras e princípios morais absolutos; desafiá-los é ir contra a natureza das coisas e com isso causar inevitavelmente um conflito interno, frustração e desgraça. Para obter o que desejamos, devemos conhecer a verdade sobre nós mesmos e o mundo em que vivemos: esse conhecimento — à medida que compreendemos a nós mesmos e ao mundo mais profundamente — alterará inevitavelmente nossos desejos: somente a onisciência pode garantir que aquilo que desejamos está inteiramente de acordo com a natureza do mundo e de nós mesmos como parte do mundo. Se tratamos com desprezo o conhecimento que possuímos — ou deixamos de procurá-lo — seremos inevitavelmente punidos: pois a realidade nos destruirá no final. Os fins não são escolhidos livremente, mas determinados, pois nossa natureza é o que é; e a questão de o que unicamente a realizará — isto é, o que é verdadeiramente bom — é um enigma que só o conhecimento racional da natureza das coisas pode responder: somente o conhecimento verdadeiro pode responder as questões, realizar os desejos, dizer a mim por que sou como sou e o que devo fazer e ser para cumprir a minha função apropriada. Somente se conheço isso posso cumpri-la, e cumpri-la é ser realizado, ser sábio, feliz e bom: pois todas essas qualidades no final se fundem.

A física, a astronomia, a química, a ótica eram ciências verdadeiras na medida em que descreviam a composição e os movimentos dos corpos no espaço de um modo que satisfazia o novo padrão de conhecimento. As ciências matemáticas eram o paradigma do conhecimento racional. As questões cruciais que tratam do comportamento humano — moral, político, legal — deviam submeter-se à mesma disciplina única. As ciências físicas descreviam o mundo da matéria. Era preciso criar as ciências da jurisprudência, ética e política para descrever e explicar o mundo do espírito. Em algum lugar devia haver entidades "atomísticas" legais, morais, políticas discerníveis, cujas propriedades e comportamento as novas ciências mentais e sociais identificariam, descreveriam, explicariam, isto é, classificariam em termos das leis a que elas obedecem, discernidas pela razão. No contexto das novas ciências dos séculos XVII e XVIII, esse era um ideal perfeitamente razoável: a psicologia, a antropologia, a filologia, a sociologia, a economia lhe devem sua origem. O triunfo de uma atividade estimulava, frequentemente com resultados valiosos, a criação de disciplinas similares em outros campos.

Isso ocorreu no caso das ciências humanas descritivas. Mas a ética e a política possuem esta peculiaridade, a de que não perguntam o que existe no mundo, mas antes o que deve ou deveria existir: o que devo fazer; por que *deveria* obedecer. Que espécie de objetos no mundo poderiam corresponder às respostas a essas questões? As proposições da física descreviam, ou acreditava-se que descreviam, acontecimentos ou corpos em princípio acessíveis a alguma faculdade humana — a intuição racional ou os sentidos, conforme nossa adesão a uma doutrina racionalista ou empirista. Embora erroneamente, considerava-se que as proposições da geometria descreviam as propriedades de um receptáculo real chamado espaço. As proposições da história, geografia, geologia, botânica descreviam — ou alegavam descrever, por mais insuficiente que fosse essa alegação aos olhos dos cartesianos — o comportamento dos homens no espaço e no tempo, a configuração da terra e da água, o comportamento das plantas e dos minerais. Mas quando as afirmações éticas e políticas tomavam formas normativas — quando falavam em termos de "deve" e "deveria", e apresentavam este ou aquele caráter ou ação a ser imitado ou evitado —, que entidades no mundo externo (ou mental) afirmavam descrever? Além dos homens, coisas e relações — "contingentes" e "necessários" —, além de "substâncias" particulares e seus "atributos" e "modos", o mundo também continha "valores deontológicos" como ingredientes objetivos? "Fatos-que-devem-ser" assim como "fatos--que-são"? Obrigações e deveres chamando os homens, ou trovejando sobre eles, exigindo imperiosamente ser cumpridos, bem como seus contrários, crimes e pecados não cometidos, aterrorizando os homens e forçando-os a fugir ou clamando por ser eliminados? Todavia, quais eram os "direitos" objetivos senão essas reivindicações ou demandas flutuando numa esfera ética? Quais os correlatos objetivos das respostas corretas à questão "Por que eu deveria obedecer ao rei?" senão os princípios e regras éticos ou políticos objetivos desse tipo estranho, que habitavam o mundo junto com os homens, árvores e mesas — metas objetivas, propósitos inatos, ideais, possuíam um status independente próprio, que exerciam uma influência — uma força compulsiva sobre seres humanos normalmente sensíveis, semelhante à atração e repulsa mais sensuais e cruas exercidas pelas pessoas ou coisas sobre os seus sentidos, mentes e emoções?

Somente no final do século XVIII a ideia de que todas as questões genuínas — e, portanto, também as questões "normativas" — devem encontrar respostas em afirmações descritivas, verificáveis pela existência de entidades apropriadas no mundo, começou a ser superada pela percepção nascente de que certas questões, sobre o que os homens deveriam ser ou fazer, poderiam diferir logicamente das questões de fato; e de que os métodos para obter respostas a essas questões eram em princípio dissimilares das investigações científicas, viagens de descobrimento, por mais peculiares e únicas que fossem. Talvez nem todas as questões acarretassem a busca de alguma espécie de tesouro escondido que existia, por assim dizer, em seu próprio lugar adequado, fosse ele algum dia encontrado ou não. Nem toda questão era uma questão de fato: as afirmações normativas não eram descritivas, e se deviam ser chamadas verdadeiras ou falsas, isso não acarretava a existência em algum lugar — na natureza, no coração humano ou na mente de Deus — de um análogo objetivo que podia persistir sem ser percebido. Entretanto, durante o período em questão, o paradoxo ainda não tinha aparecido. O grande modelo mecânico dominava o pensamento sobre todos os assuntos. Os grandes físicos, sobretudo Newton, tinham criado um corpo de generalizações claras e coerentes que descreviam e previam o comportamento do mundo físico com uma precisão e abrangência até então sem precedentes. Os teólogos podiam protestar que falsas inferências metafísicas tinham sido deduzidas da nova ciência, na forma de materialismo, ateísmo ou outras formas de heterodoxia, mas o que quer que se pensasse de seus receios, avisos e ataques diretos, o triunfo continuava a ser um triunfo. O que havia sido conhecido não podia ser ignorado. O novo conhecimento tornara possível fazer o que antes não era factível, fazer invenções e descobertas que transformavam a vida humana em toda e qualquer esfera. As implicações teológicas poderiam ser perigosas, mas nada faz tanto sucesso quanto o sucesso, e a prova dos novos métodos estava nas realizações esplêndidas, universalmente reconhecidas, que eles haviam tornado possíveis.

Talvez houvesse excelentes razões metafísicas ou teológicas para supor que Deus havia criado o mundo em sete dias, que ele o tinha dividido em espécies naturais, isto é, mutuamente isoladas, incombináveis, e que a cada espécie havia designado um propósito ou fim peculiar; e que o mundo representava o desenrolar gradativo do padrão no imenso tapete universal, em que cada espécie natural buscando seu propósito prescrito, nela implantado pelo criador, representava um elemento indispensável no projeto geral. Ou ainda, talvez o homem só pudesse obter a plena felicidade por meio de uma sensação de autorrealização livre e desimpedida, que por sua vez depende de estar em harmonia com o grandioso projeto universal; e que isso é realçado por uma percepção, ainda que obscura, proporcionada por alguma faculdade interior implantada por Deus, do que deve ser esse projeto e do papel que cada um nele desempenha, o que nos impede, ao menos por puro interesse hedonista, de nos posicionarmos contra o cumprimento de nossa tarefa apropriada, porque isso está fadado a terminar em frustração e desgraça: pois o universo é mais forte que os indivíduos nele existentes. Tudo isso podia ser muito verdadeiro, e muito admirado quando exposto na calma e bela prosa de pregadores persuasivos e eloquentes como o bispo Butler ou o arcebispo Fénelon, ou nos versos filosóficos bem elaborados e igualmente sensatos de Pope e seus imitadores. Mas a mera crença geral na existência de um desígnio ou um padrão, ou a convicção de que Deus não seria tão cruel a ponto de deixar o homem sem a faculdade de detectar esse propósito, não fornece a quem busca a verdade moral ou política uma resposta específica à sua indagação; nem com aquele grau de certeza racional que os físicos e matemáticos mais invejáveis, e cada vez mais os astrônomos ou os químicos, e até os biólogos, tinham o direito de reivindicar com base nas realizações concretas — as predições acuradas, os cálculos verificados pela observação — de suas ciências.

Esse novo método infalível e vitorioso — produziria ele resultados igualmente certos e revolucionários nos domínios da moralidade e da vida social? Toda época tende a ter um ramo particular de investigação cujo sucesso é tão espetacular a ponto de torná-lo por algum tempo o ideal, um modelo para as atividades relativamente menos progressistas de seu tempo. A multiplicidade e o caráter contraditório das respostas ao que afinal era o mais sério dos problemas humanos — como viver, como organizar a vida comunal — e a confusão, a irracionalidade, o dogmatismo fanático que assim sendo prevaleciam, com a resultante injustiça e desgraça, haviam se tornado um escândalo grave e cada vez maior aos olhos de homens que sentiam um orgulho justificável da soma estupenda e rapidamente crescente de seu conhecimento em outras esferas. A poderosa corrente de razão, que havia limpado o estábulo de Áugias do conhecimento natural removendo o lixo acumulado da Idade Média, devia ser direcionada para o campo da vida social. A razão era indivisível: o que expulsara as forças da escuridão dos domínios da ciência natural também resolveria de uma vez por todas, com muita energia, aplicação e gênio, o problema da política. Essa opinião cresceu, à medida que o século XVIII avançava. Todos os problemas eram obsoletos, e a essa altura sobreviventes insignificantes de um escolasticismo cegado por si próprio, ou então passíveis de serem enunciados em termos claros e resolvidos definitivamente pelo método científico.

O modelo mecânico da natureza proposto por Newton fascinou todo o mundo civilizado como nenhuma outra construção — nem mesmo os mundos de Darwin, Marx ou Freud — jamais tornou a fazer. Ele afetou não só o modo consciente, mas também os modos semiconsciente e inconsciente de sentir e pensar de sua época, a ponto de a linguagem comum adquirir novas metáforas, tiradas de hipóteses mecânicas e gravitacionais, que deixaram de ser percebidas como metáforas e passaram a ser uma parte intrínseca da língua, um dos sinais mais seguros da transformação de toda uma perspectiva dentro de uma sociedade. As velhas verdades dogmáticas sobre a natureza do universo e seus propósitos, e sobre o papel que o homem desempenhava dentro dele, eram nitidamente incompatíveis com as descobertas da nova ciência. Era bastante claro de que lado ficaria a vitória: "*le tribunal suprême & qui juge en dernier ressort & sans apel de tout ce qui nous est proposé, est la Raison*" ["o tribunal supremo, que julga em última instância & sem apelação tudo o que nos é proposto, é a Razão"],[5] as célebres palavras de Bayle tornaram-se o grito de batalha de todo o século. Ou o mundo foi criado em sete dias ou não foi. Ou o homem possuía uma alma imortal, uma centelha da chama divina que voltaria a se unir à sua fonte após a morte de sua morada corporal — sendo uma entidade não sujeita às leis que regem a matéria no espaço —, ou então nada disso existia. Ou os homens eram dotados de faculdades espirituais especiais que lhes propiciavam conhecimento — ou, ao menos, um pressentimento — de um mundo mais real que a paisagem terrena de suas vidas diárias, ou não as possuíam. Ou eram criaturas caídas, fracas, perversas e estúpidas, capazes de criar algo de valor duradouro não por seus próprios esforços independentes, mas tão somente pela graça de Deus, quer pela mão de sua Igreja, quer por uma relação direta com a divindade, ou isso não era nem verdade, nem, se apropriadamente considerado, inteligível. Ou a única maneira de descobrir a diferença entre o bem e o mal, entre o certo e o errado, era compreender que papel os homens estavam destinados a desempenhar no grande drama da existência, concebido e executado na mente eterna do dramaturgo divino, e comunicado por mitos e parábolas, bem como pela revelação direta e pelas evidências que podiam ser colhidas na observação da natureza por sábios com mentes abertas a vislumbres do infinito; ou bastava conceber a natureza como um conjunto de acontecimentos que ocorriam em padrões repetitivos, algo que a observação paciente, suplementada pelo experimento e conjeturas inspiradas, podia revelar; esse conhecimento natural, sistematizado à maneira precisa possibilitada pelos recentes progressos na matemática, assumiria a forma de leis, pelas quais o futuro podia ser predito, o presente resumido, o passado reconstruído — um quadro em que o corpo humano e suas sensações obedeciam a leis mecânicas e não desempenhavam nenhum papel único em nenhum processo intencional, irreversível, não repetitivo, a que um criador onipotente desse valor ou significado. Não era possível que ambos os conjuntos de crenças fossem verdadeiros; e aqueles que, como Descartes e seus seguidores (não excluindo Leibniz), tentavam conciliar os dois incorriam em obscuridades e incoerências que uma era posterior não hesitou em revelar.

Newton livrou-se dessas dificuldades, em grande parte porque não exigia elos lógicos entre suas especulações teológicas e suas teorias físicas. Labutou-se para se chegar a um compromisso razoável. Sem negar categoricamente princípios centrais da teologia atanasiana como o pecado original, a perspectiva da danação eterna, a diferença absoluta entre a alma imaterial e o corpo material, bem como sua misteriosa união, a infalibilidade da inspiração literal da Bíblia ou de seus exegetas autorizados, talvez se pudesse tentar, no mínimo, não enfatizá-los com tanta violência. Sem efetivamente rejeitar essas crenças, talvez fosse possível deixar que recuassem para o segundo plano, e realçar aqueles aspectos positivos e otimistas da teologia cristã racional que ofereciam resistência mínima ao novo panorama científico, especialmente se suas linhas não fossem traçadas com muita nitidez. Era a natureza, em vez da revelação verbal direta, a principal linguagem pela qual Deus falava a suas criaturas. Os seus propósitos podiam ser mais bem discernidos pelo estudo de suas obras, que estão em toda parte ao nosso redor, e pela escuta das ordens da voz de Deus dentro de nós, duas fontes de conhecimento que, se apropriadamente interpretadas, não podem jamais dar respostas diferentes. As ciências podiam nos dizer *como* as coisas aconteciam, mas nunca podiam dizer *por que* — para servir a que objetivo, devido a que fim supremo — as coisas eram postas a funcionar como funcionavam; e a menos que também soubéssemos disso, estávamos condenados a ser para sempre os brinquedos cegos de forças cuja necessidade não compreendíamos, enquanto o tempo todo uma fonte sobrenatural de luz (revelando o propósito divino e a relação entre ele e as nossas faculdades — e as propriedades dos animais, das plantas e dos objetos inanimados) devia ser encontrada tanto dentro como fora de nós, aumentando incomensuravelmente as informações dispersas e fragmentadas fornecidas pelos sentidos e pela razão dedutiva, e jamais entrando em conflito com elas, ao menos se não fechássemos perversamente os olhos para a sua luminosidade.

Essa era a espécie de compromisso adotado em graus variáveis pelos clérigos ingleses filosóficos da Broad Church [Igreja Ampla] — incluindo homens de gênio autêntico como Butler e Berkeley —, os amigos teológicos da razão, os inimigos do entusiasmo violento, do obscurantismo e do irracionalismo religioso que haviam provocado destruição meio século antes, deixando feridas das quais algumas ainda não estavam de todo curadas. Esse era também o tipo de visão conciliatória propagada pelos filósofos moderados que seguiam Leibniz e ofereciam muitos compromissos entre a razão e a fé. Assim Christian Wolff ensinava, por exemplo, que os milagres eram devidos unicamente a uma compreensão sobre-humana da natureza — da natureza familiar da vida normal. Assim Cristo converteu a água em vinho porque era um químico superior a Boyle (ou a qualquer criatura finita), e compreendia e usava as leis inalteráveis da natureza, e parecia suspendê-las apenas aos nossos intelectos limitados. Por um raciocínio similar, a maior parte das aparentes contradições da fé e da ciência podia ser, esperava-se, conciliada.

Algo semelhante será encontrado entre os platônicos de Cambridge e os intuicionistas que seguiam Shaftesbury ou Hutcheson. A lei natural de Grotius é ora um conjunto de regras intuído por uma espécie de percepção metafísica, ora descoberto pela observação quase empírica de sociedades concretas a exercer um domínio universal. A visão do caráter sagrado dos contratos proposta por Pufendorf é às vezes um dogma: outras vezes, um argumento utilitário. Esses híbridos, esses conceitos de dupla face, na fronteira entre o metafísico e o empírico, são características de uma era que presenciou a lenta morte da teologia como rainha das ciências e legisladora real e fonte suprema da moralidade política e pessoal. Locke é talvez o mais característico de todos aqueles que, da Renascença até nossos dias, não confrontaram esses princípios incompatíveis, nem os negaram, mas tentaram apresentá-los como faces diferentes da mesma verdade, depositando sua confiança, como Lessing e seus amigos, nos efeitos gerais do tempo, na tolerância e no bom-senso dos homens.

Esse compromisso precário não estava destinado a sobreviver. Na Inglaterra e no norte da Europa em geral, as igrejas protestantes, durante o século XVIII, representavam em suas próprias constituições um triunfo da moderação, um compromisso entre a antiga ordem e as demandas de uma nova e, portanto, crítica classe social. Mas na França, o mais civilizado dos estados europeus, a Igreja não contemporizou: lutou por seu poder e na verdade o aumentou, ao custo de uma queda precipitada no seu prestígio intelectual e moral; e os intelectuais radicais, em grande parte sob a influência de Voltaire (cuja vida e escritos provavelmente libertaram um número maior de seres humanos que os de qualquer outro homem na história registrada), passaram primeiro a um ceticismo moderado e cauteloso, atacando apenas as superstições mais violentamente irracionais e as injustiças e absurdos sociais e políticos mais gritantes; mas aos poucos, com crescente originalidade e coragem, começaram a investigar se a nova ciência, que estava passando de triunfo a triunfo, deixava de fato as doutrinas da Igreja relativamente não afetadas, como ainda proclamavam seus representantes mais vigorosos, ou, como sustentavam com tanta persuasão seus apologistas mais moderados, precisava apenas de uma série branda de reformulações para tornar possível um condomínio pacífico com a ciência.

A questão não era, na verdade, nova. Hobbes demonstrara uma originalidade surpreendente no século anterior, e, antes de Hume, havia com efeito relegado a metafísica e a teologia praticamente ao monte de lixo, como irrelevantes ou ininteligíveis; e construíra a sua imagem da sociedade, seus elementos, suas leis de desenvolvimento e necessidades, por analogia com o modelo físico da natureza que os cartesianos haviam construído. Mas se a sua abordagem era considerada correta, as suas conclusões pareciam aos espíritos livres do século XVIII, à luz da observação comum da humanidade e em particular da experiência política inglesa, demasiado pessimista. Talvez nem ele próprio tivesse se emancipado completamente da crença cristã no pecado original, que o levara a descrever o homem como sendo por natureza ganancioso, brutal e violento, só impedido de fazer mal a outros homens pelo medo. O medo da parte dos muitos fracos diante dos poucos poderosos e ambiciosos levara, na teoria de Hobbes, à fundação de sociedades nas quais pela concessão de autoridade absoluta ao regente absoluto, e pelo emprego da ameaça de sanções ferozes, a besta selvagem no homem era engaiolada e suficientemente domada e treinada, e seu orgulho e medo aproveitados, para tornar possível um grau mínimo de cooperação social. Mas no século XVIII a fé crescente no célere aperfeiçoamento do destino humano pela aplicação apropriada das novas ciências físicas — a marcha da razão que nada parecia capaz de deter — fazia a estimativa impiedosa de Hobbes quanto às perspectivas humanas parecer perversamente sombria. Os últimos anos de Luís XIV tinham sido preenchidos com a perseguição fanática de todas as heterodoxias; e a sensação de alívio que se seguiu à morte do monarca na França criou um estado de espírito em que se tinha a impressão de que a única condição para uma vida melhor era a remoção das cargas e obstáculos impostos por um déspota cruel e fanático e por uma Igreja ignorante e gananciosa. Se ao menos a corte, os padres, a nobreza corrupta e a burocracia opressiva parassem de sufocar aquelas aptidões morais e mentais cuja liberação na Inglaterra havia proporcionado resultados tão brilhantes e benéficos, uma renascença política, econômica, moral e artística elevaria a França bem acima dos indivíduos de outras nações. Era difícil conciliar a existência e o poder da benevolência humana natural, e a persuasão da razão, uma vez permitida sua argumentação clara e franca, com o quadro negro da vida humana em estado de natureza traçado por Hobbes, a qual teria sido "solitária, pobre, detestável, brutal e curta";[6] pois, a partir de algo tão destituído de humanidade, não era possível, fosse qual fosse a distância entre as gerações, que se tivesse atingido aquele estado de tolerância e liberdade política, aquela firme fundação para a liberdade civil e a harmonia cívica, que era a glória da sociedade inglesa livre no século XVIII. Era na Inglaterra que as ciências tinham avançado de forma tão extraordinária: na Inglaterra cuja Igreja nacional tinha oferecido tão pouca resistência ao avanço da razão, em contraste com o fanatismo com que a Igreja de Roma ainda estava reprimindo os esforços de esclarecimento na França, no sul da Europa e nas Américas. Hobbes procedera certamente com base em pressuposições preconceituosas; e embora professando observar a natureza, criara o homem excessivamente à sua imagem aterrorizada. O exemplo dos admiráveis compatriotas de Hobbes, com sua constituição moderada e habilidosa que inclui limitações e inspeções, seu temperamento sóbrio e racional, seu amor pela liberdade, sua perspectiva civilizada e tolerante, seu sucesso nas artes da paz, tinha servido para refutar a sua teoria psicológica. Não era a natureza, mas a educação defeituosa — preconceito, superstição, pobreza, ignorância, indolência do corpo e da mente —, a responsável pelas criaturas sub-humanas de Hobbes; um estudo imparcial dos homens, com evidências da história, da condição dos nativos recentemente descobertos em regiões remotas, intocados pelos vícios da Europa, poderia levar a conclusões muito diferentes.

Como Galileu, Kepler, Harvey, Newton, Boyle, Huyghens, Leeuwenhoek e, por último, Buffon tinham chegado a suas conclusões indestrutíveis? Pela observação, pela formulação de leis e hipóteses gerais, pela verificação dessas últimas por meio do experimento. Esse mesmo método, então, cuja aplicação não envolve faculdades ocultas, e cujas conclusões podem ser checadas por qualquer homem inteligente que se der ao trabalho de examiná-las, pode ser aplicado ao domínio da política. Assim como a física tenta descobrir o mundo externo empiricamente acessível, a moral e a política são a ciência de um mundo igualmente acessível de relações humanas: deve descrevê-las e descobrir as leis sob as quais operam. Se é uma forma de conhecimento, a política possui precisamente a mesma relação com os fatos sociais que a química possui com as moléculas e os átomos. Locke havia pregado isso,[7] mas não havia tentado aplicá-lo sistematicamente à análise da moral e da vida social. Seu discípulo Helvétius, que de todos os pensadores sociais e políticos do século XVIII foi o mais honesto, completo, esclarecido e coerente — e que com seu temerário aliado La Mettrie, e com Holbach e seu discípulo Bentham, marchou alegremente até os mais longínquos confins a que a razão parecia impulsioná-lo —, tentou realizar precisamente esse programa. Essa conclusão foi inevitavelmente imposta pela pressuposição não examinada do século: que todo conhecimento verdadeiro é de algum modo descritivo; que a política e a moral ou são uma forma de conhecimento ou não são nada; e devem consequentemente começar a procurar — e isolar — fatos especificamente morais e políticos para verificar suas afirmações e suas leis.

O homem é um objeto da natureza assim como as plantas ou as pedras; quaisquer que sejam suas diferenças em relação às espécies não humanas, os homens devem ser passíveis de ser observados, classificados e correlacionados de um modo que possibilite formular leis gerais para descrever e predizer o comportamento humano. Ao contrário de outras espécies, o homem tem objetivos; vontade, intelecto, emoções, e talvez ainda outras faculdades. Como é possível, então, fazer com que as ciências adaptadas à matéria inanimada ou ao comportamento de animais não racionais sejam aplicadas ao homem? Os pensadores franceses dos quais estou falando não consideravam grave essa objeção. Se comunidades com um propósito e elaboradamente organizadas como as das formigas ou dos castores eram suscetíveis de tratamento pelas ciências da zoologia ou da física, a sociedade humana, só por ser mais complexa, não oferece nenhum obstáculo insuperável. Não precisamos mais perguntar por que o homem é criado, nem para que fim, pois é mais que duvidoso se ele foi criado para um fim ou mesmo se foi realmente criado. A questão de qual era a função ou propósito do homem, que instrumento um homem ou um grupo de homens estava destinado a tocar na orquestra cósmica, que papel um indivíduo ou uma igreja, um país ou uma nação havia recebido no drama divino, não fazia sentido se não houvesse nem drama nem dramaturgo, nem orquestra nem maestro — se, de fato, essas noções fossem mera ficção da imaginação poética, concebida durante a infância bárbara do homem, sem nenhuma evidência que a sustentasse. E, por um raciocínio semelhante, a questão de *por que* um homem deveria obedecer a este ou àquele estado, a este ou àquele governante, não podia ser formulada em termos de autoridade espiritual, à qual uma obediência incondicional tinha de ser prestada por razões independentes da observação empírica ou dos métodos científicos logicamente válidos. Não se podia admitir nenhuma sanção sobrenatural para nada, quando o próprio conceito dessa autoridade, analisado em termos cartesianos ou empíricos, parecia destituído de um significado claro. Os católicos tinham discutido com os protestantes e com os hereges, em seu próprio meio — e, aliás, também com os judeus, os muçulmanos e os pagãos —, a validade de suas fontes de conhecimento sobre os caminhos de Deus, e dos deveres dos homens em relação a Deus e de uns em relação aos outros "em Deus" e "sob Deus"; e essas disputas, que haviam mergulhado todo o mundo civilizado em desgraça e num derramamento quase contínuo de sangue, revelaram-se uma disputa sobre absolutamente nada — nada a não ser o produto de ignorância, medo e fraqueza, e a exploração inescrupulosa desses defeitos por velhacos astuciosos e ambiciosos, vestidos com indumentárias régias ou sacerdotais.

Grotius tinha falado em termos do antigo conceito romano e medieval da lei da natureza, *jus naturale*; um conjunto de regras de conduta tão poderoso e autorizado que nem o próprio Deus podia alterá-lo ou aboli-lo. Montesquieu havia estabelecido que as leis humanas deviam ser "*les rapports nécessaires qui dérivent de la nature des choses*",[8] "as relações necessárias que derivam da natureza das coisas". Essa "natureza", essas "coisas" são suscetíveis de exame empírico: incluem fatores como o clima e o solo, costumes locais e diferenças psicológicas de caráter nacional, e outros dados acessíveis. Mas é deles que as leis devem ser de algum modo "derivadas": se compreendemos o propósito para o qual os homens foram criados, podemos ajustar as leis de tal modo que elas promovam da melhor maneira possível esse propósito num determinado ambiente e sejam aplicadas a determinadas características nacionais ou tribais; e como esses fatores ambientais, sociais e psicológicos variam no mundo, as leis vão igualmente variar.

Mas o que é esse propósito? Como o descobrimos? Ele também é um dado empírico? E, nesse caso, onde devemos procurá-lo? Descartes, Grotius, em certa medida também Montesquieu, parecem acreditar numa faculdade "racional" que o revela: revela o propósito ou a meta do homem como tal, do qual flui logicamente a *jus naturale* — um conjunto também absoluto de regras. E isso parece idêntico à doutrina teológica de que há dentro do homem certos princípios inatos — de que se ele apenas olhar para dentro de seu coração, encontrará em seu interior preceitos de validade absoluta que seu criador ali inscreveu para sua orientação: de que há, em suma, uma faculdade única, infalível, limitada apenas aos seres racionais e necessariamente à prova de quaisquer obstáculos que a experiência empírica possa erguer, que nos diz como viver, o que fazer, o que melhor satisfaz a meta que não inventamos, mas descobrimos dentro de nós mesmos, estabelecida por uma força em certo sentido exterior a nós mesmos: Deus ou a natureza. Essa é a "*nature des choses*", e os "*rapports nécessaires*" são dedutíveis do modo como nos ajustamos ao sistema de fins e metas que nos é imposto pelo demiurgo. Retornamos, com efeito, à imagem da orquestra, da peça teatral: as doutrinas de Grotius ou de Montesquieu, apesar de toda a sua aparência não teleológica, são ininteligíveis a não ser num mundo concebido como um processo dotado de um propósito; e, sem dúvida, nos cem anos que se passaram entre Descartes e Condorcet, somente homens de uma capacidade excepcional para o pensamento independente — um Hobbes ou um Spinoza — puderam ao menos conceber um mundo que, ainda que "imanentemente", impessoalmente, não encarnasse um propósito — sem falar do quase absurdo dessa noção para os empiristas de qualquer tipo; pois os "propósitos" impessoais, imanentes ou de outra ordem não são o tipo de dados que a observação ou o experimento descobrem. E ainda assim, como veremos, nem mesmo os materialistas mais ousados do século XVIII, que se consideravam completamente emancipados de todo o "lixo" metafísico e teológico de seus pais, tinham se livrado de suas categorias obsessivamente teleológicas, que se misturam de uma forma muito estranha a seu feroz empirismo.

Mas eles começam com bastante valentia — os novos seguidores *révoltés* de Newton e da ciência pura, a geração cuja fé foi solapada pelo ceticismo ameno de Bayle e Locke, e finalmente demolida por Voltaire. Começam rejeitando tudo exceto o que as ciências garantem como real: nada que um homem não possa observar, ou inferir a partir do que observa, ou imaginar em termos do que observa, pode ser conhecimento. A observação é o único critério que pode nos preservar das fantasias loucas, das doutrinas absurdas que confundiram nossos ancestrais, pois nada deve ser acreditado sem evidências, e todas as evidências provêm da experiência. Vamos então observar o mundo em que vivemos com o olhar frio, aguçado e imparcial de um cientista natural, que não espera de seus dados nem o bem, nem o mal, e não os considera nem com esperança, nem com medo, mas unicamente como dados, como conjuntos dentro dos quais ele procura encontrar uma ordem; e que tenta descrever essa ordem não porque ela seja boa ou ruim, interessante ou sem graça, mas porque ela existe, e porque é o início e o fim do conhecimento. Os indivíduos e as sociedades devem ser estudados como pedras e árvores, castores ou abelhas. E até que tenhamos descoberto como são os homens em suas várias espécies, por que fazem o que fazem, por que vieram a ser o que são, o que podem e o que não podem fazer, e como isso acontece; até que tenhamos acumulado observações e formulado leis gerais similares às da física ou da biologia — até então, tudo o que dizemos, a nossa teologia e metafísica, continua a ser fantasia sem valor ou conjecturas fortuitas, vagas, grosseiras, não confiáveis, desorganizadas; opiniões não fundamentadas numa evidência científica, matizadas com preconceitos, superstições e emoções, lançando quando muito uma luz tênue, mais frequentemente nuvens de escuridão, sobre os assuntos que abordam.

Esse ponto de vista não é inteiramente novo. Em séculos anteriores, quando se acreditava que a natureza era dividida em domínios separados — Deus e os anjos, o homem e o animal, a forma e a matéria, o corpo e a alma —, essas ordens heterogêneas requeriam claramente métodos bem diferentes de cognição. O domínio sobrenatural era abordado com humildade, com os passos vacilantes da teologia humana; a alma humana só podia ser investigada à luz de um sentido interior, uma espécie de autoabsorção espiritual, e a evidência dos sentidos físicos era considerada irrelevante à visão interior. Era o maior e o mais grotesco de todos os erros e insultos à origem divina do homem tratá-lo como se fosse um objeto natural, inteiramente determinado em seu comportamento corporal, bem como em seus pensamentos, desejos e vida imaginativa, por forças que podiam ser estudadas pelas ciências naturais. Certos filósofos antigos, epicuristas e atomistas, tinham de fato se aproximado muito dessa posição, mas a luz da revelação e conhecimento cristãos havia acabado com eles, esperava-se, para sempre. Entretanto, essa antiga heresia era muito semelhante à doutrina e métodos que a nova escola de pensadores sociais estava defendendo. Eles não os sustentavam apenas como um princípio; eles os aplicavam e publicavam suas descobertas.

Vamos considerar dois de seus expoentes mais vigorosos e celebrados. Helvétius, nas suas duas obras mais famosas, expôs essa doutrina, que desde seu tempo não tem deixado de progredir; contestada, atacada, "refutada" mais de uma vez, ela tem aumentado sua influência, e não só em sua forma tardia e sofisticada, mas no formato bruto de seus criadores. Nenhum contratempo que não fosse seguido por um avanço mais prolongado, e hoje ela talvez seja a visão singular mais poderosa que, embora às vezes eles possam negá-lo, une indivíduos, grupos e nações que, sob outros aspectos, estão no mais violento desacordo. Holbach estava menos interessado na propagação da doutrina positiva que na defesa desses princípios contra seus inimigos. Ele passou a sua longa e dedicada vida tentando destruir, e estimulando outros — os membros de seu célebre salão, onde essas ideias nasceram e eram incessantemente discutidas — a destruir, os adversários da nova verdade científica: o obscurantismo, a superstição, o preconceito político e social, a opressão de indivíduos, a arbitrariedade, a desconfiança em relação às ciências, mas acima de tudo, e em primeiro lugar, a religião em todas as suas formas — toda Igreja, todo credo —, que ele considerava, talvez com mais força que qualquer outro homem antes ou depois dele, a fonte de quase toda a infelicidade e o mal do mundo.

A doutrina é clara e simples, mas, da forma como está expressa nos textos publicados e nas conversas registradas dos *Holbachiens,* talvez seja simples demais. O homem é uma combinação de moléculas — ossos, sangue, tecido, água — influenciada pelas mesmas forças físicas que regem tudo o mais no mundo. Não é por natureza nem tão bom como os teólogos o imaginam antes da Queda, nem tão mau quanto sustentam que se tornou depois de cair, se por "bom" entendemos aquilo que todo homem racional entende por essa palavra — a tendência de buscar por meios racionais a sua própria felicidade e a dos outros — e por "mau" o oposto disso. Na verdade, o significado dessas noções centrais tem sido pervertido pelos homens maus no poder — reis, capitães, sacerdotes — para enganar seres humanos inocentes e obrigá-los a aceitar piamente formas de vida infelizes e até brutais, proveitosas apenas para seus patrões e exploradores. Toda a desgraça humana, toda a injustiça, todo o crime e loucura nascem apenas de duas fontes: ignorância e medo. E esses só podem ser destruídos por um único meio: pelo aumento e disseminação do conhecimento verdadeiro. Alguns passos imensos foram dados nos domínios das ciências naturais pela aplicação dos métodos newtonianos, e agora é a vez da ciência do homem. Locke nos deu uma análise psicológica muito satisfatória do funcionamento da mente em sua aquisição de conhecimento sobre si mesma e sobre o mundo externo: o mesmo método deve ser agora aplicado aos problemas sociais. Primeiro, os fenômenos devem ser descritos; depois analisados e decompostos em seus elementos sensíveis básicos — aquelas partículas atômicas finais cujo movimento no espaço é responsável por tudo o que existe e ocorre.

É exatamente o que Helvétius afirma ter feito em sua análise do comportamento dos indivíduos em sociedade: ele informa que julga existir apenas uma hipótese que explica toda ação humana em qualquer circunstância possível; e esta é o desejo de prazer e a tentativa de evitar a dor. Em toda parte e em todos os tempos os homens buscaram, buscam e, sem dúvida, buscarão a felicidade pessoal; evitaram, evitam e evitarão todas as formas de dor: todos os atos, instituições, hábitos, características morais e políticas dos seres humanos podem ser deduzidos desse único princípio. Se eles parecem ter buscado (ou evitado) outras coisas, é porque enganaram a si mesmos ou foram enganados por outros, seja deliberadamente ou como resultado da própria ignorância e confusão desses outros. Os elementos que constituem a felicidade podem diferir para diferentes povos e indivíduos conforme sua idade, sociedade ou condição física ou geográfica. Montesquieu tinha toda razão ao observar as diferenças de ideais, valores e formas de vida entre povos diferentes, e ao atribuí-las principalmente a diferenças de condições naturais como clima e tipos de solo, ou de tradição nacional, mas ele se equivocava ao pensar que diferentes grupos humanos buscam bens radicalmente diferentes; só existe uma coisa que os homens buscam — e que chamam de bem quando a buscam —, e esta é a felicidade. Os meios para alcançá-la, e portanto os tipos de estados ou objetos considerados bons, vão variar conforme o temperamento, as circunstâncias e o desenvolvimento histórico; mas o que há de bom a seu respeito é sempre um aspecto, e um único aspecto: eles tornam — ou pensa-se que tornam — aqueles que os buscam felizes e contentes. A razão por que o fazem é uma questão para a física, a biologia ou a psicologia. O filósofo moralista e político está interessado em estabelecer a natureza do bem — o que ele "realmente" é — assim como os físicos estabeleceram a verdadeira natureza da "matéria" ou do "movimento". A investigação é factual, e a resposta, depois de muitos séculos de erro, escuridão e sofrimento desnecessário, finalmente clara. O bem e o mal são aquilo que um homem plenamente conhecedor de todos os fatos relevantes consideraria como tais; e ele só consideraria como tais aquilo que supõe que o tornaria feliz ou infeliz, respectivamente. Isto é o que ele chamaria de bem e mal, e sempre o chamou, apesar de todas as dissimulações e distorções que lhe são impingidas pela ignorância e loucura em seus disfarces favoritos da teologia, da metafísica e da lei. Quanto à felicidade, em certa medida todos sabem o que ela é, pelo menos em seu próprio caso; e se não sabe, o progresso do conhecimento pode — e vai — iluminá-lo.

Essa doutrina naturalista e utilitária (quaisquer que sejam os seus disfarces) ocorre em pelo menos duas formas distintas: uma forma mecanicista *de facto*, e uma que apela para o mandamento da natureza ou do "Deus da natureza". A primeira forma é modelada a partir da descrição física do mundo externo. Suas leis são uniformidades causais, e um ser racional, sendo parte desse mundo, e buscando o que não pode deixar de buscar — harmonia, felicidade —, rejeitará as ficções da religião, da metafísica ou do "senso comum" não esclarecido, e usará o seu conhecimento recém-adquirido para planejar os meios mais efetivos de garantir seus objetivos. Esta é a visão de Bentham, de seus mestres Helvétius e Hobbes, e de Hume, de modo geral; assim como de um bom número de positivistas e empiristas do século XIX. Mas a maioria dos *philosophes* procurava justificar suas doutrinas apelando para a natureza. Apesar da extrema frouxidão e ambiguidade com que o termo é usado — somos informados por pelo menos um pesquisador laborioso de que não menos que sessenta sentidos desse que é o mais fascinante de todos os símbolos podem ser distinguidos no emprego dessa palavra pelos pensadores do século XVIII —, a noção geral não está em dúvida. A natureza é mais que o conjunto das coisas e as leis que elas de fato obedecem. Ela é também um sistema harmonioso, em que cada um de seus ingredientes é por ele designado — pois ele é concebido como uma força ou princípio ativo — a desempenhar seu papel único na realização do desígnio geral. A razão — a luz natural — é um sinônimo para a percepção do desígnio: suas regras ou mandamentos são aqueles que nos dizem qual a melhor maneira de cumprir nosso papel específico no desígnio geral. Ao contrário das leis mecânicas, suas leis podem ser desobedecidas, mas somente ao custo de sermos derrotados, mais cedo ou mais tarde, pela ordem natural, que é infinitamente mais forte do que aqueles que buscam perturbá-la. Tudo o que somos — nossa carne e espírito — nossos órgãos, faculdades, ideias, sentimentos, ações — foi moldado pela natureza (ou pela Divindade, com a qual ela é frequentemente identificada) para cumprir os propósitos dessa mesma natureza: usá-los de maneiras contrárias a esses propósitos é pervertê-los; enfim, causar ruína a nós próprios. Noções como a lei natural, os direitos naturais, o código da natureza, a descoberta de soluções, "de acordo com princípios naturais", para problemas estéticos, econômicos, sociais e psicológicos, derivam da pressuposição teleológica incontestada de que todas as coisas pertencem a uma ordem inalterável, algumas "mais elevadas" que outras na hierarquia, e se desenvolvem ao longo de linhas, ou em busca de objetivos internos, nelas "implantados" desde o nascimento.

A lei natural é o mínimo de regras a que os homens devem obedecer para poderem continuar por muito tempo cumprindo os seus fins apropriados como homens — sem as quais eles perderiam a aparência humana, perderiam aquelas propriedades que os fazem homens e os tornam capazes de sobreviver, comunicar, cooperar, realizar qualquer coisa em comum.[9] Os direitos naturais são o mínimo sem o qual um homem não pode desempenhar seu papel apropriado no projeto. O programa econômico dos fisiocratas afirmava não inventar nada de novo, somente transcrever para que todos percebessem o sistema de relações econômicas (e as ações projetadas para promovê-las e mantê-las) que a natureza havia estabelecido: adotando esse sistema, os homens se reajustariam à harmonia geral, para a qual a ignorância, o preconceito e o vício os haviam cegado, e que podia ser descoberta pela observação da natureza em ação. O *laissez-faire* é a invocação para deixar a natureza "seguir o seu curso" sem impedimentos artificiais e para curar os males sociais assim como ela, de modo mais evidente, cura os males do corpo humano: os físicos (ou os especialistas em economia) são necessários apenas para retificar os desvios do caminho natural apropriado; para levar o organismo de volta à sua função normal, isto é, natural — e não para colocá-lo em algum novo caminho próprio.

As opiniões sobre como melhor discernir os propósitos da natureza diferiam muito amplamente, pois ela parecia falar a diferentes pensadores com vozes muito diferentes: dizendo para alguns (Voltaire, Montesquieu, Holbach) que a desigualdade fazia parte de sua ordem e era inextirpável; para outros (Rousseau) que a desigualdade era um pecado contra ela; pregando austeridade espartana a Mably, mas recompensas correspondentes às capacidades mentais para Helvétius; comunismo rigoroso para Morelly ou Babeuf, mas o caráter sagrado da propriedade privada para Locke, Voltaire e Condorcet; o *laissez-faire* para os fisiocratas, mas o controle completo do estado para Mably; o progresso das artes e ciências para Diderot e d'Alembert, seu efeito perigoso e degradante para Rousseau; a democracia para Rousseau, mas a oligarquia esclarecida para os enciclopedistas; o despotismo e o ateísmo para Holbach e o republicanismo para Robespierre. Na verdade, não menos que o rigoroso Bentham, o flexível Rousseau reclamava que nenhum critério para o descobrimento dos verdadeiros desejos da natureza parecia estar em uso: todo reformador social reivindicava para seu próprio projeto predileto a autoridade da "natureza", cujo propósito interno ele alegava possuir uma capacidade única de adivinhar. Bentham zombava de todo empreendimento como uma desonesta mistificação metafísica. Mas Rousseau denunciava os falsos profetas, porque eles usurpavam um direito que era só seu: a natureza realmente falava, mas só ele ouvia sua voz clara e forte, e podia dizer aos outros como aprender a escutar e obedecer. Sua polêmica contra a babel de vozes que afirmavam falar em nome da natureza é arguta, divertida e convincente, até nos darmos conta de que ele é como o lunático que rejeita as pretensões de outros internos do hospício que dizem ser Napoleão porque ele próprio é Napoleão.

Mas qualquer que seja a forma adotada pela doutrina — mecanicista, teleológica ou, o que é mais frequente, uma mistura inconsistente das duas —, certas pressuposições são comuns a ambas: os verdadeiros objetivos da vida estão dados — quer como uma compulsão psicológica ("Não podemos deixar de desejar o prazer e tão somente o prazer", "Todos os homens desejam o poder"), quer como o desejo de Deus e da natureza; esses objetivos podem ser descobertos pela faculdade apropriada — a razão, o instinto ou a observação; os objetivos da legislação e da educação devem fazer com que as vidas dos homens sejam empregadas em busca desses objetivos que podem ser objetivamente descobertos; eles e tão somente eles justificam a coerção, o estabelecimento de regras de comportamento ortodoxo que eliminam a heresia, pois onde o verdadeiro conhecimento pode ser obtido, de validade universal para todos os homens, o erro deve ser extirpado, e a opinião, substituída pela certeza incontestável. A natureza — quer na forma de infalibilidade científica, quer uma fonte quase personificada de fé e iluminação — pode ser uma tirana tão esmagadora e cruel quanto uma Igreja ou um líder divino. Isto só permanece oculto enquanto seus adeptos continuam a ser minoria e oposição.

Se a natureza é um todo harmonioso, por que a felicidade de um homem frequentemente parece incompatível com a de outro, por que há uma luta pela riqueza, pelo poder, pela própria existência, na qual os virtuosos são frequentemente derrotados e arruinados? Sem dúvida, a natureza é às vezes avara com seus bens, e dota seus filhos com suas bênçãos, sejam benefícios materiais ou dons naturais, em graus muito desiguais; mas ela também lhes dá os próprios meios para superar esses obstáculos: razão, inventividade, conhecimento do bem e do mal. A própria ignorância e loucura do homem é responsável por suas desgraças. É verdade que os homens diferem quanto aos dotes físicos e mentais, quanto ao ambiente natural em que vivem, quanto ao que herdam de seus predecessores. Mas a chave para a felicidade não reside necessariamente na uniformidade. A condição ideal da humanidade é um padrão complicado em que se encaixam elementos muitos dessemelhantes, cada um em seu próprio lugar e tempo, conforme ditado pela razão — que é precisamente a compreensão das partes e como e por que elas se ajustam ao todo harmonioso. As concepções sobre o que seja esse padrão podem divergir: mas de acordo com uma dessas concepções, pelo menos, a desigualdade faz parte de sua própria essência. Se os mais dotados, aqueles mais bem equipados de habilidades técnicas, políticas, psicológicas e morais, bem como de conhecimento — as ciências construídas sobre a base confiável de fatos observados —, não forem colocados acima dos outros para governá-los, a sociedade irá a pique: ou, no mínimo, ficará exposta a muito conflito e desgraça que poderiam ser evitados. Há uma solução para os problemas sociais, assim como para todos os outros problemas reais claramente concebidos: a tragédia, na vida pessoal ou pública, não é uma consequência inevitável da imperfeição do homem, pois o homem é infinitamente perfectível, mas de erros devidos a uma cegueira evitável sobre o que é a felicidade e como obtê-la. A demanda por uma igualdade irrestrita conforme enunciada pelos democratas, ou a insistência na virtude suprema do autossacrifício altruísta conforme advogada pelos pregadores cristãos, podem se revelar tão irracionais e produzir tanta desgraça quanto as reivindicações de velhacos ou tolos rematados. A sociedade ideal é um quebra-cabeça, e a questão é saber o que ele é, e como esta ou aquela pessoa ou grupo se encaixam nele.

Houve várias soluções célebres, e todas pressupõem essa doutrina. Por isso Adam Smith sustentava que todos os interesses, se perseguidos de forma racional, coincidem automaticamente; e só deixam de fazê-lo quando sofrem interferência de pessoas ou associações de pessoas (frequentemente incorporadas em instituições) canhestras, estúpidas ou mal-intencionadas, que ignoram as verdadeiras leis da vida econômica. Essas leis são as leis da natureza: se são observadas — isto é, se os homens perseguem seus interesses de forma racional —, as atividades humanas não se frustrarão, mas se complementarão. A notória "mão invisível" de Adam Smith,[10] que harmoniza todas as aparentes discrepâncias, garantindo que todas as felicidades individuais se combinem necessariamente num todo harmonioso, é apenas um modo dramático de dizer que ser racional é querer e poder ajustar-se ao padrão oferecido pela natureza. Essa é a lei natural transposta para a esfera econômica pelos fisiocratas; a doutrina do *laissez-faire,* segundo a qual o bem de um homem não pode, em princípio, entrar em conflito com o bem de outro: pois o bem não pode conflitar com o bem. Autores tão amplamente admirados como Mercier de la Rivière e Le Trosne entoam perpetuamente a fórmula de que as leis não são feitas, mas descobertas: pois elas são dadas, verdades eternas, apenas esperando, como as leis da física, ser reveladas e promulgadas: é por isso que existe legislação, e não "legisfacção".

Outras variantes dessa visão eram muito difundidas: por exemplo, (a) que a satisfação de um homem nunca poderá ser completa se os outros indivíduos também não forem felizes, porque se não o forem, isso vai gerar descontentamento social e assim vai lhe criar embaraços, interferir em sua vida e desgraçá-lo de modo geral. A benevolência faz parte da constituição "natural" do homem racional: e o altruísmo é, portanto, a única estrada segura para a satisfação egoísta. Ou poder-se-ia sustentar a visão levemente diferente (b) de que os seres humanos são de fato dotados de uma faculdade imaginativa — vamos chamá-la simpatia — por meio da qual um ser humano torna-se automaticamente feliz com o espetáculo da felicidade do outro; sente prazer, em outras palavras, percebendo que os outros são felizes, sem que isso lhe traga nenhum outro benefício. Por isso o altruísmo é em si mesmo uma espécie de busca egoísta da felicidade; pois todos os prazeres, em última análise, dizem respeito ao interesse pessoal. Por isso o cimento que une a sociedade é a simpatia natural, a solidariedade e o cálculo de que a minha felicidade não pode ser alcançada na solidão ou em meio às desgraças dos outros; e não as suspeitas mútuas e os medos mútuos de Hobbes. Essa premissa otimista, partilhada por pensadores tão diversos como Shaftesbury, Hutcheson, Holbach e, em alguns estados de espírito, Hume, não era, porém, universalmente aceita: e havia quem ensinasse que, ainda que a pressuposição otimista fosse falsa, ainda que alguns homens fossem intrinsecamente maldosos — que sentissem prazer com a dor dos outros —, isso poderia ser erradicado pela aplicação de princípios científicos ao governo dos homens. Sabemos por observações empíricas — a fonte de toda luz — o que o homem deseja; resta apenas descobrir como satisfazê-lo, e isto é uma questão de progresso tecnológico, descoberta científica e invenção em todas as esferas da existência humana.

Segundo os materialistas mais importantes, são três as forças principais que moldam os homens: a estrutura psicológica, o ambiente material e a influência de outros seres humanos. Por ambiente eles entendem todos os processos e objetos físicos, geográficos, climáticos e econômicos que cercam os homens desde o nascimento, e os resultados da interação desses fatores com as propriedades físicas e mentais dos homens. Os teólogos de todos os credos e os metafísicos, quer sigam Aristóteles ou Leibniz, estão igualmente equivocados: a criança recém-nascida não tem "propensões espirituais"; quanto à alma imortal não perceptível, com sua constituição empiricamente inobservável, essa é uma fantasia pouco inteligível destinada a obscurecer o problema, e não a resolvê-lo. O que um homem se torna, ele se torna como resultado de seu ambiente e das influências de outros homens. O homem é infinitamente plástico: se reproduzirmos as condições em que Newton nasceu e foi criado, poderemos gerar um segundo Newton; e se pudéssemos transformar um doutor da Sorbonne na forma física de um cão (como disse Diderot com uma leve ironia), ele se comportaria como um cão; e vice-versa. A única tendência inata que ele possui é a de buscar a felicidade. A educação é responsável pela forma que essa paixão natural assume. A educação — concebida quase em sua forma moderna de condicionamento social — pode fazer de um homem um herói ou um traidor, um sábio ou um imbecil. Mas só a educação não é o bastante no estado atual da sociedade, em que os próprios educadores não são perfeitos, sendo eles próprios criaturas malformadas por muita ignorância, estupidez e defeitos das gerações anteriores. Além disso, até que a sociedade seja composta por pessoas de sabedoria, virtude e eficiência perfeitas, as pressões ambientais e humanas serão demasiado grandes para que os resultados da mera educação, embora rigorosa, sejam suficientes para lhes oferecer resistência. Por isso é necessária a legislação: em primeiro lugar, para fazer com que os homens desejem aquelas coisas que são de fato boas para eles (isto é, que contribuirão para sua felicidade), e evitem outras coisas que eles podem desejar, mas que, como a ciência nos mostra, causarão na verdade a sua desgraça; em segundo lugar, para integrar os objetivos conflitantes de indivíduos diferentes numa política social única.

A virtude é a tendência de promover a felicidade; o vício, a de destruí-la. "Felicidade de quem?", pode-se perguntar; se os interesses entram em conflito, como serão "integrados"? Helvétius é muito claro: se, com grande prejuízo financeiro para mim mesmo, eu tiro da forca um assassino (que por acaso é meu parente), minha família me abençoará, mas o "bem público" sofrerá danos; se nomeio para um cargo público o candidato mais merecedor e não o meu parente, minha família me reprovará, mas a sociedade será beneficiada. Por que devo preferir o bem comum (pressupondo-se que tal coisa existe e que ela pode ser facilmente descoberta)? Porque não fazê-lo acabará causando uma desgraça maior para mim mesmo e para os outros. Os conflitos entre o bem comum e o meu próprio bem, o da minha família, o da minha classe não são inerentes à ordem natural (isto é, à vida dos homens tal como ela deveria ser). Eles são produto de algum desajustamento anterior entre os interesses de indivíduos e os de grupos; ou entre os de grupos menores e maiores; ou entre os de grupos e classes da sociedade e a sociedade em geral. Numa sociedade perfeita, todos esses interesses coincidiriam, pois um homem não são muitas, mas uma única pessoa: ele tem um núcleo fixo de atributos que se denomina sua natureza essencial, e não muitas naturezas. Não posso ser simultaneamente prejudicado como acionista ou homem de família e beneficiado como cidadão; somente a má educação, isto é, a educação equivocada, somente a má legislação são responsáveis por esses conflitos. A boa educação e legislação podem preveni-los. É inútil *pregar* moralidade aos homens: pois os homens são psicologicamente incapazes de obedecer exceto ao que lhes parece ser de seu próprio interesse; com suas mentes estragadas pelo absurdo fanático e pernicioso em que foram criados, eles não estão em condições de compreender o mais sábio conselho. Por isso, duas medidas devem ser instituídas: eles devem ser reeducados segundo a verdade demonstrada pelas ciências, e não, como até então, segundo uma mistura de história de comadres e princípios morais proveitosa apenas para seus opressores; e as leis devem ser alteradas de modo a induzi-los, através de um sistema refinadamente construído de recompensas e castigos, a fazer e evitar aqueles atos que, se executados ou evitados, contribuirão de fato para sua maior e mais duradoura felicidade.

Helvétius, em particular, acreditava na onipotência da educação e da legislação: a educação tornava os homens conscientes de seu verdadeiro bem — daquilo que os tornaria verdadeiramente contentes; e prevenia a repetição da superstição, crueldade e injustiça medievais; a legislação — isto é, um arranjo apropriado de recompensas e castigos, uma política de varas e cenouras — fazia os homens se comportarem de certas maneiras que, de fato, os tornariam felizes, a eles e a outros. Não importava quais fossem os seus motivos: o que importava eram os resultados. Influenciando as esperanças, os desejos, as paixões e os medos mais simples dos homens, podia-se criar neles hábitos proveitosos, até que nenhuma outra coerção ou persuasão fosse mais necessária. Substituindo "o tom de injúria"[11] do pregador moral pela "linguagem do interesse", punha-se em andamento o motivo fundamental da ação humana — o interesse próprio. Sem as paixões, nada seria feito. Spinoza e muitos outros filósofos tinham cometido um grave erro ao defender a eliminação da paixão: isso não era desejável e, em todo caso, era impossível. Hume havia analisado corretamente a impotência da razão . A legislação não devia atacar os preconceitos, os impulsos irracionais, os "maus" instintos. Ela podia fazer melhor: canalizá-los ou utilizá-los para promover aquilo que gera felicidade. A manipulação — a engenharia social — por meio de castigos e recompensas é fundamental.[12] Tudo isso foi devidamente repetido em uma linguagem mais vigorosa por Jeremy Bentham. Mas já está plenamente desenvolvido em Helvétius: não apenas as teses do utilitarismo, que é uma doutrina mais antiga, na verdade tão antiga quanto Platão; o que é novo é a noção explícita de engenharia social; de que a legislação, a educação e quaisquer outras reformas que se fizerem necessárias — da língua, da arquitetura, de tudo o que possa influenciar a conduta humana — podem transformar a sociedade num grupo de seres que satisfazem de modo semiautomático os seus próprios desejos e os dos outros da maneira mais plena possível sobre a Terra.

Não há um consenso geral sobre os meios para determinar o que fará os homens felizes. Bentham acredita que cada homem é o melhor juiz de sua própria felicidade;[13] e que a tarefa da legislação é, portanto, em grande parte negativa — remover a interferência de instituições obsoletas, corruptas ou ineficientes. Quando se digna pensar sobre a questão, ele parece acreditar, como os fisiocratas, na suprema coincidência ou harmonia das atividades que dizem respeito aos interesses pessoais de uma sociedade de egoístas racionais. Isso contribui para o individualismo e a democracia, que na verdade se tornaram elementos inalienáveis nos programas políticos de seus seguidores liberais e radicais em todos os países. Helvétius e os *philosophes* franceses em geral têm menos confiança na capacidade de um ser humano médio para descobrir aquilo de que mais necessita: como tudo exceto os problemas mais simples, este é um tema para pesquisa científica, uma cuidadosa investigação antropológica e psicológica, a ser realizada por especialistas treinados. Quando estes descobrem o que é mais capaz de contribuir para a maior felicidade de uma sociedade, todo e qualquer esforço deve ser feito para se obter esse elemento, instalando-se tais especialistas numa posição de autoridade: o que leva a um despotismo esclarecido, à tecnocracia, ao planejamento social, à harmonização das atividades conflitantes dos indivíduos, se necessário pela coerção do Estado. Isso por sua vez entrou definitivamente nos programas de todos os grupos adeptos da necessidade do controle do Estado, em particular todas as variedades de socialismo e capitalismo de Estado. O que era comum a todas as *lumières,* de Voltaire a James

Mill e Auguste Comte, é a crença de que os homens possuem uma constituição básica e relativamente inalterável, determinada por causas naturais; que essa constituição — a "natureza humana" — e as leis causais a que ela obedece podem ser inteiramente descobertas pela investigação científica; que essa pesquisa mostra de forma conclusiva quais são os fins inevitavelmente idênticos buscados por todos os homens, quaisquer que sejam as suas dessemelhanças; e que a ação humana — em particular a educação e a legislação — pode superar ou conciliar essas diferenças, e satisfazer plenamente as necessidades básicas da humanidade.

Certos obstáculos, sem dúvida, permanecerão: as diferenças criadas pelos ambientes naturais, por exemplo. Por mais avançada que se torne a ciência, é improvável que ela venha a ser capaz de alterar os fatores físicos mais constantes e fixos: por exemplo, endireitar o eixo da Terra e criar um clima temperado no mundo inteiro; ou acabar com os terremotos, as secas e as enchentes. Mesmo num sistema utilitário perfeito de educação e legislação, algumas imperfeições ainda podem perdurar. Mas Helvétius e seus amigos nunca deram importância a esse ponto, e Montesquieu é muito criticado por dedicar seu talento a uma descrição desapaixonada da variedade inconciliável do caráter humano, suas instituições e suas causas, em vez de considerar o problema de como aperfeiçoá-los. Há um ensaio irônico de Diderot no qual ele compara suas visões com as de Helvétius; e sempre que Helvétius pronuncia opiniões dogmáticas sobre o poder absoluto ou sobre a total irrelevância deste ou daquele fator nos assuntos humanos, Diderot polidamente apresenta ressalvas. O clima não é *inteiramente* desprovido de influência, embora Montesquieu sem dúvida o tenha exagerado. A legislação não é todo-poderosa, embora possivelmente seja mais poderosa do que se supõe. A razão não é totalmente inativa, a educação não é capaz de transformar tudo. Mas esse ceticismo é raro, mesmo nos escritos de Diderot.

Mas embora possamos nos maravilhar com a excessiva simplicidade e franqueza dos programas dos enciclopedistas, não devemos nos maravilhar tanto: Helvétius escrevia numa época em que o horizonte das possibilidades tecnológicas estava se abrindo com uma rapidez espantosa e embriagadora; quando os avanços na psicologia, antropologia, etnologia pareciam estar prestes a rivalizar com os da física e da astronomia, e uma multidão de pontos de luz, de intensidade e número cada vez maiores, dispersava a escuridão medieval. Ele e seus contemporâneos tinham a sensação de viver num momento em que a longa noite da ignorância começava a se dissipar, revelando as características refinadas do belo herói do conto de fadas, havia tanto tempo oculto sob o disfarce medonho que fora colocado sobre a humanidade pelo espírito maligno do primeiro cristianismo e da Igreja medieval. As histórias populares do "homem natural" na China, no Pacífico, na América, vivendo inocentemente livre das desgraças da civilização europeia, contribuíam para essa imagem. Nessa época, era bastante natural construir o futuro sobre as imensas realizações que pareciam estar ao alcance do poder dos seres humanos, se ao menos fosse possível encontrar um número suficiente de defensores da humanidade, de pessoas que acreditassem no seu futuro. O número de obstáculos era grande, o inimigo ainda era poderoso, mas estava em retirada, o trabalho a ser feito era vasto e inspirador, as mãos poucas, as recompensas incomensuráveis. Foi um momento de muito otimismo, raramente atingido antes, se é que alguma vez havia sido experimentado; teria sido surpreendente se os líderes desse movimento não houvessem pecado por exageros, tanto na sua denúncia do passado como nos seus brilhantes sonhos do futuro. A ciência é tudo: e o melhor governo é o mais científico — aquele que tem mais talento para moldar os homens. Para realizar a paz social, todo atrito pode e deve ser eliminado da vida individual e social; a felicidade só pode ser obtida por meio do pleno desenvolvimento de todas as nossas faculdades socialmente úteis, e por meio da supressão de todas as tendências dilaceradoras. Os melhores seres humanos são, portanto, aqueles que melhor se ajustam ao padrão social: toda anomalia, excentricidade, estranheza é uma forma de adaptação social fracassada; a harmonia a ser procurada é a de um mecanismo em perfeito funcionamento. Em lugar da antiga imagem da orquestra humana ou da divina comédia, encontramos então o modelo do universo mecânico de Newton. Tal como a natureza, tal como uma peça de maquinaria criada pelo homem, assim também deveria se tornar a sociedade: uma interação fluida de elementos que se ajustam com precisão, cada um realizando a sua própria função sem obstáculos, livre das frustrações da falta de rumo ou das colisões aleatórias.

Como podemos estar seguros de que todos os desejos humanos podem ser, em princípio, combináveis mesmo sob o máximo grau de pressão social? De onde vem essa noção de uma harmonia alcançável, que está subjacente a todo o pensamento do período? Para onde quer que olhemos — dos deístas e dos que acreditam na lei natural ou na religião natural aos discípulos de Quesnay ou

Adam Smith, dos metafísicos alemães aos materialistas ateístas da França, dos teóricos estéticos neoclássicos aos químicos, matemáticos e zoólogos —, encontramos a mesma pressuposição comum: que as respostas para todas as grandes questões devem necessariamente concordar umas com as outras; pois elas devem corresponder à realidade, e a realidade é um todo harmonioso. Se não fosse assim, haveria o caos no coração das coisas: o que é impensável. Liberdade, igualdade, propriedade, conhecimento, segurança, sabedoria prática, pureza de caráter, sinceridade, bondade, força, generosidade, amor-próprio racional, todos esses ideais para os quais Helvétius e Holbach chamam os homens, uma vez que constituem o ideal abrangente da sociedade humana, não podem (se verdadeiramente desejáveis) entrar em conflito uns com os outros; se parecem estar em conflito, isso se deve certamente a uma compreensão errônea de suas propriedades. Nenhuma coisa verdadeiramente boa jamais pode acabar sendo incompatível com qualquer outra; na verdade, umas quase acarretam as outras; os homens não podem ser sábios se não são livres, ou livres se não são justos, felizes e assim por diante.

Nesse ponto, abandonamos claramente a voz da experiência — que registra muitos conflitos óbvios de ideais supremos — e nos deparamos com uma doutrina que provém de raízes teológicas mais antigas — da crença segundo a qual, a não ser que todas as virtudes positivas sejam harmoniosas entre si, ou pelo menos não sejam incompatíveis, a noção da Entidade Perfeita — quer a denominemos natureza, Deus ou Suprema Realidade — não é concebível. É somente o apoio nesse dogma perene, e não as pressuposições, os dados ou as leis das ciências naturais nos quais eles gostam de fundamentá-las, que explica o método de argumentação e a crença de Helvétius e dos *philosophes*: e suas conclusões possuem tanta validade quanto essa premissa capital, e nada mais.

Mas isso não é tudo. Não basta que todos os fins supremos — os valores absolutos em termos dos quais toda a legislação, educação, a própria vida devem ser organizadas — estejam em harmonia; mas — e isso é muito fundamental — todos eles devem poder ser descobertos por qualquer homem de capacidade normal se ele se puser a procurá-los da maneira correta, com as ferramentas adequadas; devem poder ser descobertos tanto quanto a gravidade específica do chumbo, tanto quanto a cura de uma doença; ou seja, devem poder ser descobertos pelos métodos das ciências empíricas. Eles estão ali — fatos objetivos — para que o homem racional os descubra, e sempre estiveram ao seu alcance, se ele ao menos o soubesse. Os reformadores do século XVIII declaravam — e acreditavam profundamente — que assim que as escamas caíssem dos olhos dos homens, o pesadelo da ignorância e do despotismo se dissiparia por si mesmo. O problema era tecnológico, os ideais só precisavam ser traduzidos em realidade com os métodos recém-descobertos que constituíam a glória do novo Iluminismo.

A era dourada — a cidade divina — parecia muito próxima. Como é que alguém, de fato, se punha a buscar a panaceia social? Uma coisa era clara: é essencial que qualquer estudo que se respeite possua uma base "objetiva". O pensamento político continua a ser um mero conjunto subjetivo de preferências e caprichos pessoais, a menos que ele também possa ser fundamentado nessa base. O que é a objetividade? O que torna uma ciência científica? Ela precisa, no mínimo, ser tal que as respostas a suas questões devam ser buscadas na observação científica dos "fatos". A diferença entre a física genuína e aquelas especulações ou opiniões anteriores, que eram então condenadas como fantasiosas ou subjetivas, é que os dados básicos que verificam ou confirmam suas teorias são aqueles que ocorrem na experiência humana comum do mundo tangível; quanto ao raciocínio que ocorre no curso da argumentação, ele deve ser de tal ordem que qualquer pessoa normal que tenha recebido uma educação adequada e seja dotada de "razão" possa averiguar por si mesma. As palavras "normal" e "adequada", "razão", "experiência" são, sem dúvida, petições de princípio. Montesquieu, por exemplo, havia alcançado a fama mostrando que o que é "normal" na Pérsia não o é na França.[14] Ainda assim, há um ponto além do qual se torna implausível a tese de que todos os critérios de normalidade são convencionais, artificiais e dependem das diferentes culturas, climas, temperamentos, tempos e lugares. O apelo desses empiristas é em última análise pragmático, para o senso comum autocrítico cuja garantia é sua própria satisfação. A dúvida cartesiana é apenas uma máxima heurística. Muitas vezes talvez seja uma boa coisa duvidar. Mas nem sempre. Podemos às vezes ter demasiada confiança em nossos achados, mas só descobrimos o exagero porque comparamos tais estados com outras situações, quando essa confiança é inteiramente justificada. Qualquer que seja a situação com os casos-limite ou bizarros, nós os chamamos duvidosos ou limites precisamente porque diferem daqueles casos claros, mais próximos do centro, a que nos referimos como exemplos de justificada certeza. Se voamos num aeroplano, tomar as nuvens por cordilheiras de montanhas, ou vice-versa, talvez não seja incomum; confundir as imagens do espelho com objetos materiais é uma ilusão bem conhecida; identificar erroneamente as cores ou ver dobrado é possível; mas se um homem olha, diríamos, para uma mesa e a toma por uma cascata, não hesitamos em declarar que sua experiência é anormal; se, apesar dos dados apresentados ou disponíveis, e dos argumentos empregados em conexão com eles, um homem ainda se declara convencido de que a Terra é chata, dizemos sem muita hesitação que algo está errado: seus poderes de raciocínio são deficientes ou, em casos extremos, estão desarranjados. Em suma, reconhecemos de fato que há critérios públicos interpessoais para determinar que tipo de objetos materiais existem no mundo e que tipo de argumentos são válidos, e em que contextos e para que propósitos. O fato de que muito — mais do que suspeita o senso comum acrítico — é obscuro, vago ou ambíguo; de que a linguagem diária não é precisa, e a linguagem científica às vezes não é clara ou autoexplicativa; o fato de que erros podem ser e têm sido cometidos, de que as capacidades mentais, as perspectivas e as opiniões diferem, de que a comunicação e os resultados consensuais são mais difíceis de alcançar do que às vezes se supõe ingenuamente — tudo isso não pode ser usado para mostrar que toda afirmação empírica é em alguma medida irremediavelmente vaga, ambígua, duvidosa, relativa, subjetiva, não plenamente comunicável, nem para apontar a possibilidade de um outro tipo de conhecimento, infalível, *a priori*, propenso a uma faculdade especial de intuição racional ou visão sobrenatural inspirada. Ao contrário, se assim fosse, não haveria nada na experiência normal com que palavras como "duvidoso", "ambíguo", "subjetivo", "arbitrário", no sentido com que são comumente empregadas, pudessem ser contrastadas, e assim elas perderiam sua força e até seu próprio significado enquanto palavras descritivas ou pejorativas.

Esse pragmatismo em grande parte inconsciente, ao mesmo tempo articulado, questionado e reafirmado por Hume e Reid a seus modos muito diferentes, está na base de todo o empirismo do século XVIII contra o racionalismo dos cartesianos e seu ceticismo quanto ao conhecimento empírico. Os triunfos da ciência natural eram eles próprios um grande testemunho do poder daquelas faculdades normais e falíveis que Locke e seus seguidores haviam corretamente considerado suficientes para explicar e estabelecer a validade tanto do método científico como do senso comum. A autoridade, o dogma, a revelação levavam apenas a mistérios ininteligíveis, a platitudes pomposas ou a falsidades inequivocamente demonstráveis. Era verdade que até os físicos falavam em termos de entidades não observadas. Mas estas eram inferidas do que era visível, e visível para qualquer observador especializado, e inferidas por métodos que não eram, em princípio, diferentes daqueles que ocorriam no pensamento comum de todos os dias. Se isso bastava para elevar as ciências físicas à sua altura inquestionável, era bastante natural supor que não se requeria menos, mas também não mais, de qualquer outra disciplina que se dizia objetiva. Por isso, se as proposições da ciência política deviam ser transformadas em "objetivas", "científicas" e assim por diante, elas também deviam ser capazes, após não importa quanto tempo, de se fundamentar em dados comuns geralmente reconhecidos — fatos, realidades — com os quais as proposições da política deviam ter o mesmo tipo de relação que as da física tinham então com as do senso ou experiência comum. As observações ou hipóteses de pensadores do porte de Hobbes, Harrington e Locke, não menos que as de Bodin, Montesquieu e dos viajantes de terras distantes com suas histórias de índios felizes, alegavam basear-se nos fatos da vida social tão solidamente quanto as da física ou anatomia se baseavam no comportamento observável das moléculas ou dos organismos vivos.

Até então, portanto, oferecia-se a grande esperança de sermos capaz de construir uma ciência ou várias ciências sobre como os seres humanos se comportavam, tanto individualmente — tarefa da fisiologia e da psicologia — como em sociedades — tarefa da sociologia, economia política, ciência política, ou quaisquer outros nomes que pudessem ser atribuídos a essas novas investigações. Aqui, também, os fatos deviam ser colhidos, as leis descobertas, as hipóteses testadas, e todo o conhecimento disponível organizado num sistema coerente, com um número cada vez maior de generalizações centrais de alcance crescente, acarretando logicamente mais e mais conjuntos abrangentes de generalizações mais específicas, que, ajustando-se, como acabaria necessariamente acontecendo, à estrutura total do conhecimento humano disponível, descreveriam e explicariam tudo o que existe, existiu e existirá, tudo o que ocorre ou pode ocorrer. Quando se conhecesse tanto sobre os indivíduos, grupos e sociedades quanto já se conhecia sobre o comportamento da matéria no espaço, vastas áreas de ignorância e erro seriam eliminadas, as possibilidades de educação dos indivíduos e o planejamento da vida social e política seriam estendidas além dos limites de qualquer coisa imaginável, e a ordem e a razão seriam instaladas em esferas ainda alarmantemente expostas à ação do preconceito, da superstição e da fantasia irracional e subjetiva. É isso o que Holbach e Helvétius afirmavam ter feito, ou ao menos começado: isso também devia ser ensinado nas escolas e universidades — as ciências naturais, a sociologia, a ética, e não o entulho inútil de línguas mortas ou o palavreado perigoso chamado metafísica e teologia. Esse era o sonho de toda pessoa esclarecida no século XVIII, e Diderot é apenas seu expoente mais eloquente, e La Mettrie apenas o mais deliberadamente chocante e paradoxal. Até que ponto essa ideia foi, pode ou deveria ser concretizada é uma questão de aguda controvérsia em nossos dias.

Mas qualquer que seja a legitimidade dessa afirmação, ainda resta no mínimo uma pergunta sem resposta. A questão crucial que dividia os homens era como um homem deveria se comportar, quer na privacidade de sua casa, quer como um cidadão. Ou, segundo o novo estilo, o que era razoável, científico e objetivamente correto como ação para o homem? Uma coisa é colocar — e responder — a questão "Como os homens de fato se comportam? E o que os leva a se comportar desse modo?", e outra perguntar como deveriam ou devem se comportar. À primeira pergunta respondia-se, caso se apoiasse o novo programa científico, que os homens agiam como agiam não por causa da essência peculiar de sua alma interior, nem devido à sua relação com seu criador, nem em virtude do propósito para o qual o criador os havia criado, tampouco em consequência de nenhum outro fator oculto ou impalpável. Repercutia-se Montesquieu e falava-se do clima ou do solo, ou Helvétius e discutia-se a influência da educação e legislação, ou Holbach e denunciavam-se as crueldades ou absurdos da religião, além da poeira deliberada ou inocentemente jogada nos olhos dos homens por teólogos, metafísicos ou outros charlatões inescrupulosos ou autoiludidos, poetas, pregadores ou outras pessoas não científicas ou anticientíficas e, portanto, cegas ou malvadas. Apontava-se o fato de que, com tamanha revolução na cosmogonia, a perspectiva moral e política passaria inevitavelmente por uma mudança.

Tudo isso era bastante verdadeiro; o que continuava sem resposta era a antiga pergunta crucial "Como os homens deveriam se comportar?" e, mais especificamente, "Por que essas pessoas ou grupos de pessoas deveriam obedecer a essas outras pessoas ou grupos de pessoas?". Helvétius respondia que só devíamos obedecer se fosse razoável pensar que essa ação tornaria o mundo mais feliz, para nós próprios e também para os outros; ao que poderíamos replicar que, sendo de fato utilitaristas, o nosso programa talvez fosse um meio bastante útil de atingir a meta: mas a investigação era sobre as metas. *Por que*, perguntávamos, deveríamos trabalhar unicamente pela felicidade? Era o que já podíamos de fato estar fazendo. Helvétius e Bentham talvez tivessem razão: talvez nem pudéssemos evitar buscar tão somente a felicidade como meta suprema. Mas não estávamos pedindo uma análise de nosso caráter ou perspectivas: queríamos saber *por que* devemos obedecer ao rei e não ao rebelde; e se em resposta ouvíssemos que, se nos rebelássemos, talvez víssemos nossa felicidade sensivelmente diminuída por aprisionamento ou morte, poderíamos passar a perguntar: "Por que devemos sacrificar tudo à felicidade?". Por que não alguma outra meta? Como podemos saber qual é a certa? E o que queremos dizer ao fazer essa pergunta? Onde devemos buscar a resposta para perguntas como "Por que devemos...?" ou "Qual é o benefício de...?", em vez de "O que existe?" ou "Como somos?", "Como nos comportamos?".

Nos velhos tempos, a resposta era "Deus mandou que fizéssemos tal coisa. Façamos". Dizer que um ato estava correto era dizer que ele tinha sido ordenado dessa maneira: mas agora que Deus fora relegado ao *status* de um Primeiro Motor, que, depois de dar corda ao nosso mundo como a um relógio, não lhe deu mais atenção, isso já não era viável. De quem eram, então, os desejos e as ordens que deviam ser considerados relevantes? Quais eram os "fatos", os dados públicos, com que as respostas a essas questões deviam estar relacionadas? Havia um domínio de fatos políticos (ou, quanto a isso, de fatos morais ou estéticos) em que a proposição "Os Homens deveriam obedecer à maioria", ou "A monarquia é a melhor forma de governo", ou "Todo homem tem um direito natural à vida, à liberdade, à propriedade, à segurança", ou "Mentir é sempre incondicionalmente errado", podia encontrar seu análogo, ao qual correspondia ou deixava de corresponder, assim como havia claramente um domínio que a física dizia-se capaz de descrever, o qual continha aquelas entidades e relações pelas quais as afirmações dos físicos eram verificadas ou falsificadas, ou tornadas mais ou menos prováveis?

Agora parece razoavelmente claro para nós, que vivemos depois de Kant, que as questões de fato são diferentes, em princípio, das questões de valor, que a questão "Que tipo de coisa é *x*?" ou "Onde ou quando ou de que tamanho é *x*?" é diferente de questões como "Por que devo fazer o que você diz?" ou "Devo fazer os outros felizes?", que as primeiras questões são o que chamamos questões de fato, que podem ser respondidas, em última análise, pela inspeção da situação relevante, que continua a ser o que é, quer a questionemos ou não, e possui certas características próprias, por mais que sejam inacessíveis ou difíceis de descrever. Mas quando respondo a perguntas da forma "Por que devo?" explicando que faço o que faço por causa desta ou daquela meta ou propósito, parece estranho dizer que metas, ideais ou fins possuem um ser independente, em algum universo próprio, como mesas ou átomos, quer alguém se interesse por eles, quer não. Se pergunto se devo — deveria — obedecer ao rei ou à minha consciência, onde será sensato que eu, um adepto esclarecido de uma nova visão de mundo científica do século XVIII, procure a resposta correta? Se eu fosse um cristão crente, compreenderia a situação muito bem: declarar que é correto fazer alguma coisa era menos afirmar um fato que referir-se a uma ordem, uma ordem tornada válida para mim por ser derivada dos mandamentos de Deus, de seus profetas, de sua Igreja ou dos preceitos contidos em seu livro sagrado. Isso era ao menos inteligível: a resposta à minha indagação não era uma proposição que descrevia algo, tornado verdadeiro ou falso por este ou aquele estado dos "fatos", mas uma *ordem*, um *comando*; e os comandos não são verdadeiros ou falsos, embora possam ser certos ou errados, justos ou injustos; não são algo verificado ou falsificado por sua alegada relação com uma ocorrência independente, da qual afirmam ser uma descrição acurada ou verdadeira. Por que devo obedecer ao que Deus e seus ministros me mandam fazer, é outra questão. Talvez seja ímpio perguntar, ou talvez eu tenha minhas razões particulares. Em todo caso, os dois tipos de afirmações eram claramente bem diferentes; a física, a biologia, a história, o senso comum descreviam com menos ou mais sucesso o que existia, existe, existirá, poderia existir, poderia ter existido e poderia não ter existido; enquanto as afirmações políticas e éticas me mandavam fazer algo, mas não descreviam nada. A essa altura Deus tinha sido abolido ou reduzido à irrelevância; os seus ministros e os livros sagrados eram repositórios de erros e confusão.

Onde então eu haveria de procurar a resposta à pergunta "Por que deveria obedecer ao governo?". Talvez eu não queira obedecer à ordem e prefira levar uma vida malvada, desafiadora, irresponsável, porém mesmo os termos "malvada" e "irresponsável" implicavam que "havia padrões" em relação aos quais esse comportamento era um desvio. Existiam em que lugar? Em que sentido? Hobbes respondeu que era melhor obedecer ao Estado, senão ele me destruiria: mas esta era uma resposta apenas para a pergunta "Por que obedeço?" — por medo —, e se eu perguntasse "Por que não devo buscar a destruição às mãos do Estado? Savonarola o fez: por que não eu?", nenhuma resposta factual poderia em princípio me satisfazer. Só existia uma disciplina que parecia lançar alguma luz sobre a resposta a essa pergunta; o direito. Nos estatutos e julgamentos dos tribunais, eu não encontrava descrições ou afirmações de fato, mas antes instruções e diretivas sobre como se comportar. Por outro lado, a própria lei, a não ser a proclamada por Deus ou algum outro agente sobrenatural, e portanto fora do alcance de qualquer investigação, podia ser questionada. As leis *deveriam* ser obedecidas ou não? O que significava dizer que *deveriam*? Dizer que deveriam ser obedecidas por serem justas talvez fosse dizer apenas que deveriam ser obedecidas por serem formuladas de acordo com princípios que deveriam ser eles próprios observados; e o que significava dizer que alguns princípios deviam ser observados, ao passo que outros não? Quando Montesquieu dizia que diferentes povos observavam diferentes princípios, e dava explicações naturalistas para esse fato, isso era sem dúvida verdadeiro e esclarecedor para aqueles interessados na rica variedade da experiência social, mas não ajudava aqueles que *não* queriam saber por que os homens *realmente* obedeciam, mas se tinham razão ou até se eram sábios em agir dessa maneira, quer seu exemplo devesse ser — e não apenas fosse de fato — seguido ou evitado.

Foi aqui, como uma ponte entre o fato e o valor, que apareceu o conceito central e fatalmente ambíguo de natureza. Os juristas da Idade Média ou do século XVII não foram os únicos a supor que só eram justas aquelas leis que de algum modo fluíam logicamente, ou eram aplicações específicas, de um conjunto de regras impostas, obrigatórias para todos os homens, que existiam num estranho mundo particular — "a lei natural". Eles podiam ser desconsiderados por estarem ainda presos no emaranhado de uma teologia ou metafísica sombria: mas o que dizer quando os rigorosos representantes do novo behaviorismo — o ateu materialista Helvétius, o químico e botânico Holbach — apelam para essa entidade duvidosa? Para agir corretamente, dizem-nos, para fazer o que devemos fazer, é preciso obedecer às leis da natureza. O esclarecimento em todas as esferas consistia no descobrimento das verdadeiras leis naturais. Assim como havia as ciências *naturais* da física, biologia, astronomia ou botânica, e nos últimos tempos da economia política e história, havia também a ciência natural de como viver; e ela se aplicava igualmente a indivíduos e grupos. A natureza é algo real que contém as respostas a todas as questões; tanto àquelas que perguntam o que deve haver, ou o que se deve fazer, como àquelas que perguntam o que existe. Muito se tem escrito sobre o conceito de natureza no século XVIII, mas tudo o que nos importa aqui é que até os radicais políticos mais rígidos sustentavam claramente que a natureza não era só o que existe — a soma das coisas —, um organismo vivo ou uma máquina elaborada, mas de alguma maneira extraordinária uma fonte de objetivos, ordens e ideais — um agente semipessoal que falava a quem tinha ouvidos para escutar, meio governadora, meio ditadora,[15] que chamava, persuadia, engambelava e às vezes ameaçava ou dava gritos indignados: sempre numa linguagem clara para aqueles cujas mentes não tinham sido obscurecidas por fantasias metafísicas ou sacerdotais.

A noção de que a natureza não é apenas uma fonte de informações sobre o que existe e como tudo funciona, que nos fala sobre o que é praticável e sobre os meios e caminhos, mas também, em certo sentido, um tipo de repositório de objetivos — daquilo que deve ser feito, ou que simplesmente vale a pena fazer — é uma das ideias mais antigas na história do pensamento. Para saber como devemos viver, a quem obedecer, e por quê, segundo Platão, devemos compreender a natureza da "realidade" por meio de um processo intelectual especial que ele chama de dialético. Compreender a realidade é saber qual é a nossa função "natural" dentro dela. Ter uma função não é apenas estar fazendo alguma coisa ou ser influenciado de certa maneira, mas perceber que tudo o que fazemos tem um certo propósito, finalidade ou ideal para o qual fomos criados, quer por um Deus pessoal, quer por uma natureza impessoal. Todas as indagações de Aristóteles, quer ele esteja argumentando com base numa observação empírica, quer em premissas *a priori*, são de fato dirigidas ao descobrimento do que é a "função natural" da entidade sob exame — uma planta ou um animal, um indivíduo ou uma sociedade. A felicidade ou a satisfação das entidades que são capazes dessa experiência só é levada em consideração no sentido de que deve acompanhar, e na verdade integra — intrinsecamente — a concretização progressiva e desimpedida dos fins apropriados que a natureza destina a cada ser. A racionalidade consiste na consciência da direção e método adequados a cada ser na hierarquia da natureza. A nossa natureza é a nossa função — o processo de crescimento ou desenvolvimento, com menos ou mais sucesso, para formar a entidade perfeita que potencialmente somos desde o primeiro momento de nossa existência. Conhecer ou compreender alguma coisa é saber o que ela deve tender a se tornar; ser capaz de definir a essência de alguma coisa é afirmar qual é a finalidade dessa coisa, de tal modo que quanto mais ela se aproxima dessa finalidade, mais "real" ela se torna. Uma descrição empírica de alguma coisa, fundamentada na observação, é corretamente condenada como superficial — um catálogo de propriedades não essenciais — na medida em que deixa de transmitir a *raison d'être* única do objeto, a razão de ele ser como é e singularmente individual — em princípio distinguível de tudo o mais no universo. Quando muito, poderia ser um relatório sobre o estágio que um objeto ou uma pessoa atingiu em seu inevitável desenvolvimento, a lacuna que ainda existe entre ele e sua meta, entre ele e sua perfeita realização. A descrição de um objeto não expõe sua condição real, revelada à observação empírica comum, mas antes as fórmulas "internas" segundo as quais ele passou do que era no início ao que é no presente, ao que está se tornando, àquilo que, se continuar em seu caminho apropriado, será.

Os estoicos, os peripatéticos, os neoplatônicos e os cristãos — todos, em suma, exceto quem acreditava que as coisas aconteciam por colisões fortuitas da matéria no espaço e não tinham propósito — aceitavam essa tese. Os cristãos, assim como os judeus antes deles, substituíram a natureza impessoal das coisas pelos propósitos de um Deus pessoal. À percepção metafísica ou à observação empírica, eles acrescentaram, como uma fonte superior de conhecimento — na verdade, como a única verdadeiramente válida —, a revelação, a voz de Deus falando diretamente à alma do homem ou por meio de seus profetas, Igreja ou sagradas escrituras. A pressuposição comum às tradições clássica ou cristã era a visão de que toda entidade ocupava seu lugar único e específico na grande ordem da natureza ou da criação (independentemente da crença em uma ou outra). Deus ou a natureza tinham dividido tudo em "tipos naturais", em gêneros e espécies, cada um dos quais era definido em termos de sua função, isto é, em termos do tipo de processo que conduzia a seu tipo particular de meta ou perfeição. Confundir ou perverter os gêneros ou espécies era uma oposição à natureza, uma revolta contra a ordem natural, um motim contra o que fora proporcionalmente repartido, e portanto uma forma de fracasso devida à ignorância, loucura ou maldade; e esse erro estava também envolvido no ato de tolher o "crescimento natural" de alguma coisa — de uma folha de grama, de uma criança ou da sociedade humana. Talvez o aperfeiçoamento derradeiro desse processo não ocorresse aqui, sobre a Terra, onde os seres humanos eram corroídos pelo pecado natural, mas num outro mundo onde a alma estivesse liberta de seus entraves terrenos; e talvez o que quer que tivesse perdido seu rumo, seja por sua própria perversidade, seja por infortúnio, estivesse destinado a jamais atingir sua meta apropriada, mas a definhar sobre a Terra ou acabar nos tormentos do inferno. Qualquer que fosse a visão metafísica ou teológica adotada sobre os destinos das coisas, animadas ou inanimadas, uma pressuposição permeava todas essas visões divergentes: a de que os atributos de uma coisa coincidiam em certo sentido com seu valor ou eram idênticos a ele; a de que uma descrição verdadeira e completa de uma coisa identificava a distância — o grau de perfeição — que ela havia alcançado ao longo do caminho que lhe era próprio. E, consequentemente, a de que a lei natural podia ser considerada aquela força suprema que, de fato, regulava os movimentos das estrelas nos seus cursos, as vidas dos homens e o comportamento da coisa mais humilde no universo, e, ao mesmo tempo, não uma simples maquinaria causal, mas o sistema de regras segundo as quais a máquina funcionava — a constelação de propósitos que seu comportamento necessariamente realizava.

Cometer um crime era ofender o seu próprio propósito adequado ou o de alguma outra pessoa. Por um curto período, isso podia e, é claro, tinha sido feito, mas no final as leis inexoráveis — de Deus ou da natureza — afirmar-se-iam contra esses desvios, e o perpetrador seria punido nem que fosse por se encontrar em desarmonia com o universo; e isso deveria ser inevitavelmente acompanhado de — até consistir em — sofrimento corporal ou espiritual e, às vezes, total destruição. Havia sempre, é claro, o problema do mal — de como uma divindade benéfica ou uma natureza harmoniosa poderia ser compatível com a possibilidade de tais discórdias — e para isso havia muitas respostas, muitas teodiceias justificando os caminhos de Deus — ou da natureza ou da realidade — para o homem; nenhuma delas inteiramente convincente, todas com a intenção de preencher a lacuna lógica entre a pressuposição de que o universo era um sistema harmonioso e a aparente ocorrência nele de elementos discordantes e despropositados. Seja como for, essa antiga dificuldade não era por si mesma suficiente para solapar a pressuposição geral de que tudo tinha um propósito — algo em que a lei e o fato em última análise coincidiam. As coisas ou os acontecimentos que não pareciam obedecer às leis eram apenas imperfeitamente compreendidos (pois compreender era entender as leis que regiam as coisas e os acontecimentos), enquanto as leis — morais, políticas e sociais —, que pareciam ser tão livremente violadas, nunca eram, se víssemos a história até sua conclusão, violadas impunemente, mas cedo ou tarde se vingariam — no final, a realidade humilharia ou destruiria o homem perverso ou presunçoso, o malfeitor. Disso emanava a doutrina de que o crime era idêntico à loucura, o vício ao erro. Toda criatura, na medida em que tem uma natureza — e dar-lhe um nome era atribuir-lhe uma natureza —, deve procurar, reconhecendo-o ou não, o seu fim natural e apropriado, o propósito único que possui no universo, no qual nada pode ser inutilmente duplicado. Buscar esse fim, isto é, cumprir a sua função apropriada, é realizar as tendências, desejos e ideais que a natureza (ou Deus) implantou na criatura. O que os satisfaz é o que se chama de bom, correto, apropriado ou conveniente, e lutar por isso é a diretriz da vida racional, e a recompensa pelo sucesso relativo ou absoluto no cumprimento dessa tarefa é o grau de felicidade apropriado ao grau desse sucesso.

Um criminoso, como todas as criaturas, busca sua própria satisfação. Num universo harmonioso, essa satisfação não pode frustrar a satisfação igualmente apropriada de outros seres; supor que a nossa satisfação consiste em infligir dor gratuita ou causar outras formas de dano premeditado é compreender erroneamente a natureza do universo; essa má compreensão (que demonstra inevitavelmente um desajustamento, por parte da pessoa envolvida, à natureza das coisas) acabará privando-a da satisfação que só um ajustamento correto, que brote de uma compreensão correta de como é o mundo, ou, pelo menos, a porção desse mundo que é relevante para sua função finita dentro dele, pode oferecer — e assim acabará tornando-a infeliz em algum lugar, em algum momento, neste mundo ou no próximo. Se o mundo é um sistema harmonioso, rigoroso, a única maneira de assegurar a satisfação nele é não ofender as leis do sistema. A própria noção desse sistema pressupõe que tudo nele tem um lugar e uma função únicos. Usurpar esse lugar e essa função — digamos, roubando algo, isto é, privando alguém das posses necessárias para que desempenhe sua função apropriada, e por essa mesma razão desnecessárias ao ladrão no desempenho de sua função *ex hypothesi* singularmente diferente — é compreender mal o sistema a que se pertence. Qualquer ofensa contra o sistema — as leis da natureza ou as leis de Deus — acarreta inevitavelmente danos para a vida tanto do ofensor como de outros. Um ser onisciente, que compreende as leis e o material sobre o qual elas reinam, nunca poderia supor que obteria uma satisfação duradoura de algo que perturba o funcionamento sem atritos do sistema, dentro do qual está a única garantia de felicidade. As leis do universo coincidem com as regras da ação correta. Por isso, o crime é sempre ignorância, por isso a virtude é conhecimento, por isso os valores são fatos, e *de jure* e *de facto* coincidem.

Essa era uma doutrina inteligível desde que a visão de que a natureza e tudo nela perseguiam fins menos ou mais claramente discerníveis continuasse relativamente fora de questão. Quando fala da lei natural, Grotius ainda pensa que travar guerras injustas, ou executar atos de agressão gratuita contra indivíduos, é contrário à lei pela qual os seres humanos não só deveriam ser, mas em certo sentido último *são* governados: essa "lei" não comporta dois significados claramente distinguíveis — num sentido, uma generalização do que acontece, e no outro, uma regra ordenando que isto ou aquilo seja feito, quer seja de fato feito ou não — mas é os dois num só, porque o que deve ser — como viver — pode ser logicamente inferido do que é, em certo sentido metafísico, a ordem universal. Grotius vivia num mundo em que explicar algo e apresentar a regra que, se observada, o torna o melhor exemplo possível em seu gênero é ainda dizer a mesma coisa a seu respeito. Os costumes, as regras, as leis, que vemos a maioria dos homens seguir na maioria dos lugares e na maioria das épocas, são realizações terrenas imperfeitas de alguns planos mais perfeitos que, de acordo com o entendimento humano, os homens, querendo ou não, se descobrem expressando em seus atos e pensamentos. Esses planos são a lei da natureza, que pode ser realmente desobedecida, mas não por muito tempo e só às nossas custas — pois cometer crimes é comportar-se "inaturalmente", desafiar a realidade, um processo que não pode ser sustentado por muito tempo. Quando Montesquieu, com sua atitude justamente considerada um exemplo de empirismo sóbrio e perspicaz, coleta evidências para sua tese de que os homens se comportam de modo diferente em ambientes diferentes, que suas leis e costumes variam, assim como o solo e o clima, as instituições, os temperamentos e as tradições históricas, ele está empenhado em demonstrar que essas leis são leis boas que correspondem às "relações necessárias das coisas"[16] ou delas se originam. Em outras palavras, os homens agem bem quando obedecem a regras que provêm de suas diferentes situações — e como as situações são tão desiguais entre si, não se pode esperar que os persas tenham uma escala de valores semelhante à dos franceses, nem que a validade de uma escala prove que a outra está errada, porque cada uma convém às suas circunstâncias peculiares e expressa o espírito dessas particularidades. Mas essa própria noção de que é possível dizer que os valores — a validade das escalas — seguem as naturezas dos homens e de suas situações, que provêm delas, que os valores podem ser deduzidos dos fatos, só é plausível se supomos que o conhecimento dos homens ou dos povos, o conhecimento de sua história, ambiente, dotes mentais e físicos e a interação de todos esses fatores, isto é, o conhecimento dos fatos, deva nos revelar automaticamente qual é a vida correta, isto é, os propósitos ou fins corretos a serem buscados pelos indivíduos ou povos; em outras palavras, não o conhecimento do que é, mas do que deve ser: não dos fatos, mas dos valores. E só pensamos assim se pensamos que todas as coisas são como são, foram ou serão porque desse modo elas realizaram, realizam e realizarão este ou aquele propósito, que é discernível pela observação de sua história e das causas de seu desenvolvimento espiritual e material. Enquanto os escritores teológicos acreditavam que essas causas tinham caráter espiritual e algo a ver com as relações entre Deus e o homem — a Queda, a Crucificação, a Ressurreição, a Redenção —, Montesquieu inclinava-se para explicações mais materiais. Mas a célebre frase inicial de O espírito das leis deixa bem claro que para ele aquilo que *deve* ser — um ato correto, razoável — pode ser deduzido das "relações necessárias das coisas", isto é, daquilo que *é*, e é o que é e como é porque não pode deixar de sê-lo; que é possível deduzir regras para a ação — as leis corretas, as boas constituições — a partir do que já existe, pois aquilo que existe ou é idêntico, ou ao menos constitui uma boa evidência daquilo que está fadado a ser, isto é, daquilo que deveria ser. E isso é platônico, aristotélico, cristão. Talvez seja uma interpretação materialista dessas doutrinas — um desvio, uma heresia —, mas é uma heresia dentro da Igreja: ela aceita as principais premissas do que busca modificar.

Mas visto que Helvétius, Holbach e seus seguidores, Hobbes e Spinoza se revoltavam contra o próprio princípio teológico e ensinavam que se os indivíduos tinham propósitos, o mundo não os tinha; e que os homens e as mulheres queriam fazer ora isto, ora aquilo, mas a terra, o mar, as árvores e os ventos não queriam nada, não se esforçavam por nada e não tinham fins a cumprir — de onde, poderíamos lhes perguntar, eles tiravam a resposta para as perguntas "O que um ser racional deveria fazer?", "A quem um homem deveria obedecer?"? Depois de denunciar devidamente a teologia como um antropomorfismo absurdo, eles se põem a dizer, com bastante suavidade, que as respostas são dadas ora pela natureza, ora pela razão; e muitas vezes as duas parecem quase idênticas. Mas o que isso significa? Quem é a natureza, e como é que ela se faz compreender? E se ela não se comunica num sentido bem literal, o que queremos dizer ao afirmar que ela fala? Muitas vezes quase tudo o que Helvétius parece querer dizer é que rejeita a maioria das pressuposições feitas por pensadores anteriores. Helvétius pensa — ele sabe — que não existe Deus; os escritos a ele atribuídos não são sagrados e não têm autoridade; não há nenhum mistério no coração das coisas do qual possa emanar um conhecimento inspirado, divino ou de qualquer outra espécie. Helvétius precisa ter evidências de tudo em que acredita; ele quer que lhe seja demonstrado, seja por argumento racional, seja por dados empíricos, por que esta ou aquela regra da vida deve ser seguida, e a natureza e a razão são em grande parte símbolos negativos que indicam a rejeição da autoridade, da revelação e da metafísica escolástica, ou de todas as vozes que falaram aos profetas e aos santos. E ele deseja declarar uma rejeição igualmente vigorosa das opiniões da turba não esclarecida, que não passam de versões degradadas do absurdo que lhes foi ensinado por seus instrutores estúpidos ou perversos, talvez misturadas, aqui e ali, com um pouco de senso comum, mas raramente o suficiente para que chegue a prevalecer sobre as nuvens de escuridão e confusão.

Helvétius sabia a resposta para as questões de moral e política porque havia descoberto que os homens por natureza buscam apenas prazer ou felicidade, e também que só os alcançavam se tivessem o tempo e a inclinação para encontrar os meios mais eficientes de arranjar suas vidas, os quais, por sua vez, só podem ser descobertos por um treinamento científico adequado. Entretanto, os seres humanos em geral não são feitos de modo que compreendam, sem muita educação anterior, o que de fato os tornará felizes; e muito frequentemente, mesmo quando sabem, não têm suficiente força de caráter para seguir esses rumos, sendo vítimas de muitas paixões desencaminhadoras. O sábio, o especialista em psicologia e em ciências, que conhece tanto o que fará os homens felizes como os meios a serem usados para lhes proporcionar essa felicidade, não terá sucesso apenas pregando a seus irmãos menos esclarecidos; pois, ainda que acreditem ser verdade o que ele diz, não terão suficiente autocontrole para seguir o seu conselho. Consequentemente, o único método para torná-los felizes é por meio da legislação: estabelecendo um elaborado sistema de recompensas e castigos materiais, influindo, em suma, nas suas paixões — aquilo que hoje se chama de ajustamento e condicionamento —, pois só assim os homens podem ser induzidos a agir de uma forma que os faça de fato felizes, sem necessariamente terem em mente, nem sequer compreenderem, esse propósito ou como vão atingi-lo. Acenando com um número suficiente de cenouras e aplicando um número suficiente de bordoadas, o animal humano pode ser incitado a seguir qualquer caminho que o treinador lhe indicar. O ser humano comum não tem a força de vontade necessária, nem é suficientemente racional para alcançar a meta da felicidade por seus próprios esforços; mas ele pode ser impelido nessa direção por uma combinação judiciosa de tentações e penalidades: essa é a tarefa da legislação para aqueles que compreendem os homens e suas necessidades. Eles devem instituir uma educação apropriada para prevenir a necessidade desse perpétuo empurrar e arrastar, mas um mínimo de legislação e condicionamento será sempre requerido. Uma vez colocados no caminho para a felicidade por meio de leis impostas por regentes lúcidos e todo-poderosos — déspotas esclarecidos ou governantes democraticamente eleitos —, os homens podem ser educados para compreender por que é conveniente que sejam tratados desse modo, até que todos os elementos de coerção desapareçam, e o caráter dos homens, pelo qual a educação é em todo caso quase inteiramente responsável, seja, sob o novo sistema, transformado: dotados de novo caráter, eles se tornarão capazes de gerar felicidade, a sua e a de outros, pela prática de algumas regras simples e facilmente inteligíveis, cujo propósito será cada vez mais compreendido, apreciado e aceito. Sobre essa base, Helvétius desenvolve toda a teoria do utilitarismo — a redução de todos os objetivos humanos à busca da felicidade, e a discussão do melhor meio, à luz do aumento de conhecimento científico, para assegurá-la da forma menos dolorosa e mais duradoura.[17] Não estamos interessados no desenvolvimento preciso das ideias de Helvétius, nem tampouco na exposição dos detalhes de sua doutrina. O ponto central é que todos os homens por natureza buscam a felicidade, e devem ser munidos dos meios mais eficazes para obtê-la, o que, como dissemos acima, é mais bem logrado pela legislação, que faz com que até os perversos e ignorantes, intencionalmente ou não, trabalhem para a sua felicidade e a dos outros, e pela educação, que melhora aos poucos a saúde de seus corpos e mentes. As ciências nos fornecem um meio para essa higiene física e mental.

Nesse ponto, alguém pode muito bem perguntar como Helvétius sabe com tanta certeza que a felicidade é realmente a única meta que os homens almejam. E ainda que seja, como ele sabe que é bom ou certo dar aos homens o que eles desejam, até mesmo o que eles desejam com a mais louca paixão? Afinal, existem casos na história nos quais não é tão evidente que a felicidade seja a única finalidade dos desejos dos homens — os mártires e os fanáticos que se autoflagelam, de qualquer credo e por qualquer motivo, parecem testemunhar contra a ideia de que ninguém jamais desejou senão a felicidade, embora às vezes possam ter ocultado esse fato de si mesmos; tampouco faltam moralistas, dos dias de Moisés em diante, para trovejar contra a felicidade como um fim suficiente, e para serem aclamados pelas gerações posteriores por poupá-las de tamanha falácia. Helvétius nem se preocupou em argumentar contra tudo isso. O fanatismo, a austeridade, os votos de pobreza e castidade parecem-lhe meras aberrações, uma forma de pensar perversa e "inatural". Aqueles que querem negar a lei psicológica de que o único motivo dos homens é o desejo de felicidade, ou duvidar da verdade moral ou política de que só tem valor a vida ou ordem política que geram a máxima felicidade para a comunidade, estão simplesmente equivocados. Em que consiste seu erro? Em compreender erroneamente a natureza. Que tipo de natureza? Não a natureza — isto é, o caráter, os atributos, as leis que regem os atos ou pensamentos — de uma determinada pessoa, grupo, época ou instituição, mas a própria natureza — aquela que, se vista corretamente, oferece respostas verdadeiras a todas as perguntas genuínas. Ninguém no século XVIII parece falar da natureza senão dessa maneira. Ninguém, isto é, exceto Hume, que viu parcialmente a obscuridade e as falácias que dela emanavam, e Bentham, que foi praticamente o único a vê-la com clareza e aceitou as conclusões dos *philosophes,* embora zombasse de suas premissas metafísicas, que ele nem se dava ao trabalho de analisar. Para Helvétius, para Holbach, para Diderot, para todos os grandes libertadores franceses a natureza é a grande mestra da humanidade. Dama Natureza, Senhora Natureza, "supremamente grande e soberana bela",[18] a grande voz da natureza é o grande oráculo do qual todo radical do século XVIII alega ser o verdadeiro intérprete.

Entretanto, ela fala com vozes demais. Montesquieu nota sua variedade, Helvétius sua uniformidade. Diderot a vê como uma máquina soberba, com rodas e fios, roldanas e molas. Hume admira suas artimanhas, e Holbach percebe nela a fonte de todas as artes e ciências, de tudo o que há de melhor nos homens civilizados de gosto refinado e nos grandes e esclarecidos governantes. Rousseau é por ela informado de que tudo o que é civilizado é corrupto e mau, de que as artes e as ciências destroem a capacidade de discernir entre o bem e o mal, de que a bondade está na simplicidade, no vigor e num coração puro, qualidades que não podem existir em cidades dominadas pelo comércio e pelas artes da civilização. Ela prega austeridade a Mably e comunismo a Morelly: mas defende a tradição para A. Müller e torna a propriedade sagrada para os jacobinos. Cria homens inteiramente virtuosos para Condorcet, mas nem bons, nem maus para Helvétius: é benévola em Thomasius, misantropa em Reynal e assassina em Maistre. Condorcet e Paine estão convencidos de que ela confere aos indivíduos direitos que, por ser ela quem lhos confere, não podem ser alienados por meios humanos; apenas Bentham não percebe nada disso e denuncia essa compreensão como uma ficção absurda. A alguns ela prega liberdade, a outros, adesão à tradição; a alguns, igualdade, a outros, a aceitação do governo dos esclarecidos e dos melhores. Saint-Martin a vê cheia de evidências de Deus por toda parte; Holbach considera a própria noção de natureza incompatível com a essência de Deus. Pope, Shaftesbury, Rousseau, Mably percebem nela a harmonia divina na qual o homem pecador é a única nota discordante. Maistre e Hegel a veem como um campo de batalha em que os homens, os animais e as plantas lutam continuamente numa agonia de extermínio mútuo, numa matança incessante repleta de violência, sangue e sofrimento, cada um desses males sendo necessário para o progresso e a liberdade.

Ora a natureza é idêntica à razão, ora não o é. Todos aqueles para quem o mundo obedece a um plano racional devem acreditar, é claro, que tudo quanto acontece é evidência desse plano. Alguns acreditam que esse plano é um propósito consciente de uma divindade que transcende o mundo que criou e rege; outros acreditam que essa divindade está "dentro do" — que é "imanente" ao — mundo, assim como a razão e a vontade estão "dentro dos" — são "imanentes" aos — homens, ou os desejos nos animais; ainda outros não acreditam na existência dessa presença divina ou negam qualquer sentido a tal noção, seja dentro ou fora do mundo espaço-temporal. E há uma outra divisão que corta todas essas categorias. Alguns têm razões *a priori* para acreditar na ordem divina — dentro ou fora do plano cósmico — fundada na revelação, no conhecimento inato, nas verdades percebidas por um "*insight* racional", nas declarações de alguma autoridade incontestada. Outros acreditam em tudo isso com base na evidência empírica, isto é, tentam construir um argumento a partir da analogia, ou uma indução com base nos dados da observação, dos quais se segue uma conclusão meramente provável, plausível ou razoável. Ainda outros acreditam na existência de Deus ou de um plano sem ter razões, pela fé, ou porque desejam acreditar nisso e não percebem nenhuma evidência convincente em contrário ou ignoram essa evidência. Mas o que une todos esses pensadores é que o universo é em certo sentido "ininteligível" para eles a menos que haja um plano e um propósito, imposto por um agente ou não imposto — parte da própria estrutura de todas as coisas e acontecimentos. Ser inteligível é, para eles, fazer parte de um sistema, e um sistema é, para eles, uma atividade planejada. Aqueles que pensam dessa maneira podem, mesmo hoje em dia, atribuir algum significado a expressões como "os ditames da natureza" ou "a voz da razão", pois com isso eles querem dizer literalmente que o que acontece é evidência das intenções do engenheiro do universo, ou então que o universo é o seu próprio criador e engenheiro — uma espécie de máquina animada com um propósito, cujo comportamento expressa seu propósito, mais ou menos como o comportamento ou as palavras de um homem expressam suas intenções ou ponto de vista.

Mas tudo isso é negado a empiristas como os *philosophes* extremos se consideravam. Para eles, não pode existir nada além do que é transmitido aos sentidos ou pode ser inferido através deles e descrito em seus termos. Isso elimina automaticamente todas as entidades transcendentes, e, por terem consciência disso, Holbach, Helvétius e seus seguidores negavam inflexivelmente a existência de entidades eternas e atemporais como as almas imortais, às quais os menos perfeitos e científicos entre seus contemporâneos — Voltaire, Rousseau, Diderot e os extraordinários padres semiateístas cuja influência era tão grande no século XVIII, Meslier, Condillac, Galiani, Reynal, Mably, Morelly —, de uma forma tíbia, conciliadora e inconsistente, tendiam a se agarrar como uma forma natural de pensamento e discurso. Além disso, o conceito de um propósito imanente — muito menos o de um Deus imanente — já não era mais compatível com o empirismo estrito, visto que a noção do mundo como uma coisa viva e singular, ou como uma pessoa dotada de propósitos, isto é, com vontade, razão e todo o resto, era dificilmente defensável em termos empíricos e, para falar a verdade, até dificilmente concebível.[19] Isso foi devidamente percebido no século XIX, e Hume, claro, compreendeu a questão com muita clareza na primeira metade do século XVIII, e ela foi expressa numa forma mais obscura, embora talvez mais interessante por Kant. Mas os pensadores franceses de quem falamos não perceberam o problema, ou o ignoraram friamente, e continuaram a levar em conta as duas noções, erguendo grandes e memoráveis construções sobre a base dessa contradição interna. Pois, por um lado, eles sustentavam que tudo o que não provinha da experiência, isto é, da observação do mundo exterior e dos dados psicológicos, não era conhecimento; que para saber como viver, devíamos saber como as coisas ocorriam no mundo, e para isso eram indispensáveis a observação e o estudo pacientes, que produziriam suficientes evidências, observáveis e experimentais, para testar a verdade de quaisquer leis gerais que os cientistas decidissem conceber. Com uma combinação de bastante cuidado, honestidade e gênio, seria possível descrever qualquer coisa, bem como descobrir seu comportamento passado e futuro, por meio dessas observações e leis; só dessa maneira a vida animada e inanimada poderia ser controlada de acordo com os desejos dos homens; as intuições, os dogmas, os lampejos isolados de compreensão, embutidos nos vários sistemas religiosos, metafísicos e éticos da humanidade, poderiam então ser postos de lado, assim como o acaso, os vislumbres desorganizados da verdade, as maneiras práticas de proceder, o caos de lembranças, conjeturas e ideias não relacionadas, uma vez que tudo o que neles havia de valioso assumiria seu lugar apropriado no novo sistema lúcido, ordenado, abrangente, logicamente coerente da ciência universal. Essa nova ciência descreveria, em princípio, como os mais otimistas esperavam e pregavam, tudo o que existiu, existe e existirá, prediria o futuro, "retrodiria" o passado, e assim colocaria o homem na estrada para a onisciência. Uma vez conhecendo a posição que ocupava na grande totalidade sistemática, ele adquiriria o poder de compreender os seus fins, sem ser surpreendido e esmagado por forças destrutivas, porque não detectadas e, portanto, não controladas. O poder, o esclarecimento, a virtude, o conhecimento, a felicidade, a benevolência, a racionalidade eram necessariamente coerentes entre si, visto serem todos aspectos da compreensão do cosmo e do nosso lugar nele. Apenas a ignorância levava ao desajustamento, o ajustamento conduzia à felicidade. A ignorância era, portanto, a mãe de todos os vícios e de todas as desgraças. Daí a visão que parecia tão auto-evidente ao mais nobre de todos os *philosophes*, Condorcet, a de que o avanço das ciências e da moralidade, da liberdade individual e da organização social, da justiça e da benevolência, era necessariamente interligado, e seu triunfo, mais cedo ou mais tarde, inevitável.

Por outro lado, essas mesmas pessoas também pareciam acreditar que esse avanço das ciências não significava meramente a acumulação e organização de informações sobre o mundo, o que nos pouparia do erro sobre como compreender os seus fins, mas revelava de algum modo a melhor maneira de usar essas informações — a melhor maneira tanto para os indivíduos como para as sociedades, a melhor maneira não como meios, mas como fins. A ciência, em suma, não nos dizia apenas como conseguir o que queríamos, mas o que querer. Essa era uma ideia muito pouco empírica, como Hume devidamente apontou à sua maneira branda, mas devastadora. Pois a mera inspeção do que acontece no mundo não revela nenhum propósito, não impõe nenhum fim, não estabelece nenhum "valor"; os fatos permanecem fatos, e o que é não acarreta, quer de forma estrita, quer até de uma forma vaga e indireta, o que deve ser. O que é somente acarretará o que deve ser se o que deve ser for ele próprio parte do que é — apresentado ao observador humano como um dado. Os metafísicos e teólogos da natureza professam descobrir nela não só fatos, mas ideais. A natureza lhes fala e dá ordens, assim como se revela apenas uma batelada de matéria — acontecimentos, coisas, pessoas, reais e possíveis, a serem catalogados, tendo um passado a ser reconstruído e um futuro a ser predito. Os *philosophes* talvez não tivessem consciência de como eram os filhos de seu tempo e, apesar de todos os seus valentes discursos, de como não estavam nem um pouco emancipados de suas ideias metafísicas: eles realmente pregavam o naturalismo, mas um naturalismo metafísico pelo qual reduziam a natureza a corpos materiais interagindo entre si no espaço, mas ao mesmo tempo continuavam a escutar vozes ordenando que fizessem isto ou aquilo, aquelas mesmas vozes com que a natureza falara quando ainda era um cosmo espiritual vivo — a razão encarnada, a vontade divina —, quando os objetos materiais eram os mais desprezíveis de seus elementos, ou a ordem mais grosseira da realidade, ou, pensavam alguns, meras sombras e ilusões — uma realidade que "transcendia" a consciência sensível, eternamente oculta àqueles que a abordavam com uma disposição de espírito grosseiramente empírica, teimosamente coletora e arranjadora dos fatos.

Dessa profunda contradição, os *philosophes* nunca escaparam. Ela atormentou os passos de seus seguidores nos dois séculos que se seguiram; e todo o discurso do ideal científico da vida — a ética racionalista, os valores naturalistas — sofre dessa ambiguidade fatal. A tarefa da destruição é bem clara: se os cientistas chegam a nos mostrar que Deus não existe, seus mandamentos perdem a força de sua autoridade; e segue-se o mesmo efeito para todas as refutações da metafísica e, com isso, dos sistemas éticos e políticos nela fundamentados. Mas como o conhecimento científico iria nos fornecer propósitos a serem buscados? Como o progresso da ciência está ligado ao progresso moral? O que é o progresso moral? Quais são seus critérios, como se distinguem metas morais ou políticas objetivamente válidas da ação do sentimento ou capricho individual? Sobre isso, os *philosophes* não lançam nenhuma luz. Eles não cumpriram suas promessas. Seu temperamento e atitude geral podem ser compreensivos ou não; mas quanto ao raciocínio não há nada que valha a pena considerar.

Vejamos de novo: quais eram as pressuposições tão familiares a ponto de passarem despercebidas, mas tão profundamente ligadas a visões anteriores a ponto de tornarem impossível um empirismo coerente até por parte dos ultrarradicais entre os grandes inimigos da teologia e metafísica?

(1) A noção de que a natureza não é meramente o que é, mas encarna uma ordem e um propósito que podem ser de algum modo descobertos, embora não sejam empregados senão métodos empíricos de investigação.

(2) Que essa ordem e propósito não é meramente um fato bruto sobre o universo, mas algo que, uma vez observado por um homem, não pode continuar a ser apenas percebido por ele, mas deve lhe revelar os propósitos apropriados de sua vida e da vida de seus semelhantes; que, a menos que ele também infira da percepção de seu lugar no universo a noção do que esse lugar estabelece como adequado para a sua ação, ele não é racional; que a racionalidade não consiste tão somente em fazer deduções corretas, como os matemáticos ou os lógicos, ou induções corretas, como aqueles que estudam a natureza, nem tampouco na aquisição do conhecimento diário e na compreensão semi-instintiva de como é uma determinada situação, de como será seu provável desenvolvimento e do quanto pode ser alterada pela intervenção desse homem ou pela de outros (o que é frequentemente chamado senso comum, sagacidade ou bom julgamento), mas consiste também em compreender o que, sendo quem ele é e o que ele é, constitui o curso mais "natural" para sua ação. No caso da França do século XVIII e dos utilitaristas britânicos pré-Bentham, o que a natureza ordenava era a busca da felicidade; mas isso é apenas o que os utilitaristas diziam sobre ela. Como afirmei acima, Rousseau ou Maistre pensavam que a natureza ordenava algo muito diferente; o ponto importante é que, por mais diferentes que fossem os ideais de vários pensadores desse período, todos os justificavam por referência ao que é "natural", e achavam que uma das funções da "razão humana" é reconhecer o que é "natural" para nós nesse sentido.

(3) Outra pressuposição é a de que algo que é bom nunca pode entrar em conflito com outra coisa boa, de forma muito semelhante a como nenhuma proposição verdadeira pode contradizer qualquer outra proposição verdadeira. As falsas proposições podem se contradizer e, claro, frequentemente se contra-

dizem; mas as verdades de fato que descrevem o que existe, e as verdades da matemática que são deduzidas do mesmo conjunto de axiomas pelo mesmo conjunto de regras, não podem normalmente estar em conflito. Se a natureza é um sistema harmonioso, não apenas de fatos, mas de valores (o que quer que isso possa significar), nenhuma coisa boa, sendo parte da natureza, pode ser incompatível com qualquer outra coisa boa — também natural. Consequentemente, a felicidade jamais pode ser incompatível com a integridade, a liberdade com a igualdade, os verdadeiros interesses de um indivíduo qualquer com os verdadeiros interesses de qualquer outro ou de qualquer grupo de outros; o dever jamais pode entrar em conflito com o interesse, a clemência com a justiça, o altruísmo com o egoísmo. Se há qualquer aparência de conflito entre esses valores *prima facie* divergentes, só pode ser porque um ou outro ou ambos, numa dada situação, devem ter sido insuficientemente analisados, pois *sabemos* (sabemos *a priori*, pois agora não há como fugir a essa conclusão) que a natureza é uma totalidade harmoniosa e não pode se contradizer. Se acontece o pior e as contradições não podem ser explicadas e eliminadas, algumas qualidades ou modos de comportamento antes considerados virtuosos devem ser rejeitados, como resquícios de hábitos arraigados, erros devidos a uma fé acrítica na tradição, entendimentos sistematicamente equivocados da voz da natureza, uma surdez filosófica congênita, ilusões obsessivas. Na verdade, esse curso drástico foi adotado por vários perfeccionistas do século XVIII — Holbach, Volney, Godwin — a respeito de supostas virtudes como a austeridade, o autossacrifício, a abnegação e outras semelhantes, que eram claramente incompatíveis, mesmo na interpretação mais casuística, com outras disposições mais vigorosas e vitais, mais obviamente condutoras à maximização da felicidade pelo desenvolvimento mais rico das faculdades humanas. O axioma *a priori* é que as inclinações verdadeiramente naturais não podem entrar em conflito entre si; todas as virtudes, os valores supremos, os propósitos dignos, os fins que vale a pena buscar pelo seu próprio mérito são desígnios dessas inclinações; por isso a tragédia — os clássicos conflitos de valores, entre o amor e o dever público, os sentimentos humanos e as leis eternas — e todas as situações que pareciam envolver escolhas angustiadas entre objetivos incompatíveis, mas *prima facie* igualmente rigorosos, eram causadas por uma compreensão insuficiente, assim como os paradoxos na matemática ou nas ciências não podiam ocorrer na mente de um ser onisciente, mas deviam resultar de um conhecimento insuficiente ou de um poder mental insuficiente. Bastante conhecimento — bastante compreensão — e todos os problemas são resolvidos, uma felicidade eterna e sem nuvens reina para todo o sempre.

Alguns *philosophes* achavam que o progresso — o avanço para uma condição em que todos esse valores interligados seriam inteiramente realizados — era inevitável: depois de muitas crises dolorosas, a humanidade deveria certamente atingir a perfeição. Condorcet, no mais eloquente e comovente de seus textos, escrito às escondidas, pergunta-se se essa cegueira das mentes humanas, que o obrigou em 1793 a se esconder da violência fanática dos jacobinos, não era talvez o último patamar no martírio do homem, depois do qual os portões do paraíso lhe seriam abertos para sempre. Outros pensadores mais céticos — Holbach, Volney — não acreditam numa providência histórica e julgam que, se um grupo considerável de pessoas esclarecidas não estiver no controle dos assuntos humanos, o milênio poderá ser adiado por um tempo infinito. Mas ambos os lados acham que a perfeição está ao alcance do homem, e que o elemento trágico da vida pode ser eliminado para sempre, já que o sofrimento é causado sempre e tão somente por uma compreensão imperfeita, pois tudo quanto é bom é no mínimo compatível com tudo o mais que é bom, e talvez não seja realizável sem todos esses outros bens; e a natureza nos diz o que é bom, plantando um desejo do bem dentro de nós: afinal, os valores são objetivos.

(4) E há outro paradoxo implicado. Pois os *philosophes* pensam que o homem é inteiramente o produto de fatores materiais — ambiente, instituições, talvez características psicológicas herdadas, educação, legislação. Assim, enquanto alguns enfatizam os fatores ambientais mais do que as influências criadas pelo homem, como a educação, outros consideram que as influências sociais têm maior força que as climáticas ou geográficas. Além disso, há aqueles que começam a dizer que os modos de produção têm importância decisiva, em contraste com aqueles para quem a educação por si mesma pode moldar um ser humano e fazer dele alguma coisa — um herói ou um patife, um mártir ou um devasso. Há ainda aqueles para quem o homem é por natureza bom — isto é, sempre benévolo, compreensivo e justo — e aqueles para quem ao nascer ele não é nem bom nem mau, mas pode vir a tornar-se um ou outro pelas influências, humanas ou não humanas, exercidas sobre ele. E há a possibilidade (que eu saiba) de terem existido aqueles que concordavam com a Igreja Romana que o homem nasce mau, mas, como os bons empiristas e os psicólogos ou sociólogos

modernos talvez tenham pensado, que a educação ou outras formas de condicionamento podiam curar tais defeitos e deformidades, quase como a higiene saudável pode curar as deficiências físicas de uma criança recém-nascida. Pois essas mesmas pessoas, para quem o homem era o produto completo de um ou outro conjunto de forças, tendiam também a acreditar no imenso poder da educação e legislação — a livre atividade dos educadores e legisladores. Mas se o homem em geral era o que era por causa do clima em que vivia ou da comida que comia, da influência da sua babá, ou dos efeitos da opinião pública, da religião ou desta ou daquela forma de vida social ou política, os educadores e os legisladores também não estavam sujeitos às mesmas influências dominantes? Eles não levavam as vidas que levavam, não pensavam como pensavam, educavam e legislavam como o faziam, sem poderem se abster de agir assim? Não eram também protagonistas de papéis não inventados por eles, mas neles insuflados pelo ambiente e pela educação — meros recitadores de frases e cumpridores de deveres que não podiam deixar de falar e cumprir, assim como os seres humanos a quem governavam ou educavam tampouco eram considerados capazes de evitar transformar-se no que se transformavam como resultado do que os governantes ou educadores faziam a eles? Como alguém poderia sustentar ao mesmo tempo que somos o que somos porque crescemos sob as influências que nos envolveram desde o primeiro momento de nossa concepção, e ainda assim que podemos pôr fim a todas as loucuras, vícios e misérias da humanidade por um ato de vontade — mudando nossos métodos de educação, vida política ou dieta, e assim criando condições favoráveis para o desenvolvimento de nossos filhos; criando as crianças livremente, como se nós — por mais poderosos, esclarecidos e conscientes de nossas responsabilidades que possamos ser — não estivéssemos condenados a agir como agimos, porque somos o que somos, e não podíamos deixar de ser o que somos devido à história de nossa família, grupo e raça, e às condições físicas, morais e sociais em que nós e nossos ancestrais nascemos, atingimos a maturidade e morremos?[20] Entretanto, essas duas visões rigorosamente incompatíveis eram sustentadas pela maioria dos *philosophes*, uns enfatizando um dos aspectos, alguns o outro, uns falando ora com uma voz, ora com a outra, ora simultaneamente com ambas. Por um lado, era moda enfatizar o poder da natureza física ou das instituições, nem que fosse para desacreditar as teorias rivais de que a alma era imortal e livre; ou de que Deus, os anjos, os demônios ou nosso espírito interior eram fatores causais na história — o que constituía o palavreado sem sentido das Escolas. Por outro lado, falava-se muito das imensas oportunidades que o progresso científico, uma moralidade esclarecida ou o nosso novo conhecimento da história, com seu registro de erros passados e da moral por eles apontada, abriram de repente para os seres humanos armados de razão e já incapazes de culpar as forças ocultas — Deus —, as tendências inatas ou os poderes misteriosos ou inescrutáveis por seus próprios crimes, vícios e desgraças. Mas a contradição permaneceu. Permaneceu escondida, apenas enquanto os deterministas que pensavam na física e os perfeccionistas que especulavam sobre os futuros triunfos da educação estavam lutando contra um inimigo comum — padres obscurantistas, reis e cortes viciosos ou devassos, administradores estúpidos ou corruptos, camponeses supersticiosos e brutalizados. Por isso, como acontece tão frequentemente entre aqueles que são unidos por um inimigo comum, havia uma ilusão de consenso e solidariedade onde na verdade existia uma divergência fundamental de visões e ideais. Assim que a aliança se dissolveu — como aconteceu no século XIX —, essas incompatibilidades latentes vieram devidamente à luz, e transformaram antigos camaradas em oponentes rigorosamente antagonistas.

(5) Assim como as mesmas pessoas não viam nenhum conflito entre o completo determinismo — conforme ensinado pelas novas ciências naturais — e a completa liberdade de ação conforme exigida pelo novo Iluminismo, as mesmas pessoas acreditavam ao mesmo tempo num planejamento racional e num *laissez-faire* extremo. O grande objetivo era remover aquelas restrições ao comércio, à produção, aos negócios e a todas as formas de intercâmbio humano — econômico, moral, social, intelectual — que se deviam a maus motivos, ganância da parte de indivíduos ou minorias, desejo ilícito de poder, maldade ou preconceito, ou então crenças equivocadas devidas aos maus efeitos da religião ou da metafísica. Uma vez feito isso, os homens poderiam planejar suas vidas de forma racional; isto é, de acordo com o conhecimento científico e com os propósitos da natureza, que na sua maior parte eram identificados com a felicidade e, na maioria das vezes, com um conceito ainda mais vago, denominado sem muita precisão "o bem comum", sendo que a relação dos indivíduos com tal conceito nunca foi bem esclarecida. Não podia haver nenhum conflito entre os desejos de qualquer homem racional e os desejos de qualquer outro homem racional, porque a razão não poderia se opor a si mesma. Por isso um plano racional, por mais rígido, por mais detalhado, por mais abrangente que

fosse, regulando nos mínimos detalhes todo pensamento e ato de todo ser vivo, o qual poderia parecer despótico a pessoas que não gostassem de ser tão impiedosamente municiadas, não podia incomodar um ser racional, porque o supriria de tudo o que ele teria imaginado e desejado por sua própria conta, com a vantagem adicional de poupar-lhe o trabalho de ter de comunicar as suas visões a outros seres racionais que, *ex hypothesi*, desempenham na sua vida, assim como ele nas deles, aquele papel que o plano, sendo racional, atribui a todos os que desejam viver segundo a razão. Um homem racional não pode ter pensamentos ou desejos irracionais — por exemplo, autodestrutivos; se os planos sociais que regulam a sua vida são racionais, eles já preveem os seus pensamentos e desejos; protestar contra os planos, estar insatisfeito com esses planos em qualquer grau, é *pro tanto* um vestígio da força remanescente da irracionalidade incompletamente eliminada. Por conseguinte, planejar a vida de um homem racional de forma cabal ou deixá-lo fazer exatamente o que ele quer sem qualquer impedimento são precisamente a mesma coisa. O plano só é necessário contra a irracionalidade, contra as fraquezas, contra a possibilidade de recaídas em estado anteriores, menos esclarecidos. Se todos os homens fossem inteiramente esclarecidos, não precisariam de um Estado, nem de qualquer outra organização. O *laissez-faire* completo e a organização social completa, portanto, longe de serem incompatíveis, são na verdade idênticos. No caso dos homens racionais, a anarquia total coincide com a máxima obediência à lei. A liberdade é a percepção da necessidade racional. Deve-se lembrar que a "razão" não é empregada aqui para significar o que existe na indução, dedução, senso comum, mas antes para significar a busca de fins racionais; o que significa não apenas fins que não entram em conflito entre si, nem se destroem, nem são incompatíveis com os meios disponíveis, mas fins que são racionais num sentido muito especial da palavra, em que alguns fins são mais racionais que outros, isto é, ocupam um lugar específico naquela hierarquia "objetiva" de fins, cuja totalidade é oferecida, estendida, quase lançada a nós por um agente ativo que os modela — a natureza, a razão, a ordem divina, ou qualquer nome sob o qual decidamos cultuá-la e obedecê-la. Todo o programa racionalista do século XVIII gira em torno dessa noção central de que a razão descobre os fins assim como os meios, de que chamar um governante de esclarecido é dizer que ele é um profundo conhecedor dos fins assim como dos métodos, de que Hume se equivoca ao considerar os fins como psicologicamente determinados, não suscetíveis de crítica racional. Se Hume está certo, todo o edifício construído sobre a pressuposição de que há uma forma de vida que todos os homens racionais automaticamente adotariam — sendo essa a razão de serem chamados racionais — desaba como um castelo de cartas. E até agora ninguém apresentou nenhum argumento válido contra a posição de Hume — certamente nenhum que qualquer *philosophe* pudesse usar como meio de escape.

John Stuart Mill escreveu um ensaio honesto, minucioso, caracteristicamente lúcido, e também desolador sobre o tema da natureza. Ele está intrigado com o modo como os filósofos do século XVIII empregam esse conceito. Começa observando que a máxima "*naturam sequi*" é parte de uma antiga tradição europeia. Mas ele não consegue compreendê-la. Qual será o possível significado de dizer que devemos seguir a natureza? Há apenas três possibilidades.

(*a*) "Natureza" significa tudo o que existe, governado pelas leis pelas quais é governado, o que inclui os seres humanos e tudo o que eles são, fazem e sofrem. Nesse caso, é quase sem sentido e certamente vão aconselhar que eles se conformem a leis das quais de qualquer modo não podem escapar, ou que aprendam com uma ordem da qual são elementos inevitáveis. O que então se quer dizer?

(*b*) A natureza é também contrastada com as artes e as ciências, isto é, com tudo o que os homens inventaram ou acrescentaram desde que saíram da condição descrita como primitiva. Mas se o homem é aconselhado a seguir a natureza nesse sentido, isso equivale a um convite para jogar fora tudo aquilo com que, por meio de esforços dolorosos, os homens se equiparam a fim de levar vidas que aprovam e desfrutam com prazer. A natureza nesse sentido (no qual ela é o tema das ciências mas não tem história) não é absolutamente um organismo ou mecanismo harmonioso, cuja imitação promoveria os fins que os seres humanos buscam ou devem buscar: pois o conhecimento mais superficial do mundo dos "fenômenos" naturais, no sentido em que são contrastados com a existência civilizada, revela-os frequentemente envolvidos num processo de destruição e desperdício muito violento e aparentemente sem sentido. Enchentes e terremotos, e quaisquer acontecimentos naturais que acabam infligindo dor aos seres sensíveis e destruindo os belos objetos naturais ou humanos, ou mesmo as plantas ou os animais — o comportamento aparentemente cego da matéria bruta —, são precisamente aqueles que todo recurso humano, moral, tecnológico, intelectual, estético é orientado a minimizar, tornar inofensivos ou empregar para servir a fins humanos. Imitar a natureza nesse sentido é importar a violência caótica, o desperdício sem sentido, o total despropósito para dentro da vida humana, e certamente não é isso o que teriam cogitado os moralistas sábios e benevolentes que nos encorajavam a seguir a natureza.

(*c*) Finalmente, continua Mill, há o sentido um tanto mais estreito da palavra "natural", quando ela é contrastada com o afetado e o artificial, isto é, modos de comportamento humano projetados para enganar alguém ou esconder alguma coisa. Isso Mill identifica com respeito pela verdade, o que ele apoia, mas salienta que seguir a natureza nesse sentido não é o suficiente para abranger as doutrinas que envolvem a totalidade da vida humana, as quais os adeptos da "vida natural" deviam ter querido propagar. É, sem dúvida, útil alertar os homens contra um comportamento excessivamente afetado, e elogiar a espontaneidade, a franqueza e a afetuosidade, mas isso parece ter pouco a ver com organizar a vida à luz das descobertas das ciências naturais, ou com a condenação desta ou daquela forma de governo ou ordem econômica por ser contrária à natureza. Certamente não era a artificialidade de maneiras ou a falta de sinceridade que o grande inovador econômico Quesnay ou o inflexível comunista *abbé* Mably supunham estar atacando em primeiro lugar.

Consequentemente, Mill admite estar perplexo, e com razão. Mandar que sigamos o que de qualquer modo não podemos deixar de seguir parece tolice; mandar que imitemos a destruição disparatada e os costumes selvagens, e que tornemos assim as nossas vidas tão detestáveis e tão brutais quanto possível, parece irracional; e mandar que sejamos mais sinceros e diretos é louvável, mas não parece possuir suficiente alcance para ter sido considerado um princípio moral e político central por mais de 2 mil anos. Nesse ponto, desgostoso, Mill vira as costas a toda a ideia de natureza por não passar de uma triste confusão, e elimina-a da lista de tópicos dignos da atenção prolongada de pessoas sérias.

Há certamente alguma coisa estranha aqui. Se John Stuart Mill, que nasceu logo após o final do século em que a discussão da natureza ocupou uma posição tão central, abandona desesperado a análise desse conceito político ou social; se Mill, que tão profundamente adorava a poesia de Wordsworth, acha o conceito de natureza irrelevante para o pensamento moral ou político; se Bentham, de quem ele tirou seu modo de raciocínio, afirmava estar igualmente perplexo diante dessa noção obscura, talvez não possamos ser muito censurados se, por nossa vez, consideramos que ela não é nem um pouco clara. Mas não há dúvida de que a doutrina do naturalismo científico — as ideias da observação da natureza, do conhecimento e progresso das ciências, e talvez de quando em quando a ideia adicional de "viver perto da natureza" — significa algo para nós mesmo hoje em dia, sendo apenas insincero alegar que não passa de uma grande confusão que pode ser desfeita com um pouco de pensamento claro. Todas as proposições enumeradas acima foram acreditadas explícita ou implicitamente por aqueles mesmos pensadores que criaram o moderno racionalismo, o liberalismo e o Iluminismo científico. Grandes e benéficas reformas foram promovidas por homens que acreditavam nesse complexo de ideias. A luta entre os progressistas e os reacionários tem sido precisamente um conflito entre aqueles que acreditavam nessas proposições e aqueles que se julgava estarem apelando à autoridade, à tradição, ao dogma, à prescrição, ou a algum outro critério que não podia ser descoberto pelos métodos empíricos comuns da aquisição de informações.

É claro, portanto, que a noção não pode ser descartada como totalmente opaca e sem sentido. O que ela não é: mas faz-se com que assim pareça quando se desconsidera a premissa principal sobre a qual repousa toda a fundação — a saber, a crença na possibilidade de descobrir propósitos além de fatos na natureza, a possibilidade de detectar não meramente uma direção, não meramente leis consistentes que regem a experiência humana, embora isso seja bastante questionável, não meramente padrões na história ou nas relações dos seres humanos entre si — mas fins, propósitos, sendo a marcha para atingi-los não só inevitável ou possível, mas "racional", isto é, a realização de algum plano cósmico global, cuja efetivação parcial em diferentes campos do pensamento, arte ou ação é denominada racional nesses campos. É denominada racional precisamente porque funciona dentro de cada um desses campos, embora de maneiras diferentes, de um modo análogo. Pois quando todos os campos são vistos em conjunto, sustenta-se que eles se revelarão complementares uns aos outros; e formarão um todo harmonioso; a razão é a faculdade que explica como tudo é de fato inter-relacionado e, ao mesmo tempo, aponta a meta que tudo deve ou, segundo alguns, deveria procurar atingir, se quisermos ser racionais. Dizer de uma atividade que ela é racional equivale a dizer que ela tem uma meta inteligente; dizer de uma sociedade que ela é racionalmente organizada é também dizer que ela tem uma meta. Perguntar qual é essa meta, se essa pretende ser uma pergunta válida, deve pressupor a possibilidade de uma resposta que se fundamente numa evidência objetiva, aberta à inspeção de qualquer observador imparcial e inteligente; tal resposta é o que se quer dizer com meta racional.

Como as ciências nos forneceram as únicas informações confiáveis que temos sobre outras questões práticas, elas também devem nos dar uma resposta a essa investigação; e todas as doutrinas sociais e políticas que alegam "basear-se" na ciência nesse sentido, como os sistemas de Spencer, Comte ou Marx, adquirem prestígio entre as pessoas que acreditam nos métodos racionais de investigação, e que demonstram desconfiança ou hostilidade em relação à religião ou à metafísica, às superstições populares e pressuposições irrefletidas de todo tipo, porque a racionalidade que elas valorizam em métodos de pesquisa foi sub-repticiamente transferida para os próprios fins. Mas a menos que aceitemos uma interpretação teleológica do universo para a qual não pode haver nenhuma garantia empírica, e que as ciências por isso abandonaram como uma categoria estreita e estéril há muito tempo, no início do século XVII, a proposição de que alguns fins supremos são mais racionais que outros não tem um significado claro. Os fins podem ser maus ou bons, imediatos ou remotos, sociais ou individuais, reverenciados pela tradição ou audaciosos e revolucionários, mutuamente compatíveis ou incompatíveis, normais ou anormais, alcançáveis ou utópicos, frutíferos ou autodestrutivos, variáveis e subjetivos ou invariáveis e aceitos por sociedades ou culturas inteiras, ou até por toda a humanidade em todos os tempos, mas eles não são racionais ou irracionais no sentido comum em que a palavra é usada. As afirmações em que os enunciamos ou recorremos a eles, por não descreverem fatos ou acontecimentos, não são verdadeiras ou falsas, assim como tampouco ordens, comandos, votos, atos de abnegação, com os quais se parecem, são verdadeiros ou falsos. As afirmações históricas no sentido de que indivíduos, grupos ou sociedades buscam ou não alcançar objetivos particulares ou sistemas de objetivos — formas de vida, ideais, vidas construídas em torno desses ideais —, estas são, é claro, verdadeiras ou falsas, e chega-se a essas afirmações por atos apropriadamente descritos como racionais ou irracionais conforme o caso. Mas chega-se às palavras que expressam, encarnam ou transmitem essas atitudes, fins e ideais por métodos que não são nem racionais, nem irracionais, nem se pode apropriadamente dizer que sejam racionais ou irracionais em si mesmos. Se Hume estava certo ao dizer que elas encarnam (embora ele equivocadamente achasse que elas sempre descreviam) paixões, com o que ele queria dizer sentimentos, impulsos, emoções efêmeras, desejos e outros estados ou processos evanescentes de nossas vidas emocionais, é um ponto que se pode realmente questionar, e até com alguma confiança rejeitar como não sendo fiel aos fatos de como chegamos a adquirir, reter, buscar, ou rejeitar, abandonar e combater, vários ideais ou fins. Mas a raiz da questão está realmente onde ele a encontrou: a racionalidade é um conceito que não se aplica a objetivos, mas apenas a métodos de investigação ou à adaptação dos meios aos fins. Se nossos objetivos individuais fossem todos meios para alcançar algum fim universal, buscado por tudo o que existe, a natureza e o homem, as coisas e as pessoas, então o grau de sua adequação como meio para esse fim universal poderia ser descrito, num sentido transcendental, como eficaz ou ineficaz, e nesse sentido como racional ou irracional. Mas isso é precisamente o que Helvétius e Holbach negaram com tanta persistência; entretanto, as doutrinas políticas que emanavam dos *philosophes* falavam da organização da sociedade segundo linhas científicas racionais, e advogavam que a educação e a legislação deviam se preocupar com a produção de cidadãos capazes de serem ajustados a um único padrão coerente, cuja validade é garantida pela razão e sancionada pela única autoridade suprema — as ciências naturais. Essa política estava fundamentada na gigantesca pressuposição de um universo teleológico. E se essa premissa é equivocada — tal como decerto é confusa —, todo o imenso edifício construído sobre ela carece de base. Disso não se segue, é claro, que os opositores dessa visão, cujo conceito de razão ou racionalidade é de outra espécie — *a priori*, teológica, aristotélica, tomista, hegeliana, budista —, tirem qualquer vantagem das falácias e contradições do empirismo do século XVIII, pois a sua solução para a questão não tem nem sequer a vantagem de uma premissa inteligível ainda que falsa, mas se refugia em regiões completamente impenetráveis às técnicas normais de investigação; e o remédio é muito mais perigoso do que a doença que alega curar.

No fim deste capítulo, Berlin escreveu as seguintes notas para revisão:

Mais sobre o planejamento e a noção de planejamento científico da vida: e especialização. Também: retenção de incoerências: behaviorismo com (1) direitos naturais (2) igualdade (3) livre-arbítrio. Mas o principal: a ciência é a cura para todos os males: ela fornece *fins*: perguntas que ela não pode responder *não* são perguntas: empíricas ou nada: tudo deduzido da "natureza" ou do "homem":

quem *quod semper, quod idem, et quod ominis ubique* [sc. *quod semper, quod ubique, quod ab omnibus*: ver abaixo, p. 224, variações ignoráveis: Condorcet (e todos os enciclopedistas num certo sentido) achavam que *esse* era o ideal a ser perseguido por todos os meios racionais *que* o homem *onisciente precisaria ter*: o homem onisciente compreenderia o passado e o futuro por meio do *cálculo*: como o mundo é um corpo dedutível de fatos, embora empírico: ele não pode senão desejar a felicidade (tudo o mais é causado por erro e por uma educação falha — somente a felicidade é natural: dogma). Portanto, ele a desejaria dentro da estrutura do possível: na verdade, querendo fazer *aquilo* que mais o harmonizasse com o universo e contribuísse para o seu próprio funcionamento e para o funcionamento mais livre do universo: pressuposições (1) que o universo *é* uma harmonia embora mal compreendida por nós (citação de Pope) (2) que *há* uma única natureza humana e um único ideal humano: uma ordem que convém a X *deve* convir a Y, a própria variedade de fins não conectados é prova de erro — pois o universo é um todo coerente: a natureza é uma só, precisa ser amarrada (3) que isso pode ser descoberto pela ciência — os químicos sabem mais sobre o que é *correto* que os poetas: e compreendem os caminhos da natureza — e suas metas (4) que uma vez moldados os homens, quer por pessoas racionais (Condorcet), quer pela legislação (Helvétius), quer pelo condicionamento social (Roma: fascistas: comunistas), para *não* tolherem os seus próprios impulsos centrais — implantados pela Natureza — o resultado é a felicidade automática. *Sabemos* o que é fim — o que os oniscientes querem — e conhecemos meios — a ciência nos diz. Então *Avanti*!

2. A ideia de liberdade

A liberdade, tanto social como política, é um dos mais antigos e, *prima facie*, um dos mais inteligíveis ideais humanos. O desejo de liberdade é, em primeiro lugar, o desejo de indivíduos ou grupos de não sofrer interferência de outros indivíduos ou grupos. Esse é o seu significado mais evidente, e todas as outras interpretações tendem a parecer artificiais e metafóricas. Os seres humanos têm desejos, inclinações, impulsos, e qualquer coisa que os impeça de realizar esses desejos é chamada de obstáculo. Esses obstáculos podem ser animados ou inanimados, humanos ou não humanos. Num certo sentido, falamos de alguém como "não livre" para fazer isto ou aquilo quando ele é impedido de realizar seus desejos por obstáculos não humanos — como a natureza do mundo físico, que me impede de gravitar para cima em vez de para baixo, ou de viver muito tempo sem comer. Talvez haja também obstáculos psicológicos, como quando um homem se dá conta de que não consegue contar além de um certo número sem se confundir, ou de que é incapaz de amar seus inimigos ou compreender as obras de Hegel. Mas como de fato (com ou sem razão) não acreditamos nas leis da psicologia com tanta firmeza como acreditamos nas da física, o tipo de não liberdade psicológica talvez não nos seja tão claro quanto o sentido físico mais óbvio de quando digo que não posso voar para a lua ou ver a parte detrás da minha cabeça.

Mas nenhum desses dois sentidos são o que têm em mente aqueles que falam de liberdade social ou política ao usar esse termo. Poder-se-ia dizer que qualquer sentido em que forem usadas as expressões "pode" ou "não pode" indica a presença ou ausência de algum tipo de liberdade. Mas quando falamos da falta de liberdade social ou política, damos a entender que alguém, e não alguma coisa, está nos impedindo de fazer ou ser algo que desejamos fazer ou ser. Deixamos implícita em geral a existência de interferência ou opressão, deliberada ou não. Quando, por exemplo, os socialistas distinguem entre a liberdade "política" e a "econômica", e sustentam ser inútil dar aos homens oportunidades de escolher formas de governo quando na verdade eles são pobres ou ignorantes demais para serem capazes de adquirir ou desfrutar os bens que este ou aquele governo permite que sejam obtidos "livremente", há uma ambiguidade genuína — e perigosa — nessa forma de discurso. Se eles querem dizer apenas que, caso um homem não tenha os meios ou seja demasiado subdesenvolvido moral ou intelectualmente para poder adquirir algo que de fato lhe agradaria se pudesse adquiri-lo, isso não precisa constituir, em sentido estrito, uma demanda social ou política: talvez haja muitas outras causas que impeçam um homem de obter o que quer (ou gostaria de obter, se fosse suficientemente esclarecido para ser capaz de querê-lo). Ele pode sofrer de incapacidades físicas ou ter nascido numa época ou lugar em que essas coisas são fisicamente inalcançáveis, e isso o torna incapaz de satisfazer uma necessidade específica. Mas o sentido em que isso o torna *não livre* não é necessariamente mais social ou político do que físico, biológico, histórico ou geográfico. Quando a sua falta de liberdade é concebida como caracteristicamente social ou política, o que está implícito é que ele é impedido de conseguir, fazer ou ser algo específico por fatores sociais ou políticos, isto é, pela relação dos outros seres humanos com ele. São estes outros que de algum modo o estão impedindo de se comportar de certa maneira — e isso não apenas como criaturas tridimensionais no tempo e no espaço, não como um homem pode me impedir de chegar ao meu destino esbarrando acidentalmente em mim e quebrando a minha perna (nesse sentido ele estaria se comportando como qualquer outro pedaço de matéria no espaço — uma tora de madeira ou uma pedra), mas porque eles próprios estão se comportando de um modo que a nosso ver poderiam, se quisessem, evitar. Só reclamo da ausência de liberdade pessoal quando num certo sentido acho que estou sendo impedido de fazer o que quero por outros seres humanos que poderiam, no que diz respeito às leis da natureza material, comportar-se de forma diferente. Se reclamo da falta de liberdade, embora aqueles que me detêm talvez nem tenham a intenção de me refrear, mas perseguem fins próprios bastante irrelevantes que têm meramente o efeito de me deter, posso não culpá-los, mas ainda sinto a minha falta de liberdade pessoal; e sinto dessa forma porque de alguma forma percebo vagamente que estou deixando de conseguir o que quero não por causa de fatores físicos, biológicos ou outros aspectos "naturais", mas porque as intenções de outras pessoas (ainda que não necessariamente dirigidas contra mim) frustram o meu objetivo. Em suma, reclamo da ausência de liberdade pessoal quando sou impedido de agir como desejo por causa da realização dos objetivos conscientes, semiconscientes ou até inconscientes de outros seres — e não apenas pelo comportamento mecânico de seus corpos. E quando acredito que essas intenções visam especificamente a me deter e tornar impossível que eu faça o que quero, sinto que minha liberdade está sendo deliberadamente infringida; e quando acredito que essas intenções são injustas ou irracionais, queixo-me de opressão.

A liberdade é, portanto, no seu sentido primário, um conceito negativo; pedir liberdade é pedir a ausência de atividades humanas que interceptem as minhas; e a discussão geral desse tópico tem sempre como pressuposto, consciente ou inconscientemente, esse significado do termo. Os teólogos e os filósofos têm usado a palavra em muitos outros sentidos: em particular, aquele em que se pode dizer que um homem não é livre quando age "irracionalmente"; por exemplo, quando se diz que ele é "um escravo de suas paixões" ou "uma vítima de suas próprias ilusões" — o sentido em que se diz que os homens "se libertam" de erros ou de uma paixão obsessiva, ou de inclinações físicas ou sociais até então irresistíveis. Qualquer que seja o valor desse emprego da palavra — quase uma parte intrínseca do uso normal das modernas línguas europeias a esta altura —, esse significado dos termos "liberdade" e "escravidão" ainda é percebido como um tanto analógico ou até metafórico, e com razão. O sentido em que Pai Tomás era escravo de Simon Legree é o sentido literal, o que ninguém contestaria. Enquanto que o sentido em que Céfalo no primeiro livro da *República* de Platão afirma ter se libertado da escravidão à paixão do amor — "um senhor cruel" — é nitidamente diferente do primeiro. A luta contra um homem que deseja impor a sua vontade sobre outros seres humanos e, por outro lado, aquilo que é chamado de luta interior dentro de mim mesmo — quer entre minhas próprias paixões, quer entre minhas inclinações menos dignas e a minha "melhor natureza" — não são lutas no mesmo sentido da palavra, e à segunda é dado esse título pelo qual é percebida como uma extensão quase metafórica do termo. Emoções semelhantes podem acompanhar a "libertação" em relação a ambas; ainda assim, um sentido é percebido como mais básico que o outro.

Todavia muito se tem escrito, é claro, sobre o sentido secundário — metafórico — de liberdade, constrangido que foi, notavelmente pelos filósofos platônicos, estoicos e cristãos, e mais tarde por Spinoza e certos idealistas alemães, a incluir o primeiro. O famoso argumento estoico de que compreender e adaptar-se à natureza é a liberdade mais verdadeira baseia-se na premissa de que a natureza ou o cosmo possui um padrão e um propósito; de que os seres humanos possuem uma luz ou razão interior, isto é, aquilo que neles procura a perfeição por meio da integração tão completa quanto possível a esse padrão e propósito cósmicos; de que as paixões perturbam essa razão interior e, ao mesmo tempo, obscurecem a sua percepção do que é o padrão universal, tendendo a "pressioná-la" e afastá-la de seu caminho designado. O homem é um ser racional; afirmar isso é dizer que ele é capaz de detectar esse padrão e propósito geral, e também de identificar-se com eles; seus desejos são racionais se aspiram a essa autoidentificação e irracionais se a ela se opõem. Ser livre é realizar os nossos desejos; só podemos realizar os nossos desejos se sabemos como fazê-lo com eficácia, isto é, se compreendemos a natureza do mundo em que vivemos; se esse mundo tem um padrão e um propósito, ignorar esse fato central é cortejar o desastre, porque qualquer ação empreendida quer na ignorância do plano do universo, quer sem prestar atenção a esse plano, quer ainda, a maior de todas as tolices, em oposição ao plano global, está fadada a terminar em frustração, porque o universo derrotará o indivíduo que o ignora ou desafia. Se a liberdade é a realização dos desejos e tal realização depende da compreensão do plano do mundo, a liberdade é inconcebível sem a submissão a esse plano. A liberdade, portanto, torna-se idêntica a certo tipo de submissão "racional". Esse paradoxo é considerado resolvido se ao menos lembramos que o universo possui um propósito; que ser racional é compreender esse propósito e o nosso papel para realizá-lo; que os desejos podem ser racionais ou irracionais e, como o universo é o que é e será o que será, apenas são racionais aqueles que buscam metas cuja realização está em harmonia com a estrutura do mundo. Por isso a verdadeira liberdade, sendo a verdadeira autorrealização, é uma capacidade de autoadaptação à harmonia universal; só é submissão na aparência, pois a única oposição possível a esse curso nasce de desejos não harmonizados ou não harmonizáveis, que, sendo irrealizáveis de qualquer maneira, são *pro tanto* irracionais e não podem conduzir à liberdade — isto é, à autorrealização efetiva. Por isso, ser livre é compreender o universo — e isso leva os seres racionais, que não têm o intento da autodestruição (o que equivale à irracionalidade — pois como poderia a razão procurar derrotar a si mesma?), a submeter-se às suas leis e propósitos; e, inversamente, toda a desobediência a seus propósitos — que assume a forma de pecados, crimes, erros (e as diferenças entre esses dependem de serem cometidos deliberada ou involuntariamente, e em que grau) — deve ser produto e expressão da ignorância — a ignorância de como o universo "funciona", do que é a realidade.

Esse é o coração da doutrina pela qual a virtude é conhecimento e o criminoso, o pecador e o tolo somente são o que são porque procuram satisfazer seus desejos de maneiras por princípio incabíveis, dada a natureza fixa do universo. Como não ficarão satisfeitas, essas pessoas não serão felizes; e porque serão frustradas, não serão livres; como estarão se afastando da norma que a natureza lhes determinou, não serão virtuosas. Assim, liberdade, felicidade e virtude coincidem; falhar em qualquer uma delas é falhar em todas: e falhar significa estar em conflito com o universo e, portanto, sujeitar-se a ser destruído por ele, se não imediatamente, no final — no mais longo prazo.

Essa é a doutrina das principais escolas da filosofia grega, dos platônicos, aristotélicos, estoicos, epicuristas e seus sucessores. Os filósofos cristãos substituíram a ordem da natureza pela divina, e o serviço à natureza impessoal pelo serviço a Deus, cuja vontade o universo encarna; mas a doutrina da liberdade permaneceu substancialmente idêntica. O homem é um composto de elementos conflitantes, maus e bons, e o cumprimento da lei de Deus o liberta, isto é, satisfaz plenamente sua alma, que deseja ardentemente o bem, a única capaz de plena satisfação — se não neste mundo, então no próximo — quando ela abandona sua habitação temporária, o corpo, com seu íncubo de más paixões que distraem a mente e a vontade e obscurecem sua compreensão (na medida em que alguma compreensão lhe é concedida sobre a Terra) da natureza de Deus e seus mandamentos. O amor a Deus e o temor a Deus substituem a doutrina do ajuste aos propósitos naturais das coisas terrenas. Em substância, a visão permanece inalterada: a liberdade é o cumprimento de uma lei universal (divinamente decretada); quanto menos resistência um homem for tentado a oferecer a essa lei, mais feliz e mais livre será; apenas os anjos e talvez os santos não experimentam essa tentação — neles o verdadeiro amor e temor a Deus e a seu universo é realizado. Apenas aqueles que não são tentados a pecar são inteiramente livres. O platonismo cristão, o aristotelismo cristão e o estoicismo cristão são doutrinas plenamente inteligíveis por meio dessa razão; elas podem estar implicadas em heresias metafóricas sobre a pessoa da divindade ou a natureza do universo, mas quanto à concepção da liberdade humana, não há aqui nenhuma diferença fundamental. Não há nenhuma discordância radical sobre essa questão em todo o mundo cristão. Talvez haja diferenças apaixonadas e profundas sobre como o conhecimento dos propósitos de Deus deve ser obtido — se pelos ensinamentos da Igreja de Roma, seus sacerdotes, sua tradição e escrituras sagradas, ou apenas pela interpretação da Bíblia; pelas manifestações da consciência individual ou pela doutrina aceita deste ou daquele corpo de homens, agora ou durante um longo período. Talvez haja discussões violentas sobre a ênfase a ser colocada na realização de boas obras ou na aquisição de um estado peculiar de alma, sobre o papel desempenhado por um estudo ou disciplina zelosos e apropriados ou pela graça divina; sobre o grau de iluminação permitido aos mortais e sobre quanto dessa luz pode ser expresso num discurso articulado e quanto deve permanecer um mistério ou ser apenas revelado em momentos de iluminação mística — tudo isso pode ser e tem sido uma questão de disputa violenta, além de gerar muita perseguição recíproca. Mas o princípio central continua inviolado: o universo é guiado por Deus, e compreender a sua natureza e direção é saber como viver, e saber como viver é saber como ser livre — isto é, evitar a frustração de nossos desejos, inclinações e propósitos mais íntimos.

Na doutrina de Spinoza, que negava propósitos gerais ao universo, tais preceitos sofrem uma certa modificação, mas continuam nos seus aspectos essenciais inalterados: a liberdade é ainda uma satisfação de nossos desejos. O universo é um todo racional; isto é, qualquer parte dele pode ser deduzida de qualquer outra por uma pessoa de suficiente percepção e poder de raciocínio. Quando compreendemos o que uma coisa é, e que ela é o que é por razões lógicas ou metafísicas (o que para Spinoza é o mesmo), a saber, por causa das relações necessárias que todas as coisas têm umas com as outras e que tornam qualquer coisa que exista necessariamente o que é — assim e não de outra maneira —, então não podemos desejar que ela seja de outro modo; pois afinal, o que haveria de fato a ser almejado por um tal desejo? Quando compreendemos que dois mais dois é igual a quatro, compreendemos não só que é assim, mas que deve ser assim, porque essa é a natureza "necessária", a essência do número: se não o fosse, dois nem sempre seria dois, nem quatro seria quatro, nem mais seria mais. Ninguém em sã consciência poderia lamentar que dois mais dois nunca foi — nunca seria — cinco, e ninguém em sã consciência poderia sentir a sua liberdade tolhida pela necessidade que impede o resultado de ser cinco. Se assim sentisse, deveríamos, por essa mesma razão, hesitar em chamá-lo racional: ou até são de espírito. Mas o que vale para o número vale para toda a realidade. Compreender o que uma coisa é significa compreender as suas relações com as outras coisas (e, para os metafísicos racionalistas, isso significa a necessidade interna que une seus elementos), isto é, compreender por que ela não pode ser de outra maneira: e compreendê-lo é aceitar tal coisa como racional, isto é, perceber que o oposto é inconcebível ou contraditório em si mesmo — e o que é contraditório em si mesmo é ininteligível e não pode ser objeto do desejo verdadeiro de qualquer pessoa. Desejar que as coisas sejam diferentes do que devem ser, lamentar porque elas são o que são e não alguma outra coisa, queixar--se de ser coibido por elas serem o que são é deixar de compreender o padrão racional que torna todas as alternativas logicamente inconcebíveis. São as paixões — como sempre as vilãs dessa peça — que sozinhas produziriam a ilusão de que as coisas podem ser diferentes, e que fariam os homens desejarem o impossível — o impossível que sob exame revela-se ininteligível, contrário à razão, sem sentido. O amor intelectual a Deus é essa iluminação pela qual as coisas são mostradas na sua verdadeira realidade, determinada por conexões racionais numa ordem que é perfeita, pois nenhuma outra é racionalmente concebível; compreender isso é ser livre, livre de pseudodesejos — desejos daquilo que, quando examinado, vem a ser quimeras contraditórias, objetos impossíveis de desejo. E a ciência — o emprego da razão clara, aquela que demonstra por que os objetos são como são e os acontecimentos ocorrem como o fazem — é assim a grande libertadora da humanidade, a removedora de obs-táculos, a dissipadora de mistérios, que dissolve aqueles mal-entendidos e confusões que unicamente nos levam a pedir o impossível e a cair em terrores e desesperos ao sermos devidamente frustrados.

Esse é um conceito do papel das ciências que muitos adeptos do progresso científico têm sustentado, frequentemente com uma eloquência comovente. Somente a ignorância planta o medo que nos torna não livres. Quando uma doença nos atormenta e não conhecemos as suas causas, nós e aqueles que nos amam ficamos aterrorizados e caímos em desespero: assim que compreendemos como ela surge, quais são as suas causas inteligíveis, inevitáveis, o nosso medo é dissipado e aceitamos o inevitável "filosoficamente", seja ele passível de cura ou não. Como é inevitável, isto é, faz parte da necessidade das coisas, ficamos em paz com a doença, da mesma forma como ficamos diante de um teorema matemático. Em vez de abalar, ela confirma a nossa fé na racionalidade do universo, "liberta-nos" da sensação de frustração induzida por abrigarmos um desejo irracional, por exemplo, de que o universo permaneça como é e deve ser, mas que a dor — em desafio ao sistema — desapareça. Pedir tal coisa é pedir que 2 + 2 seja 17; a dor é necessária, portanto é como deve ser — boa, pois o bem é o que satisfaz as demandas de uma natureza racional; é necessária, portanto é ela própria uma demanda de nossa mente, na medida em que é racional, isto é, afinada com a harmonia universal; e embora sintamos a dor, somos livres — autorrealizados. Perseguimos um ladrão porque o motivo para o seu roubo é compreendido por nós de maneira imperfeita: mas quando o chamamos de cleptomaníaco, a sua ação é cientificamente atribuída a seu lugar correto no sistema universal e deixamos de temê-lo ou odiá-lo. Compreender, nesse sentido, é aceitar, e aceitar é eliminar alternativas; a ausência do que não pode ser, de um efeito para o qual não há causa, de um número que não é coerente com o sistema matemático, de uma situação que, sendo o mundo o que é, não pode ocorrer e já não pode ser uma fonte de amargura para nós ou uma restrição à nossa liberdade. O universo é um sistema harmonioso de entidades ligadas entre si por laços que não podem ser de outra maneira, um plano lógico traduzido em termos concretos, uma ordem racional, e compreendê-lo significa compreender a nós mesmos, nossos verdadeiros desejos e aquilo que unicamente os satisfará verdadeiramente — e isso sem a necessidade de postular uma divindade pessoal para criar ou manter a harmonia universal. Essa nobre e serena visão é comum a ambos os lados nas grandes disputas racionalistas-empiristas dos séculos XVII e XVIII. Inspirou o ímpio Spinoza tanto quanto os devotos filósofos a quem o seu ateísmo luminoso e vigorosamente argumentado aterrorizava de forma tão profunda e genuína: o materialista *outré* Holbach — um behaviorista *avant la parole* —, assim como pensadores de mentalidade mais amena, como Voltaire e

Locke, sem falar de figuras mais tradicionalistas, que ficavam revoltadas pelo seu sistema sombrio e "semelhante a um cadáver".[1]

Os primeiros românticos alemães foram talvez os mais poderosamente influenciados por essa noção de liberdade racional. Herder e Goethe, Schelling e Jacobi, Schleiermacher e Hegel conceberam essa noção de liberdade, a libertação da superstição, da ignorância, das paixões — a identificação da racionalidade total com a total autorrealização — como a revelação mais profunda a eles concedida em suas vidas. Assim como Voltaire havia libertado tantos de seus contemporâneos no Ocidente do mundo sombrio e asfixiante do dogma eclesiástico, do antigo preconceito e da prescrição feudal, esse sistema calmo e racional libertava os alemães do pesadelo oposto: de uma sociedade dispersa, desconectada, em que a maioria dos homens cultos estava fadada ao isolamento moral e à impotência política, e a fraqueza e desunião tanto política quanto econômica condenavam os empreendimentos mais nobres e os caracteres mais puros a uma amarga frustração e ineficácia. Esse espetáculo do jogo aparentemente aleatório de forças cegas sem origem discernível ou direção inteligível — uma combinação de lúgubre inércia política e mesquinhez moral e intelectual — foi em grande parte, ainda que não inteiramente, a consequência da Guerra dos Trinta Anos, seguida pelo declínio econômico e, em alguma medida, intelectual da Alemanha na primeira parte do século seguinte. A palavra luminosa e coerente dos racionalistas — metafísicos ou científicos — teve sobre alguns dos intelectuais alemães o efeito de uma imensa força libertadora e resgatou-os, ao menos pessoalmente, de suas atormentadas perplexidades, sensação de solidão e falta de sentido num mundo hostil e caprichoso.

O movimento do Iluminismo alemão — a *Aufklärung* — consiste em uma série de variações, metafísicas e literárias, deístas e místicas, algumas de grande profundidade e beleza, sobre esse tema central. O sistema metafísico de Leibniz o estabeleceu nos países de língua alemã, e Leibniz ensinava que tudo quanto existe no universo não está meramente ligado por aquelas relações necessárias que fazem dele um padrão inteligível — o conceito de um sistema estático, como se fosse geométrico, de entidades eternas em relações eternas, ou permanecendo numa espécie de presente eterno e imutável —, mas também se desenvolve e evolui de acordo com leis lógicas internas. O universo é uma hierarquia de entidades, mas a fronteira entre o animado e o inanimado é apenas relativa; tudo evolui, cresce, desenvolve a sua natureza ou realiza o seu padrão "interno" (todas essas são descrições alternativas do mesmo processo), e a intuição metafísica (bem como a revelação concedida aos grandes doutores e santos cristãos) descobre os princípios pelos quais isso é regulado. O inanimado "procura" tornar-se animado, tornar-se sensível; o sensível, tornar-se racional. Em toda parte há uma ordem ascendente. Compreender algo é tornar-se por este fato mais racional, e tornar-se mais racional é tornar-se mais real; isto é, mais próximo do propósito supremo de tudo o que existe, aquilo que é inteiramente inteligível a si mesmo; qualquer coisa que seja inteiramente inteligível a si mesma deve compreender as suas relações com todo o resto; pois, se não o fizer, não pode compreender inteiramente a si mesma[2] — e esse tipo de compreensão total só é possível a Deus, que, nesse sentido, não é apenas o criador, mas o propósito do mundo, de modo que tudo no mundo "esforça-se" potencialmente para seguir na sua direção. Assim realizar — no sentido de compreender — é em última análise idêntico a ser realizado — no sentido de se tornar real a partir de algo meramente potencial; e esse duplo sentido é o centro do sistema. Esse jogo de palavras, pelo qual realizar, compreender algo intelectual ou emocionalmente, torna alguém mais real no sentido de elevá-lo acima de um nível anterior, numa ascensão infindável, passa a enfeitiçar cada vez mais a imaginação dos pensadores alemães e culmina nas vastas fantasias cosmológicas do movimento romântico e, em particular, de suas visões éticas e políticas. Mas ainda é cedo para tudo isso. .

Uma das metáforas cardinais usadas por Leibniz é a de uma orquestra em que cada instrumento ou grupo de instrumentos tem a sua própria parte para executar. A execução dessa parte é toda a sua função; a realização de seu propósito é o princípio interno que, desde os tempos de Platão e Aristóteles, os filósofos pretendiam poder encontrar em todas as coisas criadas e não criadas. O executante toca melhor se "compreende" — percebe o padrão — da parte que lhe é atribuída na orquestra cósmica.[3] Ele não precisa, na verdade não pode, escutar a totalidade para a qual sua atividade contribui — apenas o maestro, somente Deus, é capaz disso. Ainda assim, existe essa totalidade, e nós a compreendemos — e com isso dela participamos — tanto quanto permite a nossa natureza finita.

Tudo se move, e move-se de acordo com leis que são em princípio inteligíveis. Os empiristas acham que podem descobri-las pela observação e experimentos, os teólogos e os metafísicos só com a ajuda de compreensões místicas, intuitivas ou racionais especiais. A vida moral e política não fica excluída desse padrão mais do que qualquer outra atividade humana. Christian Wolff, que sistematizou Leibniz — isto é, reduziu os escritos imaginativos de um homem de gênio a um esquema artificial capaz de ser transformado em livros-texto e manuais filosóficos —, foi responsável por imbuir os pensadores alemães de meados do século XVIII no conceito de uma ordem cósmica arrumada, inteligível, cumpridora da lei. A ciência e a religião deviam ser "conciliadas". Os milagres só eram devidos a um poder ou conhecimento superior, semelhante àquele possuído pelos mortais comuns, porém maior. Quando transformou água em vinho, Cristo mostrou naturalmente um conhecimento de química maior que o de Robert Boyle, e Josué deteve o sol por meios presumivelmente não conhecidos, nem talvez conhecíveis por nós, mas sem dúvida inteligíveis para quem tivesse uma compreensão sobre-humana da mecânica celeste. E o mesmo acontece com a política: só eram verdadeiramente bons e sábios aqueles governantes que compreendiam o máximo possível da ordem natural, da qual as ciências, a teologia e a razão natural não passavam dos muitos instrumentos diferentes de pesquisa, cujas descobertas deviam necessariamente se harmonizar; pois a verdade é uma só e a função do homem é imbuir-se do máximo de verdade que puder, a partir de qualquer direção e por qualquer meio que seus dotes físicos, mentais e sociais tornem possível. O bispo Butler, para quem o amor-próprio racional, a faculdade moral racional, que ele chamava consciência, e o desenvolvimento harmonioso de nossas inclinações naturais deviam todos conduzir necessariamente ao mesmo fim — o autodesenvolvimento "natural" de nosso verdadeiro eu interior de acordo com os propósitos e princípios implantados em nós pela Providência —, estava com efeito dizendo a mesma coisa. Lessing, o mais sensível, imaginativo, humano e escrupuloso pensador produzido pela nação alemã, na célebre parábola dos três anéis da sua peça teatral *Nathan, o Sábio*, deu a formulação mais nobre a esse ideal: todas as religiões, desde que sejam verdadeiras, procuram dizer a mesma coisa, exortam os homens a labutar para realizar os mesmos propósitos supremos e viver de forma moral e espiritual vidas igualmente valiosas, por mais diferentes que sejam os meios de comunicação, as circunstâncias históricas, as personalidades individuais por intermédio das quais atuam. Há muitos caminhos para a grande meta da perfeição humana, e suas diferenças não precisam ser contraditórias, sob a pena de se perder de vista a unidade do objetivo; cada atividade humana verdadeira tem o seu próprio valor único; os valores verdadeiros não podem colidir entre si, se são compreendidos apropriadamente; pois o bem não pode conflitar com o bem, nem a justiça com a justiça, nem uma forma de beleza com outra; a humanidade é uma só e seu ideal é a harmonia universal de elementos distintos, mas que se intensificam e enriquecem mutuamente. A intolerância nasce somente da má compreensão de um valor em termos da busca demasiado estreita de outro. A tolerância — isto é, a garantia mútua de liberdade — é indispensável se os homens quiserem realizar cada um a sua função; realizar a sua função é dar tudo o que se puder dar para o grande concerto do mundo; e fazê-lo é ser livre. A liberdade é essa ordem verdadeira e única em que cada alma humana é plenamente realizada e não pode ocorrer enquanto houver desgraça, frustração ou qualquer forma de opressão ou ignorância — formas de não realização, imperfeição — entre os homens. O progresso é a eliminação gradativa das lacunas entre o esforço e a realização. Se as premissas metafísicas de Leibniz e dos teólogos racionais não são de todo falaciosas, esse desenvolvimento é certamente garantido por Deus; pode haver recuos temporários ou desvios de energia para becos sem saída, mas em geral e a longo prazo o progresso é inevitável, pois toda a mudança é no final melhoramento, expansão do autodesenvolvimento espiritual tanto dos homens como, se Leibniz está correto, de todos os componentes do mundo, pois há vida, espírito e movimento em todos eles. Essa é a doutrina que Voltaire caricaturou com tanta mordacidade em *Cândido*; o terremoto de Lisboa foi um lembrete demasiado cruel de que a felicidade humana não dependia apenas da educação, razão e espírito humanitário; ainda assim, Voltaire às vezes também se dispunha a aceitar essa visão otimista e generosa do mundo e seu propósito.

Hume foi quase o único dos grandes pensadores do século a não acreditar nisso.[4] Isto é, ele não acreditava em nenhuma garantia cósmica de melhoramento universal, porque não percebia nenhum significado em asserções que postulavam ser possível discernir propósitos nas coisas assim como era possível perceber as suas propriedades naturais. Porém, mesmo ele oferecia uma espécie de substituto empírico para a harmonia divina: as opiniões dos homens diferem, sem dúvida, e assim também os seus temperamentos, e quando parecessem acreditar ou agir em oposição uns aos outros, isso não seria devido necessariamente à ignorância, nem seus desacordos poderiam ser necessariamente conciliados pela exibição de um propósito comum que, se ao menos soubessem, a todos animaria. Para ele diferenças são diferenças, e bastante genuínas. Mas como os homens não seriam apenas dotados de paixões, gostos e ambições que os dividem e predispõem uns contra os outros, mas também de um senso de "simpatia" igualmente instintivo e inato, de um prazer bondoso no prazer uns dos outros e dores nas dores uns dos outros, então uma forma harmoniosa de vida comum seria organizável, não fundada na busca de metas "naturais" racionalmente garantidas, mas em ideais comuns que muitos deles concretizavam em costumes, tradições e outras instituições *de facto*, e em hábitos sociais e individuais, nem todos absolutamente defensáveis em termos de qualquer princípio único aplicado de modo artificial. Essa seria a fonte da associação humana — isso e a experiência dos benefícios da divisão do trabalho — em vez do sombrio *pis aller* utilitarista — o único meio de evitar a vida precária dos animais, sempre ameaçada pela morte violenta — a que Hobbes havia se referido; ou nesse mesmo sentido aqueles "direitos naturais" implantados por Deus ou pela natureza em todos os indivíduos e que estavam envolvidos na noção de contrato social, pelo qual parte deles seria livremente cedida ao governante e um mínimo irredutível seria mantido pelos governados — os direitos que Locke tinha comentado, mas que para Hume pareciam uma ficção metafísica ininteligível. O afortunado senso de solidariedade entre os homens, o produto de condições comuns, interesses comuns, uma mistura de razão, emoção e imaginação, e a influência do tempo e das circunstâncias — muito semelhantes aos fatores discutidos por Montesquieu — foram o que tornou possível, e até realizável em tempos normais, um compromisso efetivo entre a inclinação egoísta e as demandas mínimas da coexistência social, tais como uma cota razoável de liberdade pessoal, paz, segurança e propriedade.

O método de Hume era estritamente empírico, o do Iluminismo alemão, muito mais metafísico: mas ambos percebiam a solução dos problemas políticos na descoberta de um padrão harmonioso, sendo que a inclusão nesse modelo concretizava as tendências naturais dos homens e assim os tornava felizes, seguros e livres. Sem dúvida, uma total falta de restrição tornaria os homens ainda mais livres, mas diminuiria a sua segurança; sem dúvida, uma organização mais severa garantiria segurança, mas tolheria gravemente a liberdade. Hume, portanto, inclinava-se a um compromisso efetivo que permitia um pouco de cada coisa e um tanto mais de uma e outra do que se poderia assegurar num sistema mais rigoroso. Os pensadores alemães de meados do século XVIII — como os hegelianos meio século mais tarde — queriam um padrão mais satisfatório em termos metafísicos: e viam a obediência como submissão a um padrão estabelecido por Deus ou pela natureza, e assim uma coincidência da liberdade com a percepção de uma necessidade inevitável; e isso, em termos empíricos, repercutia tanto entre os *philosophes* franceses como entre os moralistas britânicos. Os espíritos mais independentes, Voltaire e Diderot, eram oprimidos por certas dúvidas sobre essa misteriosa harmonia preestabelecida entre a liberdade e a organização racional; mas de modo geral, como os advogados da organização científica e os advogados da liberdade civil e política combatiam o mesmo inimigo, defendiam a mesma causa secular contra os mesmos obscurantistas, os mesmos déspotas pequenos e grandes, temiam os mesmos perigos — a ignorância, a crueldade, o irracionalismo —, eles não questionavam muito de perto a compatibilidade dos elementos diversos de suas ideologias. Foi só quando os fanáticos da Revolução Francesa tentaram pôr em prática alguns dos elementos conflitantes que as claras incompatibilidades entre eles entraram em jogo de forma plena e violenta, produzindo os movimentos divergentes e nitidamente conflitantes do século XIX, que exageravam ora um, ora outro dos componentes que tinham subsistido lado a lado, em aparente paz, nas mentes e livros dos amigos da razão e da humanidade no século XVIII. Todavia, a noção de liberdade moral a partir da qual tudo isso se desenvolveu — ou que tudo isso adotou ao menos como meio de expressão — continua uma metáfora: e o destronamento das grandes construções idealistas tinha forçosamente de tomar — e ainda toma — a forma de desmascará-las como tal.

A virtude é conhecimento. Saber como viver não é diferente em princípio de outros tipos de conhecimento — teológico, metafísico, científico, estético. É impossível pensar corretamente e ainda assim proceder numa direção contrária às conclusões desse pensamento: impossível, talvez não psicologicamente — os homens podem ser perversos, fracos ou ficar temporariamente cegos pelos sentimentos, em outras palavras, podem ser irracionais —, mas impossível para um ser racional, incompatível com a interpretação correta do universo; logicamente impossível para um ser onisciente, e assim progressivamente impossível à medida que aos poucos atingimos essa condição perfeita. Se sabemos que vamos nos afogar, não mergulhamos na água porque temos sede ou queremos nadar; e querer afogar-se é uma frustração de si mesmo, irracional. Essa é a acepção em que as leis, no sentido daquilo que rege o comportamento dos homens e das coisas ou até registra uniformidades observadas desse comportamento, coincidem fundamentalmente com as leis no sentido de regras morais ou políticas. Montesquieu e Hume eram observadores empíricos cautelosos e conservadores céticos e esclarecidos; Voltaire e Diderot, reformadores mais ousados; Helvétius e La Mettrie, Holbach e Condorcet eram inovadores revolucionários e condenavam tudo o que não passasse pelo "tribunal da razão", falando em construir um mundo novo com as ruínas do velho; mas todos partiam da pressuposição comum de que a correção de uma regra de conduta, política, ética, pública ou privada, só podia ser demonstrada recorrendo-se aos "fatos". Alguns talvez tenham falado como se as regras fossem logicamente dedutíveis dos fatos, e Hume mostrou que isso era uma falácia; mas até Hume defendia a sua moralidade semiutilitarista recorrendo a fatos verificáveis — propensões humanas como o desejo de segurança ou prazer, ou sentimentos de simpatia ou aversão resultantes da instabilidade que reformas demasiado radicais ou frequentes poderiam produzir. Por mais amplas que fossem as divergências sobre como os homens eram de fato e o que deveria ou não ser feito por eles ou para eles, não há em meados do século XVIII uma clara distinção entre as leis como generalizações sobre fatos e as leis como regras ou injunções. Quando portanto J. S. Mill, ao escrever cem anos mais tarde, expressa sua perplexidade por Montesquieu ter sido tolo a ponto de confundir as duas noções quando se declarou surpreso com o fato de que as leis do mundo material eram raramente ou nunca infringidas, enquanto aquelas que regem a ação humana eram tão frequentemente desobedecidas, ele demonstrou uma falta característica de percepção histórica. Para Mill, é sem dúvida perfeitamente claro que as leis da natureza elucidam o que acontece, enquanto as leis morais ou políticas descrevem ou ordenam o que *deveria* acontecer ou ser feito; e que violar as primeiras é impossível, porque essa própria impossibilidade é o que se pretende afirmar com as palavras "leis naturais", enquanto as segundas certamente podem ser violadas, e com frequência o são, porque não afirmam questões factuais, mas apenas expressam comandos que nem seriam necessários se fossem de fato sempre automaticamente obedecidos. Mill está perfeitamente correto sobre os dois sentidos da palavra "lei", e sua crítica sobre a identificação errônea dos dois sentidos tem sido um lugar-comum desde o seu tempo e o de Hume. Mas tal falácia, que ele desmascara com tanta facilidade, revela ser uma afirmação falsa aquela sobre a qual quase todo o pensamento moral e político da Europa Ocidental se baseara por duzentos anos (tudo ou quase tudo, exceto o que veio da antiga tradição hebraica e dos ramos não escolásticos e não racionais do cristianismo). É pouco provável que a falácia consista numa confusão grosseira dos dois sentidos do homônimo "lei", a qual, uma vez apontada, desaparece para sempre e já não consegue enganar nem mesmo um colegial imbecil. O que de fato ocorreu foi uma mudança em toda a estrutura conceitual dos seres humanos pensantes do século XVIII, que passou de uma visão de mundo em que as duas espécies de "lei" se misturavam para uma visão em que elas se distinguiam com nitidez crescente, até que Mill, com sua mente clara mas não muito imaginativa, já não pudesse compreender como uma inteligência tão aguçada e ilustre como a de Montesquieu teria caído num erro tão infantil.

Não podemos aqui nem ao menos indicar todos ou sequer algum dos muitos fatores complexos, econômicos, sociais, religiosos que causaram essa mudança de perspectiva, muito menos atribuí-la a causas tão óbvias como a influência da rebelião protestante contra o mundo romano uno, o surgimento do individualismo, o espírito da empresa privada e a fé na energia individual, ou o valor correspondente conferido a realizações de grandes homens isolados, o culto de heróis, de vozes interiores suscitando a expressão individual em oposição à vida contemplativa. Bastará para nossos fins considerarmos o papel desempenhado nessa evolução pela mais central de todas as grandes influências sobre o desenvolvimento do pensamento e sentimento no século XVIII — a de Rousseau. Pois o pensamento de Rousseau é a verdadeira ponte entre o velho e o novo. Ele deixou o pensamento moral e político numa condição profundamente diferente daquela em que a encontrou. E o conceito central, cuja natureza Rousseau transformou, foi o da liberdade humana.

ROUSSEAU E KANT[5]

De acordo com todas as histórias do pensamento, os escritos de Rousseau tiveram um efeito mais incendiário sobre seus contemporâneos e sobre as gerações seguintes do que os de qualquer outro pensador que jamais tenha existido.[6] Era a opinião de Lord Acton,[7] e embora a sua afirmação tenha sido corretamente tachada de exagero, ninguém se dispôs a negá-la com muito empenho; tampouco há qualquer dúvida de que algumas das tendências de pensamento mais influentes do século seguinte — o romantismo, a democracia, o naturalismo, o socialismo, o nacionalismo, o fascismo — parecem ter se originado, sofrido transformações ou ao menos violentas comoções em meio à vasta e turbulenta mistura de luz e escuridão, argumentação pedante e eloquência emocional ardorosa, ressentimento filistino invejoso e indignação comovente com a crueldade e a injustiça, fanatismo puritano perseguido e fantasias infantis cândidas que se acotovelam página após página e às vezes linha após linha nos escritos de Rousseau. Não é, portanto, fácil nem proveitoso examinar as concepções de Rousseau, como muitos de seus críticos têm feito, como se elas formassem um todo coerente e lógico, ou até como se partes delas assim o fossem, ou como se ele (ou algum outro) acreditasse nas suas próprias conclusões principalmente em virtude da validade lógica de seus argumentos, ou como se a plausibilidade, a verdade ou a efetividade histórica de suas afirmações estivesse de certa maneira ligada a seus poderes de raciocínio ou compreensão da história ou dos princípios da lei, da economia ou da filosofia. Tampouco é satisfatório explicar o segredo da sua influência, como tentaram alguns escritores , por seu apelo ou reabilitação dos sentimentos, da lógica do coração, contra o racionalismo frio de seus predecessores.

Sem dúvida, a sua eloquência depende muito de ele falar às emoções e de seu estilo ser nervoso, sentimental, magnético e às vezes carregado de uma intensidade violenta. Ele tem o dom de ser um demagogo nos seus escritos — a sua prosa, talvez mais do que a de qualquer outro escritor, provoca, ao ser lida, algo que se aproxima da ilusão de escutar realmente as palavras de um homem, ora falando às emoções e sobretudo aos nervos de uma grande assembleia, ora dando vazão a uma histeria reprimida numa diatribe apaixonada dirigida a um ouvinte individual. Tudo isso é verdade; ainda assim, é preciso algo mais para explicar a sua estupenda influência. Shaftesbury e Hutcheson, Hume e Adam Smith, Lessing e sobretudo Diderot não haviam descuidado da natureza emocional do homem; mas qualquer que tenha sido o seu papel na sentimentalização progressiva da perspectiva do século XVIII, há algo que separa fortemente a qualidade de seu pensamento e escritos da que se encontra em Rousseau. Ele sabia disso muito bem e às vezes também os outros estavam cientes desse fato. Em certo sentido, os seus amigos e contemporâneos tinham consciência de que estavam abrigando um habitante de um mundo totalmente diferente do seu. É o que tem sido às vezes expresso quando dizem que Rousseau foi o primeiro homem do século XIX nascido fora do seu tempo no século anterior. Quando, num modo que parecia a seus conhecidos um tanto excêntrico, ele saía para seus célebres longos passeios pelo país, em comunhão com a natureza, e afirmava encontrar nessas experiências respostas para os problemas que atormentavam a vida social e individual, estava apenas dizendo o que um número muito grande de poetas, filósofos e, depois deles, jornalistas, políticos e outros oradores profissionais, bem como pessoas de uma natureza genuinamente romântica e sensível, passaram a dizer ao longo de todo o século XIX em qualquer país do Ocidente. Quando ele convidou Diderot a acompanhá-lo numa viagem a pé pela França durante todo um ano, Diderot o julgou um tanto louco; quando declarou que estava sufocado pela sofisticação corrupta das grandes cidades e pelas tagarelices inteligentes de seus intelectuais, e que recorria antes à sabedoria das pessoas simples — camponeses, crianças, aborígines distantes — que aos professores e sua conversa brilhante, estava repetindo o que muito pregador cristão deve ter dito antes dele — algo que se tornou um lugar-comum da parlapatice política do século XIX e do nosso. O seu ódio violento e genuíno ao intelectualismo, ao refinamento, à sutileza, às maneiras rebuscadas dos ricos, à *intelligentsia* aristocrática e exageradamente cerebral de Paris ou Berlim, o seu extremo primitivismo, o fato de recorrer ao simples de preferência ao complexo, aos pobres de preferência aos ricos, aos rudes de preferência aos afáveis, aos oprimidos de preferência ao algoz, os seus poemas para o homem natural não corrompido, o camponês inculto, a bondade piedosa não deteriorada da pequena comuna suíça, a sua abominação de tudo o que fosse superior, elegante, desapaixonado ou ligado a qualquer forma de individualismo fastidioso, escrupuloso, supercrítico — e, o pior de tudo, o seu horror a qualquer grupo ou elite de intelectuais, artistas ou cientistas, ou de quaisquer outros que em qualquer sentido estivessem separados da multidão aglomerada — e tudo isso frequentemente acompanhado de melancolia, misantropia e uma paixão pela solidão —, todas essas características não nascem de um instinto proletário ferido, nem da sensação de ultraje pessoal característica das vítimas da ordem social, a que o seu temperamento revolucionário tem sido tão frequente e caridosamente atribuído. Rousseau não era um proletário, não era uma vítima da ordem social, era um membro característico da respeitável classe média baixa da Suíça que se afastou de seu meio e tornou-se um aventureiro boêmio sem ocupação fixa em revolta contra a sociedade, mas ainda com o temperamento e as crenças de um *petit bourgeois* provinciano.

Essa perspectiva e essas visões na sua condição irritada, exacerbada e mórbida assumiram a forma — como aconteceu com frequência tanto antes como depois de Rousseau — de um ataque violento e piamente filistino a tudo o que fosse refinado, ilustre e único na sociedade, contra o que pudesse ser considerado em algum sentido arredio, esotérico, produto de um aprimoramento excepcional ou de dotes únicos, não imediatamente inteligíveis ao observador casual. As investidas furiosas de Rousseau contra a aristocracia, contra o refinamento nas artes ou na vida, contra a pesquisa científica desinteressada, contra a vida e o caráter de todos à exceção dos fornecedores mais imediatos de objetos úteis para o homem comum — tudo isso é menos um grito por justiça e compreensão do representante dos servos insultados e injuriados do que algo muito mais familiar e menos digno de respeito: a desconfiança perene em relação à liberdade e à independência moral ou intelectual nutrida por certos representantes suspeitos da classe média que encontravam sua voz em Rousseau e que se tornaram progressivamente mais influentes no século XIX — os que acreditavam num ideal sólido, um tanto estreito, moralmente respeitável, semi-igualitário, impregnado de ódio ao privilégio, individualista, com seu respeito pelo trabalho, pelo sucesso e pelas virtudes domésticas, com seu materialismo sentimental e intolerância das diferenças — em suma, a grande classe média do século XIX, que se torna o inimigo e o alvo de injúrias de todos os escritores *révolté* desse período, e que tem sobrevivido com muito mais força na América que na Europa nos dias de hoje. Longe de ser o protagonista do artista, o *sans-culotte* ou o pregador da liberdade moral, Rousseau se revela um primeiro e até prematuro paladino da classe média baixa — o homem comum de nosso século — não somente contra a aristocracia ou as massas, mas contra as camadas superiores da classe média, com suas metas, demandas e ideais artísticos e intelectuais, que os camponeses prósperos e os artesãos diligentes — os homens "comuns" — sentem obscuramente ser uma ameaça a seus valores e decoros morais e intelectuais mais convencionais, mais profundamente tradicionais, mais rigidamente estabelecidos, com sua sólida crosta protetora de preconceito, superstição e fé na integridade, na bondade e no lugar-comum, escondendo debaixo de uma superfície resistente uma elaborada rede de sensibilidades e esnobismos sociais, a que apaixonadamente se agarram, e uma consciência invejosa do status e posição bem definidos numa sociedade profundamente hierárquica. Rousseau é um sociólogo pobre, ou melhor, um sociólogo deliberadamente sem visão, que lançou areia nos olhos de muitas gerações ao representar como idílio rústico ou simplicidade espartana — a sabedoria imemorial da terra — o que de fato não passa de uma expressão daquela perspectiva burguesa e impregnada de consciência de classe das pequenas cidades, reconhecidamente numa condição anormal e doentia, que o fez peculiarmente consciente dos vícios e erros dos últimos dias de uma ordem feudal em derrocada e peculiarmente cego às deficiências daquela perspectiva social e daquelas ideias que seu gênio impetuoso tanto contribuiu para entronizar no seu lugar. Em suma, ele foi um militante não intelectual e o santo padroeiro dos inimigos dos intelectuais, dos professores de cabelos compridos, dos escritores de vanguarda e da *intelligentsia* — dos pensadores progressistas — por toda parte.

Liberdade [1]

Rousseau está sempre lutando por aquela liberdade ilimitada que os homens talvez tenham desfrutado no passado, quando estavam no estado de natureza. A liberdade, ao menos nos seus primeiros escritos, é o que sempre foi para todos os liberais, todos aqueles que a defenderam ou lutaram por ela — ausência de restrições, remoção de obstáculos, resistência a forças de opressão. Não importa para nossos fins se o seu conceito do estado de natureza era um mito conscientemente fantasioso ou uma tentativa de reconstruir um passado que se acreditava ter realmente existido. No estado de natureza, não há homens procurando impor restrições uns aos outros, nem causar danos uns aos outros; não há despotismo; não há propriedade privada; não há costumes opressivos ou tabus irracionais para cercear as livres atividades dos homens; não há obediência cega a pessoas, instituições ou a um passado sagrado; os homens estão num estado de harmonia natural; ajustam-se a um padrão em que complementam o caráter e as atividades uns dos outros. Esse conceito de harmonia natural, quer concebido como existente num passado remoto, quer como uma era dourada que os homens, se bons e racionais, ainda poderiam construir, é a parte essencial da visão mais antiga das leis da natureza a que nos referimos. Os costumes dos homens naquela condição abençoada são bons porque são intrínsecos às "relações necessárias das coisas" que constituem o critério de Montesquieu para uma

168

"boa" regra, hábito social ou lei. Mas essa condição ditosa, na qual o homem nasce livre, não dura. Surge a *sociedade* — quer por meio de uma lei do desenvolvimento natural que não pode ser detido, quer por algum erro evitável, Rousseau jamais nos diz com total clareza. Em todo caso, o homem se deteriora; à medida que seus bens mundanos crescem, e as artes, ciências e confortos da vida se desenvolvem, a opressão e a exploração se estabelecem. Às vezes Rousseau atribui os males da sociedade — as misérias, as injustiças e as loucuras — à invenção da propriedade privada, quando um homem ergue uma fronteira para separar seus campos dos de outro homem; às vezes a desigualdades naturais de talento e demanda; ao crescimento natural de necessidades que cada homem ou cada família já não é capaz de satisfazer sozinho. Em todo caso, a sociedade civil é montada por razões não dessemelhantes àquelas apresentadas por Hobbes, isto é, proteção mútua, defesa mútua da multidão de fracos contra os fortes menos numerosos; e também para realizar uma divisão do trabalho com sua eficiência muito maior; em suma, por razões utilitárias. E talvez a criação da sociedade também se deva parcialmente às "propensões sociais" naturais do homem. Em todo caso, independentemente da maneira como esse estado — a sociedade civil — tenha surgido, um retorno às condições primitivas não é nem praticável nem possível e, para tornar a vida tolerável, são introduzidas convenções específicas; promessas recíprocas são feitas, cujo núcleo é o célebre Contrato Social pelo qual os homens (da maneira descrita mais ou menos corretamente por Locke) renunciam de modo formal a uma parte da liberdade ilimitada do estado de natureza, em que qualquer um pode fazer o que quiser e só é restringido por limitações físicas ou psicológicas, em prol de novos benefícios específicos a serem obtidos da vida em sociedade e das instituições em termos das quais deve ser concebido — um complexo minucioso de arranjos sociais, econômicos e políticos que talvez não deem realmente aos homens tudo o que desejam, mas lhes proporcionam, onde quer que funcione adequadamente, mais do que eles obteriam de outra maneira, expostos à fúria dos elementos e, assim que o estado de natureza começa a declinar, à violência de uns contra os outros. Ainda assim, a razão para se submeter a essas instituições não é porque elas existem e são poderosas — que de fato não se pode ser bem-sucedido ao desobedecê-las, porque punem a desobediência com rigor —, pois isso pode constituir um fato, mas não esclarece o motivo. O poder não é justo: talvez não seja possível deixar de se render a ele, mas ainda pode ser que a injustiça triunfe.

A razão para a obediência é que há um pacto, uma promessa, um ato de confiança mútua, um acordo voluntário feito pelos homens ou seus ancestrais; e romper um ato voluntário é contradizer as suas próprias intenções, é destruir o propósito para o qual essa transação foi empreendida e que presumivelmente ainda é válido.

Até agora o pensamento de Rousseau não parece muito diferente do de qualquer outro liberal moderado do século XVIII que considera o arranjo social uma espécie de compromisso utilitário: perdemos um pouco da nossa liberdade de ação — a liberdade plena do selvagem vagando pela floresta virgem — mas ganhamos outra coisa. Vale a pena manter o compromisso, porque ganhamos muito mais do que perdemos; a liberdade completa — a não interferência — é muito desejável, mas a ordem é também necessária, se não quisermos cair num caos em que os fortes destroem os fracos com impunidade e não há bastante confiança mútua para nenhum empreendimento cooperativo. Não podemos ter tudo, por isso chegamos a um meio-termo, esperamos conseguir tanto quanto possa ser preservado, a melhor barganha viável, dado que as coisas são o que são, a natureza humana é o que é, e os acontecimentos ocorrem como têm ocorrido. E essa era na verdade a visão de todos aqueles homens de bom-senso, conservadores brandos e reformadores brandos que formavam o fulcro da opinião moderada no século XVIII e talvez em todos os tempos.

Mas Rousseau era um homem de temperamento muito diferente e esse tipo de raciocínio não podia satisfazê-lo. Em primeiro lugar, ele acreditava que a liberdade era um bem absoluto.[8] Quanto às razões para pensar assim: todos os homens querem o máximo de liberdade possível e devem desejá-lo. A escravidão não é só detestada pela maioria dos homens, mas deve ser detestada, e esse "deve" não pode ser reduzido a algo utilitário — a uma estimativa de quanto estamos obtendo por quanto. Esse cálculo utilitário — o compromisso — vai diferir de era para era, de sociedade para sociedade e até de indivíduo para indivíduo; boas razões utilitárias de interesse público podem ser e foram dadas por pensadores como Maquiavel ou Hobbes para crimes — *crimes d'état* — contra seres humanos. Esses pensadores, declara Rousseau, merecem nosso respeito, porque ao menos eles descrevem aquilo que é e não o confundem com o que deveria ser ou com o que desejariam que fosse; ainda assim, porque o que é difere do que deveria ser não se segue que o que deveria ser pode ser reduzido àquilo que é — a meras inclinações humanas *de facto*, aos motivos reais que impelem os homens a agir, às vezes de maneira abominável. Tudo o que é protestante, *révolté*, indignado em Rousseau leva Rousseau a deificar a liberdade como algo de tal ordem que corrompê-la é a suprema estultificação; qualquer tentativa de restringi-la, atingi-la, é um sacrilégio; o valor da liberdade é absoluto; não devemos privar os homens da liberdade, mesmo que eles queiram que façamos tal coisa, independentemente de a felicidade depender disso ou não.[9] Algumas coisas são intrinsecamente corretas e outras são erradas, e a justificação e a condenação moral deve invocar algo mais sagrado — um padrão mais absoluto do que aquele que alguns homens por acaso sentem ou pensam ser útil nesta ou naquela situação.

Ao mesmo tempo, Rousseau tem plena consciência da necessidade de alguma espécie de ordem social — de algo que estabelecerá o modo correto de vida, o governante correto, a solução definitiva e moralmente absoluta fluindo da necessidade de sociedade, a qual por sua vez deriva da natureza indelevelmente social do homem e gera aqueles problemas que um homem só — Robinson Crusoé — não tem de enfrentar. Assim, por um lado, a liberdade é um bem absoluto, pois torna os homens homens: por outro lado, deve haver uma ordem moral, uma solução correta para o problema de como viver, a resposta verdadeira para as perguntas "O que devo fazer?", "A quem devo obedecer?", "Quais são as verdadeiras finalidades da vida, da sociedade, da humanidade?", que determina que as relações entre os homens devem ser desta e não daquela maneira.

Antes alguns pensadores tenderam a sacrificar ou a liberdade, ou a ordem, ou um pouco de ambas; Rousseau não formula o problema dessa maneira, mas ainda assim é esse dilema que atormenta todo o seu pensamento. Ele não pode sacrificar nenhuma das duas coisas. Hobbes sacrificou a liberdade à segurança e fundamentou o direito sobre o poder. Mas dizer que *devemos* fazer isto ou aquilo implica que temos liberdade de escolha entre alternativas; eliminar essas alternativas impondo uma ordem autoritária é destruir essa liberdade e com isso o significado do "devemos"; ganhamos segurança talvez, até uma limitada satisfação, mas perdemos a liberdade e com ela a possibilidade de uma vida moral, que deve provir de nossas decisões voluntárias.

Se Hobbes sacrificou a liberdade, os libertários extremos — como os Diggers ingleses ou todos aqueles que, incapazes de suportar a pressão da sociedade por muito mais tempo, a ela renunciam: os viajantes para terras distantes fugindo da civilização, os eremitas e os anarquistas — sacrificam a possibilidade de uma ordem social. Com esses libertários a sociedade não pode ser formada; no entanto, somos partes uns dos outros e não podemos viver sozinhos. Isso é também contrário à natureza. Rousseau é apenas atraído de forma excessivamente intensa por aqueles que desejam abandonar a sociedade corrupta e sofisticada das grandes cidades para procurar a paz da alma na contemplação solitária; mas ele acredita igualmente nos laços humanos, pessoais, sociais, espirituais, que unem os homens em famílias, comunas.

De algum modo o ideal da liberdade e o ideal da ordem não devem ser meramente unidos num compromisso desajeitado e precário, mas devem se tornar coesos numa única solução confiável e global do problema. Se a questão é genuína, deve haver certamente uma solução verdadeira; se a liberdade é absolutamente boa, mas ainda assim há regras que são absolutamente corretas — de tal forma que transgredi-las é absolutamente ruim e errado —, então a liberdade é tolhida pela autoridade: mas a liberdade é indispensável, porque sem ela um homem não pode ser um ser moral, isto é, não pode ser um homem; e a autoridade é indispensável, porque sem ela um homem não pode ser um ser social; como é que elas podem, então, entrar em conflito uma com a outra?

Rousseau, nos *Discourses*, no *Contrato social*, em *Émile* e *La Nouvelle Héloïse*, é uma combinação curiosa de imaginação emocional violenta, acompanhada de uma moralidade humanista apaixonadamente romântica que elimina tudo o que não seja a perfeição — tudo o que fique aquém da espontaneidade, sinceridade, generosidade, liberdade absolutas — e em termos desse ideal constrói visões vívidas das glórias e desgraças desta ou daquela condição do homem; e, ao mesmo tempo, uma capacidade pedante e estritamente lógica para o raciocínio abstrato, algo talvez herdado de sua educação calvinista, uma aptidão para o casuísmo rigoroso do tipo a-histórico. Ambos os dons entram em ação no que ele concebia como sua solução final, transformando-a num composto de lógica e arte imaginativa que, embora confuso, inconsistente e às vezes absurdo, deu-lhe um poder sobre as mentes dos homens bem maior que as construções mais coerentes ou mais concretas de pensadores interiormente menos divididos.

A solução de Rousseau é muito ousada, tão audaciosa que sua inerente implausibilidade e absurdo ficam às vezes ocultados pela sua força e ímpeto. Ele procede como um engenheiro ou como um geômetra fanático. Há duas linhas: a da liberdade individual absoluta e a da autoridade social; o que um homem faria, se ninguém pudesse impedi-lo nem de fato o impedisse de fazer qualquer coisa que desejasse; e o que é correto que ele faça numa sociedade com certas necessidades e exigências para sua preservação, segurança e progresso como um todo — necessidades que frequentemente parecem entrar em conflito violento com a busca de liberdade absoluta de qualquer indivíduo específico. Se essas linhas nunca se encontram, o problema, com suas duas incógnitas, é insolúvel. Em algum ponto, essas linhas devem cruzar: *deve* haver um ponto central, um e somente um, no qual os desejos do indivíduo e as necessidades da sociedade coincidem com precisão; no qual o indivíduo, agindo com total liberdade, está empenhado em fazer aquilo que constitui a meta de todos os outros homens que agem com igual liberdade — um ponto no qual a liberdade de um homem não entra em conflito com a liberdade de qualquer outro; um ponto no qual o bem da sociedade — o bem comum, em prol do qual foi estabelecido o contrato original que tolhe as liberdades individuais — revela de alguma forma se constituir de atividades inteiramente voluntárias dos indivíduos que compõem a sociedade, cada um buscando suas próprias metas individuais — um ponto, em suma, no qual os homens escolhem livre e voluntariamente (e são, portanto, inteiramente livres) uma ordem rigorosamente determinada (e são, portanto inteiramente obedientes às leis), escolhas estas que formam um padrão social determinado, do qual não se desviam porque não desejam se desviar. De alguma forma, a liberdade total deve se tornar idêntica à conformidade total. *Deve* existir um ponto, ainda que apenas um: Rousseau o procura com a astúcia fanática de um maníaco. Como levar a cabo essa prestidigitação? Como determinar esse ponto geométrico de interseção?

Liberdade e autoridade

Deixem-me tornar o dilema ainda mais explícito. O problema de Rousseau é genuinamente diferente do apresentado por aqueles que em geral têm sido citados como seus precursores. Para Locke, Hume, mesmo Hobbes ou Bodin, além de Hooker ou Lutero, e ainda os grandes teóricos católicos, a tarefa era encontrar um compromisso entre a reivindicação individual de liberdade e a necessidade social de autoridade. A solução estava geralmente em linhas ditadas por considerações realistas — o que esses pensadores concebiam ser praticamente possível. Os seres humanos, para a maioria desses autores, não eram nem muito bons nem muito maus — para Locke, mais bons que maus, para Hobbes, mais maus que bons — mas, de modo geral, um amálgama de várias propriedades imperfeitamente harmonizadas. E os planos sociais oferecidos como soluções para este problema, o de conciliar a liberdade individual — as liberdades civis, como vieram a ser chamadas — com a soberania, ou as exigências de reis, Igrejas, Estados ou sociedades com as da vida privada e pessoal, foram projetados para resolvê-lo de forma tão satisfatória quanto a natureza humana imperfeita permitia. A fronteira na qual a liberdade individual terminava e a interferência da autoridade constituída se mostrava permissível ou legítima era assim necessariamente mutável; alguns teóricos políticos permitiam mais, outros menos, a cada uma das partes em disputa. Circunstâncias favoráveis poderiam conceder aos cidadãos uma ampla liberdade compatível com sua segurança e felicidade; outras circunstâncias — decorrentes de causas físicas, espirituais ou sociais — poderiam necessitar de uma restrição temporária ou indefinidamente longa à livre atividade dos homens. As teorias não diferiam apenas nas premissas teológicas, morais ou históricas em que se baseavam, ou na visão do indivíduo ou da sociedade que subentendiam, mas no que realmente importava — suas conclusões práticas —, no tipo de fronteira traçada, no rigor do controle em cada lado da linha, ou na extensão relativa do território que deixava aos dois interesses rivais. Mas era sempre uma questão de ajuste das reivindicações, de compromisso, da melhor solução, dadas as imperfeições da natureza humana e do mundo em que os homens vivem.

Rousseau discordava desse ponto de vista de duas maneiras substanciais. Primeiro, ele viveu numa época em que a possibilidade de uma solução perfeita realizada por meios puramente humanos tinha sido admitida e propagada pelos *philosophes* e seus aliados dentro e fora da França, porque eles aceitavam literal e seriamente a analogia perfeita entre as soluções newtonianas definitivas de problemas nas ciências naturais e na matemática, por um lado, e as da política e moralidade individual, por outro. Por mais profundamente que Rousseau possa ter se revoltado contra o temperamento, a perspectiva e as crenças dos *philosophes*, ninguém — a menos que quisesse ficar estigmatizado como um obscurantista religioso, um cético incurável, um tolo ou um velhaco — faria qualquer outra pressuposição na metade do século XVIII, se quisesse ser ouvido em Paris ou em Berlim.[10] A divergência de Rousseau com os cientistas e racionalistas era muito profunda. Como dissemos acima, ele detestava as ciências, os cientistas, os intelectuais, as *coteries* de pessoas civilizadas e seus salões — toda a noção das elites esclarecidas — com toda a violência de um membro injuriado da classe média baixa, e a tudo isso opunha os valores mais estreitos e mais caseiros da família e da virtude burguesa simples, o decoro e a sólida respeitabilidade do "homem comum" não corrompido. Mas ele aceitava, quer tivesse consciência disso ou não, a proposição de que, qualquer que fosse a solução para um problema social, ela devia ser uma solução apropriada, isto é, inteiramente verdadeira, demonstrável e definitiva, tão boa quanto algo triunfantemente produzido por d'Alembert na matemática ou por Holbach na botânica, em vez de empírica, experimental, flexível, pouco nítida e adaptada a circunstâncias alteráveis.

Ele acreditava na liberdade de um modo muito diferente do encontrado em defensores apaixonados da liberdade como Voltaire e Diderot.[11] Para Rousseau, a liberdade era um valor absoluto — era o que tornava os homens seres éticos com direitos e deveres. Seu conceito de liberdade não era absolutamente claro, porém muito apaixonado: a liberdade humana era para ele o que a posse de uma alma imortal era para o cristão ortodoxo, e na verdade tinha um significado quase idêntico a seus olhos. Tirar a liberdade de um homem era tratá-lo como um bem móvel — como alguém incapaz de atividade espontânea —, era negar que fosse responsável pelos seus atos, capaz de bem e mal, merecedor de elogio e censura, que fosse o tipo de ser cuja atividade espiritual era a única coisa que fazia valer a pena tudo quanto tinha sido ou poderia ser feito. Tirar a liberdade de um homem era recusar-lhe o direito de dizer *o que pensava*: ser realmente humano; era despersonalizá-lo; degradar ou destruir sua humanidade, em outras palavras, aquelas características cuja manutenção e promoção constituíam a única justificação de qualquer ação; a justiça, a virtude, a verdade, o moralmente bom e mau não podiam existir se o homem não fosse um ser capaz de escolher livremente entre o certo e o errado, e portanto de responder por seus atos.

Isso bem poderia não ser coerente com o tipo de determinismo materialista desenvolvido por Holbach ou Condillac. Rousseau tinha vaga consciência disso, o que só aumentava sua amarga desaprovação do que lhe parecia um empirismo cego e estreito que, representando o homem como uma entidade natural na natureza, cometia uma injustiça tão monstruosa contra a espontaneidade humana, contra os impulsos apaixonados da alma que procura realizar-se numa unidade espiritual com a natureza — com algum princípio que existia no coração de tudo o que vivia e respirava. E porque Rousseau acreditava na liberdade nesse sentido absoluto, a noção de que ela poderia ser restringida em resposta a esta ou aquela exigência social — a teoria original do contrato social, segundo a qual o homem começava com a plena liberdade que possuía no estado de natureza, e ou abria mão da liberdade por inteiro em troca de segurança (como Hobbes havia ensinado), ou abria mão apenas de parte dela em troca de um governo equitativo, retendo certos "direitos", isto é, ingredientes da liberdade original incólume, mesmo contra o governo (como Locke havia ensinado) —, uma restrição desse tipo lhe era inteiramente inaceitável. Uma restrição genuína da liberdade, ainda que fosse voluntária, era uma restrição da personalidade, uma diminuição daquilo que no homem o tornava homem — um agente moral, a fonte de toda moralidade, o ser com determinados direitos pelos quais vale a pena lutar e, se necessário for, morrer, o único objetivo que poderia justificar o sacrifício total. Consequentemente, qualquer que fosse a solução para as questões sociais e políticas, ela devia incluir a preservação total da liberdade humana absoluta — o resgate da invasão de uma personalidade humana por outra, a proibição de toda coerção e violência, do esmagamento de uma vontade por outra, ou a mutilação de uma vontade humana para servir aos objetivos egoístas de outra.

É esse individualismo apaixonado a origem de um traço da personalidade complexa de Rousseau, seu amor fanático pela liberdade durante toda a vida — seu ódio a todo despotismo, a todo ato de curvar-se diante de uma força mais forte apenas porque é mais forte — e sua paixão pela igualdade; e, com tudo isso nutrido por ressentimentos puramente sociais e pelo que hoje em dia se denomina "complexos de inferioridade", existe igualmente a pura crença de que todos os seres humanos são repositórios sagrados da alma humana imortal, concebida em termos inteiramente cristãos, de modo que um homem explorar outro ou até sujeitá-lo a ordens arbitrárias é tratá-lo como um escravo ou um objeto, um ato de blasfêmia contra a centelha divina e um sufocamento da fonte original de toda moralidade na vítima — do impulso de fazer o que é correto, que é a atividade do ser interior, o espírito livre e imortal. Entretanto, lado a lado com tudo isso, há em Rousseau uma crença inteiramente calvinista na necessidade de regras segundo as quais conduzir a vida, um conjunto de princípios que sejam demonstravelmente verdadeiros e as únicas respostas verdadeiras para os problemas atormentadores, um conjunto de trilhas estreitas pelos quais os homens devem caminhar se quiserem abster-se do erro, do vício e da desgraça.[12] Se não acreditava na autoridade das pessoas, ele acreditava com muita força na autoridade das regras — as leis morais —, na sua aplicação mais rigorosa, e portanto nas instituições, como a comunidade de santos de Calvino em Genebra, que existia para interpretar e aplicar as regras corretas da vida.

Como tudo isso havia de ser conciliado? Como não renunciar a nem um átimo de liberdade — de nossas almas — para continuar a não nos render, a defender até a morte os direitos básicos com que a "natureza" havia nos dotado; e, ao mesmo tempo, fazer o que é certo, obedecer à lei moral e continuar a viver em sociedade? Pois era inegável que a natureza não nos fez meramente livres, mas gregários e sociais — e que somos partes uns dos outros (e influenciamos as vidas uns dos outros de forma muito aguda), e que as condições materiais e morais para a perfeição são inconcebíveis fora da estrutura da sociedade, da organização, da rede de relações sem a qual a totalidade de nossas naturezas não pode se desenvolver até o máximo grau.

A solução de Rousseau é o célebre paradoxo contido no *Contrato social,* a celebrada doutrina da vontade geral, composta de eus "reais" de todos os membros da sociedade. Ele a prega com o peculiar fanatismo com que um homem propõe uma solução que descobriu por si mesmo, e com a intensidade quase lunática de um visionário um tanto maluco que demonstrou alguma solução cósmica de forma convincente por meio de alguma aritmética privada peculiar. O homem deve tanto reter sua liberdade intacta como obedecer àquela autoridade que lhe pede que faça a única coisa coisa correta. Como se há de alcançar isto? De uma única maneira: Rousseau encontrou o misterioso, o único ponto de intersecção das duas escalas de valor. Os homens devem desejar livremente aquilo que é a única coisa correta a desejar, e tal coisa deve ser igual para todos os homens justos. Se há um e apenas um curso de conduta apropriado para um homem numa dada situação, como Rousseau acreditava junto com o resto do século XVIII, então de alguma maneira, usando a razão, seguindo a natureza, escutando a voz interior da consciência, que não é senão a natureza falando de dentro de cada um, fazendo o que seu coração mais íntimo — o vice-gerente da natureza — ordenou, você *poderia* descobrir qual era esse curso único.

A ética e a política são para Rousseau disciplinas descritivas, interessadas em revelar e relatar verdades morais ou políticas — fatos na natureza — a serem descobertas pela técnica especial da visão moral. Todo homem está em princípio em posição de se colocar no estado correto de descobrir o que fazer, evitando aquilo que obscurece a visão interior — os desejos e paixões turbulentos, a corrupção e as distrações das cidades, as ciladas e ilusões das artes e das ciências, além de outras formas de sofisticação na civilização que poderiam cegá-lo aos ditames da visão interior, que é a voz da natureza. Ademais, o que é correto para um homem não pode entrar em conflito com o que é correto para outro na mesma situação, porque se há conflito, a solução não é solução, assim como duas proposições matemáticas, se em conflito, não podem ser aceitas como sendo ambas verdadeiras, porque uma delas ao menos, e talvez ambas, devem ser falsas; mas as questões genuínas *devem* ter, em princípio, uma resposta, e questões de tipo ético ou político são resolvidas por aquela peculiar contemplação interior — aquela escuta da voz interior — pela qual a natureza fala a todos exceto aos que são demasiado decrépitos, corruptos ou doentes para escutá-la. Segue-se, portanto, que se todo mundo obedece a sua voz interior, os resultados concordarão, a harmonia social será garantida. Será preservada uma ordem que há de ser uma ordem moral, composta das decisões e atos individuais mutuamente compatíveis — na verdade, mutuamente vinculados — dos homens que pensam e fazem o que é correto, de acordo com seu conhecimento de correto e errado, obtido por aquela espécie de percepção que, Rousseau nos diz, todos os homens possuem dentro de si. O mais importante de tudo, a liberdade permanece intacta e até se torna capaz do mais rico desenvolvimento; pois a liberdade é o autodesenvolvimento sem peias de uma alma naquela direção que ela deseja seguir, livre de obstáculos artificiais ou coerção exercida por outros. Um homem fazendo o que considera ser correto, porque a voz interior da consciência lhe diz para agir assim, está atuando livremente, fazendo o que deseja, realizando a sua natureza, agindo não sob a pressão do medo, da ignorância ou da ameaça de violência, mas porque todo o seu ser se esforça por seguir nessa direção; ele está, como dizemos, "em sua melhor forma", está sendo "mais ele mesmo" ao agir desse modo; é quando age sob coerção, ou quando fica cego pela emoção ou por alguma causa mais puramente física, que "ele não está sendo verdadeiramente ele mesmo", que ele declara mais tarde que não estava em sua melhor forma. Quando um homem faz o que é correto, ele está certamente obedecendo a leis; entretanto, ele é livre porque faz o que, acima de tudo, deseja fazer.

Assim a grande coincidência é lograda: ele é livre, tão livre quanto um ser moral pode desejar ser, livre de seus impulsos indignos, de seus interesses próprios, de seus objetivos grupais, acidentais ou inadequados; está expressando seu eu mais íntimo tão ricamente quanto um artista num momento de criação. Entretanto, nesse mesmo ato, ele está obedecendo às regras racionais encarnadas nas leis de sua comunidade, cuja finalidade é generalizar suas intuições do que é correto, punindo-o e a outros se, mais tarde, por um ataque de fraqueza ou egoísmo, eles as menosprezarem. Ele ao mesmo tempo é livre e obedece; realiza sua natureza e ao mesmo tempo se submete. Como explicar esse paradoxo que Rousseau sente ser a solução que toda a humanidade espera desde Platão, que foi quem o propôs, embora de forma imperfeita? Um homem é livre porque as regras a que obedece não lhe são impostas de fora — pois então, embora justificada, a obediência a essas regras ainda seria uma restrição à sua liberdade — mas *ele próprio* as impõe *a si mesmo*; ele obedece porque acredita nelas, porque as descobriu em seu próprio coração.

Rousseau não fornece analogias, mas podemos, talvez sem violentar demais seu pensamento, interpretar a sua doutrina da livre autoimposição de regras como sendo análoga ao modo como, digamos, uma criança talvez aprenda aritmética. Visto que 2 + 2 = 4 é uma regra aprendida de cor, ela é um freio e um obstáculo — uma verdade a ser aceita com confiança e a ser cegamente aplicada. Assim que a criança compreende o nexo lógico na aritmética, 2 + 2 = 4 parece ser a consequência lógica dos axiomas e das regras. *Querer* que 2 + 2 *não* seja igual a 4 parece irracional e quase sem sentido. A proposição "2 + 2 = 4" não é uma interposição dogmática de um obstáculo insuperável no caminho da reflexão humana livre, mas uma verdade que aceitamos porque escolhemos livremente usar os números da maneira como fazemos: a aritmética é uma arma que empregamos voluntariamente, e seus teoremas são nossos. Sua descoberta é um dos modos pelos quais esclarecemos nosso próprio pensamento para nós mesmos. Rousseau obviamente supõe que os teoremas morais ou políticos são demonstrados de tal maneira que sua verdade resulta das premissas, cuja verdade vemos como parte essencial do que somos, queremos e nos esforçamos por obter, quando estamos em nossas melhores e mais claras condições; isto é, quando escutamos da forma mais clara a voz da natureza que fala dentro de nós.

Assim chegamos mais uma vez ao paradoxo central: costumava-se pensar que a liberdade absoluta e a conformidade total eram incompatíveis, mas, no máximo, frouxamente combináveis em algum compromisso instável, com fronteiras incertas entre as duas, deslocadas de novo a cada nova mudança histórica, de acordo com os diferentes temperamentos dos povos, legisladores e condições materiais; persistindo numa condição de equilíbrio instável, precariamente preservado por legisladores e seus conselheiros a tatearem no escuro, um artifício empírico em perpétua derrocada, sempre sujeito a desmoronar nos extremos opostos do despotismo e anarquia. Mas essa é uma falsa visão de liberdade e autoridade: elas não só não são incompatíveis, como em seu estado puro coincidem de forma total; são uma só e idênticas. Todos os homens em sua melhor condição procuram aquilo que unicamente os tornará felizes e livres — a autorrealização ideal, o cumprimento das ordens da voz interior, que é idêntico à autoadaptação à grande marcha teleológica da natureza. Quanto mais eles procuram realizar-se, mais livres são; sua liberdade é a realização desinibida das tendências mais centrais dentro da personalidade. O conformismo social antes considerado dificilmente compatível com a liberdade individual é, na verdade, apenas um conformismo com o ideal interior, que, sendo o mesmo para todos os homens que escutam a voz da natureza, é a harmonia preestabelecida de todos aqueles que escolhem o que é correto. Não são forçados a escolhê--lo, eles o escolhem porque é correto, e porque são livres para fazer outra escolha que livremente evitam fazer. Na medida em que ocorrem conflitos entre os seres humanos — e os seres humanos claramente atrapalham as vidas uns dos outros, exercem coerção uns sobre os outros, cometem crimes e precisam de governo forte; se não fosse assim, não haveria problemas políticos (nem éticos) —, eles só acontecem porque eles não percebem a verdade, não conhecem as regras corretas, não compreendem o que devem fazer, o que desenvolverá suas naturezas, a única coisa que os fará felizes, e assim em algum sentido não sabem o que verdadeiramente querem, e estão cheios de descontentamento e contradições internas. São como pessoas que brigam sobre um assunto, quando cada um dos lados sustenta visões falsas que contradizem as visões igualmente falsas do outro; se ambos os lados conhecessem a verdade, não surgiria nenhuma divergência. A virtude ainda é conhecimento: o que Helvétius ou Condorcet esperam do desenvolvimento das ciências naturais, Rousseau espera da sabedoria do coração, da visão interior, da profunda compreensão da natureza e do homem, que os simples e não sofisticados possuem em grau mais alto que aqueles arruinados pela vida "inatural" das comunidades urbanas.

Disso seguem-se vários corolários extraordinários. Apesar de toda sua turbulenta confusão, o caráter vago de sua retórica e suas muitas incoerências, a seguinte visão emerge do corpo de escritos de maturidade de Rousseau. O bem é o que um homem deseja; não é uma propriedade objetiva de objetos, pessoas ou situações, mas aquilo que satisfará às vezes um desejo ardente individual, outras vezes uma política coerente de longo prazo. Se não compreendo a mim mesmo, isto é, se ignoro a natureza que me fala numa voz que posso escutar quando me permito, então o que penso querer e o que faço para assegurar a satisfação desse desejo não me satisfará na verdade, porque não compreendo as *verdadeiras* ânsias ou desejos de minha própria natureza. Portanto, minha primeira tarefa é procurar compreender a mim mesmo e àquilo em que se apoiará a satisfação permanente de meus desejos.[13]

A noção de vontade real

A pressuposição sempre presente é que o bem consiste naquilo que em certo sentido é desejado, ou, se "desejo" não for o termo correto, naquilo que em certo sentido é uma meta, isto é, o objetivo para cuja realização pode-se conceber que o esforço humano seja dirigido. O bem é definido ou em termos de, ou em todo caso como algo que pressupõe a existência de, um tipo específico de desejo ou vontade por parte de agentes conscientes. Não é uma característica objetiva que existe independentemente dos agentes, mas antes que se define em termos do desejo: o bem é equivalente, em certo sentido, ao desejado.

Há então pelo menos duas maneiras de descobrir o que é esse bem. A primeira é descobrir o que as pessoas realmente querem ou quiseram em circunstâncias históricas concretas. Esse é um método comum a todos os empiristas, para quem a descrição de uma propriedade implica que ela seja encontrada ou possa ser encontrada na experiência de alguém. Daí que esse tenha sido o método adotado, por exemplo, pelos utilitaristas, quer seguissem Hume, quer Bentham, os quais definiam o bem em termos daquilo para o qual certas emoções são normalmente dirigidas, ou em termos daquilo que, se produzido, causaria (ou seria um atributo de) sentimentos, atitudes, perspectivas, ou padrões e formas de vida inteiros do ser humano. Por exemplo, diz-se que "bom" é idêntico a "agradável" (que qualifica estados mentais), ou a objetos ou causas de sentimentos de aprovação, ou a estados de felicidade ou satisfação. Isso significa que descobrimos o que é bom por alguma espécie de investigação histórica ou psicológica, encontrando o que os homens realmente querem ou quiseram, e inferindo por métodos indutivos comuns o que poderiam querer (ou evitar) em circunstâncias concretas especificáveis.

Mas há também o método inverso, pelo qual posso começar pelo lado oposto, e descobrir primeiro, por um ou outro meio, o que é bom; e a partir disso deduzir logicamente que, se é bom, deve ser necessariamente o objeto do desejo de alguém. Mas nesse caso a experiência talvez me frustre. Tenho razões (posso supor) para considerar bom certo curso de ação ou certa condição de vida, e depois não conseguir encontrar ninguém, nenhum grupo considerável de pessoas (ou ninguém mesmo), que de fato o queira, no presente ou no passado. Quando isso acontece, inclino-me a dizer que, embora talvez não seja desejado por ninguém no momento, será desejado mais tarde; ou alternativamente que, embora as pessoas não pareçam desejá-lo, ainda assim em algum sentido especial elas *realmente* o desejam — não os seus eus superficiais ou aparentes (que parecem indiferentes ou até hostis), mas algo que então denomino seus eus "reais". O eu real é uma entidade que tenho de postular como o sujeito de desejos daquilo que é realmente bom. Pois não só suponho que possuo um método especial — independentemente de encontrar por meios empíricos comuns aquilo de que as pessoas gostam ou almejam — para descobrir o que é esse bem real, mas também me recuso a abandonar a proposição de que nada pode ser bom se não for objeto de um desejo ou, em todo caso, algo que satisfaça um desejo. Se insisto em manter essas duas proposições, descubro que escorrego sem sentir para a posição de quem diz: se ser bom é ser alvo de desejo, então quando uma coisa é boa e ainda assim não parece, *prima facie*, ser desejada por ninguém, deve estar sendo desejada, apesar das aparências, num sentido não aparente, "mais profundo", "mais real"; e se uma coisa é indubitavelmente boa, e ainda assim não satisfaz o conjunto particular de pessoas que examino com esse intuito, então, como não há nada errado com o objeto, deve haver algo errado com as pessoas. Elas próprias não percebem quais são seus verdadeiros desejos; deve haver algum sentido muito especial, que elas talvez jamais compreendam, em que elas verdadeiramente o desejam, embora possam negá-lo com toda veemência, se indagadas. Esse não é o sentido em que às vezes falamos de desejos cuja existência não é aparente para o próprio sujeito — o sentido em que os psicólogos falam de desejos subconscientes, inconscientes ou semiconscientes (embora mesmo isso seja bastante esquisito) —, pois seja qual for o significado de termos como esses, infere-se aparentemente que os desejos subconscientes existem com base em alguma experiência empírica, e não *a priori*. Já aqueles filósofos que começam por esclarecer primeiro aquilo que consideram bom, e depois deduzem que, correspondentes às coisas, aos estados ou aos atos que são bons, deve haver sujeitos que desejem realizá-los; em seguida, sem conseguir encontrar desejos manifestos, inferem que o desejar, se não é consciente, deve existir em algum outro sentido; e se não é um fenômeno empírico, então deve ser não empírico de alguma forma — filósofos desse tipo estão, é claro, alegando fazer descobertas metafísicas sobre a existência dos eus reais com base num silogismo *a priori*; a saber, que todas as coisas boas são necessariamente desejadas, e que *x* é uma coisa boa, e portanto desejada, quer exista evidência empírica desses desejos ou não.

Ocorre o mesmo processo de raciocínio quando se define o que é bom como sendo aquilo que um homem são ou racional deseja. Se o conceito de sanidade ou racionalidade é definido de modo indutivo, como uma característica que de fato se descobriu empiricamente ser comum a certo número de pessoas e definida em termos de certos sintomas empiricamente observáveis, então não há nenhuma metafísica envolvida, e tudo o que pareço estar dizendo é que a finalidade boa ou apropriada de uma ação é aquela que certas pessoas ou grupos de pessoas descritas como sãs ou racionais realmente desejam. Não há nenhuma pretensão de que aqueles que não são adequadamente sãos ou racionais também o desejem, se não de maneira manifesta, então de algum modo oculto, secreto: ou em algum sentido peculiar da palavra "desejo". Se digo então que aquilo, e tão somente aquilo que é bom deve ser realizado, estou de fato dizendo que os desejos dos sãos e racionais devem ser impostos a todos os demais, quer sejam os sãos e racionais uma minoria ou uma maioria, e queiram ou não todos os demais que esses cursos de ação lhes sejam impostos. Muitos pensadores políticos — os *philosophes*, Platão, alguns dos profetas pré-fascistas mais ousados — têm defendido oligarquias desse tipo — o governo dos tolos pelos sábios, ou dos inexperientes pelos conhecedores, ou da massa do povo por pessoas com certas características hereditárias (biológicas, psicológicas e assim por diante) — e têm definido as propriedades da minoria regente de um modo empírico, por exemplo, em termos de hereditariedade, eleição por algum método específico, ou conhecimento de certas artes ou habilidades adquiríveis. Mas, nesses casos, não há nenhuma pretensão de que os governantes não exerçam de fato coerção sobre os governados. Eles podem coagi-los para o seu — dos governantes — bem, tal como Trasímaco sustentou no primeiro livro da *República* de Platão, ou para o bem dos governados, como Sócrates preferia, ou para servir a um ideal abstrato, como nas sociedades teocráticas; mas, seja ela justificada ou não, consente-se que haja coerção.

Mas há um método metafísico para tentar conciliar ambas as coisas — para ao mesmo tempo permitir e denunciar a coerção, negando que ela seja, em qualquer sentido importante, coerciva. Isso é alcançado afirmando-se que a sanidade mental ou a racionalidade — ou um tipo especial de vontade, ou qualquer que seja o critério de autoridade habilitado a exigir obediência — é algo presente em cada indivíduo, se não realmente, então potencialmente. Vamos presumir a racionalidade e as características exigidas, o bem sendo definido como aquilo que o homem racional deseja. Nesse caso, ordenar que um homem aja ou viva desta ou daquela maneira em nome da razão, quando a ordem é dada por alguém que seja ele próprio reconhecido como racional, é ordenar que faça isto ou aquilo em nome de sua própria razão possivelmente subdesenvolvida, mas ainda assim presente e "real". Isto é considerado equivalente a mandar um homem agir da maneira como ele diria a si mesmo que deveria agir se sua razão fosse plenamente desenvolvida; e isso, por sua vez, por uma série de passos inconscientes, é interpretado como aquilo que o homem "real" "dentro" dele manda que faça — por meio do governante que representa essa entidade inarticulada. Dessa maneira, identificando a vontade do governante com a vontade "real" de todo indivíduo numa dada sociedade, obtenho o resultado desejado: a identificação da coerção com o autogoverno total. Pois a liberdade é, afinal, apenas fazer o que quero; o que eu quero é o que satisfará a minha natureza; e o que eu "realmente" quero é o que satisfará a minha natureza "real" — a minha natureza racional —, pois satisfazer os meus impulsos irracionais não me satisfará "realmente", mas me deixará perturbado e faminto de mais sensações. As minhas necessidades racionais, *qua* racionais, são aquelas necessidades que qualquer ser racional teria na minha condição, e na medida em que não sou inteiramente racional, conheço essas necessidades com menos clareza que qualquer outro ser mais racional que eu. Portanto, aquilo que ele me prescreve contribuirá mais para realizar minha natureza verdadeira, isto é, racional, que qualquer coisa que eu possa conceber como um curso apropriado de ação para mim mesmo ou para outros. Portanto, suas ordens me liberam mais que as minhas. Portanto, minha liberdade consiste em obedecê-lo. Consequentemente liberdade é obediência — uma versão secular da grande visão religiosa de que "servir a Deus é a liberdade perfeita",[14] porque Deus sabe o que é melhor para mim e para o mundo.

Disso segue-se a proposição de que o despotismo esclarecido não é despotismo, de que a coerção pela razão não é coerção, e de que forçar as pessoas a obedecer a seus ditames é forçá-las a agir racionalmente, providenciar a satisfação de suas verdadeiras e reais necessidades (ainda que em seus momentos conscientes elas possam rejeitar isso violentamente), e portanto torná-las livres. Objetar a esse tipo de libertação é apenas mostrar-se irracional, incapaz de saber o que de fato tornaria alguém livre.

Esse é um dos argumentos mais poderosos e perigosos em toda a história do pensamento humano. Vamos reconstituir seus passos de novo. O bem objetivo só pode ser descoberto pelo uso da razão; impô-lo a outros é apenas ativar a razão latente dentro deles; libertar as pessoas é fazer por elas exatamente aquilo que, se fossem racionais, elas fariam por si mesmas, não importa o que elas de fato dizem querer; portanto, algumas formas da mais violenta coerção são equivalentes à liberdade mais absoluta.

Essa é, claro, a grande justificativa do despotismo de Estado defendido por Hegel e todos os seus seguidores, de Marx em diante. O passo crucial que precisa ser dado para estabelecer esse paradoxo monstruoso é o seguinte: o que é bom para mim independe do que eu considero que de fato desejo ardentemente; o que é bom para mim é aquilo que o meu eu real deseja, embora o meu eu cotidiano possa ser inteiramente estranho a tal entidade; e ao me forçar a perseguir os fins do meu assim chamado eu real, a autoridade do Estado, da Igreja ou do ditador está apenas "forçando-me a ser livre",[15] agindo em nome do meu eu "real" oculto, mas de suma importância, o único eu que realmente importa, e em total harmonia com essa entidade.

Essa é a doutrina que Dostoiévski desmascarou de maneira genial em *Os demônios*, onde ela é expressada pelo revolucionário Chigalióv ao dizer: "Partindo da liberdade ilimitada, chego ao despotismo ilimitado".[16] O fato de que a solução do próprio Dostoiévski, ou o que dela se apresenta, faz uso de pressuposições não menos metafísicas e não menos paradoxais é irrelevante para a questão: o que importa aqui é que toda a doutrina é incompatível com qualquer forma de empirismo; ela depende da pressuposição de "eus reais" empiricamente inverificáveis e de "fins racionais" empiricamente inencontráveis, com os quais todo homem racional deve concordar. Se essas pressuposições são falsas, a doutrina desmorona. Talvez haja boas e válidas razões para a coerção, por exemplo, por motivos utilitários, mas os utilitaristas, ao permitirem o uso da força, ao menos não sustentam que as pessoas contra quem a força é aplicada estejam usando a força contra si próprias — que os seus "eus reais" estão dessa maneira coagindo seus eus "empíricos". É essa última pressuposição, que identifica assim liberdade com coerção, e democracia com despotismo, que faz as visões políticas dos filósofos idealistas parecerem uma verdadeira caricatura das noções normais de liberdade e democracia, e uma verdadeira zombaria do sofrimento humano aos olhos de críticos moralmente sensíveis ou moderadamente esclarecidos.

É possível objetar que toda educação é fundamentada em algum princípio como o delineado acima e atribuído aos idealistas — que as crianças, por exemplo, frequentemente não querem ir para a escola e são em certo sentido obrigadas, coagidas a estudar; que a tutela exercida sobre elas pelos pais, tutores ou professores implica uma boa dose de coerção; e que isso é feito de modo muito apropriado, em nome das próprias crianças, em nome daquilo que, se fossem maduras, estariam fazendo por si mesmas e que, se não fosse feito por elas na infância, uma vez adultas elas acusariam com razão seus educadores de lhes negar quando não estavam em posição de julgar por si mesmas suas verdadeiras necessidades. E (continua o argumento) muitos assim chamados adultos não são de fato, do ponto de vista da maturidade moral ou política, melhores que crianças retardadas, pessoas cujo julgamento não pode ser aceito, de modo que em seu caso a coerção é simplesmente educação política, ação empreendida não só em seu interesse, mas em nome de suas personalidades não desenvolvidas, mas potencialmente adultas.

Toda a educação seria de fato imoral, além de perigosa, se essa metafísica totalmente especiosa fosse sua única justificativa. Felizmente não há necessidade de invocá-la: há um número suficiente de bons argumentos empíricos para a educação. No momento, basta dizer que a razão mais óbvia para obrigar as crianças a irem à escola é que, se isso não for feito, elas talvez nunca cheguem a uma condição em que tenham suficiente conhecimento, ou personalidades suficientemente desenvolvidas, para poder executar aqueles atos de livre escolha entre alternativas, tanto as escolhas ruins como as boas, tanto as estúpidas como as sábias, nos quais consiste uma porção substancial da felicidade e da liberdade.

Em outras palavras, coagimos agora para tornar possível a liberdade pessoal o quanto antes na vida humana. Se a coerção é um mal em si, a coerção envolvida na educação é certamente um mal *pro tanto*, e nada se ganha negando essa verdade; mas ela é um mal necessário, e que, num mundo onde todos nascessem plenamente equipados em termos morais, físicos e intelectuais, não seria requerido. A sua justificação em nossa sociedade é que os prováveis bons resultados justificam os meios. Há um equilíbrio do bem, calculado com base na experiência passada da raça humana, que indica que nesse caso a privação temporária da liberdade talvez seja o único meio de assegurar seu uso mais amplo num estágio posterior não muito distante. Mas essa coerção só se torna patentemente destrutiva quando continua por um período demasiado longo ou quando os frutos prometidos são demasiado remotos ou improváveis; quando, por exemplo, grandes populações são mantidas aprisionadas em nome de uma condição de liberdade ou felicidade futura, quando as metas são demasiado remotas, ou a experiência política passada não justifica nossa suposição de que possam ser alcançadas por esses meios.

A justificação da educação é que ela funciona; que os educados realmente desfrutam algumas, pelo menos, das bênçãos cuja finalidade da educação é proporcionar, e que isso tem sido mostrado com bastante frequência para justificar um experimento que implica essa perda muito temporária da liberdade. O mal do despotismo político e econômico, por mais esclarecidos que possam parecer a eles próprios, é que a evidência histórica existente tende a mostrar que, longe de aproximar os súditos da realização da liberdade, felicidade ou paz, seja qual for a finalidade buscada, eles parecem torná-los psicológica e socialmente mais distantes desses ideais. Essa é uma questão de julgamento empírico, a prova não pode ser obtida por uma compreensão *a priori*; e as analogias entre a educação e a tirania política são, portanto, tão especiosas e fatalmente desorientadoras quanto os símiles biológicos ou estéticos em termos dos quais as teorias orgânicas ou irracionalistas do Estado têm sido apresentadas no último século e meio, por seus violentos e às vezes altamente eficientes advogados. O grande número de pessoas que estão mansamente dispostas a aquiescer à identificação daquilo que alguém declara ser bom para elas com aquilo que realmente querem — que estão prontas a escutar que o que está sendo feito em seu interesse é feito não só porque é bom para elas, mas porque na verdade são elas que o exigem, embora essa noção (muito menos qualquer desejo consciente nesse sentido) jamais tenha passado por suas cabeças — é uma curiosa e melancólica matéria de reflexão para aqueles que acreditam que os homens sabem o que querem, e que podem distinguir, pelo menos num nível empírico e grosseiro, o certo do errado, a verdade do logro, o sentido do sem sentido.

Em seus escritos educacionais, Rousseau discorre ao longo de muitas páginas sobre as condições específicas sob as quais eu sou capaz de escutar a voz sagrada que me diz o que ser e o que fazer. Teoricamente, seus apelos à vida natural, simplicidade, franqueza, espontaneidade, amor, calor emocional, pureza de coração dizem respeito apenas às melhores condições para a descoberta da verdade sobre como conduzir minha vida, mas, de modo bastante natural, o que começa como um meio torna-se para ele inseparavelmente ligado a um fim. Irving Babbitt se queixa[17] com razão de que Rousseau coloca a sinceridade e a relevância emocional acima da verdade — e com isso origina aquela longa tradição europeia do romantismo, que enfatiza o valor da bondade, pureza da natureza e calor sentimental como superior ao da acuidade, inteligência, perspicácia ou as virtudes intelectuais em geral. Ele inicia aquela grande tradição de defesa da "vontade boa" — do tipo correto de caráter moral ou social em oposição à capacidade intelectual ou à habilidade para descobrir a verdade pelo emprego de métodos puramente cerebrais. Rousseau, é claro, tende a identificar as duas vertentes — para ele a sinceridade *é* em si o tipo de perspicácia que penetra sob a crosta das aparências externas, o tipo de sondagem nos recessos mais íntimos somente pela qual a verdade pode ser encontrada; assim, se alguém lhe pergunta qual é sua concepção de homem que conhece a verdade — o sábio original, o detentor da sabedoria de quem a filosofia europeia tanto se tem ocupado —, Rousseau responde copiosa e eloquentemente, mas sem muita clareza: e no fim das contas parece dizer que tudo acabará bem, desde que se tenha o coração no lugar certo. Penso, embora ele, é claro, não a empregue, que essa expressão — as próprias palavras que a compõem — transmite algo muito semelhante ao que estava no centro da perspectiva de Rousseau, e que nasce da crença de que, quando buscamos conselhos em questões morais ou políticas — conselhos sobre a conduta —, confiamos naqueles que acreditamos terem um certo tipo de caráter, uma certa perspectiva moral, uma visão das coisas que achamos adequada ou capaz de inspirar confiança: uma escala de valores em que confiamos. E nela confiamos, talvez, simplesmente porque nela confiamos — porque parece autorizada: "verdadeira", "real". Em todo caso, a menos que acreditemos que ela existe, a menos que acreditemos que o coração do indivíduo em questão está no "lugar certo", a menos que de algum modo acreditemos nele e em sua compreensão e autoridade moral, a mera distinção intelectual, largueza de informações, honestidade, gosto, aprendizado ou agudeza do poder lógico não bastam para o nosso fim.

Rousseau supunha que confiávamos nessas pessoas não apenas porque gostávamos delas, sentíamos que eram compreensivas ou fomos ensinados a venerá-las, mas porque percebíamos menos ou mais conscientemente que seu mundo interior — suas faculdades, valores, hábitos e disposições — era de uma ordem que as capacitava a enxergar claramente em regiões onde nós próprios estávamos em dúvida. Em suma, para ele o que importava era uma certa espécie de personalidade moral — um certo tipo de padrão espiritual interior —, e que só a esse tipo de personalidade a verdade era concedida. Ele não esclarecia o que precisamente constituía essa personalidade ou como ela devia ser alcançada — embora as famosas efusões de indignação contra a inteligência, a sofisticação e os vícios da civilização, e os cantos de louvor à natureza, à sabedoria rústica e ao coração não corrompido não nos deixem em dúvida quanto à tendência geral do que ele estava dizendo. Podemos, talvez, especular que ele confundia as condições da compreensão com seus conteúdos; que seu conceito da própria compreensão é altamente metafísico, e em última análise não muito diferente do conhecimento *a priori* dos teólogos e dos metafísicos pré-kantianos; e que seu conteúdo, como acontece muito frequentemente, indica com grande clareza a espécie de mundo pelo qual ele sentia um desejo nostálgico. Pois ele desacreditava o intelecto para dar lugar a uma visão de vida composta parcialmente do mundo social de seu pai em Genebra, parcialmente de suas próprias aberrações emocionais; e porque o idílio particular que ele pinta em *Émile* ou *La Nouvelle Héloïse* não oferece nenhum argumento sério, apenas passagens de retórica magnífica, que contrastam uma vida fundamentada nesse tipo de perspectiva com o frio cálculo interesseiro, a aridez e a injustiça da aristocracia e da *intelligentsia* de Paris. Ainda assim, ele realmente articulou um novo fator na consciência europeia — a noção de que soluções infalíveis para questões morais e políticas não devem ser buscadas nas ciências, nem pela especulação filosófica, nem pela contemplação das essências platônicas, nem pela leitura dos textos sagrados, nem pela introspecção empírica cuidadosa aliada à observação social, como recomendado por Hume, nem pelo estudo e formulação das leis gerais da vida social advogados pelos utilitaristas, nem no pronunciamento de qualquer religião organizada, nem na iluminação de naturezas místicas excepcionais em condições anormais; mas nos pronunciamentos de pessoas com um certo tipo de ajuste moral interior — vivendo em condições propícias ao desenvolvimento de tais constituições, que davam quase automaticamente a seus detentores uma percepção semi-instintiva do que era certo e do que era errado, verdadeiro e falso, belo ou feio, porque eles tinham uma faculdade interior para ver o coração das coisas, das pessoas e das situações — compreensão, intuição, sabedoria, superioridade moral. Seus corações estavam no lugar certo, e eles tinham uma suprema confiabilidade intelectual e moral — em casos excepcionais, gênio moral — que não podia ser obtida de nenhuma outra maneira.[18]

Rousseau elogia certos modos de vida e as características por eles geradas por razões idênticas às que devem ser encontradas entre os estoicos ou os cristãos primitivos que defendem a austeridade e a mortificação da carne — porque somente essas características criam as condições para aquele singular estado de espírito e corpo em que é possível perceber o que é verdadeiro e o que é correto. Os preceitos estoicos sobre a melhor maneira de atingir a *ataraxia*, os motivos que acarretaram os prodígios de automortificação entre os anacoretas do deserto tebano e outros ascetas, e mais tarde os rigores das ordens monásticas austeras, são semelhantes aos que inspiraram os hinos de Rousseau à virtude simples, à pobreza e à piedade natural em oposição à riqueza, à solenidade e à sofisticação — porque apenas as almas simples podem ver a luz. Essa preocupação com a salvação, os perigos da cegueira espiritual e da corrupção (e até com a falta de raízes da *intelligentsia* em oposição à dos boêmios que, por serem ingênuos e calorosos, se salvam), que Rousseau herdou dos puritanos e calvinistas, e com a qual ele próprio infecta todo o século XIX — romancistas e poetas, historiadores e homens práticos —, tende a exaltar as virtudes opostas da pureza, sinceridade e bondade natural, a chama divina que arde com mais brilho nos corações dos taberneiros e pecadores, dos párias sociais de Hugo e Dostoiévski, dos rebeldes e humanistas de Schiller, dos heróis solitários de Büchner e Ibsen, dos camponeses e dos convertidos para a vida simples de Tolstói, dos inocentes de Henry James; e identifica o grande inimigo no romance humanista do século XIX: os ricos, os poderosos, os oficiais — as pessoas importantes.

A doutrina de Rousseau marca um clímax na revolta cristã contra a moralidade dos mundos pagão e renascentista, e até contra a moralidade do Iluminismo na França ou na Alemanha, uma revolta que é uma tradução em termos seculares do retorno à vida interior, em oposição às exibições e vaidades tanto do mundo como de Roma, elogiada por Lutero e Calvino, puritanos e jansenistas, Pascal e os pietistas. A preocupação com o *état d'âme*[19] — ainda que nunca esteja inteiramente ausente de nenhuma das grandes tradições religiosas — é transformada por Rousseau no ponto focal da vida humana; sua teoria da educação concentra-se nessa preocupação excluindo quase todas as outras considerações. O propósito da educação, que para os grandes arautos da nova abordagem do tema, Helvétius ou Bentham, é o ajuste artificial dos egoísmos naturais dos homens para servir [...] cuidadosamente concebido, [...]

*[20]

[...] com esse ideal em vista, do qual a comunidade de Calvino em Genebra está mais próxima que o imenso reino da França, com suas desigualdades e sua grande população, incapaz de ser reunido num único complexo que, por viver o tipo apropriado de vida comunal em conjunto — pela influência recíproca que as pessoas boas e simples exercem umas sobre as outras —, pode produzir a condição espiritual adequada.

Normalmente, quando fala do bem comum e da vontade geral que o deseja, Rousseau se refere àquilo que cada indivíduo deseja quando está no seu estado mais desinteressado — quando escuta a voz da natureza sem ser desviado pelas influências que obscurecem a verdade, quando seu único propósito é compreender seu verdadeiro eu, sua verdadeira natureza, e o que a realizará de acordo com as leis imutáveis que regem todas as coisas para o bem delas. Mas às vezes a coincidência necessária de todas essas vontades desinteressadas lhe parece constituir um único e vasto ato de vontade ocorrendo dentro de uma espécie de superpersonalidade — a comunidade agindo como um ser. Às vezes ele fala como se estivesse usando uma metáfora, mas uma metáfora tão prenhe de significados a ponto de transformá-la em algo mais que mera imagem vívida, como se realmente houvesse algo que ele chama o *soi commun* — o eu social único —, uma entidade, em certo sentido, diferente da soma dos indivíduos que a compõem, e seguramente maior que essa soma. O *soi commun* nunca pode causar danos a nenhum desses indivíduos, assim como o organismo físico não pode causar danos a nenhum de seus membros.

Trata-se apenas de uma comparação vívida para transmitir a verdade em que Rousseau acredita com tanta violência — a de que todos os homens bons de coração puro sempre veem tudo do mesmo modo e não podem entrar em conflito genuíno? Ou é algo mais que isso, mais do que uma imagem, a postulação de uma entidade metafísica genuína — o eu superpessoal, que passa a existir pela magia do Contrato Social, um organismo genuíno cujos atributos e atividades não podem ser reduzidos à soma dos atributos e atividades de suas partes concebidas em separado? Por falar sempre como se o meu ou o seu bem fosse definido em termos da minha ou da sua vontade, supondo semiconscientemente que o bem comum, visto que deve ser definido em termos da vontade de algum agente, não pode ser definido em termos apenas da minha ou da sua vontade — supõe Rousseau que, correspondente ao bem comum, deve haver o eu comum que deseja esse bem? A sociedade é, em certo sentido, contínua no tempo; e as emoções que um patriota sente a seu respeito não são emoções sentidas a respeito deste ou daquele seu membro, mas em relação à sociedade como tal, um complexo de pessoas e instituições, de paisagens e sons, solo, clima, memórias de experiência comum, uma grande totalidade envolvente composta de tradições comuns, língua comum, modos comuns de pensar e sentir, bem como uma unidade política ou sanguínea ou uma homogeneidade racial.[21] Por ser assim, pensa Rousseau que deve haver uma entidade real — algo que existe assim como pessoas ou coisas existem, são encontradas e causam efeitos materiais — para a qual esses sentimentos são dirigidos, algo em que as pessoas podem acreditar e pelo qual e com o qual estão dispostas a morrer? Supõe Rousseau que é desse eu comunal superpessoal a vontade geral, que as vontades dos indivíduos só são gerais na medida em que são "elementos", expressões e talvez realmente ingredientes dessa entidade maior, assim como as células vivas compõem um corpo — uma entidade cuja presença esmagadora eles literalmente sentem, sempre que são solenemente reunidos para registrar, não suas inclinações pessoais, mas seu propósito coletivo, para exercer suas funções individuais como parte da vida dessa entidade, cuja função total "transcende" e "absorve" os eus constituintes de que é composta?

É assim que ele tem sido frequentemente interpretado; e essa é sem dúvida a forma que sua doutrina assumiu naqueles escritores posteriores que ele influenciou com tanta força, os idealistas absolutos alemães e seus profetas e discípulos em todos os países da cultura ocidental até os dias de hoje. Faz parte do estilo sedutor de Rousseau que ele nunca fale de modo suficientemente claro para que seja possível uma decisão definitiva sobre esse ponto. Às vezes ele fala como se suas palavras sobre o organismo social fossem apenas uma analogia — uma analogia muito importante e esclarecedora, mas ainda assim mera analogia, assim como o Deus mortal de Hobbes — o Leviatã — não passava de um símile: os indivíduos são indivíduos e, por mais unidos, coerentes e "partes uns dos outros" que sejam, continuam sendo seres humanos particulares, de modo que a autoridade de seus pronunciamentos em conjunto ainda não é maior que a autoridade do coração puro e da mente lúcida de um único indivíduo. É nesse sentido que Kant o compreendia e assimilava sua influência em suas próprias doutrinas. Ao mesmo tempo, há uma forte distensão da noção cristã do corpo místico de Cristo, a Igreja como um todo espiritual, particularmente na própria formulação da sua doutrina, conforme aplicada às comunidades calvinistas dos fiéis — uma distensão que nunca está muito longe do pensamento ou linguagem de Rousseau.[22] E quando fala nesse tom de tensão, ele certamente parece chegar perto de conceber o eu singular e a vontade da comunidade como fenômenos reais no mundo real — entidades sobrenaturais literalmente criadas pelo espírito humano.

Como toda linguagem é em algum grau metafórica, é vão perguntar, no caso de um escritor tão poético e tão pouco autocrítico como Rousseau, em que momento termina o uso literal da linguagem e começa a metáfora, e em que ponto, se é que em algum, Rousseau deixa o terreno sólido da observação empírica e dos dados sociais comuns, e quando e em que lugar a ele retorna. Sua verdadeira descoberta — como talvez tenha parecido a seus próprios olhos — foi que havia uma e somente uma situação em que a liberdade completa era idêntica à vida boa, conduzida de acordo com as regras estritas impostas pelas leis e regulamentos que rigorosamente as encarnavam e aplicavam; e isso acontecia quando o que era verdadeiramente bom para os homens — o que a natureza prescrevia — era por eles livremente desejado. Todos os problemas e conflitos da vida social lhe pareciam provir do fato de que aquilo que os homens queriam, acreditavam ou faziam causava frequentemente dano a eles e a outros; e impedi-los de causar esse dano gerava, na pior das hipóteses, um despotismo cego, a escravização e a deformação dos seres humanos; porém, mesmo na melhor das hipóteses, a privação da liberdade pelo controle social. Entretanto, os atos de um homem lhe pareciam moralmente sem valor se não fossem executados voluntariamente como atos de livre arbítrio, escolhas conscientes de uma entre ao menos duas alternativas possíveis: seu valor moral dependia de não serem determinadas mecanicamente, sob coerção ou como resultado de um hábito inalterável. Mas, por outro lado, as escolhas dos homens se mostravam com frequência fatalmente desastrosas, e geravam a escravização que a noção de escolha contradizia. Os homens devem ser livres para escolher o que é bom — aquele bem que pode ser descoberto no Estado, e por meios descritos por Rousseau de um modo tão comovente, mas que deve ser desejado livremente, caso contrário sua busca não tem valor. Em qualquer situação dada, há apenas uma alternativa correta, aquela que a natureza nos ordena escolher, aquela que realiza o nosso verdadeiro eu; e assim, para garantir nossa felicidade e virtude, devem ser criadas circunstâncias que garantam nossa escolha dessa alternativa particular e de nenhuma outra, deixando-nos contudo a liberdade de escolha, nossa liberdade sem freios. Sempre que chega a essa tese central, quando discute o ponto geométrico único de interseção entre a liberdade e a autoridade, é que ele se torna assertivo e ditatorial. Deixa de apelar ao coração e apresenta a solução com um dogmatismo que não tolera nenhuma crítica: trata a grande descoberta como uma espécie de pedra filosofal que ele próprio encontrou, um adamo que transmuta todas as coisas em ouro, e a ela então se agarra com uma intensidade fanática.

Liberdade [2]

Por um lado, devemos ter liberdade absoluta: a menos que o homem faça o que faz com liberdade absoluta, não é ele quem está agindo; não há ação, apenas um comportamento mecânico — o movimento de corpos no espaço conforme a concepção de materialistas como La Mettrie — e portanto não há elogio nem censura, nem deveres, nem direitos, nem moralidade. Por outro lado, deve haver regras — o verdadeiro modo de vida, a única resposta verdadeira para cada problema que surge, pois há apenas uma resposta verdadeira para cada problema, e muitas que são falsas; e o que é verdadeiro — quer dizer, correto —, devemos fazer, pois é isso que o dever, ou seja, a moralidade, significa. O antigo conflito deve ser resolvido pela criação de uma raça de homens que escolherão com absoluta liberdade apenas aquilo que é absolutamente correto. Se houvesse santos, eles nem seriam tentados pelo que é errado; não haveria conflito, angústia, escolha. Mas, sendo humanos, devemos ser confrontados com alternativas e ter direito ao elogio por nossa virtude, isto é, por escolher o que é correto, escolhendo livremente, em outras palavras, sem coação quer de outros seres humanos, quer de forças naturais irresistíveis. Devemos ter tanto a liberdade como as cadeias do dever: não as cadeias escolhidas por outros para nós — que os poetas no passado frequentemente cobriam de flores, escondendo assim sua verdadeira natureza — mas cadeias livremente escolhidas por nós mesmos, e livremente impostas a nós mesmos por nós mesmos, não a nós impostas de fora. Pois então somos ao mesmo tempo presos e livres, conserva-mos intata a espontaneidade e a plenitude da natureza humana, mas em vez de sacrificá-la no altar de alguma divindade ciumenta que exige obediência do lado de fora, nós próprios, livre e racionalmente, moldamos nossa natureza para os fins que percebemos serem os únicos fins corretos para os homens. É como se um homem *quisesse* ir para a prisão por se sentir ali em sua melhor forma: então ele estaria ao mesmo tempo na prisão e em liberdade — essa é a solução.

Rousseau não só enuncia essa doutrina como a adota nos textos de sua última década de vida. Ele escreve com a peculiar qualidade de um monoma-níaco altamente coerente, possuído pelo que considera uma descoberta única — a chave que abre todas as portas que outros antes dele haviam tentado em vão abrir usando a força ou a habilidade, ou que às vezes haviam meramente igno-rado. Ele pertence àquela categoria especial de fanáticos inspirados que jogam por cima de uma natureza perturbada, imaginativa e violentamente impressio-nável a camisa de força de um aparato lógico rígido, em cujos termos fingem formular argumentos de um tipo enganosamente claro, sistemático e racional. É um louco com um sistema, que incendiou muitos intelectos tranquilos e sóbrios, vestindo seus sentimentos mais violentos e incendiários com argumen-tos lucidamente dedutivos, tirando aparentemente suas conclusões mais sur-preendentes e visionárias de verdades comumente aceitas por meio de métodos racionais.

Como essa raça de homens "livres" deve ser criada? Não acenando com recompensas e punições para canalizar tanto os maus como os bons impulsos, como Helvétius tinha desejado, porque isso tornaria o homem não livre — determinado por causas psicológicas em vez de puramente físicas, mas ainda assim por causas materiais. A principal premissa de toda a construção de Rousseau é que todos os homens têm dentro de si a capacidade de descobrir a verdade objetiva sobre o que fazer moral e politicamente; que basta liberar essa capacidade removendo as obstruções que a sociedade e seus líderes, em sua cegueira ou devassidão, criaram; que, uma vez removidas as obstruções, todos os homens inevitavelmente buscarão o bem; que o bem de um homem não pode entrar em conflito com o de outro; que só é bom aquilo que os homens buscam, e bom porque eles o buscam, porque satisfaz suas necessidades; e isso os tornará felizes, porque satisfará o desejo de bem neles incutido pela natureza; e que, como o que é buscado por naturezas livres e não mais cegas ou deformadas não pode gerar conflito, segue-se que o bem comum é idêntico ao bem individual dos homens individuais, desde que sejam racionais (isto é, moralmente esclarecidos) e livres; e que quando os homens deliberam sobre o que fazer livremente, isto é, racionalmente, suas vontades, visto que seus objetivos coincidem, são como uma única vontade, como uma orquestra tocando em uníssono.

Às vezes Rousseau fala como se essas vontades não funcionassem meramente como uma vontade única, mas literalmente fossem uma vontade única, desejada por um único ser — a sociedade como um todo social, o organismo, a grande sociedade, o superpessoal, a unidade que absorve toda a humanidade, o Leviatã — não mais um poder tirânico pressionando do exterior, mas uma confluência harmoniosa de vontades liberadas, ardendo numa única chama humana.

A partir dessa premissa, que ele não procura provar seriamente, tudo o mais se segue por raciocínio dedutivo. Rousseau não busca a luz da observação empírica, nem da revelação, do dogma ou da infalibilidade de padres ou profetas, mas a de uma compreensão metafísica sobre a natureza do homem que, em princípio, não difere das proposições apresentadas *a priori* por metafísicos anteriores, de Platão a Leibniz; e ele deve seu sucesso ao fato de que, no seu tempo, sua análise da natureza humana, com suas faculdades e objetivos, particularmente a liberdade da disciplina autoimposta, a submissão a uma organização livremente adotada — uma equipe, uma assembleia, até um exército, sobretudo uma Igreja ou seita —, fazia soar uma corda sensível nos homens, que sentiam que ele estava descrevendo algo que eles próprios tinham experimentado, e que o descrevia com uma percepção mais profunda que a de outros teóricos, tanto empíricos como metafísicos, que seus contemporâneos liam ou de quem tinham ouvido falar.

Entretanto, as pressuposições dessa visão são mais que duvidosas, embora tenha sido necessária a série de vicissitudes do século XIX e do nosso século XX para sacudi-las ou desmascará-las completamente. A proposição de que deve haver uma verdade "objetiva" geralmente aceita sobre o comportamento, algo que pode ser atingido, assim como há verdades geralmente aceitas sobre o mundo exterior ou na geometria, pressupõe que a ética e a política são ciências descritivas, o que está longe de ser evidente; e o próprio Rousseau, embora inconscientemente, contribuiu para desconcertar essa visão; sua pressuposição de que os homens de algum modo possuem duas naturezas — a mais elevada e a mais baixa, das quais tantas religiões e filosofias têm falado — e de que a supressão da natureza mais baixa "libera" a mais elevada para desempenhar sua tarefa sagrada, é uma mitologia — se tomada ao pé da letra — sobre os seres humanos, que talvez, como muitos mitos reveladores, semelhantes aos dos poetas, marxistas e psicanalistas, tenha desempenhado um papel útil ao apresentar verdades afirmadas com menos eloquência por meios mais prosaicos. Mas, ainda assim, continua a ser um mito que exista literalmente no homem uma entidade a ser chamada vontade pura, agindo de acordo com regras estabelecidas pela natureza, contra — e capaz de ordenar e dominar — paixões, emoções, inclinações e outras tendências "mais baixas" que são partes da natureza "animal", isto é, elementos quase mecânicos influenciados por forças materiais, incapazes de propósito ou liberdade. É uma suposição igualmente otimista e igualmente infundada que um bom propósito não possa nunca colidir com outro porque há uma harmonia natural de que formam parte; de modo que seu conflito nunca pode ser "real", mas tem de ser causado por uma percepção errônea de sua natureza, uma ignorância subjetiva de nossa parte, e não uma incompatibilidade incorrigível deles; e que, portanto, nenhuma tragédia — nenhum conflito entre valores aparentemente inconciliáveis, amor e honra, lealdades públicas e privadas, liberdade e igualdade, gênio individual e sociedade — pode enfim ser séria ou definitiva; e, em última análise, deve poder ser resolvida em algum plano racional que apazigua toda luta aparente, mas satisfazendo todas as reivindicações genuínas, e que preserva todos os valores em sua integridade, numa coexistência pacífica e talvez numa harmonia transcendental; porque todo conflito tem de ser, em última análise, uma ilusão — afinal não sabemos, por razões *a priori*, que a realidade é um todo coerente e harmonioso?

Mas sabemos disso *a priori* ou de alguma outra maneira? É assim tão certo que toda tragédia é causada meramente pelo erro, pela falibilidade, que todas as questões têm respostas, que todos os males são em princípio sempre curáveis, que tudo *deve* sair bem no final como um imenso quebra-cabeça do qual sabemos que as peças devem — foram criadas para — se ajustar de modo que as desgraças e os males do mundo não sejam mais que uma fase passageira, pesadelos que vão desaparecer aos poucos antes da aurora real? Sempre houve, é claro, metafísicos que sabiam de tudo isso; que, diante da evidência empírica "dura", não hesitaram em declará-la sistematicamente ilusória, e com isso reduziram as tragédias e os naufrágios, tanto individuais como coletivos, a produtos de fraquezas, erros, cálculos errôneos, más aplicações evitáveis (ou inevitáveis); e — no ato de contrastá-los com a perfeição vitoriosa da verdadeira realidade — incidentalmente como que os banalizaram e tiraram toda a dignidade da experiência humana e dos ideais humanos. E a teoria de Rousseau pressupõe mais que isso: pressupõe uma ontologia teleológica na sua forma menos aceitável — a descoberta de propósitos na natureza pela contemplação de sua divindade em movimento e em repouso, cujos ecos sentimos em nosso peito. Hume, se nada mais tivesse feito, havia demonstrado de forma conclusiva, mais de duas décadas antes de Rousseau fazer-se à vela no turbulento mar de sua própria imaginação, que esse antropomorfismo é insustentável, que aquilo que entendemos por propósitos — fins, valores que nos esforçamos por realizar — não é inteligível a não ser em termos de pessoas específicas que procuram isto ou aquilo, e que só compreendemos o que queremos dizer com propósito ou valor quando o contrastamos com o que não o possui, a saber, o mundo dos objetos naturais — paus, pedras ou mesmo árvores e animais (embora talvez nos sintamos menos certos a respeito desses últimos). Portanto, dotar toda a natureza de uma hierarquia de propósitos é uma pressuposição gratuita e obscura que, por mais que tenha feito sentido para os gregos, e por mais profundamente envolvida que possa estar numa interpretação religiosa ou metafísica das aparências, não obtivemos de nossa visão normal das coisas, nem de nosso emprego normal da linguagem. Ainda menos se pode aceitar pacificamente como verdade que as sociedades como tais tenham vontades ou propósitos em qualquer sentido que não seja vago e metafórico, como se as sociedades fossem genuinamente pessoas capazes de nascimento, crescimento e morte, com propósitos que "transcendem" o dos indivíduos que as compõem, entidades que subsistem em algum domínio não empírico, imortal, e que moldam os homens e mulheres empíricos que são seus membros, como um padrão que adquiriu vida e substância própria, um ser metafísico, uma força transcendental que ao mesmo tempo age sobre os seres humanos, formados a partir delas, e neles se encarna de uma forma inefável, um mistério alheio igualmente à ciência e ao senso comum. Rousseau não disse realmente tudo isso, embora muitos pensadores do século XIX assim o tenham interpretado, mas ele falava de um modo que tornava essas interpretações muito plausíveis.

Rousseau nunca reconsiderou a vasta construção do *Contrato Social*, em cujo coração está, é claro, a célebre vontade geral. O que é a vontade geral? "Uma vez que vários homens em assembleia se consideram um único corpo, eles têm apenas uma única vontade" e "percebem" "o bem comum" pelo "bom senso".[23] "A vontade constante de todos os membros do Estado é a vontade geral"[24] — "o corpo político é um ser moral, dominado por uma vontade".[25] Ela exerce autoridade absoluta, a saber, aquilo "que penetra no ser mais íntimo de um homem, e preocupa-se com sua vontade não menos que com suas ações".[26] Com que direito? Porque o Estado governado por essa vontade é "uma forma de associação que defenderá e protegerá com toda força comum as pessoas e os bens de todo associado, e na qual todo mundo, unindo-se a tudo, ainda obedece apenas a si mesmo e continua tão livre quanto antes".[27] Bem que Mill poderia protestar que, se obedeço à maioria — por mais necessário que isso de fato possa ser —, não estou obedecendo a mim mesmo: que a palavra "todos" tomada em seu sentido coletivo não pode substituir a palavra "todos" considerada em seu sentido distributivo. Rousseau liquidaria rapidamente essa questão. Obedeço a mim mesmo porque minha vontade coincide com a vontade geral: e fazer o que deveria ter desejado, mesmo que a assembleia não tivesse aprovado nenhum decreto, *é* não ser coagido, é ser livre. A coincidência é tudo. Mas, ainda assim, é a *liberdade* que predomina. Se quiser ser verdadeiramente livre, devo ser livre para abandonar a assembleia, renunciar ao Contrato Social e sair errando por minha própria conta. E Rousseau concede esse direito: desde que eu tenha cumprido certos compromissos que o fato de ser membro implicam, posso abandonar minha sociedade. Mas, pelo mesmo raciocínio, ela — a sociedade, com o Estado encarnando sua vontade geral — deve ser absolutamente livre e também sem entraves. Nada deve restringi-la: sua soberania deve ser absoluta. O *soi commun* não deve ser menos livre que seus elementos constituintes. Por isso, a soberania é uma só e indivisível: não há nada sobre a Terra que possa resistir com razão à soberania quando ela está exercendo sua verdadeira vontade; sua autoridade deriva da sua identidade com as vontades de seus membros, e seus direitos derivam da "lei da natureza, a sagrada lei imprescritível que fala ao coração do homem e à sua razão",[28] que são uma única entidade. Essa é a única autoridade suprema que existe — o homem como um receptáculo sagrado que contém os comandos da natureza —, e resistir à união dos homens que coletivamente encarnam a vontade da natureza é pecar contra tudo o que existe de mais sagrado no universo.

É vão perguntar, como fizeram muitos de seus críticos subsequentes, se a vontade geral é geral porque o que deseja é geral — isto é, assume a forma de proposições gerais que não admitem exceções individuais, sendo aplicáveis a todas as pessoas numa dada situação —, ou se é geral porque é desejada por uma entidade "geral" — a comunidade, os homens em geral. Para Rousseau, isso não passava de uma discussão bizantina: a vontade é geral porque é desejar o que é correto em homens agindo como um todo único, para assegurar o bem desse conjunto, uma vez que todos os objetos do desejar verdadeiro do eu verdadeiro coincidem — e as conclusões se impõem a todos, porque todo o processo do desejar coletivo foi assumido livremente, e isso é obrigatório e a única coisa que as pessoas impõem livremente a si mesmas. A vontade é geral porque seus objetos são geralmente obrigatórios e provêm de homens agindo em conjunto, não havendo diferenças entre eles, exceto no espaço e tempo, como agentes que desejam racionalmente. E disso segue-se de forma muito lógica que se eu desejo verdadeiramente — isto é, se a vontade é um ato de meu eu real em seu estado adequado, emancipado de todas as influências perturbadoras —, posso argumentar que, desde que eu esteja bem seguro de que *desejo* dessa maneira (e toda a teoria de Rousseau desmorona a menos que eu, ou alguém, possa às vezes ter certeza disso, caso contrário como alguém poderia ter chegado um dia à verdadeira diferença entre certo e errado?), posso estar certo de que todos os demais que desejam dessa maneira devem chegar à mesma conclusão; e que se não chegam a essa conclusão, não podem estar desejando apropriadamente; portanto, qualquer coisa que me pareça estar certa nessas circunstâncias pode ser imposta aos outros com segurança, quase sem consultá-los;[29] pois se são racionais, terão chegado por si mesmos à mesma decisão, e nada lhes será imposto que eles já não estejam livremente impondo a si mesmos; ou eles se sentirão coagidos, isto é, a minha decisão em seu favor não coincide com o que eles desejam individualmente para si mesmos, mas esse é um sinal seguro de que não estão pensando racionalmente e, portanto, posso ignorar com segurança a sua resistência. Quando os obrigo a se submeter à minha decisão racional em seu e em meu favor, estou meramente impondo que sejam racionais — isto é, que façam o que teriam feito por si mesmos se fossem racionais — isto é, que sejam livres. Assim Rousseau atinge o célebre paradoxo de que existe coação e coação: a coação irracional, fruto do capricho de tiranos, sejam eles indivíduos, oligarquias ou mesmo assembleias; e a coação que não é coação, porque provém de um julgamento racional — é aquilo que todos os homens verdadeiramente livres farão de forma espontânea, e ao qual a resistência é irracional e, portanto, perversa. Pois, afinal, nosso assim chamado eu não é nosso eu verdadeiro, apenas o seu reflexo.

Quando Kant, Fichte, Novalis — todos os filósofos e poetas românticos alemães — desenvolveram essa grande tese religiosa, eles foram herdeiros políticos de Rousseau. Pois esse é o núcleo da doutrina que dá poder ilimitado a qualquer pessoa ou grupo que se sente de posse da regra justa para o governo dos homens. Desde que eu deseje corretamente, a autoridade é absoluta: e isso se aplica às instituições e aos indivíduos. O Estado ou a Igreja podem coagir, aprisionar, punir com impunidade, pois estão agindo em prol da natureza "real" ou racional dos homens, como um tutor ou professor, não para impor a sua própria vontade a uma criança ou a um imbecil, mas para forçá-lo a fazer o que ele próprio estaria fazendo se soubesse o que sua voz interior (que ele é demasiado imaturo ou insano para escutar) estaria — quase está — lhe dizendo para fazer. Um comentarista resume a visão de um jacobino de uma época posterior de modo bem sucinto: "Nenhum homem é livre ao fazer o mal. Impedir sua ação é libertá-lo".[30] Isso é puro Rousseau da fase do *Contrato*: e desde seus dias o destino da palavra "libertação" tem aumentado seu significado sinistro. Essa certeza interior sobre o que é certo foi o que justificou o domínio despótico de Calvino em Genebra, e de todos os ditadores em toda parte e em todas as épocas, inspirados pela convicção de sua própria superioridade moral ou de terem acesso único à voz de Deus ou da natureza, governando, punindo e destruindo não apenas para o bem de seus súditos — pois isso ainda os mantém escravos —, mas para aquele bem que seus súditos, se ao menos compreendessem verdadeiramente a si mesmos, estariam eles próprios desejando, e portanto (é apenas um passo muito pequeno) já estão em certo sentido desejando — não manifestamente, talvez, mas dentro de seus eus verdadeiros, enterrados debaixo do peso de suas infelizes naturezas empíricas —, já estão silenciosa e potencialmente desejando.

É um passo pequeno, mas verdadeiramente fatal, pois há total diferença entre o que de fato desejo e o que alguma outra pessoa acha que devo desejar; entre o que realmente desejo e o que, porque devo desejá-lo, dizem que já estou desejando num sentido mais profundo, embora eu talvez não o saiba. Em algum estágio sou obrigado a protestar, como as minorias e maiorias oprimidas sempre protestaram e sempre protestarão, que ser livre é estar em posição de assegurar a satisfação de nossos desejos reais, e não daqueles desejos "potenciais" ou "ideais" que nascem de nossas naturezas "ideais" ocultas e coincidem oportunamente com os de nossos senhores, mas que nós, com ou sem razão, por algum motivo não sentimos e, de fato, às vezes rejeitamos com veemência e revolta.

Em teoria, em qualquer dada sociedade, não é preciso haver mais que um indivíduo em quem essa vontade é encarnada. Rousseau não diz efetivamente que a vontade geral seria em teoria encarnada no único homem "livre" numa assembleia de pessoas moralmente ignorantes, embora sua noção de legislatura chegue muito perto disso — o grande Licurgo, o grande Sólon quase tinham essa relação com seus povos. Rousseau tinha em certa medida uma inclinação democrática e tendia a buscar o domínio da maioria, ao menos porque, entre aqueles de quem não gostava, não estavam apenas os famosos alvos do Iluminismo — os reis, governos e Igrejas do século XVIII — mas os próprios iluministas — os pensadores e os cientistas célebres dos *salons* de Paris que manifestamente desconfiavam da voz do povo, supondo com razão que muitas vezes ela era insuflada tanto por causas progressistas quanto reacionárias. Depositando sua fé e simpatia nos ideais sociais do povo comum e em sua atitude não corrompida em relação à vida, Rousseau preferia pensar que a vontade geral, fundamentada na percepção dos verdadeiros propósitos da natureza e do homem, devia ser encontrada com mais frequência nas deliberações dos anciãos da vila sentados à sombra de um carvalho ancestral, ou em pequenas assembleias de pessoas unidas por laços de sentimento e respeito mútuo, do que em assembleias imensas e heterogêneas, ou nos corações de soberanos ou administradores individuais. Havia, portanto, uma inconsistência ou traição das ideias de seu mestre no pensamento daqueles que, como Robespierre ou Saint-Just, diziam encarnar a vontade geral contra o falso conselho da multidão. Pois embora a vontade geral jamais possa estar *errada*, ela pode ser desencaminhada; e às vezes, quando os homens ficam obcecados por interesses pessoais ou locais, a mera reunião da assembleia regente não consegue gerar a unidade da vontade geral, assim como os quacres nem sempre geravam "o senso de união". Rousseau diz que as diferenças frequentemente se neutralizam, deixando o terreno comum intacto: mas esse é um substituto pouco convincente para a unidade positiva dos atenienses e espartanos em momentos de crise, que ele tanto gostava de citar.

Toda teoria jacobina ou qualquer outra teoria totalitária que permitem que indivíduos ou grupos imponham sua vontade a outros, gostem os outros disso ou não, não em nome de um contrato em que os outros tiveram um papel consciente, não por razões utilitárias, não em nome de princípios abstratos inteiramente independentes da vontade humana, mas em nome dos eus verdadeiros desses outros, a quem no próprio ato de coagir eles afirmavam estar libertando — "forçando a ser livres"[31] —, são as verdadeiras herdeiras de Rousseau. Talvez haja muitas razões válidas para a coerção, e em circunstâncias excepcionais até para os métodos do terror (embora seja difícil pensar que essas circunstâncias jamais aconteceram de fato), mas sustentar que o emprego da força e do terror é realmente desejado por aqueles contra quem é dirigido parece um abuso medonho das palavras. O fato de que esse ato de vontade é concebido como tendo origem, não em seus eus empíricos, tudo aquilo de que esses infelizes podem estar conscientes, mas em algum eu "real" interior do qual visivelmente nada sabem, mas que ainda assim desempenha sua vida "real" oculta dentro deles, tem apenas o efeito de neutralizar qualquer necessidade de escutar os desejos reais daqueles a quem a carga de seus próprios erros impede que vejam a verdade e, portanto, que falem e compreendam o que faz sentido, e de aliviar a consciência do opressor empenhado na sagrada tarefa de libertar a personalidade real interior de sua vítima das garras de seu medonho tegumento empírico exterior.[32]

Sem dúvida, todos os inquisidores sinceros, que puniram e destruíram em nome de princípios, acreditaram em algo parecido e surpreenderam as gerações posteriores pela total falta de escrúpulos com que enforcavam e queimavam homens e mulheres (aparentemente inocentes) em nome das almas imortais, mas inarticuladas, das próprias vítimas. Mas já que se invocava algo tão oculto como a alma, que não faz parte do mundo natural, junto com o resto da linguagem de uma teologia transcendente, a questão de se suas ações eram cruéis ou injustas acabava eliminada como irrelevante, porque as razões — a justificação — eram sobrenaturais, um mistério divino não acessível à razão humana. Mas uma vez que se sustentava que o homem devia ser concebido como um ser natural, que seu bem não devia ser definido em termos sobrenaturais, mas devia ser realizado aqui, sobre a Terra, conforme prescrito pelo Grande Livro da Natureza, acessível à leitura de todos, a doutrina tornava-se muito mais fantástica. Uma posição que capacitava alguns homens a torturar e matar outros, não porque era objetivamente certo ou útil fazê-lo, mas porque dizia-se que os próprios torturados e mortos o exigiam, porque, embora não o soubessem, suas naturezas o exigiam, parecia acrescentar uma forma peculiarmente repulsiva de zombaria aos últimos tormentos das vítimas desse processo "liberador".

De Robespierre e Babeuf a Marx e Sorel, Lênin, Mussolini, Hitler e seus sucessores, esse paradoxo grotesco e arrepiante, pelo qual se diz a um homem que ser privado da liberdade é receber uma liberdade mais elevada, mais nobre, tem desempenhado um papel central nas grandes revoluções de nosso tempo. Por sua forma moderna, o autor do *Contrato social* pode certamente reivindicar todo o crédito. Essa monstruosa farsa política traz a marca de sua origem: um plano lógico rígido imposto violentamente a uma versão tresloucada da noção de liberdade moral; a proclamação de um reino de liberdade tão absoluto e universal que mantém todo o mundo em toda parte acorrentado; acrescentando que essa opressão severa é o que todos os homens livres desejariam se de fato soubessem como realizar a liberdade que eles tão verdadeiramente desejam. As versões posteriores da verdadeira natureza do homem bom comum — as de Maistre, Nietzsche, do Grande Inquisidor de Dostoiévski, de Mussolini, Hitler e de muitos líderes comunistas — são apenas variações sombriamente sardônicas desse tema — variações que talvez não tivessem espantado ou consternado o próprio Rousseau tanto quanto deveriam — se ele por sua parte realmente conhecesse o que realmente estava dizendo.[33]

O homem deve ser livre — sem sofrer interferências, agindo por sua própria vontade, perseguindo fins que são seus, e unicamente seus, por motivos que são seus, das maneiras que considera mais adequadas —, do contrário talvez seja feliz como os escravos o são, mas não é um ser moral, não é um espírito imortal, não é um homem; o homem deve levar sua vida segundo as regras corretas estabelecidas eternamente na mente de Deus e no seio da natureza. De várias maneiras imperfeitas, essas regras sempre foram consideradas a verdadeira lei política e moral em todas as sociedades e em todos os tempos, denominada por alguns a lei divina, por outros a lei da natureza, concebida como a lei da razão por estoicos, e como a lei das nações, os fundamentos das crenças gerais da humanidade, pelos juristas romanos; igualmente aceita como o fundamento da lei e da moralidade por Santo Tomás de Aquino e por Grotius; e de forma ainda mais ampla, pelos cristãos, judeus e muçulmanos, e até pelos pagãos esclarecidos; um conjunto de regras gerais que os racionalistas afirmavam que só poderiam ser descobertas por aqueles que concebiam tudo em termos de ideias racionais claras, ligadas entre si por um raciocínio dedutivo lúcido, enquanto outros, Vico ou Herder, afirmavam descobri-las não pela análise cartesiana racional, mas por um ato de percepção intuitiva, que quase precisava mais de imaginação que de razão, embutido nas tradições, mitos e línguas dos povos, em sua poesia e em seus mitos, suas artes e suas religiões, e todos os modos amplamente variados com que os homens procuravam expressar suas atitudes, sentimentos e ideias, nascidos da interação do espírito humano com o seu ambiente natural. Mas qualquer que seja o caminho, as respostas verdadeiras para os grandes problemas estão somente nessas grandes leis, que podem ser descobertas em credos e em filosofias, mas, de forma melhor e ainda mais clara, na natureza e seu espelho, o coração dos homens.

Rousseau acrescentou a isso três noções destinadas a desempenhar um papel crescente no pensamento posterior: (1) que a liberdade é um valor absoluto e não pode ser restringida, pois sem ela não existe moralidade; (2) que a moralidade pode ser descoberta, não nas atividades *de facto* dos homens segundo este ou aquele padrão (uma pressuposição comum a filósofos sob outros aspectos tão diametralmente opostos como, digamos, Platão e Helvétius), mas em atos conscientes de vontade pelos quais os homens se dedicam a este ou aquele objetivo sem considerar e, se necessário, contra outros "puxões" e "empuxões" exercidos por sua natureza física — a força gravitacional das paixões, dos desejos, tudo o que torna os homens meros objetos na natureza, à procura apenas de sua preservação e regidos por leis naturais, tão indefesos quanto uma planta ou uma pedra; e finalmente (3) o caráter único da lei correta, distinguível da mera inclinação pelo fato de que um homem só pode descobri-la quando se encontra no estado de espírito especial em que a verdade lhe é revelada — e esse para Rousseau consiste num *état d'âme* peculiar, uma sensibilidade peculiar aos padrões do universo (o que Vico descobriu na contemplação da história, Montesquieu na da cena social, Rousseau encontra na absorção no seio da natureza). Seguir essas verdades, obtidas nessa condição semimística do indivíduo, não pode concebivelmente levá-lo a entrar em conflito com outros indivíduos que seguem regras semelhantes, visto que seguir as regras é automaticamente uma autoadaptação à meta do universo, que segue um desenvolvimento harmonioso, isento de colisões.

Como ele próprio admitiu, o filósofo em quem essas reflexões causaram a mais profunda impressão é certamente Kant. Em Kant, esses elementos se uniram a dois outros princípios: (a) que toda e qualquer verdade deve ser universal e adotar sempre uma forma geral; e (b) que o homem possui algo que ele denomina uma natureza racional, de modo que as regras morais verdadeiras podem ser descobertas em virtude dessa racionalidade, embora Kant nunca afirme com total clareza exatamente como isso é realizado. Não podemos aqui entrar na natureza da filosofia de Kant em geral, nem de sua teoria do conhecimento. Basta dizer que ele acreditava que as leis da natureza, conforme reveladas nas ciências naturais, eram compostas de proposições gerais que registram aquelas uniformidades que, de alguma forma misteriosa, o eu não empírico do homem impõe ao "dado" da experiência, e sem as quais ele não teria consciência do mundo exterior; mas as verdades éticas são de certo modo comandos que sua natureza não empírica emite como uma expressão de sua razão interior — regras morais cuja essência é serem comandos, isto é, apesar de gerais, não são afirmações de fato como as que tanto os filósofos racionalistas como os empiristas entre os seus predecessores consideravam a única forma apropriada a todo verdadeiro conhecimento. Para Kant, eram ordens, máximas, que pensadores anteriores atribuíam à Deidade, e que Kant, um tanto obscuramente, imputa ao que ele chama a natureza racional do homem — um ideal de harmonia perfeita que invade a consciência moral na forma de um conjunto de regras morais acompanhado por uma atitude singular — algo diferente de um mero sentimento emocional — que ele denomina "respeito" ou "temor reverente" diante da lei moral.

O interessante e relevante aqui é que só é moral aquela conduta que procede de um ato de vontade livre, pelo qual um homem obedece a um comando que percebe ser do tipo ético, isto é, absoluto. Fazer algo simplesmente porque desejamos, porque achamos agradável, ou consideramos que geraria prazer ou felicidade, é uma simples descoberta empírica de que certos meios acarretam certos fins, ou de que certos fins têm de fato o poder de nos atrair — o primeiro, um conhecimento empírico comum, o segundo, uma informação especificamente psicológica mas não menos empírica sobre a nossa condição. Para Kant, a conduta moral, fundamentada na realização de princípios morais que se manifestam como comandos, é muito diferente disso. É a direção de nossa vontade para a realização de uma única regra — um comando — que só um ser racional, consciente de estar livre do mundo causal inteiramente determinado do espaço e tempo, pode atingir. O antigo dualismo metafísico entre a natureza racional e "animal" reforça aqui as distinções vagas de Rousseau. O eu já não é concebido como sendo idêntico a um corpo no espaço-tempo sujeito a leis naturais, ou nele residente, mas como uma entidade única fora do tempo e espaço, gerando em certo sentido não empírico atos de vontade livres dos entraves do mundo material, atos que só são éticos se conformes a máximas que mais uma vez ele próprio gera num sentido misterioso, de acordo com sua racionalidade interna, e que, em virtude dessa natureza única, despertam o temor reverente peculiar que só as manifestações da razão possuem.

A lei moral de Kant — o célebre imperativo categórico — é a propriedade especial de todo ser que é humano e assim, no sentido peculiar que Kant empresta à palavra, racional; não um objeto no mundo material, mas um sujeito. Um sujeito é uma entidade autônoma, algo que percebe racionalmente e escolhe livremente obedecer ou desobedecer à voz de sua razão (não empírica), que o manda fazer isto ou aquilo. A primeira marca da razão, em qualquer sentido, é que suas declarações são *gerais*. No universo material, elas adotam a forma de leis gerais como as da ciência newtoniana, que não toleram exceções. Na misteriosa esfera da razão não empírica, as leis morais não são menos gerais; não são, entretanto, afirmações gerais de fatos, mas leis, mandamentos — não verdades de fato, por mais profundas e universais que sejam, mas ordens que não se verificam ou falsificam, mas que se obedecem ou desobedecem. O elemento volitivo já está presente, em certo sentido, em grande parte da tradição cristã e em toda a tradição hebraica. É o elemento que mais claramente distingue a revolução luterana contra os elementos helênicos no catolicismo, e afirma a noção de que, para ser verdadeiramente moral, deve-se não apenas *ser* ou compreender alguma coisa — estar ajustado a um plano universal das coisas por meio da compreensão desse esquema, em harmonia ou comunhão com um padrão de autodesenvolvimento, estático ou movente (como os gregos, os racionalistas e, em alguma medida, os tomistas ensinavam) — mas dar ordens a si mesmo, afirmar a própria vontade, agir, curvar o mundo às suas demandas. Está presente em Rousseau, com sua ênfase na vontade desinteressada que deseja o Bem Comum; é imensamente reforçada pela doutrina de Kant, com sua afinidade com a tradição pietista do protestantismo alemão, segundo a qual a retidão moral e a salvação espiritual dependem da obediência absoluta aos ditames inexoráveis da consciência individual, que é a voz de Deus falando no interior do homem.

Mas a doutrina kantiana é mais ousada e mais clara que isso: ela propõe pela primeira vez, em linguagem intransigente, que o senso de dever — o único estado em que o conhecimento do que fazer e do que evitar é claro para um homem — é completamente diferente de desejos, anelos, anseios de qualquer tipo, não devendo de forma alguma ser confundido com eles — as muitas fontes de ação que fazem os homens se comportarem como se comportam, assim como as forças da natureza fazem as coisas ou plantas serem o que são e mudarem como mudam. Escutar os comandos do dever é uma condição única imediatamente reconhecível por todos os seres morais (o que todos os homens potencialmente são) como algo "mais elevado que" ou "que transcende" as correntes de vida dos desejos, nas quais os homens são jogados de um lado para outro quando não estão escutando a voz interior, cuja presença nos homens é a única coisa que os torna capazes de idealismo, de abnegação, de "elevar-se acima" de suas naturezas animais, de bondade moral; daquilo que em sua forma mais pura sempre foi reconhecido como uma disposição espiritual que distingue os homens como santos, da qual Rousseau teve uma vaga ideia ao sustentar que não era o conhecimento mundano, nem a inteligência, nem a erudição, nem o talento ou o gênio intelectual que revelavam a verdade moral aos homens, mas uma pureza especial de coração e vontade, a ser encontrada com mais frequência entre os simples, os humildes e os não corrompidos do que entre os homens admirados pelo poder, riqueza ou sucesso. Em Kant, o dualismo das duas naturezas é completamente explícito: todo homem é, por assim dizer, dois eus — por um lado, um eu empírico, sujeito às influências comuns do mundo físico, uma entidade apropriadamente estudada pelas ciências naturais como a física, a biologia, a psicologia e (embora ela não fosse denominada assim no século XVIII) a sociologia, tão rigidamente determinada pelas leis da natureza quanto todos os outros objetos nela existentes; e por outro lado, um eu não empírico, autogovernado, transcendente, que absolutamente não "se comporta" mas age, capaz de livremente obedecer ou escarnecer dos preceitos que emite para si mesmo, ordens que acata porque deseja acatá-las, por serem o que são — fins em si mesmos, a serem cumpridos por eles mesmos, por nenhuma outra razão, fins absolutos. Essa é a contribuição específica de Kant e a base da doutrina romântica do homem, que se coloca, nas palavras de Herder, intermediária entre a natureza e Deus, os animais e os anjos, tocando numa extremidade o mundo mecânico das ciências, e na outra o reino espiritual revelado somente em momentos de uma iluminação especial, peculiar aos seres espirituais.

Quaisquer que sejam as extravagantes implicações metafísicas dessa visão, não há dúvida de que Kant, no processo de afirmá-la, tenha dito algo que ninguém desde então quis negar completamente, mesmo que talvez não aceitassem a teologia ou as implicações ontológicas que o próprio Kant evidentemente extraiu dela; a saber, que conceber algo como o dever de alguém não é a mesma coisa que meramente desejá-lo, ainda que com muita força, ou considerá-lo propenso a propiciar prazer, felicidade, prevenção da dor ou fortalecimento de um padrão social ou natural, cujo valor reside numa satisfação psicologicamente identificável que os homens se descobrem naturalmente perseguindo. Nunca foi plausível dizer, como os racionalistas e empiristas foram ambos compelidos a dizer, que os grandes atos de abnegação, os atos de heroísmo e martírio, praticados quando um homem está disposto a sacrificar os seus bens mundanos e até a própria vida a serviço de alguma meta ideal, à procura da verdade, para salvar uma vida ou realizar os muitos outros fins pelos quais os homens têm se disposto a morrer sem pensar nas consequências — que esses estados são, como insistia Bentham, várias formas disfarçadas da busca da felicidade, da satisfação de desejos naturais, realmente comuns e "naturais" a todos os homens, mas pervertidos e distorcidos por séculos de erro e obscurantismo, até parecerem totalmente diferentes da busca racional normal de bem-estar pessoal ou social. Não se tratava apenas de que o impulso emocional, a qualidade imperiosa do "senso de dever", com suas ordens intransigentes, havia sido ignorado ou reduzido a algo muito diferente de si mesmo pelas análises de racionalistas como Spinoza, de empiristas como Hobbes ou Hume (por mais diferentes que fossem suas visões sobre a natureza empírica do homem), ou daqueles que reduziam a moral à estética, como Shaftesbury ou Lessing; mas que uma contemplação suficientemente cuidadosa do que os homens de fato experimentam, quando optam por fazer o que concebem ser o seu dever, leva inevitavelmente à conclusão de que estão num estado muito diferente daquele em que dizem se entregar ao mais forte desejo, mesmo que esse desejo possa ser de automortificação ou autossacrifício.

O célebre Marquês de Sade já tinha declarado, antes dos românticos, que se a natureza é o que estamos destinados a seguir, as conclusões dos racionalistas otimistas estavam longe de ser realistas; o desejo de causar dor e senti-la não era menos natural que o desejo de dar ou sentir prazer; Rousseau e os enciclopedistas pediam que fôssemos bondosos, sensatos e estudiosos; mas alegar que eram "inaturais" as inclinações para fazer o oposto, buscar sensações violentas que talvez implicassem crueldade, dor, desigualdade e uma vida muito diferente da experimentada pelo estadista virtuoso ou pesquisador científico, era uma interpretação meramente dogmática do conceito de natureza; o homem que desejava ardentemente o poder ou encontrava satisfação nas desarmonias — emoções turbulentas ou experiências pervertidas de todo tipo — estava apenas seguindo seus desejos naturais, que, *na qualidade de* desejos, tinham tanto direito a serem realizados quanto as inclinações mais amenas e mais "razoáveis" dos seres idealizados dos *philosophes* — seguindo a linha dos filósofos "realistas" Hobbes e Mandeville. E essa era uma crítica genuína da identificação do que é natural com o que parece satisfatório e digno de ser buscado aos olhos desta ou daquela escola de filósofos virtuosos. Kant acabou com o fundamento desse argumento ao sustentar que o conteúdo do dever não tinha nada em comum com o objeto do desejo, e o fato de o dever ser talvez frequentemente difícil ou doloroso não tinha importância, uma vez que a conformidade ou não conformidade aos desejos, gostos e aversões humanos era irrelevante a essa noção; o dever era aquilo que o homem, não um ser que deseja, mas um ser com vontade de cumprir a lei moral, ordena a si mesmo que seja feito, sendo determinado de acordo com a faculdade especial da razão não empírica. Um homem poderia obedecer ou desobedecer a essas ordens interiores. Mas, obedecendo ou não, se ele agia como um ser que tinha consciência da voz do dever, não agia como um mero ser desejoso à procura de felicidade, dor ou o que quer que sua educação ou ambiente o levasse a desejar, mas como uma entidade transcendente — uma alma imortal, livre do mundo da causalidade psicológica ou de outro tipo. Como isso representava uma percepção genuína — porque se bom ou mau são definidos em termos do que os homens apreciam ou não apreciam, ou calculam como provável para a geração de felicidade, então certo e errado são inevitavelmente percebidos como diferentes de bom ou mau, contendo uma premência, uma autoridade e uma qualidade imaginativa muito dissimilar de bom e mau; porque desejar cumprir seu dever é um desejo genericamente diferente do desejo de alcançar a felicidade, seja qual for a sua forma —, a doutrina de Kant causou uma profunda e duradoura impressão na humanidade.

Mais do que qualquer outro homem, Kant deixou gravadas na consciência de sua geração e posteridade duas noções básicas que já tinham sido obscuramente percebidas, é verdade, mas nunca tão inequivocamente enfatizadas. A primeira era a da imparcialidade — propor atos específicos por si mesmos; não porque fossem úteis, não porque a "natureza" inclinava o homem a executá-los, mas até contra a natureza se necessário, porque eram o que eram e fins em si mesmos; e, a partir disso, a nobreza de uma vida passada na busca de um propósito que era a sua própria justificação, independentemente do fato de tornar o autor feliz ou desgraçado, e independentemente do que os outros homens poderiam pensar a respeito no passado, presente e futuro. Predominante no século XIX, o conceito de integridade, pureza de coração, independência moral, "autonomia", o sacrifício de si mesmo no altar de alguma atividade cujo valor absoluto residia em si mesma, sem esperança de recompensa ou medo de punição neste mundo ou no próximo, proveio em grande parte da doutrina moral altamente original e articulada de Kant. E em segundo lugar, a noção dos homens — indivíduos — como fins em si mesmos, porque eram os únicos autores dos valores morais, porque os valores morais não deviam ser encontrados na natureza empírica, qualificando-a como muitos atributos, assim como as cores, os sabores ou as formas qualificam os objetos no espaço, mas eram metas, ideais — e, portanto, algo que os homens — ou antes aquilo que era neles transcendente — veneravam. Por causa disso, os homens eram sagrados. Prejudicar ou destruir um homem era prejudicar ou destruir o único autor e fonte de valores absolutos — aquilo pelo qual tudo o que valia a pena ser feito era digno de ser feito, o fim ou propósito de toda a existência ou atividade. Os propósitos ou os fins não subsistiam em mundos próprios, eram apenas o que a vontade dos homens queria. Os seres humanos, concebidos como fontes de atos de vontade, criadores de valores, não podiam ser sacrificados senão a esses propósitos sem invalidar o caráter absoluto, o caráter de fins-em-si-mesmos, desses valores absolutos.

A atitude de Rousseau em relação à liberdade individual ou à soberania inabalável da vontade geral já tem esse sabor; mas Kant é muito mais claro, inequívoco e sem o vago brilho sentimental da eloquência de Rousseau. Os homens como tais são sagrados porque suas consciências, suas vontades, são as únicas coisas absolutamente boas, absolutamente valiosas, no mundo. A célebre doutrina kantiana dos homens como fins em si mesmos — suas palavras severas sobre a maldade de usar os homens como meios — flui da noção de que a única razão absoluta para fazer qualquer coisa ou ser qualquer coisa em particular é a imagem absoluta idealizada do que fazer e ser — de atos que vale a pena fazer e vidas que vale a pena viver, apenas em si e por si mesmos — que cada homem possui em sua consciência; e qualquer negação ou diminuição dessa imagem é o único ato absolutamente ruim no mundo; e disso segue-se que todos os homens são moralmente iguais, porque todos os homens são igualmente os únicos criadores, detentores e realizadores desses fins absolutos autoimpostos e internamente concebidos. Enganar um homem ou explorá-lo é tratá-lo como se fosse um objeto na natureza, um meio para alguma coisa que não os seus próprios fins absolutos, e isso é com efeito a negação do caráter sagrado desses fins.

A igualdade humana é um lugar-comum no século XVIII. Bentham, por exemplo, dizia que todo homem devia valer por um e que nenhum homem por mais de um,[34] mas não deu uma razão convincente para esse igualitarismo. Sustentava ser mais provável que se produzisse a felicidade se se promovesse antes a igualdade que a desigualdade; mas essa é uma hipótese equívoca, que não é necessariamente verdadeira ou plausível: sociedades desiguais, feudais, hierárquicas não têm sido demonstravelmente mais infelizes que as democracias; sabe-se que os escravos não estavam descontentes na sua servidão. E embora os filósofos do século XVIII denunciassem o privilégio de modo geral, e houvesse muitos discursos de direitos naturais e apelos aos propósitos da natureza que tendiam a que os homens fossem iguais, é somente quando Rousseau grita zangado que os homens podem desejar ser escravos, mas que esse é um desejo degradante, que os homens não devem desejar ser escravos, querendo ou não; que é um insulto à dignidade humana desejar submeter-se irracionalmente a um tirano, é somente então que reconhecemos a nova nota: demasiado universal para atrair a atenção no século XIX, mas uma nota que Kant já contribuíra mais do que qualquer outro pensador para anunciar. A noção de orgulho humano, de dignidade, da imoralidade da escravidão ou de qualquer forma de exploração humana, mais que ao fato de esta não ser lucrativa ou eficiente ou de causar a diminuição da felicidade humana, se deve consideravelmente ao efeito da sua doutrina ética. Há um ponto em seu argumento em que ele diz que não posso mentir, nem mesmo sobre o paradeiro de um amigo para um homem que vem assassinar esse meu amigo, porque com isso uso o assassino como um meio — forço-o a se comportar de um modo que contribua para os objetivos de meu amigo ou para os meus, mas não para os dele — privo um homem do direito de se determinar livremente, nesse caso assassinar ou não assassinar, que é o seu direito, porque ele é um ser humano com direito a criar e perseguir seus próprios fins, certos ou errados, virtuosos ou malignos. Sem dúvida Kant está exagerando, como alguns talvez achem, ao limite do absurdo. Mas, em todo caso, sua tese é clara: a ética e a política não são ciências ou artes que ensinam os homens a alcançar a felicidade. A ética não diz respeito a explicar o que um homem deve fazer para ser feliz, mas ao que ele deve fazer para ser digno da felicidade; esse valor está ligado ao modo como um indivíduo age ou agiria em qualquer situação que implique escolha, e com os motivos de sua ação. Esse valor — que Kant chama a Boa Vontade — é o único valor absoluto que existe. Todo o vício, pecado e crime só se constitui como tal na medida em que "contradiz" esse valor — em que nega a realidade, ou causa a obstrução, do livre exercício da personalidade moral, isto é, do indivíduo obedecendo livremente à lei moral, que troveja sobre sua cabeça com toda a força de um mandamento da Bíblia; e obedecendo não cegamente, não com aquela fé divorciada da razão que Lutero e seus seguidores exigiam, mas porque assim exige sua natureza "racional", que é o respeito não só pela consistência de sua lógica, quando ele descreve o mundo ou faz matemática, mas pela consistência e até pelo conteúdo das regras ou mandamentos cujo cumprimento é a realização de si mesmo como um ser racional.

De Rousseau, e em particular de *Émile*, Kant obteve a noção de que as próprias regras, longe de serem forças que inibem severamente os impulsos espontâneos dos homens, poderiam nascer das profundezas da natureza humana comum e ser preenchidas com um conteúdo emocional. Começou contrastando a minoria necessariamente pequena de seres superiores, autocontrolados, autônomos, esclarecidos — os filósofos — liberados por sua própria moralidade que domina seus impulsos caóticos ou desejos ardentes de felicidade —, contrastando esses poucos com a massa da humanidade, indefesa e à mercê de desejos e circunstâncias, heteronômica, mais objetos que sujeitos, incapazes de se elevarem a essa esfera mais austera e mais livre: e alega que Rousseau lhe ensinou que o impulso moral, e portanto o imperativo categórico, longe de ser diminuído pelas regras, empresta-lhes vida, nasce mais puro no coração transbordante do homem comum — Wolmar [personagem de *A nova Heloísa*] — que em palácios ou salas de conferência: daí uma renovação da fé na moral da humanidade, na democracia, na igualdade. Como a personalidade humana é a fonte dessas regras e, portanto, de toda a ética e de toda a política, de tudo o que é correto, justo e equitativo, de toda a felicidade racional, de toda a liberdade, de todo valor moral e estético, o indivíduo possui, como na interpretação cristã, "valor infinito".

Kant traduziu em termos éticos ou metafísicos a doutrina mística da santidade da alma do homem como a portadora de uma centelha da chama divina, de todos os homens como filhos de um pai no céu e irmãos em espírito, e declarou os homens invioláveis porque somente eles criam os fins supremos da vida; o autoaperfeiçoamento do homem é o único fim supremo, e a violação do direito de buscá-lo é o pecado supremo contra a única luz que existe. O homem é único, e o receptáculo sagrado do absolutamente bom, correto e verdadeiro; e usá-lo, explorá-lo, enganá-lo, degradá-lo, diminuir o seu *status* de qualquer maneira é o mal mais terrível que alguém pode cometer. Todo o conteúdo ético da doutrina democrática do século XIX está aqui: a ênfase na preservação do direito de desenvolver a capacidade individual, o ódio a qualquer coisa propensa a menosprezá-la, a rebaixar a dignidade humana; o protesto liberal contra qualquer forma de despotismo, por mais benévolo e racional que seja, não porque diminua a felicidade humana, mas porque é intrinsecamente degradante, uma falsificação do que as relações humanas entre seres iguais e independentes (e em busca do ideal) devem ser, uma traição do ideal para cuja realização a humanidade existe; a noção da humanidade como algo em nome do qual direitos podem ser reivindicados, crimes punidos, revoluções feitas — esse complexo de valores não é inspirado pelas considerações utilitárias ou pela sociologia empírica do século XVIII, mas pelo idealismo humanista de Kant e seus sucessores. Sem dúvida muitos dos que empregam uma linguagem com esse tom (não importa o que pensem estar dizendo), e que foram inspirados por esses ideais, supunham que os derivavam de alguma ciência empírica do homem. Condorcet e Volney (e, em alguma medida, Voltaire e Diderot antes deles), Saint-Simon e até Comte, apesar de supostamente só aceitarem aquelas proposições cientificamente estabelecidas como verdadeiras em qualquer esfera, quer da natureza quer da conduta, derivavam de fato as suas doutrinas sociais, bem como a sua crença no progresso e nas infinitas capacidades dos homens, ainda que inconscientemente, do complexo de ideias sobre a natureza e os propósitos do homem, a que Rousseau havia dado vida e que Kant havia organizado e gravado na consciência europeia de maneira tão profunda que elas vieram a transformar radicalmente a linguagem e o pensamento ocidentais, tanto privado como público. Nenhuma proclamação política, nenhuma declaração de propósitos na paz ou na guerra, nenhum dos conflitos de ideias morais e políticas que agitaram a Europa e a América no último século e meio seria inteligível em termos pré-kantianos; ainda menos a linguagem daqueles que tão veementemente repudiam o individualismo, o antinaturalismo severo e o antiutilitarismo de suas doutrinas.

3. Dois conceitos de liberdade: o romântico e o liberal

A NOÇÃO DE LIBERDADE

Como a maioria das palavras que desempenharam um papel importante na história da humanidade, os termos "liberdade humana" [*human freedom*] e "liberdade" [*liberty*] comportam muitos sentidos. Ainda assim, parece haver uma espécie de significado nuclear, central, mínimo, que é comum a todas as diversas acepções dessa palavra, e que significa *ausência de restrição*; mais precisamente, ausência de coerção por outros seres humanos especificados ou não especificados. Há sentidos em que a palavra "liberdade" [*freedom*] não é empregada dessa maneira — em que é idiomático falar do livre movimento dos membros humanos, do livre jogo da imaginação, de livrar-se da dor ou de ver-se livre dos empecilhos da vida terrena; mas, quando falamos da liberdade política, tais sentidos soam quase metafóricos, e uma tentativa de empregá-los com frequência apenas serve para obscurecer a questão. As lutas pela liberdade travadas por indivíduos, grupos ou comunidades são normalmente concebidas como esforços empreendidos por determinados indivíduos no sentido de destruir ou neutralizar o poder de serem coagidos a agir contra seus próprios desejos, poder este detido ou usado por algum outro indivíduo ou grupo de pessoas. E o grupo da liberdade, contrastando com aqueles que desejam defender algum tipo particular de autoridade — a de um rei, uma Igreja, uma aristocracia hereditária, uma empresa comercial, uma assembleia soberana, um ditador, autoridade às vezes disfarçada como agentes impessoais ("o Estado", "a lei", "a nação"), mas sempre de fato consistindo em pessoas individuais, vivas ou mortas —, é composto de pessoas que se opõem a uma forma existente — ou a uma ameaça — de restrição.[1] Eles próprios podem ser a favor de alguma outra forma específica de autoridade — digamos, a de um corpo democrático ou de uma federação de unidades constituídas de várias maneiras —, mas não é em virtude de apoiar a forma de autoridade por eles favorecida que são descritos como amigos da liberdade. Embora haja muitos acréscimos que se desenvolveram em torno das palavras "liberdade", "libertário", "liberal", sempre descobriremos que elas contêm uma menor ou maior conotação de resistência à interferência por parte de alguém — alguma pessoa ou pessoas, e não coisas ou circunstâncias — em condições especificadas em maior ou menor grau. Parece ser esse o sentido básico da palavra "liberdade" [*liberty*] como termo político, e é nesse sentido que ela é defendida, em pensamento e ação, por todos os seus grandes paladinos, tanto em nome de nações como de indivíduos, desde Moisés e Leônidas até os nossos dias.

A formulação clássica do ideal de liberdade nos tempos modernos é fruto do pensamento do século XVIII e culmina em suas célebres formulações na Declaração de Independência dos Estados Unidos e na declaração dos "direitos do homem e do cidadão" da primeira República Francesa. Esses documentos falam de direitos, e quando mencionam direitos, têm principalmente em vista a invasão de certas esferas — digamos, aquelas de que um homem precisa para garantir a vida e as oportunidades adequadas de felicidade; ou para ser capaz de possuir uma propriedade, pensar e falar como quiser, obter emprego, participar da vida política ou social da sua comunidade — e pretendem que a invasão de tais esferas deva ser considerada proibida por lei. A lei é nesse sentido um instrumento para impedir o abuso específico ou puni-lo, caso ocorra.

A liberdade política é assim um conceito negativo: exigi-la é exigir que dentro de uma certa esfera um homem não seja proibido de fazer aquilo que desejar, e que não seja proibido de fazê-lo, quer possa de fato realizá-lo, quer não. Um aleijado não é *proibido* de caminhar direito, embora não possa de fato fazê-lo; nem um homem sadio é proibido de voar para a Lua, embora de fato, diante das circunstâncias, não esteja em condição de fazê-lo; mas não costumamos falar de um homem como não sendo *livre* para voar até a Lua, nem do aleijado como não sendo *livre* para caminhar direito. Esforços têm sido feitos para se falar da seguinte maneira: liberdade e poder equipararam-se. O sentido em que se diz, por exemplo, que a ciência torna os homens livres é precisamente aquele de aumentar as suas capacidades técnicas a fim de superar os obstáculos oferecidos pela natureza — e também, em alguma medida, desenvolver a sua imaginação até ela ser capaz de conceber mais alternativas possíveis ao que a sua anterior ignorância ou incapacidade mental, ou o que se costuma chamar de horizonte mental estreito, o havia capacitado a conceber. Mas esses usos da palavra "liberdade" [*freedom*], embora razoavelmente familiares e claros, são percebidos, e com razão, como um tanto metafóricos: o fato de eu não ser capaz de pensar nas várias maneiras de me divertir que ocorrem a uma pessoa mais imaginativa não me fazem deixar de ser livre no sentido em que se diz que não sou livre quando alguém me tranca num quarto e assim me impede de obter algum prazer que eu possa desejar. Se sou incapaz de me livrar de uma violenta paixão ou *idée fixe*, que me faz esquecer o mundo inteiro na busca frenética da meta que me obseda, posso ser descrito sem dúvida como um "escravo" das minhas paixões; mas não sou literalmente um escravo e ninguém pensa em mim como um escravo no sentido em que Uncle Tom era escravo de Simon Legree. Algo é certamente comum aos dois casos — há algo que não estou a fazer, que poderia estar ou ter estado a fazer —, mas sente-se que o sentido básico ou mais literal da palavra "freedom" [*liberdade*] e da palavra "liberty" [*liberdade*] está ligado ao fato de que o obstáculo que me impede de fazer isto ou aquilo, de seguir meus desejos reais ou "potenciais", é a intervenção deliberada de um ser humano.[2]

Há todos os tipos de fatores naturais — físicos e psicológicos — que impedem um homem de fazer o que deseja, ou de desejar como um outro deseja ou poderia desejar. Mas esses obstáculos não são via de regra percebidos como objetos diretos da ação política, nem como questões de princípio político; pois a política tem a ver com arranjos deliberados feitos por seres humanos dotados de capacidade perceptiva, preocupados com o grau de interferência que lhes é permitido exercer sobre a vida uns dos outros. E quando se diz que surgem obstáculos sociológicos — por exemplo, a influência da educação ou do ambiente social sobre o desenvolvimento de um homem, considerada capaz de frustrá-lo ou mutilá-lo de algum modo — não estamos de todo seguros se a frustração resultante é ou não é uma privação de liberdade no sentido relevante. Não temos certeza porque não estamos tão convencidos dos fatos da causação sociológica como estamos seguros da causação psicológica ou fisiológica, sem falar da física; e, portanto, não sabemos ao certo se devemos considerar essa frustração como devida a causas naturais — não a atos humanos, mas ao que é na lei chamado *force majeure*, pela qual ninguém deve ser culpado —, não sendo assim absolutamente um caso de escravidão ou opressão no sentido político, nem devida ao comportamento evitável de seres humanos, não sendo portanto um caso de privação manifesta da liberdade imposta a alguém pela ação de outro, no sentido em que se espera que aqueles que são seus defensores lutem pela liberdade e ocasionalmente a garantam. Sentimos uma espécie de qualidade-limite nesses casos — como quando hesitamos em culpar um indivíduo ou um grupo por agir de maneira despótica, porque eles poderiam evitar agir desse modo, ou ao contrário não culpá-los, porque são "socialmente condicionados" e assim "não podem deixar de agir dessa maneira"; e isso em si mesmo indica que a palavra "liberdade" [*freedom*] tem um significado um tanto diferente nos dois casos, dos quais o caso-limite forma, por assim dizer, uma instância-ponte; tem algo em comum com ambos os casos, mas é algo desconcertante e problemático porque não pertence com bastante clareza a nenhum dos dois.

A liberdade em seu sentido político, não metafórico, significa ausência de interferência por outros, e a liberdade civil define a área da qual a interferência de outros foi excluída por lei ou código de conduta, seja este "natural" ou "positivo", dependendo do que a lei ou o código em questão tenha sido concebido para ser. Isso pode ser ainda ilustrado mediante certos usos da palavra "liberdade" [*freedom*] que são percebidos como corretos, mas um tanto ambíguos na sua força: por exemplo, a célebre expressão "liberdade econômica". O que aqueles que a inventaram queriam dizer era que a concessão de liberdades civis ou políticas — isto é, retirar todas as restrições de certos tipos de atividades apenas no tocante à interferência legal — era pouco útil para pessoas sem recursos econômicos suficientes para fazer uso dessa liberdade. Não pode haver nenhuma proibição quanto à quantidade de alimentos que um homem pode comprar, mas se ele não tem recursos materiais, essa "liberdade" [*freedom*] não lhe serve de nada, e dizer a ele que tem liberdade para comprar é zombar da sua indigência. Às vezes se diz que essa liberdade "não tem sentido", se a pessoa a quem ela pertence é demasiado pobre ou fraca para desfrutá-la. Entretanto, os defensores da liberdade política sempre viram uma certa injustiça nesse argumento; alguns deles tendam a dizer que o fato de a lei não proibir a compra de, digamos, alimentos ilimitados é uma liberdade genuína cuja retirada representaria um revés sério para o progresso humano. O fato de que os pobres não podem aproveitar essa liberdade é análogo ao fato de um surdo-mudo não poder tirar tanto proveito do direito da liberdade de expressão ou da reunião pública; um direito é um direito, e liberdade é liberdade, independentemente de se estar ou não em posição de tirar proveito disso. Mas percebe-se que aqueles que falam de liberdade econômica estão apontando um defeito genuíno numa organização social que torna os bens materiais teoricamente disponíveis para quem não pode na prática adquiri-los e mostram que essas pessoas são quase tão livres para tirar proveito de suas liberdades econômicas quanto Tântalo, rodeado por águas sem fim, é livre para beber por não haver nenhum regulamento que o proíba de fazê-lo.

Mas esse dilema, assim como muitos outros argumentos em que se percebe que ambos os lados estão dizendo algo verdadeiro, mas mutuamente incompatível, deriva sua qualidade paradoxal do caráter vago e da ambiguidade talvez inevitável — e nem sempre indesejável — das palavras. A mera incapacidade de fazer uso de algo que outros não estão impedindo ninguém de usar — digamos, um defeito biológico ou mental do futuro usuário, ou uma inabilidade para alcançar seu intento por alguma razão física ou geográfica — não é certamente considerada, como tal e em si mesma, uma forma de não liberdade ou "escravidão". E se as queixas sobre a ausência de liberdade econômica eram simplesmente lamentos de que algumas pessoas na sociedade não tinham de fato recursos suficientes para obter tudo de que necessitavam, apesar de tudo poder ser legalmente obtido, isso em princípio não diferiria das queixas sobre outras incapacidades, e seria tão absurdo descrevê-lo como ausência de liberdade quanto dizer que a posse de apenas dois olhos constitui *eo ipso* a falta de liberdade de possuir três olhos ou um milhão, o que afinal não é proibido por lei. A real plausibilidade da acusação daquilo que o termo "liberdade econômica" se propõe a transmitir deriva do fato de que implica, sem afirmá-lo sempre de modo explícito, que a incapacidade econômica do pobre não se deve meramente a fatores naturais, tampouco psicológicos ou sociais "inevitáveis", mas a uma atividade, se não deliberada, ao menos evitável, uma vez que seja levada a sério, de indivíduos, classes ou instituições específicos. O pensamento que existe por trás disso é que os ricos têm uma cota demasiado grande dos bens totais da sociedade, e essa é a razão pela qual os pobres têm tão pouco e assim não podem aproveitar as leis, que acabam favorecendo apenas os ricos. A implicação é a de que os ricos podem agir voluntariamente, ou ser forçados a agir, de tal modo que parem de privar os pobres dos recursos de que estes necessitam e desejariam alcançar se soubessem do que necessitam, recursos estes que, segundo os defensores da liberdade econômica, eles poderiam obter numa sociedade que fosse mais justa, isto é, administrada de modo diferente por seus organizadores, embora não necessariamente diferente, em qualquer aspecto físico, psicológico ou natural, da sociedade presente, menos justa. O que dá força à palavra "liberdade" na expressão "liberdade econômica" não é que represente a reivindicação de uma capacidade para a ação inexistente, mas que aponte o fato de que alguém priva outra pessoa de algo que lhe é devido; e "devido" nesse contexto, se interpretado de modo inteiramente explícito, significa ao menos o seguinte: que a pessoa ou as pessoas assim destituídas podem ser descritas como tendo sofrido interferência, abuso, coação, no sentido em que o homem forte interfere na vida do fraco ou um assaltante constrange a sua vítima.

Assim a "liberdade" denota em geral a ausência de coerção positiva ou a presença de restrição negativa por parte de um grupo de seres humanos em relação a outro; e reivindicações ou demandas de liberdade se referem com frequência ao tipo particular de coerção ou restrição que, nas circunstâncias específicas em questão, acabam impedindo os homens de ser, agir ou obter algo que naquele momento desejam ardentemente, e cuja falta, com ou sem razão, atribuem ao comportamento evitável de outros. Esse é certamente o sentido clássico das palavras *freedom* e *liberty* quando denotavam os princípios ou "causas" em nome dos quais, desde os primórdios da civilização ocidental, instituições como os Estados, as comunidades e as Igrejas lutaram para preservar certas formas de organização contra a interferência de fora, por mais que essas mesmas instituições tenham talvez acreditado em interferir na vida de indivíduos dentro de seus próprios conjuntos organizados; e os indivíduos, por sua vez, têm lutado contra a interferência de outros indivíduos ou grupos dentro ou fora de sua própria unidade, procurando reter, recuperar ou aumentar a área em que possam satisfazer seus desejos, sem oposição efetiva por parte de outros. Liberdade [*freedom*], no primeiro caso, é liberdade contra; liberdade [*liberty*] é livrar-se de. A liberdade *para* fazer isto ou aquilo revela-se, sob análise, a capacidade de livrar-se de obstrutores, a liberdade contra indivíduos que procuram interferir — isto é, desimpedir uma área contra a pressão de fora — sugerindo, mas não afirmando, o elemento positivo correspondente: a existência nos seres humanos de desejos, ideais, políticas que não podem ser realizados, a menos que as condições negativas para a sua realização sejam cumpridas — a menos que eles sejam de fato "livres" no seu funcionamento.

Na melhor de todas as defesas modernas da liberdade política — o ensaio de J. S. Mill sobre a liberdade — isso é extraordinariamente esclarecido. O objetivo de Mill, como o de todos os liberais de seu tempo, não é demarcar uma fronteira além da qual a interferência do Estado não deve chegar. Ele estabelece o princípio (se com ou sem razão, não é relevante neste ponto) de que a autopreservação é, no final, a única razão válida que um ser humano pode ter para obrigar outra pessoa a fazer o que ela não deseja fazer, pois usar a coação para qualquer outro fim colocaria em risco os valores que Mill mais aprecia — a não interferência na liberdade de expressão dos seres humanos, a proteção de vidas privadas e relações pessoais, a oportunidade para o desenvolvimento mais pleno e mais espontâneo da imaginação, intelecto e emoções dos homens, até o encorajamento positivo da excentricidade individual, desde que não obstrua ou viole a outrem além de certos limites estabelecidos e contribua para uma variedade de experiência mais rica, estimulando a originalidade, o temperamento, o gênio, permitindo o mais amplo campo para o desenvolvimento pessoal.

A liberdade [*freedom*], que é para Mill, como para todos os liberais do século XIX, o ideal político central — tão sagrado que a morte é certamente preferível à sua total extinção ou grave diminuição —, é ainda assim puramente negativa, quase mais uma condição necessária da boa vida que um seu ingrediente, no sentido de que apenas quando assegurada é que aquelas atividades que fazem a vida valer a pena se desenvolvem, florescem e produzem seu mais belo fruto. A liberdade [*freedom*], cujo preço é a "eterna vigilância", é uma operação defensiva perpétua que se apoia em baluartes que não seriam necessários se ela não estivesse em constante perigo. Os baluartes, porém, não são um fim em si mesmos; a operação defensiva pressupõe que há algo a defender, e esse algo não é a própria operação, mas as atividades e experiências intrinsecamente valiosas da humanidade — amor e amizade, relações pessoais, justiça e variedade na vida pública, artes e ciências —, todas as quais são elementos que compõem uma vida que parece um fim em si mesma para aqueles que a vivem, assim como a própria canção é o objetivo do cantor, diferentemente de elementos que são um meio para alguma outra coisa, mas como uma meta final, como a satisfação de impulsos e desejos básicos, como um elemento do ideal de felicidade ainda empírico, mas já não tão simples — ao contrário, excessivamente refinado, complexo e um tanto vago — em que J. S. Mill transformou o conceito bem claro, mas um tanto imaturo de seu pai e de Jeremy Bentham.

Quanto ao Mill sênior e Bentham, eles estavam perfeitamente satisfeitos com suas compreensões não inteiramente lúcidas nem muito sutis sobre a liberdade e a razão pela qual era desejável: a menos que a possuíssem, os indivíduos não podiam buscar racionalmente a sua maior felicidade. Adam Smith tinha descoberto o princípio misterioso, mas muito afortunado e maravilhosamente liberador, pelo qual os interesses de todos os homens, que procuram cada um racionalmente a sua maior felicidade, devem coincidir de maneira automática numa harmonia universal; a providência estava a favor do *laissez-faire*; toda ofensa contra esse princípio cardinal era uma ofensa contra seu poder benéfico. Na verdade, Bentham não era um defensor fanático do *laissez-faire*; tinha aceitado a noção original de Helvétius de que as recompensas e as punições devem ser arranjadas de modo a fazer com que os homens procurem a sua própria felicidade, sabendo disso ou não (ou desejando-a conscientemente ou não, pois Bentham não tinha dúvidas de que inconscientemente era o que todos os seres sensíveis queriam, a felicidade e tão somente a felicidade), por meio de uma espécie de condicionamento sociológico e psicológico engenhosamente arrumado; e disso parecia seguir-se que àqueles que arranjavam a sociedade dessa maneira teria de ser dado mais poder que àqueles para os quais ela estava sendo arranjada — para cujo benefício o arranjo tinha sido inventado —, e poderia parecer que se tolhiam as liberdades [*liberties*] dos súditos para dar maior liberdade [*freedom*] de ação aos virtuosos legisladores.

Bentham claramente não se importava muito se as coisas eram assim: ele se preocupava, ou achava que se preocupava, apenas com o descobrimento das condições para a maximização da felicidade do maior número de pessoas possível. Bentham recusava envolver-se com qualquer discurso de direitos naturais, deveres morais, intuições éticas, lei natural, revelação, os fins apropriados do homem, verdades metafísicas autoevidentes — toda a parafernália filosófica dos teólogos, metafísicos, *philosophes*, revolucionários, com todas as suas muitas marcas registradas de filosofias políticas e morais, inclusive as ideias que acabaram inseridas nas listas de direitos e deveres cívicos e humanos traçadas pelos autores das revoluções Americana e Francesa. Tudo isso parecia ao empirismo resoluto e inflexível de Bentham a tal ponto um lixo sem sentido, um abuso de linguagem, um amálgama obsoleto de fórmulas mágicas, uma mistificação deliberada ou uma arenga vazia, que nunca tinha significado nada e era então considerado por todos os homens sensatos como mera algaravia. Entretanto, ele aprovava tudo o que achava verdadeiro, mesmo que fosse expresso numa fraseologia grotesca, e a paixão francesa (ou americana) pela vida ou liberdade, fraternidade, igualdade ou busca da felicidade, como os direitos naturais, embora a própria fórmula fosse, na sua opinião, quase sem sentido, indicava alguma compreensão, ainda que imperfeita, das condições em que unicamente a máxima felicidade poderia ser assegurada.

Bentham acreditava que a felicidade poderia ser maximizada por uma organização racional da sociedade, e que uma grande dose de liberdade individual era necessária para esse fim, primeiro porque as pessoas em geral não gostavam de ser coagidas, e segundo porque a felicidade não podia ser maximizada enquanto fosse permitido que interesses velados de certos grupos procurassem cumprir seus fins sinistros contra o bem comum, a saber: o estado de maior satisfação do maior número de objetivos individuais na forma mais segura e intensa possível. Mas a liberdade permanecia para ele um meio, assim como a igualdade é um meio (a fraternidade é um pouco de sentimentalismo cristão, que Bentham claramente considerava quase indigno de menção), para a máxima satisfação do maior número possível de desejos. É de fato bem claro que o seu bordão "Cada um conta por um e ninguém conta por mais do que um"[3] é pura igualdade pela igualdade — o princípio da justeza —, quase kantiana no seu rigor. Mas as razões que tinha para isso eram, segundo sua própria teoria, estritamente empíricas. Era possível que sociedades desiguais produzissem mais felicidade per capita do que as relativamente igualitárias; e era possível que as pessoas preferissem a vida na escravidão ou na prisão ao gozo das liberdades políticas. Tudo isso era possível, mas na verdade não acontecia: a observação da natureza humana (Bentham tinha pouco amor ou interesse pela história) mostrava que acontecia o contrário. Por isso, no início da sua vida, Bentham não defendia a liberdade e a igualdade política com muito ardor, porque acreditava que uma sociedade utilitarista seria construída com mais rapidez e eficiência por um déspota astuto e benévolo, que talvez fosse mais fácil de persuadir que

224

uma assembleia. Depois, mais para o fim de sua vida, passou a apoiar o regime democrático simplesmente porque perdera a esperança de encontrar ou produzir um déspota adequado e porque considerava os interesses velados de minorias econômicas, políticas e religiosas como um obstáculo maior à felicidade que as loucuras das democracias, e decidiu pelo mal menor. Ele não nos diz como conciliar a igualdade e a liberdade, mas seja de que maneira isso for feito (ou deixar de ser feito), a liberdade é para ele liberdade contra — contra tolos e patifes, interesses locais e governos ambiciosos ou opressivos, inimigos no exterior, e conterrâneos indolentes ou estúpidos, egoístas ou misantropos, puritanos ou fanáticos, ou simplesmente intolerantes e preconceituosos.

A liberdade só é um ideal enquanto estiver ameaçada; como a guerra e a ciência econômica, ela deve ter como fim supremo abolir as condições que a tornam necessária; a sociedade ideal não seria consciente da necessidade de liberdade. Pois a liberdade é uma simples garantia contra a interferência, e só sentimos a necessidade de garantias quando existe a ideia desses perigos, que para serem evitados nos levam a providenciar tais garantias. A luta pela liberdade é a luta para criar uma situação em que o próprio nome "liberdade" é esquecido; mas essa é uma conjuntura ideal; e poucos dos pensadores empíricos e sensatos, de que descendem na sua maior parte os liberais posteriores, supunham que a liberdade fosse completamente alcançável na prática, no sentido em que os verdadeiros anarquistas — Godwin, Fourier, Stirner e Bakunin —, e talvez, às vezes, Condorcet, viam a liberdade como uma possibilidade prática não muito distante, precisando apenas de uns poucos reajustes de fundamentos sociais para realizá-la; e são por essa razão justamente relegados à categoria de visionários, maníacos e excêntricos, muitas vezes talentosos e fascinantes, às vezes profundamente influentes, mas sempre demonstravelmente insanos.

Quando a noção, não inteiramente sem mistério, da liberdade nesse sentido negativo ingressa num cenário metafísico — conectada, como acontece com frequência, com a noção de lei natural no sentido teleológico de toda a natureza a conspirar para atingir uma única meta, ou com as crenças metafísicas ou teológicas sobre a natureza do homem e sua função ou propósito na ordem natural ou divina — entra em ação a noção dos direitos naturais, inerentes ou inalienáveis que os homens possuem inatamente, isto é, em virtude de suas naturezas transcendentes ou superempíricas, constantes, inalteráveis, imateriais. São claramente de origem não humana direitos tão sagrados que nenhum arranjo humano pode prevalecer contra eles ou alterá-los: e na verdade aqueles que os defendem, mesmo quando, como acontece com Paine, Condorcet, ou até Rousseau, a sua crença em qualquer divindade reconhecível parece duvidosa, concordam ao menos em reconhecer nos homens um poder de percepção não empírica — frequentemente chamado por eles de razão — que discerne um sistema de relações entre seres dotados de percepção (alguns incluem os animais e outros não; mas não há necessidade de se preocupar com as divagações mais extravagantes dessa escola) de tal forma que a execução ou omissão de certas ações deixa de satisfazer determinadas reivindicações aprioristicas que, dentro desse sistema, os indivíduos "possuiriam" uns em relação aos outros.

Essas reivindicações são geralmente representadas como reivindicações justificadas pela existência de uma lei natural que é "quod ubique, quod semper, quod ab omnibus creditum est",[4] e da qual temos garantias *a priori*; assim elas seriam um reflexo (os seus defensores diriam os originais) de reivindicações criadas por leis positivas, feitas pelos homens. Às vezes a existência desse sistema metafísico fundamental é esquecida, e os direitos naturais são concebidos como entidades, atributos ou relações isolados, por alguma razão "inerentes" a agentes morais de uma forma totalmente única e inexplicável: como "direitos do homem" imprescritíveis e eternos, algo que torna erradas ou eternamente perversas, além de aprioristicas, certas formas de interferência ou frustração causada por outros ou por sua recusa de fornecer bens ou serviços, embora não fique claro por meio de que lógica ou processo cognitivo se chega a tais conclusões. Desses direitos, ainda que inerentes e indestrutíveis, pode-se ainda assim "abrir mão" ou até desistir, como na teoria do contrato social de Hobbes, embora não se possa renunciar a todos — Locke supõe que dos direitos à vida, liberdade, segurança e propriedade não se pode abrir mão; e Rousseau não é absolutamente claro a esse respeito. Mas qualquer que seja o "status metafísico" dessas entidades peculiares, e seja como for que elas venham a ser "possuídas" ou "mantidas" por indivíduos ou grupos, ou deles "alienadas" — até Godwin, que não tinha objeções a leis da natureza totalmente *a priori*, não compreende o que são essas entidades, se são "transferíveis" ou "inalienáveis" —, o que elas parecem ter significado em termos políticos não é obscuro: a afirmação de sua existência equivalia a sustentar que os limites de interferência não eram traçados por convenção *ad hoc* entre os seres humanos, mas por alguma regra ou arranjo que devia ser preservado como um fim em si mesmo. Esse era um dos valores supremos — não importa como se estabelecia o que eles eram — que não precisava de justificação em termos de outros valores, porque eles pertenciam à posição superior na hierarquia de valores a partir dos quais tudo o mais era testado e justificado; e modificações de menor importância nesse padrão só poderiam ser realizadas com o consentimento das pessoas implicadas, esse grau de elasticidade sendo justificado, por sua vez, pelo fato de que também o consentimento era um valor supremo, um dos que não excediam de fato os outros valores em autoridade a ponto de aboli-los completamente — os direitos não dependiam do consentimento, mas eram "absolutos" —, mas que de vez em quando podiam resolver conflitos ou colisões de menor importância. Mas é claro que o conceito da santidade dos direitos deve muito à defesa kantiana da dignidade humana — da natureza moral do homem como a fonte de tudo o que é valioso, de tudo o que o eleva acima da natureza e torna a morte preferível à rendição, à degradação, à negação do que ele sabe ser verdade. E dizer que esses atributos são apriorísticos parecia um modo de enfatizar sua singularidade, sua suprema importância, e, para os humanistas, seu caráter sublime.

No entanto, quer concebida nos termos quase mitológicos dos que verdadeiramente acreditavam nos direitos naturais, como Paine, Condorcet e alguns, ao menos, dos pais fundadores das Repúblicas americana e francesa, quer de maneiras mais positivistas ou empíricas, como o faziam Hume, Bentham ou Mill, quer ainda dentro da curiosa área intermediária entre as duas posições em que alguns dos advogados e escritores constitucionais sobre a democracia pareciam pensar, a noção de liberdade continua a ser, para os liberais, não um objetivo positivo, como o prazer, o conhecimento ou a beatitude almejada pelos sábios orientais ou santos ocidentais; nem uma meta positiva, como os deveres de Kant ou os estados de espírito ou corpo aprovados por Hume. É apenas o meio que deve ser adotado para impedir que esses objetivos positivos sejam frustrados — os hábitos políticos, com leis a sustentá-los contra o colapso em casos individuais, que tornam possível a realização do objetivo favorecido. Ser livre é não ser obstruído, ser capaz de fazer tudo o que se desejar. Ser absolutamente livre é encontrar-se num estado em que nada pode se opor aos desejos humanos — ser onipotente. Ser absolutamente livre no sentido social ou político normal da palavra, tanto na vida privada como na pública, é não ter seus desejos obstruídos por nenhum outro ser humano. Ser relativamente livre, no sentido de Mill, é não ser obstruído dentro de limites estabelecidos com precisão ou concebidos de forma mais ou menos vaga. Liberdade não é uma palavra que denota uma finalidade humana, mas um termo para a ausência de obstáculos, em particular obstáculos que resultam de ação humana, para a realização de quaisquer fins que o homem possa almejar. E a luta pela liberdade, como a luta pela justiça, não é uma luta por uma meta positiva, mas por condições em que os objetivos positivos podem ser realizados — o ato de limpar um espaço que, à falta de fins dignos o suficiente para serem perseguidos em si mesmos, permanece um vácuo.

A LIBERDADE POSITIVA

Mas isso não é absolutamente o esboço de toda a história, nem mesmo do conceito moderno de liberdade. Ao longo de toda a história da discussão sobre a liberdade, que é quase tão antiga quanto o próprio pensamento especulativo, existe uma tendência a falar de algo que era chamado uma noção *positiva* da liberdade, em oposição à assim chamada "negativa" de que falamos acima. Uma dessas noções de "liberdade positiva" — a doutrina da autoadaptação ao padrão inalterável da realidade para evitar ser destruído por ela — já foi mencionada; e um tal sentido de "liberdade" é claramente peculiar, pois resolve o problema de como evitar a interferência recomendando a sua aceitação como inevitável e em consequência — é uma consequência muito curiosa — já não mais interferência; em outras palavras, concilia conflitos declarando-os sempre ilusórios e assim sem necessidade de solução no nível em que ocorrem. Entretanto, aceitar uma situação como inevitável parece *prima facie* muito diferente de escapar do problema; e a maneira de se identificar as duas atitudes parece ser realizada substituindo-se a noção de livrar-se da interferência pela ideia de adaptação, felicidade ou contentamento sem atritos, a que se dá o nome de liberdade.

Uma versão bem mais plausível desse procedimento peculiar é aquela doutrina estoica que se introduziu tão profundamente na textura do cristianismo, pela qual o sábio é livre porque nenhum fator externo, sobretudo os materiais, pode perturbar a sua paz de espírito ou alma, e nisso reside a *verdadeira* liberdade. A doutrina liberal da liberdade implica certamente a possibilidade de que forças externas, humanas ou naturais, intencionais ou não intencionais, *podem* frustrar os esforços de um indivíduo, e que é isso o que se quer dizer quando se afirma que ele não tem liberdade num ou noutro grau.[5] A recomendação estoica não é lutar contra os invasores do nosso território, os intrusos e tiranos, mas permanecer invulneráveis a suas atividades livrando-nos de todos os nossos aspectos que eles podem, no seu estado mais terrível e cruel, ferir ou destruir. Desejo conservar os meus bens, e o tirano, quer seja um indivíduo quer uma assembleia, me priva deles. Para evitar a frustração, isto é, a perda de liberdade, devo matar o desejo: educar-me de modo a não mais cobiçar bens e assim tornar-me indiferente à perspectiva de conservá-los ou perdê-los. Os inimigos me cercam de todos os lados, ameaçam meus bens, minha família, minha vida. A única garantia segura de conservar a minha liberdade é fazer com que ela resida em alguma região em que meus inimigos não podem penetrar; se já não me sinto ligado a meus bens, à minha família ou à minha vida, a sua perda não pode me afetar. A política advogada é a de um tipo de retirada estratégica de territórios que poderiam em princípio estar sujeitos ao perigo de agentes fora do meu controle, uma política de autocontenção, uma autarquia (um termo que foi realmente usado nesse mesmo sentido pelos escritores estoicos), de autossuficiência num terreno cada vez mais estreito.

Em outras palavras, há duas maneiras de impedir que meus desejos sejam frustrados: posso derrotar aqueles que ameaçam me impedir de realizar meu desejo, e isso faço pela força ou talvez pela persuasão, por exemplo, pela lei pública ou pela influência privada; ou, alternativamente, posso me livrar do próprio desejo, e nesse caso os meus opositores não encontrarão nada a que se opor. Não se pode dizer que no segundo caso realizo os meus desejos, porque já não há desejos a realizar. Já não preciso de um exército, pois não resta nada a defender. A cidadela interior do espírito, segundo os pensadores cristãos e estoicos, é a única verdadeira liberdade, porque é incapaz de invasão; se uma coisa precisa de defesa, é melhor que seja cortada fora antes que surja a necessidade de defendê-la; dessa maneira, posso garantir a minha liberdade e independência para sempre.

Essa doutrina "positiva" da liberdade tem exercido uma profunda influência sobre o pensamento da humanidade tanto no Oriente como no Ocidente. A noção budista de matar todos os desejos carnais ou o amor aos objetos por produzirem estes dependência de coisas terrestres, as quais, por acaso ou de propósito, podem ser tiradas de mim e assim me deixar inquieto e miserável, prega a mesma doutrina: quanto menos sou, menos há o que defender; a única segurança verdadeira é a retenção daquilo que nenhum inimigo pode alcançar.

Há apenas um território assim inviolável, o meu espírito interior, e absorver-me nele me deixa insensível a qualquer coisa que o mundo exterior possa me fazer. O que é precário nunca é inteiramente livre; está sempre em perigo de invasão, sempre tremendo, sempre armado ou desejando estar armado, e a preocupação com o perigo é incompatível com aquela serenidade em que tão somente pode se dar a realização de qualquer coisa que valha a pena obter por si mesma. A nossa existência terrena é cheia desses alarmes, guerras e boatos de guerras. A verdadeira liberdade deve estar de alguma forma fora dessa existência: para os cristãos, os judeus ou os muçulmanos, em alguma condição futura; para os estoicos, Spinoza e alguns dos idealistas alemães, na condição interior protegida pela sua independência metafísica de tudo o que possa acontecer para desconcertar o eu empírico — o corpo, seus sentidos, apetites e desejos — no curso do tempo e do espaço.[6]

Essa doutrina, que tem se tornado familiar em nossos dias pela popularização no Ocidente de vários tipos de religiões místicas orientais, parece mais uma vez, *prima facie*, basear-se num jogo com o significado das palavras. A paz é uma coisa e a liberdade, outra, e a paz pode ser preferível à liberdade e até ser possível sem um certo grau de liberdade, mas não é idêntica a ela.[7] O meu grau de liberdade é medido pela extensão em que os meus desejos estão sendo impedidos de realização. Quanto menos desejos tenho, menores são as possibilidades de ser frustrado. Se não tenho desejos, não posso ser frustrado de modo algum, e se a liberdade consiste na ausência de frustração, sou completamente livre. Mas, pelo mesmo raciocínio, sou também completamente livre se deixo de existir. Por isso a extinção total é a única liberdade completa: nenhum homem é inteiramente livre até deixar de ser. Mas quando deixou de existir, parece ininteligível considerá-lo livre ou não, pois ele já não está mais lá para que tais propriedades — ou a ausência delas — sejam a ele atribuídas.

Há algo de especioso no raciocínio que argumenta que a liberdade de um desejo satisfeito é liberdade no mesmo sentido que a de um desejo eliminado. Se um homem sente dor num membro, há sem dúvida duas maneiras de livrar-se do sofrimento: uma é curar a doença, a outra, cortar fora o membro. Pode haver circunstâncias que necessitem da amputação, mas somente se for provável que a dor se torne intolerável ou que a doença se espalhe para outras partes do corpo. Mas isso normalmente não é considerado nem a melhor nem a mais óbvia solução do problema, senão é o que se faria sempre que a menor dor fosse sentida (o que preveniria a necessidade de voltar a se preocupar até mesmo com a mais remota possibilidade de sua recorrência). Não há razão para que bebês ao nascer, ou em qualquer idade que pareça ideal, não tenham amputados o maior número de membros que presumivelmente pudessem ser afetados por doenças conhecidas, permanecendo ainda assim capazes de vida (mas ameaçados por um número menor de enfermidades). Há até uma proposta para abandonar todos os recém-nascidos, e não apenas os deformados, e assim acabar com a raça humana na sua condição de herdeira, de modo geral, de tantos males da carne — e isso é o que os pensadores pessimistas em várias épocas chegaram perto de advogar e também o que de fato estimulou um bom número de suicídios. Encolher-se na menor área possível, para deixar a menor parte possível de si vulnerável às forças da natureza ou aos atos dos homens, é menos busca de liberdade do que de segurança. E sem julgar entre os valores relativos desses propósitos diferentes, basta apontar que são diferentes. Pois a liberdade consiste numa condição em que não se interfere na realização dos propósitos de um homem; ao passo que a segurança consiste na eliminação de perigos, independentemente da questão de se há propósitos a serem realizados ou não. A questão de se é melhor ter muitos propósitos, com uma defesa relativamente pequena contra os fatores adversos que talvez interfiram na sua realização, ou menos propósitos, com uma chance melhor de realização, é sem dúvida um problema prático, perfeitamente real, que aparece em todas as instâncias. Entretanto, esse não é o problema da liberdade, mas um problema quase utilitário de calcular os fatores no mundo empírico com o intuito de se obter o máximo possível do que se deseja. A solução ascética para esse problema elimina com efeito a liberdade ao eliminar os desejos, isto é, a necessidade de ser livre — em favor de alguma outra coisa. Essa solução pode merecer ou não ser considerada em si mesma, mas o certo é que substitui uma suposta entidade por liberdade e esconde esse fato ao chamar ambas pelo mesmo nome.

Embora qualquer processo que procure resgatar da escravidão total uma pessoa ou uma instituição eliminando uma parte dessa pessoa ou instituição para salvar o que resta não atinja a meta original — a liberdade do conjunto —, ele às vezes adota a forma de considerar essa porção que é salva como sendo em algum sentido "mais real" do que a parte que foi abandonada. Se me encontro em um mundo em que estou exposto às leis férreas da natureza e, por onde não se estende o domínio da natureza, exposto ao acaso cego ou aos atos irracionais e arbitrários da crueldade, loucura e injustiça humanas, posso me consolar com a reflexão de que não pode ser completamente genuíno um mundo em que o meu destino é tão precário, a virtude ineficaz e os sofrimentos imerecidos inevitáveis; e de que há em algum lugar uma região em que as minhas demandas éticas, intelectuais, estéticas e espirituais *são* satisfeitas — em que tudo o que é desarmônico, feio, ininteligível, tudo o que ofende ou desconcerta o intelecto ou as emoções, torna-se por fim inteligível, harmonioso e satisfatório para a razão e a imaginação. Esse mundo seria claramente superior à trivialidade monótona ou às catástrofes destrutivas que levam os homens a se angustiar com os objetivos do mundo empírico; e porque ele é coerente e fornece soluções para os problemas atormentadores, e porque a realidade dificilmente pode ser concebida como incoerente, ele deve ser mais "real" e também mais agradável do que o mundo da vida comum.

O pensamento religioso transcendental tende a situar esse mundo além do universo material, como a vida depois da morte, nos campos elíseos ou no paraíso, terrestre ou celeste, das religiões monoteístas, ou a descrevê-lo como a eternidade da qual a existência terrestre não é senão um reflexo ilusório. Os gregos, os romanos e o Livro do Gênesis falam de uma era de ouro, da qual a história humana tem sido um processo constante de degeneração; os otimistas que acreditam no progresso inevitável do homem — Turgot, Condorcet, Saint-Simon, Comte, Marx — o situam num futuro mais ou menos distante. Mas nos séculos XVII e XVIII, sob a influência principalmente da doutrina protestante da luz interior contida dentro de cada alma imortal, desenvolveu-se a noção de que esse mundo de tranquilidade divina, incapaz de ser perturbado por tempestades ou desgastado pelos fracassos do mundo material, não devia ser encontrado nem no passado remoto, nem no futuro remoto, nem entre alguma tribo feliz de aborígines inocentes descrita nos relatos reais e imaginários de viajantes, narrativas que eram muito numerosas no final do século XVII e no século XVIII, tampouco em alguma região inefável que a teologia ou as declarações dos místicos só podiam obscuramente sugerir, mas residia no reino do próprio espírito humano, acessível a todo homem no curso da sua vida terrestre.

Segundo essa visão, há duas vidas vivenciadas pelos homens, a vida da carne e a vida do espírito. A primeira está sujeita a todas as leis materiais descobertas e classificadas pelas ciências naturais, e forma o reino da natureza ou da necessidade. A segunda obedece apenas às leis do espírito — a que Kant, seguindo Aristóteles e as principais tendências da filosofia ocidental, chamava razão — e é o único contexto dentro do qual se pode falar inteligivelmente de propósitos morais e espirituais, ou da verdade e falsidade absolutas, ou de valores absolutos de qualquer tipo. Spinoza negava que a categoria do propósito pudesse ser aplicada à natureza: a natureza é mera matéria, e suas leis são as de um mecanismo, a sucessão inalterável de causa e efeito. Como a matéria não tem desejos, nem é consciente de si mesma, não faz sentido atribuir-lhe propósito. Os materialistas do século XVIII o seguiram nesse ponto, e sustentavam que Leibniz e os pensadores cristãos que detectavam esses propósitos até na matéria morta, por meio de uma percepção metafísica que diziam possuir, não tinham de fato nenhuma faculdade desse tipo, nem o direito de fazer essas afirmações. Mas o que se aplica aos objetos materiais não se aplica aos sujeitos — centros de pensamento, volição, atividade. O antropomorfismo é a falsa analogia que levou à espiritualização panteísta da natureza e obscureceu o profundo abismo escancarado entre a natureza e o espírito. O universo material é determinado por leis causais, e consequentemente o pensamento de liberdade a ele aplicado é irracional, na medida em que nega essa determinação e atribui às coisas relações que, na verdade, existem apenas entre as pessoas. O universo material ou é governado por leis que o tornam passível de classificação e explicação pelas ciências, ou procede de maneira aleatória, e nesse caso as explicações científicas não podem ser aplicadas a ele. A própria noção de liberdade, sugerindo a noção de escolha e a ausência de obstáculos para a sua realização, é inaplicável a não ser a agentes, isto é, seres com propósitos, uma categoria que não tem aplicação para a natureza material. Toda a noção de liberdade diz respeito às relações de vontades ativas entre si ou consigo mesmas e só é inteligível em termos de uma esfera à qual as leis causais não se aplicam, na qual é apropriado falar de meios e fins, razão e irracionalidade, liberdade e sujeição, criação e destruição, harmonia e caos, justiça e injustiça, certo e errado — conceitos que não significam nada se aplicados a árvores, pedras ou a qualquer uma das entidades das ciências naturais.

Essa noção de dois mundos — o mundo material, causalmente determinado, no qual o corpo humano obedece às leis da natureza tanto quanto qualquer outro objeto material, em oposição a um mundo moral, intelectual ou espiritual, em que o homem é livre para construir e seguir os ideais que desejar, o mundo da arte, da religião e das ciências mais abstratas, limitado, talvez, mas não determinado pelo comportamento da matéria no espaço —, a distinção entre espírito e matéria, alma e corpo, o reino da liberdade e o da necessidade, os sujeitos ativos e os objetos passivos, propósito e causalidade, realidade e aparência, esse é o grande dualismo que domina todo o pensamento ocidental, cristão, judaico e pagão — a mesma noção que os materialistas mais céticos tanto do século XVIII como do XIX começaram a destruir. Holbach dedica as suas páginas mais eloquentes a demonstrar que o mundo do espírito é uma quimera com que os padres ou os metafísicos, por erro ou desejo inescrupuloso de enganar, confundiram a humanidade. Os materialistas do século XIX falam do mundo do espírito como o universo em que os intelectuais burgueses alemães se refugiaram da impotência e humilhação da sociedade mesquinha, mas despótica de seu tempo, e que eles povoaram com todas as propriedades românticas que desejavam com ardor e que lhes tinham sido negadas em Berlim, Weimar e Jena.

As noções da presença e ausência da liberdade são centrais para ambos os mundos: está totalmente ausente do mundo inferior ou material, e está no coração da quintessência do mundo superior ou espiritual. O homem livre é o homem cujo espírito segue as suas próprias leis "internas" de desenvolvimento, isto é, os propósitos morais e estéticos, os princípios lógicos, históricos, jurídicos, que constrói e impõe a si mesmo de acordo com seu próprio ideal interno. Enquanto a vida social for concebida como um conjunto de relações puramente materiais, a liberdade política não pode significar nada em tal contexto — quando muito, apenas a criação de arranjos como o de tornar possível o livre desenvolvimento espiritual. Na medida em que se refere a relações entre espíritos livres — seres humanos, cada um empenhado em realizar o seu próprio desígnio interior — a "liberdade" toma forma na doutrina kantiana de que os espíritos livres estão proibidos, pelo próprio reconhecimento da existência de liberdade mútua, de negar essa liberdade em ação, isto é, tratar uns aos outros como se não fossem fins em si mesmos, autores e encarnações do único desígnio fundamentalmente valioso no universo, o autodesenvolvimento do ser humano individual,[8] segundo a sua própria razão interna, em busca de ideais concebidos como absolutos por ele próprio.

Essa doutrina foi desenvolvida com grande originalidade e força por Schiller, que aceitou a divisão kantiana do mundo em uma esfera de causação mecânica e no eu interior inviolavelmente livre, desenvolvendo a partir disso a sua doutrina estética, segundo a qual a arte — e, na verdade, todas as autoexpressões humanas do tipo criativo — é uma forma de *jogo*. Quando participam de um jogo, as crianças dão plena liberdade à sua imaginação, suspendem aquelas leis que de fato subsistem no mundo comum, e criam tipos ideais dotados apenas de características — e unidos apenas com leis — que seus autores escolhem. Elas "postulam" e com isso "criam" mundos imaginários, em que é restaurada toda a liberdade que falta na vida real por causa de leis "brutas" que atuam com rigor, não importa o que os homens possam desejar. As leis dos pretensos mundos das crianças não são generalizações capazes de explicar acontecimentos, mas, sendo inventadas *ad hoc*, são normas que justificam o que acontece. Assim o artista — o único verdadeiro criador sobre a Terra, o que mais se aproxima do poder criativo de Deus ou da natureza — executa a mais sagrada de todas as tarefas que cabem ao homem: a partir de sua alma interior, armado apenas com seu próprio intelecto e imaginação, poderes emocionais e espirituais e capacidade criativa, ele amalgama a vida no material morto fornecido pela natureza e infunde-lhe a forma que escolher, uma forma convincente, bela, permanente, esteticamente válida, na medida em que consegue encarnar dentro dela ideias, sentimentos, valores, percepções, atitudes, que são os elementos de sua própria vida interior "livre".

A doutrina da arte como jogo proposta por Schiller acarreta esse contraste entre os dois mundos, o mundo da realidade empírica, em que obedecemos a leis, querendo ou não, e somos frustrados por obstáculos que não podemos remover e, na melhor das hipóteses, só podemos esperar nos adaptar ao padrão inexorável que não criamos nem desejamos, que aceitamos mas por necessidade, não por escolha, quando "Por quê?" significa apenas "O que acontece depois do quê? Seguindo ao quê?"; e o outro mundo, pelo qual nós é que somos inteiramente responsáveis, no qual somos totalmente livres para criar como nos aprouver, o qual encarna tudo o que nossos intelectos, imaginações, emoções e poderes de criação são capazes de realizar, construindo dessa maneira os ideais pelos quais vivemos. Nesse ponto, "Por quê?" significa "Por amor ao quê? Para realizar que propósito?". Esses ideais não são algo descoberto nem pela contemplação da natureza e pela tentativa de descrever e predizer o seu comportamento, nem somente no curso do comportamento cotidiano, na medida em que este se limita a resistir à natureza recalcitrante, ou a tentar a nossa adaptação às leis inflexíveis que a regem. Esses ideais não são absolutamente descobertos, mas *criados* — inventados assim como o artista cria e inventa. Não são algo que encontramos, mas algo que impomos à matéria morta com que inevitavelmente nos deparamos, na qual nos movemos, vivemos e temos o nosso ser.

A tese central é que todo ser humano tem dentro de si um espírito ativo, uma personalidade composta de desejos, paixões, capaz de construções intelectuais ou imaginativas, e com um impulso criativo para imprimir tudo isso no mundo morto da natureza, de modo a criar algo que o ato da criação anima realizando uma obra de arte, história ou religião, uma filosofia ou até uma constituição política, que pode inspirar ou repelir, evocar amor ou ódio e alterar a vida interior dos homens, porque ela própria é a expressão — a livre expressão — de um ideal, um fim que alguns seres humanos propuseram a si mesmos como a meta ou o padrão de suas atividades. Embora desenvolvendo ostensivamente apenas a sombria noção kantiana da razão dentro do eu numênico, Schiller na verdade deu nova vida a uma ideia poderosa na Renascença, e talvez ainda mais antiga que a filosofia platônica da qual se originou, pela qual o artista é um demiurgo, um criador de mundos, repetindo numa escala menor a obra do grande Criador. Tudo o que é nobre, sublime, irresistível, digno de ser feito, a que vale a pena se submeter, digno de adquirir ou expressar, não é *encontrado*, mas *criado*. A ética não é descritiva — um registro de verdades embutidas em alguma esfera exterior, tesouros esperando ser revelados e descritos — mas *normativa*. Adota a forma de leis, máximas, comandos, gritos de guerra, que não são nem verdadeiros, nem falsos, porque não afirmam nada, mas apenas bons ou maus, certos ou errados, rasos ou profundos, genuínos ou falsos, criativos ou destrutivos. A moralidade e a arte são, nessa medida, paralelas; a partir da pedra, de palavras ou qualquer outro meio, ambas criam mitos, ideais, padrões de som ou cor, dos quais é vão perguntar se são verdadeiros ou falsos, no sentido de corresponderem ou deixarem de corresponder a alguma realidade externa, e trivial perguntar se estimulam a aprovação ou a desaprovação, ou se estimulam o prazer ou a dor. Constituem fins, propósitos, mandamentos, modos de vida, compreensões das metas deste ou daquele modo de vida e ação, que iluminam porque instigam o espírito humano a realizar suas possibilidades criativas, o que ele pode fazer e ser. Não *derivam* da natureza inanimada, como ensinava Montesquieu: antes a modelam, dirigem e transformam.

A educação — *Bildung* —, a formação de seres humanos, a ideia central pela qual o célebre grupo de humanistas alemães nesse período — Goethe, Schiller, Herder, Humboldt — é merecidamente lembrado, consiste no desenvolvimento da personalidade em toda sua plenitude, o desenvolvimento ilimitado de toda faculdade e propriedade da maneira mais rica e variada possível. E, para atingir esse estado que preserva um ser humano de contradições internas, da dispersão, frustração e autodestrutividade que resulta da ignorância das reais condições da vida e do combate vão contra elas, ou da consequente busca de ideais utópicos ou contraproducentes, o que se faz necessário é uma mescla judiciosa de informações científicas sobre o mundo real (concebido nos termos kantianos de uma ciência newtoniana fundamentada sobre a descoberta das leis da natureza de acordo com categorias impostas por nossa própria compreensão) com propósitos e ideais criados de modo espontâneo por todo homem individualmente para si mesmo — formas e modelos morais, espirituais e estéticos ideais. Esses modelos ideais são propostos por todo homem para si mesmo, não "dados" (*gegeben*) a ele como um objeto da experiência, mas determinados (*aufgegeben*) como uma tarefa, como uma meta, uma demanda, uma reivindicação, uma ordem; e a partir desse ideal pode ser estabelecida uma correlação harmoniosa entre os muitos desejos, deveres e reivindicações conflitantes que parecem pressioná-lo como que de fora — os objetivos da vida. As soluções para as questões políticas do tipo "Por que viver assim e não de outra maneira?" devem ser concebidas como uma forma harmoniosa e coerente de vida, talvez encarnada em algum exemplo real ou imaginário, assim como as vidas dos santos — ou do próprio Cristo — eram apresentadas aos cristãos, ou as vidas dos homens bons e notáveis da Antiguidade clássica aos gregos ou romanos, ou aos helenistas e republicanos virtuosos na Europa Ocidental desde a Renascença até a Revolução Francesa. Mas tais figuras já não precisam ser necessariamente concebidas como pessoas históricas, indivíduos reais cujo exemplo somos intimados a seguir por razões históricas ou teológicas, mas antes como ideais eternos, tornados vívidos ao serem encarnados nas vidas de pessoas reais ou imaginárias, em mitos ou romances, revelando ao mesmo tempo os fins perseguidos pela natureza e pelos homens (como as parábolas ou fábulas revelam verdades de modo mais vívido que métodos mais discursivos) e impostos a si mesmos pelo intelecto, imaginação e vontade livres, instigados pela percepção de que também eles fazem parte desse padrão, desejando inconscientemente esses mesmos fins; e, por esse mesmo ato, dando forma e direção a todas as nossas atividades, quer nas ciências, nas artes, quer nas diferentes situações criadas pelas exigências da vasta variedade da vida privada e pública.

Esse modo de pensar levou ao surgimento de dois conceitos relativamente novos, que desse ponto em diante dominam o meio século seguinte da filosofia europeia. O primeiro é a noção de que os fins da moral e da política não são descobertos, mas inventados; não são encontrados em alguma região diferente do indivíduo, mas lhe são exteriores, no sentido em que é exterior o reino da natureza em que ele descobre os dados para o conhecimento dos fatos, especialmente o conhecimento científico desses fatos; mas são impostos por um homem a si mesmo num curioso ato reflexivo, se não num ato consciente, em todo caso por um comportamento só justificável em termos de algum ato imaginário desse tipo. De modo que ao procurar explicar por que é correto obedecer ao governo, ir para a guerra ou libertar os servos, não apelo nem à revelação, nem à autoridade, nem ao Livro da Natureza, nem a intuições que produzem premissas verdadeiras para deduções éticas ou políticas, nem ao respeito decente pela opinião comum da humanidade, mas ao fato de que ao agir assim, e ao aconselhar ou obrigar outros a agir assim, estou cumprindo, tornando possível que eles cumpram, um ideal ou meta, que é o ideal ou meta correto porque nele estou realizando a minha verdadeira natureza ou eu. E realizar a minha verdadeira natureza é impor a mim mesmo leis e propósitos que descobri como demandas internas do meu próprio eu, e que, portanto, eu mesmo criei e só professo como o artista professa a sua inspiração interior; a respeito da qual não é verdadeiro dizer que ele a descobriu como uma entidade já pronta, mas que ela — a inspiração — não é senão um nome para sua contínua atividade criativa, isto é, inventiva. E as leis que ele professa não são leis que ele descobre e que têm uma certa forma e validade, quer ele as descubra quer não; mas são princípios segundo os quais ele se descobre agindo quando está na sua melhor forma, quando é "ele mesmo da maneira mais plena". São um modo de ser e agir, e não entidades objetivas, independentes, examináveis em separado, isoladas.

Isso leva à segunda noção que pertence a esse modo de pensar: o conceito do eu real (ou, como é às vezes chamado, ideal), aquele que impõe a meta ou a forma de vida, menos uma entidade que um tipo de processo, uma atividade especial envolvida em toda a experiência consciente como tal. À parte a metafísica cristã que desempenha nela um óbvio papel, essa noção deriva principalmente da teoria kantiana do eu como um princípio organizador, que de algum modo oculto sobrepõe ao misterioso material básico do mundo aquelas formas e relações (que ele chama de categorias) que o tornam suscetível à consciência humana. Esse eu organizador ativo obviamente não é aquele eu que é "dado" na própria experiência — que é o sujeito, por exemplo, das dores físicas ou prazeres emocionais, que a psicologia trata empiricamente no caso de indivíduos, e a sociologia também de maneira empírica, mas tomando os grupos ou massas de homens como seu tema. Esse último eu — este "eu" empírico — está em igualdade de condições com o resto do que as ciências e o senso comum encontram no mundo cotidiano e é ele próprio um dos produtos do misterioso eu fundamental organizador, o responsável por tornar possível a experiência normal. Esse eu fundamental, por ser o ato de força que gera o mundo que percebemos ao nosso redor, não faz ele próprio parte desse mundo, nem do tempo ou espaço que são as dimensões desse mundo, nem pode ser apreendido por nenhum ato normal de inspeção. E não é senão uma pequena ampliação de seus poderes o que o faz gerar não apenas a experiência cognitiva normal, mas propósitos e ideais, além de princípios morais e políticos, não mais pela execução de atos misteriosos de síntese sobre algo incognoscível chamado o "dado" ou o "complexo", mas simplesmente por ele ser o princípio ativo que é, por apresentar a "si mesmo" seus próprios princípios de operação, aquilo que Kant, por lhe parecer que demandam uma certa coerência e harmonia interior, gosta de chamar razão.

Fichte, que dá esse passo final, concebe essa entidade como uma espécie de super-eu, uma entidade transcendental que se encarna em centros finitos de experiência, uma vontade universal responsável tanto pela criação daqueles objetos da experiência que formam o mundo material, como pela criação das metas e ideais que são os princípios de sua atividade criativa. Esse eu, que ele com efeito identifica com Deus (embora não seja obviamente pessoal o bastante para ser compatível com o cristianismo, e assim granjeou-lhe a reputação de ateísta, que ele não quis denegar), é o princípio criativo do mundo, encarnando-se, às vezes, em indivíduos heroicos que transformam a sociedade por violentas revoluções, obedientes ao impulso criativo dentro de si. Esse impulso *vis-à-vis* a matéria morta do mundo que o espírito ou o eu modelam deve assumir de vez em quando uma forma destrutiva, para varrer do caminho no seu avanço criativo irresistível tudo o que é supérfluo ou obsoleto. Nessa disposição de espírito, Fichte é jacobino, um violento defensor da Revolução Francesa, um visionário místico, vendo o mundo como uma fênix renascida das cinzas de sua moradia deteriorada. Depois, no seu pensamento posterior, o impulso criativo assume a forma da organização social, a que os seres humanos individuais são em certo sentido subordinados, porque o homem é por natureza social, e apenas na tempestade e tensão das contracorrentes sociais pode ocorrer a verdadeira criação, isto é, o desenvolvimento da personalidade. Por isso, o eu tende a ser virtualmente identificado com a sociedade e depois com a sua forma muito articulada, autoconsciente e organizada, o "Estado", por sinal um Estado muito socializado e coletivista; sendo finalmente encarnado na nação, concebida em parte como raça, em parte como cultura, possuindo uma língua, hábitos, instituições comuns[9] — as tribos germânicas unidas por laços impalpáveis, inexauríveis por qualquer análise empírica, laços que as criam, ou antes são criados por elas, e as unem entre si e com as gerações passadas e futuras, formando junto com elas um corpo místico eterno que expressa, no padrão que o permeia (e que só é perceptível ao olhar inspirado do vidente — metafísico, poeta, teólogo ou homem de ação), a operação da vontade absoluta, o eu, que em formas de maior ou menor intensidade se expressa em todos os "eus" empíricos espalhados que são os homens e mulheres individuais, assim como os conhecemos em nossas horas de experiência normal.

Apesar de toda a sua pretensão a ser uma posição filosófica racionalmente argumentada, essa é uma versão poética ou teológica da vida: o mundo é concebido como a vida e atividade de uma superpessoa, para a qual os seres humanos normais estão — bem como, em seus graus mais baixos, os animais, as plantas e as coisas inanimadas — assim como estão as línguas de flamas para o fogo em que brincam, ou os reflexos num espelho, ou às vezes como a matéria para a forma, o subjetivo para o objetivo ou a aparência para a realidade — ou segundo muitas outras analogias metafóricas e fantasiosas. O análogo terrestre mais aproximado a essa força-mundo central é o indivíduo criativo, seja artista, general, estadista ou pensador, que sabe como querer, isto é, como modelar os materiais menos ou mais recalcitrantes com que a sua vida o abastece, seguindo o padrão que é exigido pelo eu real, cuja presença ele sente nos seus momentos mais exaltados e mais autoconscientes, quando transcende a rotina cotidiana mecânica da vida burguesa e escuta a voz interior, a vontade dinâmica tentando alterar e criar — sente-se o centro de uma força criativa, mais forte e mais impositiva do que qualquer coisa que já experimentou. A liberdade para ele consiste em dominar a matéria que obstrui a sua livre autorrealização, segundo os princípios que a força criativa dentro de si de fato dita. Os ideais éticos e políticos são as exigências dessa força, do eu real, quando ele reconhece a sua verdadeira realidade, conhece a si mesmo pelo que é, o único princípio de ação e fonte de autoridade — o criador de todas as coisas e de todos os valores.

Duas ideias são discerníveis neste ponto. Uma é que o eu não conhece a si mesmo pela contemplação tranquila, pois nesse estado o homem não sente absolutamente o seu eu. Quanto mais claramente observa o objeto, e mais profundamente absorto se torna na sua contemplação, menos consciente de si mesmo ele está, pois de qualquer maneira o eu, sendo o sujeito, não pode ser o objeto do conhecimento. Um homem só está apropriadamente consciente de si mesmo quando colide com algo que não é ele próprio, outra pessoa ou uma coisa que de algum modo obstrui, causa atrito, talvez frustre completamente a sua atividade. No embate (*Anstoss*) do que Fichte chama o não eu com o eu, no conflito, o eu torna-se consciente de si mesmo como a atividade ou entidade ativa a impelir e avançar que se torna autoconsciente pela colisão do eu com algo que não é ele próprio, consciente de si mesmo não como um objeto ao lado de outros objetos, assim como ele é consciente de corpos, sons ou até verdades matemáticas, mas consciente de si mesmo no sentido peculiar propiciado apenas por uma experiência *volitiva*; sente-se (supondo-se que a palavra "sentir" não fique restrita às sensações) no próprio ato de ser detido, impelido ou empurrado por forças alheias a si mesmo e que portanto o levam a se diferenciar delas.

A mera contemplação produz apenas objetos. Quanto mais bem-sucedida e perfeita a contemplação, quanto mais sem atrito a percepção do objeto, quanto mais o eu contemplativo diminui até o ponto de fuga, mais ele se aproxima de uma simples relação kantiana — a unidade do horizonte dentro do qual os objetos contemplados estão relacionados uns com os outros. Mas quanto mais imperfeita a sua visão, quanto mais obstáculos existem, mais consciente de si mesmo, como um eu a pressionar contra os obstáculos limitadores, o observador se torna. Então ele já não está perdido na contemplação dos objetos, consciente das mais sutis diferenças entre eles, esquecido de sua própria existência; então já está lutando para obter uma melhor visão deles, para destruir os obstáculos; e nessa luta está consciente de si mesmo como um eu; pois a luta é atividade, a tentativa de impor alguma coisa — ele mesmo, seu modo de visão, seus métodos de operação, seu ideal, seu propósito — ao mundo exterior alheio e até hostil da matéria ou das outras pessoas, da natureza ou do homem. E essa atividade, em que todo homem está envolvido em alguma medida durante toda a sua vida, é, quando vista em toda a sua vasta universalidade, a luta pela autoperfeição de todo o universo, do grande supereu contra o grande super-não-eu, da forma contra a matéria, da consciência contra a natureza, da vontade contra o meio recalcitrante, da razão contra o fato bruto, da luz contra a escuridão, do bem contra o mal, dos direitos, leis e deveres contra a força cega, o acaso, a causalidade mecânica.[10]

Ligada a essa visão megalomaníaca dos homens como o centro autoconsciente da *natura naturans*[11] está a noção de que a liberdade consiste em esculpir os pedaços de massa morta da realidade segundo qualquer forma imposta pelo espírito, de que a criação e a liberdade são idênticas, não passando de outro nome para aquela força — a superpessoa, o eu absoluto — que é unicamente responsável por toda a mudança, por todo o progresso; tanto pela inteligibilidade do mundo modelado pelos padrões que ela impõe a si mesma, como pelas obras da imaginação e razão humanas, que de fato encarnam o progresso humano num processo infindável de imposição do eu ao não eu, e a sujeição desse processo à sua vontade indomável, de acordo com seus princípios internos, que por serem seus são absolutos e sagrados, além dos quais não pode haver nenhuma autoridade ulterior ou mais poderosa. Essa noção de criação infindável que assume a forma da dominação de alguma coisa por outra é que responde pela teoria da liberdade entre os filósofos românticos.

A personalidade livre é concebida pelos escritores românticos como a que se impõe ao mundo que lhe é exterior. Não é concebida em termos corporais, mas espirituais, como uma atividade que procura moldar tudo o mais — a matéria do mundo exterior, seu próprio corpo, outros eus — ao seu próprio desígnio, um ideal "objetivo" autossubsistente cuja realização é a atividade, consciente e inconsciente, do supremo agente — o eu. Isso pode assumir várias formas: a dominação política — a formação de povos e sociedades por um único espírito poderoso — Alexandre, o Grande, Carlos Magno, Frederico, o Grande, Napoleão; e, numa escala menor, toda imposição de padrões a outros seres humanos por um único indivíduo ou grupo de indivíduos, que, ao fazê-lo, representam, para um místico da natureza como Fichte, Herder ou Schleiermacher, o desenvolvimento progressivo do espírito do mundo impondo ordem ao caos por meio de uma manifestação específica de si mesmo na forma de um indivíduo ou grupo dominante. Ou pode assumir a forma da subjugação científica da natureza pela compreensão de suas leis, que é de novo o reconhecimento do espírito (a força animadora suprema que faz com que todas as coisas ocorram da maneira como ocorrem) por si mesmo, como realizado e ativo na mente do cientista. Mas essa consciência por meio de si mesmo como matéria dominante acontece muito obviamente no mundo das artes, pensamento e religião, no qual a criação e a compreensão, a descoberta e a invenção, a percepção da verdadeira essência do tema e a articulação dessa compreensão em formas externas, assim como é feito pelo artista, pensador, profeta e professor religioso, não podem ser separadas.

Objetivamente, a liberdade é a imposição do meu propósito, a realização da minha natureza em termos do meio externo. Subjetivamente, é a absorção em meu sistema do que começa sendo um corpo alheio a mim. Começo sendo inevitavelmente confrontado com um mundo que em algum sentido me confina: a matéria inanimada que limita meus movimentos físicos; as leis da física ou da matemática, que parecem ser realidades duras, imutáveis, objetivas, inflexíveis à minha vontade; tudo, em suma, pelo qual distingo o mundo exterior do mundo "livre" da minha imaginação e fantasia, meus pensamentos, crenças, gostos, aversões, ideais e emoções sem peias — a cidadela interior para dentro da qual os estoicos propuseram aquela retirada estratégica que resgataria o indivíduo das vicissitudes incontroláveis do mundo exterior.

O desenvolvimento da liberdade consiste, portanto, na conquista gradual desse mundo exterior pela sua assimilação à cidadela interior. Desde que eu pense, digamos, numa lei da matemática assim como um colegial a considera, como um fato bruto duro, que é o que é independentemente da minha vontade, que tem de ser levado em consideração porque ignorá-lo implicaria erro e possivelmente dano prático e até perigo — que, portanto, tem de ser aprendido de cor como um pedaço isolado de fato recalcitrante —, tal fato continua fora de mim mesmo como um obstáculo e uma limitação às minhas oportunidades de ação ou pensamento. Mas, se o compreendo — assim que entender os axiomas da matemática e as regras pelas quais são feitas as deduções a partir deles —, então percebo a *necessidade* de qualquer dada proposição matemática; isto é, não a sua necessidade como algo inexorável, impossível de ser eliminado do mundo exterior por um passe de mágica, mas como algo que se segue dos axiomas que eu próprio reconheci livremente como sendo parte de meu pensamento racional e por regras que eu próprio adotei livremente, tal sendo a minha

243

natureza racional — a adoção das regras e dos axiomas fazendo parte disso que significa possuir uma natureza racional.

Fichte parece adotar o que é num certo sentido uma visão muito moderna do pensamento científico, pela qual a sua estrutura não é algo validado ou invalidado por sua semelhança com um mundo para sempre exterior a mim mesmo, que assim forma o padrão exterior rígido e inalterável da verdade e validade; mas é tudo o que decido torná-lo, sendo o mesmo para todos os cientistas e pensadores não porque eles todos percebem a mesma estrutura exterior fixa, mas porque há algo chamado natureza racional que lhes é comum e que consiste na semelhança ou, na sua forma mais pura, na completa identidade dos atos dessa natureza, em particular a atividade imaginativa e construtora que dá origem a axiomas e regras, a leis científicas e aos conceitos de história, arte, religião — em suma, a todas aquelas atividades cujos resultados são capazes de ser medidos em termos de algum padrão publicamente aceito. Para Fichte, o mundo exterior é absorvido no meu sistema "interno" quando o compreendo, isto é, percebo que as leis a que ele obedece são idênticas àquelas expressas nas minhas atividades mais livres — quando imagino, invento ou ajo. Em outras palavras, a liberdade consiste em perceber o mundo exterior como o fruto da operação criativa de meu eu criativo, e o que antes me parecera fatos brutos ou leis objetivas inexoráveis, impostas a mim pela necessidade pétrea do mundo, é agora visto como os resultados de minha própria livre escolha e assim não mais como obstáculos, partes do não eu. É como se eu quisesse dizer a mim mesmo que dois mais dois não precisa ser igual a quatro, mas assim que aceito a proposição de que dois mais dois é igual a dezessete, descubro que muitas outras proposições em que havia me baseado, que estavam entrelaçadas na textura de meus mais íntimos pensamentos, expectativas, volições, são perturbadas por isso; e então percebo que sou eu, e apenas eu, quem é fundamentalmente responsável pela validade de "dois mais dois é igual a quatro", sou eu quem quis que fosse assim e, se rejeitei outras alternativas, é porque as consequências de sua adoção *me* frustrariam de algum modo, resultariam no oposto da maneira em que eu — Fichte diria a minha natureza racional — descobri que operava e, sendo como sou, queria continuar operando.

Esse sentido de consonância das leis objetivas com as demandas da minha natureza — não com os meus caprichos, gostos e pensamentos casuais, fugazes, evanescentes, nos momentos em que estou ignorante ou descontrolado (ou "não na minha melhor forma"), mas comigo assim como sou no meu estado mais filosófico, mais profundamente autoconsciente (que para Fichte é equivalente à consciência mais intensa de mim mesmo como uma expressão finita do super--eu supremo, infinito, todo-criador e todo-compreensivo) — é a ponte romântica entre a liberdade pessoal e a inflexibilidade aparente da natureza. O abismo que divide a liberdade e a natureza — a vontade do sujeito e a constituição fixa do objeto — é transposto e finalmente abolido pela percepção de que as leis a que o objeto obedece são idênticas, embora "inconscientes de si mesmas", aos princípios segundo os quais o sujeito livre age conscientemente, quando se acha no seu estado mais livre. É claro que a maioria da humanidade, levando vidas semimecânicas, é incapaz de percebê-lo. É apenas nos momentos mais intensos de iluminação por parte das mentes mais desenvolvidas, trate-se de artistas, profetas, filósofos, estadistas ou cientistas, que essa unidade se revela. Mas para aqueles a quem ela se revela, o mundo é visto como *um*, e a falta de liberdade que a maioria dos homens experimenta na sua vida diária é atribuída unicamente a essa ignorância da identidade do princípio da ação subjetiva com as leis dos objetos exteriores, que faz o objeto parecer um obstáculo à livre autorrealização do sujeito. Esse é o panteísmo de românticos como Schelling e os Schlegels — no sentido da unidade de princípio de toda a ação, pensamento, sentimento e finalmente de toda a existência, de mudança e identidade, movimento e repouso, que de uma forma ou de outra tem dominado a imaginação humana na Índia, na Palestina, na Grécia, na Idade Média e nas visões dos poetas, culminando em nossos dias na imaginação romântica dos filósofos e poetas da natureza na Alemanha e na Inglaterra, e em certa medida no movimento simbolista da poesia europeia e entre os transcendentalistas na Rússia e nos Estados Unidos.

A liberdade aqui significa identificação dos fins pelos quais labutamos e dos modos como procuramos muito racionalmente nos realizar com a marcha aparentemente mecânica do mundo exterior; identificação, no caso de Fichte, pela criação desse mundo exterior — não empiricamente ideal, mas em alguma esfera transcendental —, pelo eu do qual somos todos partes. Isso automaticamente torna esse mundo parte de nós mesmos, não mais alheio, obstrutivo, não mais uma fronteira, um campo de força que nos confina, mas, ao contrário, aquilo que a nossa atividade livre teria criado, se tivéssemos sido o demiurgo, o Criador; e portanto, por um passo insignificante mas fatídico, aquilo que *criamos* — em nossa capacidade de elemento finito no grande supereu. O mundo é a resposta a nossas perguntas não formuladas, a realização de nossos desejos interiores, que só se tornam claros pela contemplação — metafisicamente, pelo olho do supereu —, a resposta que já é, por assim dizer, real antes que o desejo por ela tenha se tornado explícito e consciente do que deseja. Não alcançamos a liberdade escapando do elemento aparentemente antagonista, mas "integrando-nos" a ele: transcendendo-o.

O que significam essas palavras sombrias? Talvez um exemplo torne isso mais claro. Se sou músico, vamos dizer, membro de um quarteto, o que é que mais desejo fazer? Se tocar em quartetos é o meu propósito genuíno, desejo traduzir em som os símbolos que me são dados pela partitura e atingir uma coordenação muito precisa com os outros músicos. Se sou um músico verdadeiro, não se pode dizer que eu esteja verdadeiramente tocando a menos que eu "compreenda" a partitura — isto é, a menos que eu veja a relevância de um som para outro, a menos que compreenda o padrão que o compositor pretendia produzir com a relação entre os sons, a menos que realize o "propósito" da partitura e torne-o meu propósito, meu propósito livre e pessoal. Num sentido, é claro, obedeço a instruções "externas": a partitura não foi escrita por mim em nenhuma circunstância de que posso me lembrar; tampouco os outros músicos obedecem a meus desejos diretos expressamente comunicados a eles; ainda assim, ninguém me *força* a obedecer à partitura, nem a coordenar a minha execução com a de meus colegas músicos. Mas acontece certamente que quanto mais precisa, plena e fielmente traduzo as notas da partitura em som — quanto mais me torno o veículo fiel, constante, quase impessoal do padrão das ideias ou dos sons (ou de qualquer que possa ser o desígnio e o propósito geral da partitura) —, mais compreendo a minha função como músico, mais criativo sou, mais livremente as minhas capacidades de músico podem se desenvolver, mais profundamente satisfaço o meu desejo de tocar; e embora não haja nenhum contrato formal entre mim e os outros músicos, e embora eu não exerça coerção sobre eles, quanto mais próxima a colaboração, quanto mais constante a adesão às regras para tocar em conjunto, mais plenamente satisfeitos se sentem os músicos, menos obstáculos naquele momento encontram no universo ao seu redor.

Num certo sentido, isso é um paradoxo. Obedeço a uma lei, nesse caso a um conjunto específico de instruções musicais, mas afirmo que só na medida em que há uma lei, uma regra específica a que obedeço nas minhas atividades, posso ser livre. Se a partitura se interrompe ou é obscura, ou se algum acidente fisiológico interno ou algum impulso psicológico me faz abandonar o padrão ditado pela partitura e produzir um punhado aleatório de sons desconectados, não me sinto livre, mas confuso, *désoeuvré* e num estado caótico, zumbindo no vazio sem regra ou medida, já não realizando um propósito, mas dando guinadas em desamparo e em vão. A explicação romântica é que desejar é desejar cumprir um plano, realizar um padrão, obedecer a uma lei; a ausência de lei ou padrão destrói qualquer fim ou propósito possível, e deixa o mundo sem finalidade, num mar inexplorado, à mercê de cada rajada de vento que passa. Se o plano me é imposto por uma força externa, reclamo de coerção, escravidão, da força inexorável de uma realidade exterior que me pressiona na forma de outras pessoas ou da natureza; mas se esse plano corresponde a algum desejo "interior" da minha parte, então e somente então sou livre, pois a liberdade é a liberdade de fazer o que desejo, e o que um ser racional deseja é realizar algum plano, expressar algum padrão. Se não há plano ou padrão, não sou racional, e meus desejos não são, no sentido normal, desejos, mas impulsos cegos, e então não faz sentido falar de liberdade ou escravidão; mas se sou racional, estou realizando um plano, isto é, algo racional, cujos meios são subordinados aos fins, de acordo com regras discerníveis; e se compreendo o mundo, compreendo as regras segundo as quais ele é construído. Todas as coisas são inteligíveis, portanto todas as coisas obedecem a regras, e todas as regras devem estar interligadas ao serem incluídas em círculos cada vez mais amplos de regras, senão não estariam absolutamente ligadas, a não ser de um modo bruto — isto é, não seriam inteligíveis. Portanto, compreender o mundo é compreender as suas regras, compreender a mim mesmo é compreender as regras de meus próprios desejos e ambições. Numa perfeita compreensão, esses dois conjuntos de regras coincidiriam. A liberdade — a obediência às minhas regras internas — coincidiria com as regras externas, pois é num sentido extremo que crio o mundo, assim como sou eu, o músico, aquele que ao executar cria a música, tornando-se "um só" com o padrão da partitura. Nesse sentido, a liberdade é obediência às leis, consciência da necessidade. O conflito entre a mente e a natureza é dissolvido: a natureza, deixando de ser uma realidade bruta, é decomposta numa série de entidades que obedecem às regras; isto é, o objeto é analisado como sendo potencialmente parte — um elemento — do sujeito em livre autodesenvolvimento.

Assim, mais uma vez, chegamos à célebre e paradoxal conclusão de que a liberdade é ter consciência da necessidade, mas por um caminho um tanto diferente do tomado pelos racionalistas. A posição destes baseava-se em sustentar que compreender o mundo era compreender as relações necessárias que ligavam todos os seus elementos, tornando-os o que eram; e que isso envolvia inevitavelmente uma compreensão da própria situação como sendo necessariamente o que se é, e portanto a própria aceitação como parte do arranjo inevitável das coisas, satisfatório à razão da mesma forma que a percepção das verdades matemáticas é satisfatória à razão. Segundo esse argumento, quando percebo que tudo é como é, e que sou como sou, em virtude de leis racionalmente dedutíveis a partir de verdades autoevidentes, o que forma um sistema coerente e fechado, não faz sentido pedir que qualquer coisa, na minha vida ou fora dela, seja diferente de como foi, é ou será, porque isso equivaleria a pedir uma suspensão das regras da lógica, pelas quais as conclusões são necessariamente tiradas de suas premissas e os componentes de sistemas são o que são pela única e suficiente razão de que são elementos desses sistemas. A liberdade nessa concepção representava simplesmente o desaparecimento de fatores deformadores — emoções, impulsos irracionais e outras causas de escuridão e ignorância — que mantinham os homens distantes de uma percepção mais clara do mundo como sendo um sistema de relações necessárias que um ser com faculdades finitas podia alcançar. Ao ver o mundo como ele era, eu deveria parar de desejar que fosse de outra maneira, porque tais desejos equivaleriam a desejar conclusões que não resultam de suas premissas, e isso não pode ser *ex hypothesi* desejado por um ser racional. Ainda assim, esse argumento nunca teve plena convicção, principalmente para aqueles que percebem que essa visão se baseia em premissas e argumentos de caráter metafísico ou teológico que eles rejeitam porque não veem razão para acreditar que os eventos no universo não sejam contingentes, isto é, não poderiam ter acontecido de outra maneira (na verdade, a maioria dos empiristas acredita que essa controvérsia é quase sem sentido). A grandeza da descoberta de Hume consistiu precisamente em martelar nesse ponto cardinal contra todas as possíveis formas de metafísica.

Além disso, mesmo aqueles que aceitam de algum modo a proposição do "universo em bloco", em que tudo é rigidamente determinado a ser como é por tudo o mais, ainda que possam achar irracional protestar, nunca se convencem plenamente de que a liberdade consiste em abster-se do protesto por ele ser irracional. Talvez seja sábio aceitar o inevitável e talvez seja tolo desejar o contrário, mas isso não é inteiramente equivalente a uma condição em que o contrário não pode ser melancolicamente desejado. A liberdade reduzida a seus mínimos termos é, pelo menos, a liberdade de escolher entre alternativas: não pode ser *menos* do que isso. Se a própria noção de alternativas logicamente possíveis se revela uma ilusão — o que é a argumentação racionalista —, então a liberdade nesse sentido também é uma ilusão, e nem o próprio termo, nem a noção confusa que ele acabou representando devem obscurecer por mais tempo os pensamentos de um ser racional. Mas exorcizar completamente a noção de liberdade não equivale a dizer que o ato de reconhecer a onipresença da necessidade é ele próprio um tipo superior de liberdade. A liberdade de escolher revela-se uma ilusão; sabemos mais, e ela já não nos engana; é uma confusão, uma superstição remanescente, e deve ser eliminada da lista de conceitos respeitáveis, como outros mistérios desmascarados pela luz clara da razão. Um homem racional não encontrará uso para ela; especialmente não será tentado a chamar a sua ausência pelo seu próprio nome desacreditado.

O passe de mágica pelo qual os racionalistas, de Platão a nossos dias, tentaram substituir a essência da liberdade pelo seu exato oposto, preservando ao mesmo tempo o nome sagrado para esse oposto, sempre se revestiu de um ar paradoxal: éramos convidados a contemplar a majestade e beleza da estrutura logicamente impecável do mundo e proibidos de suspirar pela ilusão perdida da liberdade que brotava da mais grave de todas as interpretações incorretas de como era o mundo. Ainda assim, era apenas dentro da estrutura dessa "interpretação incorreta" que o conceito de liberdade se fazia inteligível: e o esplendor e a simetria da nova visão podia ou não compensar a crença original na possibilidade da liberdade de escolher entre alternativas, mas não era certamente idêntico a ela. Podíamos ser compelidos pela razão a enfrentar os fatos e enfrentar a verdade, mas no curso desse processo algo certamente se havia perdido. Podíamos escutar que o que fora perdido era irracional, uma ficção fundada em confusão e tola terminologia. Talvez fosse assim, mas nos sentíamos certamente privados de alguma coisa: a noção de liberdade talvez fosse ilusória, mas era irresistivelmente atraente para alguns; se era irracional, cabia sem dúvida abandoná-la, mas era vão e cruel fingir que o que fora colocado em seu lugar, ainda que superior, era idêntico a ela, que se tratava da mesma noção, ainda que purificada e mais profunda, mais ampla ou mais clara, que fora por tanto tempo o consolo dos dias imaturos da nossa juventude.

A abordagem dos românticos é um caminho diferente e muito mais plausível para a mesma conclusão paradoxal. As necessidades de que o universo é composto já não são "dadas", já não são impostas a nós como uma realidade objetivamente necessária, cujas leis são reconhecidas pelo que são ou então ignoradas às nossas custas. Para Fichte ou Schelling, o homem não é um observador passivo que pode aceitar ou rejeitar um mundo que é o que é, quer ele goste disso, quer não. Em virtude de ser um "sujeito", ele é inteiramente ativo. A sua "atividade" não consiste em contemplação, mas em impor princípios ou regras de sua própria lavra à massa *prima facie* inerte da natureza. Ele começa a fazê-lo em Kant, quando impõe categorias numa condição precognitiva; nos sucessores de Kant, ele o faz em "instâncias" cada vez mais conscientes. Ora molda a realidade como a vontade todo-poderosa; ora descobre na realidade leis que são idênticas àquelas leis e princípios que guiam a sua vida dotada de propósito, porque tanto ele como a natureza são, em níveis diferentes, emanações, encarnações, do espírito absoluto que "se realiza" nele e nela, de várias maneiras mais ou menos inteligíveis.

Sem examinar todas as extravagâncias do Idealismo Absoluto, chamamos atenção para o seu princípio de atividade, pelo qual o que os primeiros racionalistas representavam como sendo conexões necessárias, descobertas por uma intuição metafísica, agora se transformam numa forma de atividade, pela qual não observo alguma coisa, mas antes faço alguma coisa com ela, nela ou por meio dela. Se sou músico, não contemplo ou intuo a estrutura da música que componho ou executo, eu a componho ou executo, eu ajo segundo regras ou princípios, eu os crio. Se sou um estadista ou um general, eu legislo, eu comando, eu imponho a minha vontade a grupos de homens. Não contemplo primeiro a natureza do mundo, não passo pelo processo de compreender e aprender — memorizar — um conjunto de proposições inter-relacionadas a seu respeito para *depois* as colocar em prática, como Aristóteles ou Santo Tomás às vezes parecem dizer. O talento na ação não era uma misteriosa transposição de pensamentos para atos, era um certo tipo de agir em si mesmo, uma ação que se poderia dizer como tendo forma, propósito, algo que corporificasse a força de vontade, a imaginação, a captação das circunstâncias, a compreensão.

Essa era a concepção de Fichte de como chegamos aos propósitos éticos ou políticos: não por encontrá-los como ingredientes nos dados da contemplação ou daquela atividade interior de que os psicólogos do século XVIII tinham falado, uma espécie de introspecção empírica; não por empregar o raciocínio dedutivo ou qualquer outra forma de inferência lógica ou científica; mas no ato da própria criação, que é uma busca de fins de acordo com regras, e assim, para Fichte, racional; no ato de moldar ou assimilar o meio de nossa atividade de acordo com nossas próprias almas, seja na música, na metafísica, na legislação ou no artesanato — em todos os níveis possíveis —, sempre com o mesmo sentido de esforçar-se para realizar um propósito; a realização de um propósito sendo a imposição de um padrão, um padrão não previamente concebido como uma entidade independente a ser imprimida sobre um meio plástico independente dela, mas ele próprio a forma ou o atributo de uma atividade, realizado só na própria atividade, interior a ela, por assim dizer — como a canção é realizada no cantar e não existe fora do cantar como um conjunto de regras pairando no limbo, esperando para ser posta em operação; como o caminhar consiste no ato de caminhar e não é uma entidade que ocorre por si mesma, adormecida até ser despertada para a realidade pelo ato de vontade que a liberta ou realiza.

Esse tipo de imposição de leis, formas e padrões é muito mais plausível como uma interpretação de "liberdade" que a autoprostração e a autoidentificação diante do padrão inevitável do universo dos racionalistas anteriores. Aqui ao menos — embora eu seja impelido a criar por uma necessidade interior, por princípios e regras que não brotam do meu eu "empírico" casual e superficial, mas daqueles alegados estímulos interiores de meu ser, sejam quais forem, que me unem com o espírito do mundo, o qual, por sua vez, é responsável por toda e qualquer coisa ser como é e desenvolver-se como o faz — sou ativo, estou fazendo alguma coisa que presumivelmente libera alguma energia interna dentro de mim, permite "liberdade de ação", como diríamos, para alguma capacidade que do contrário poderia permanecer inibida e atrofiada. Estou agora sendo representado como um ser ativo, carregado talvez por uma corrente universal, e não simplesmente flutuando na sua superfície, mas determinado pelo próprio fato de que faço parte dela no impulso para a frente, na identificação com um movimento perpétuo de avanço, no qual as minhas faculdades são empregadas em vários graus na busca de metas, quer na rotina comum da vida cotidiana, quer naquelas atividades mais obviamente teleológicas e dotadas de propósito que são a labuta contínua do artista, do aventureiro ou do homem de ação quando está no seu estado mais ativo e enfeitiça os outros, para os quais a própria consciência desse feitiço age como um estímulo e um objetivo que por sua vez libera neles alguma coisa, intensifica a consciência do que querem, faz com que aumentem a produção consciente de energia nas várias direções para as quais são em parte empurrados, em parte autoimpelidos.

Aplicar o termo "liberdade" a esse tipo de atividade já não é absurdo. Posso estar obedecendo a uma lei universal, mas obedeço no ato de fazer alguma coisa e fazendo o que desejo fazer, aquilo que tudo em mim me incita e impele a fazer. A razão já não é interpretada como um tipo necessário de relação existente entre os elementos de um sistema, mas como o princípio que "informa", modela, direciona, adapta a ação à realização de metas, que não são elas próprias concebidas como algo exterior à ação, mas como parte integrante sua, algo que é o próprio propósito, a própria meta da ação, assim como a canção é a meta do ato de cantar, assim como uma forma específica de vida política é o propósito de uma ação política específica, que não é ela própria um meio exterior ao tipo de vida praticado de acordo com essa política, mas antes um elemento nessa vida. A frase paradoxal "A liberdade é a consciência da necessidade"[12] já não evoca a imagem do eu prudente, adaptável à necessidade natural, mas antes a do músico que, tendo compreendido a natureza e o propósito da partitura, talvez composta por outro, atinge a sua autorrealização mais plena ao executar a música de tal modo que consiga transmitir tudo o que a partitura procurou expressar. Longe de conceber a liberdade como uma forma de livrar-se da pressão externa, ele pode declarar que quanto mais adere à estrutura precisa da partitura, quanto mais fiel é, quanto mais rigorosa é a disciplina que impõe a si mesmo, quanto mais escrupuloso e perseverante, quanto mais absorto na sua execução, quanto mais se deixa dominar completamente por um padrão em cuja realização ele está agora de todo empenhado, que então representa para ele tudo o que nesse momento ele apoia, acredita e deseja ser, tanto *mais livre* ele é; e quanto mais disciplinada a correlação entre os vários executantes, quanto mais sensível a interação, quanto mais absoluto o padrão que une seus colegas músicos — desde que isso seja sempre uma submissão voluntária da parte destes —, quanto mais realizam as suas naturezas, mais livres eles se sentem; e *per contra*, se o padrão é rompido, se eles o esquecem ou ele vem a ser interrompido, se o laço que os mantém unidos é afrouxado,[13] o empreendimento comum em que eles estão empenhados se detém e cada um tem de atuar por sua própria conta sem plano de ação, nenhuma meta única para unir os executantes e canalizar as suas energias para aquela condição, ao mesmo tempo intensa e harmoniosa, que qualquer ação concertada requer — isso então constitui não um aumento, mas uma diminuição de liberdade, a irrupção de um elemento aleatório, um obstáculo bruto sem propósito, puro acaso, ausência de propósito e direção, que, longe de libertar as pessoas, deixa-as perplexas, solitárias, expostas às bofetadas de forças externas que já não compreendem e das quais se sentem vítimas cegas.

Devemos conceber o universo inteiro como uma espécie de imenso concerto, do qual cada parte é ativa e livre na exata proporção em que realiza, pela sua própria atividade, no grau em que é capaz, isto é, racional, as regras e os princípios cuja total realização é o propósito geral de todo o concerto de executantes; como um vasto e variado conjunto, numa condição de atividade incessante de todos os seus elementos, cada um de acordo com a sua natureza e propósito relativo, mas todos sensibilizados em algum grau com as atividades uns dos outros, procurando atingir uma espécie de perfeição inter-relacionada global e ganhando liberdade na medida precisa em que se aproximam dessa perfeição, isto é, quando suas atividades se tornam mais sem atrito, mais próximas à expressão da meta que determina a regra interna cuja realização consciente é a definição da atividade dotada de propósito — tornar-se o que a sua natureza interna procura ser. Nessa imagem, temos algo semelhante à concepção do universo proposta por Fichte.

A visão de Fichte é a do mundo inteiro como um único ato gigantesco do eu absoluto (às vezes identificado com Deus). Esse ato é racional porque obedece às suas próprias regras internas autoimpostas, regras estas que são as do desenvolvimento harmonioso — a inter-relação mútua coerente — de um sistema de conexões necessárias em que tudo é determinado a ser o que é por tudo o mais no conjunto. Dentro dele, centros finitos — seres humanos individuais ou grupos deles — ocorrem em vários níveis de desenvolvimento. O desenvolvimento significa a imposição das formas de harmonia, cuja realização é a realização de si mesmas, sobre o relativamente menos harmonioso e mais aleatório (relativamente a elas) mundo externo. O processo é aquele pelo qual o mero "estar-junto", o mero "estar-lado-a-lado", é "desenvolvido", ao se tornar consciente de sua própria harmonia interna potencial, em redes de relações já não apenas *de facto*, mas progressivamente mais e mais lógicas — *de jure* — e assim mais e mais explicáveis. A liberdade consiste na satisfação do desejo irresistível de desenredar essa harmonia adormecida daquilo que a princípio é percebido como uma simples acumulação, sem muita forma ou propósito, com a qual um homem começa uma vida sensível. A coerção, o render-se à necessidade, imposto por seres humanos ou coisas, é sempre um sinal de penetração imperfeita da matéria pelo espírito, de um agir sem compreender as razões para a ação, de se permitir comportar como um objeto natural, em vez de operar livremente, a saber, fazer o que alguém faz para alcançar fins conscientes que satisfaçam o seu eu dotado de capacidade reflexiva ou moral. Não precisamos continuar com essa vasta fantasia metafísica, que honra mais a imaginação poética de Fichte que seu sentido de realidade ou poder de raciocínio. Mas há certas consequências ou subprodutos dessa visão — ou se não da visão, ao menos da tendência geral das ideias, da qual essa é apenas uma das expressões mais vívidas e firmes — que não só são interessantes em si mesmos como exerceram uma influência decisiva sobre o pensamento e a prática de seu próprio período e de tempos posteriores.

Para começar, há a noção de liberdade "positiva" em oposição à velha liberdade "negativa" benthamista ou liberal — a noção de liberdade não apenas como remoção ou ausência de interferência na atividade de indivíduos, grupos ou nações por pessoas fora da unidade designada, mas a noção de liberdade como um atributo ou princípio constitutivo da imposição da vontade sobre um meio maleável. Sou livre não só quando ninguém me impede, mas quando ajo, alterando coisas, impondo um padrão, imprimindo minha personalidade em pessoas ou objetos, e disso segue-se a noção de volição como central na determinação de fins ou propósitos, do que é bom e mau, certo e errado. A vontade racional, da qual Kant talvez houvesse acentuado mais a racionalidade do que o aspecto volitivo, torna-se então identificada com o princípio dinâmico de toda a criação, tanto a criação de coisas como a de valores, até na minha vida cotidiana normal. Mesmo na contemplação pacífica a minha vontade está em ação: a mobília que vejo em meu quarto não é algo dado e independente do observador, é o produto do choque entre o sujeito sempre ativo e a natureza, que não é outra coisa senão o seu próprio eu inconsciente de sua potencialidade como sujeito. As ciências naturais são imposições de padrões, formas, categorias por aquelas atividades — imaginação, invenção, reflexão — que *são* o sujeito. Mas, acima de tudo, as ideias morais são aqueles propósitos que o sujeito inventa para o seu eu interior e propõe a si mesmo — são absolutos para ele, pois o seu próprio eu é a única entidade absolutamente independente no mundo. Não há valores independentes, em termos dos quais os ideais criados pelo princípio criativo central do próprio universo possam ser testados — pois dizer que algo é um propósito ou um valor é o mesmo que dizer que um ser criativo, uma parte da *natura naturans*, está agindo, desejando e sendo como age, deseja e é por causa dele, que ele — o valor — é a sua luz guia, aquilo que está tentando realizar em tudo o que é e faz, ao mesmo tempo o padrão e o propósito da sua atividade criativa, pois o seu padrão — ele mesmo — é o seu próprio propósito. O propósito da atividade criativa é o ato da criação em si mesmo.

A noção do valor de um indivíduo, que consiste no grau em que ele é capaz de impor a sua vontade ao seu ambiente, é algo relativamente novo na consciência europeia. Anteriormente, a figura admirada era o sábio — o homem sensato que sabia como obter respostas para as perguntas que mais agitavam os outros homens, fossem práticas ou ideais, intelectuais ou morais, políticas ou teológicas. O que se admirava era, num certo sentido, o sucesso: a força, a coragem e a firmeza eram admiradas por serem necessárias para atingir os propósitos humanos, e a sabedoria, a honestidade, o conhecimento eram valiosos, porque forneciam ao homem os propósitos e os meios corretos para atingir esses fins. Sem dúvida era correto lutar em condições de inferioridade, mas apenas se a causa fosse justa, apenas se aquilo pelo qual se lutava fosse um objetivo verdadeiro, em oposição aos falsos propósitos perseguidos por oponentes possivelmente mais fortes. Os mártires — Leônidas, Sócrates, os Macabeus, os primeiros cristãos — agiam corretamente porque davam testemunho da verdade e, se necessário, sacrificavam a vida a seu serviço. Mas se seus propósitos fossem falsos, se o patriotismo ou o serviço de Deus conforme concebido pelo cristianismo estivessem fundamentados num enorme erro espiritual ou moral, esses autossacrifícios, se não francamente tolos, seriam patéticos, passíveis de inspirar piedade ou simpatia pelas tristes vítimas de sua própria ignorância, como Ifigênia ou os pobres muçulmanos que, ao que se dizia, morriam bravamente por causa das bem-aventuranças do paraíso que o seu profeta lhes prometera, desde que morressem na batalha contra o infiel. Era um espetáculo sombrio, embora fosse comovente e até de partir o coração, ver homens intrépidos e honrados tão tristemente enganados; dar a vida por uma ilusão não era um ato admirável como tal.

Mas, quase subitamente, no século XIX esse ato tornou-se não só admirável como mais admirável do que qualquer outra coisa. O novo herói romântico do século XIX é alguém — qualquer um — suficientemente desinteressado, puro de coração, incorruptível o bastante para ser capaz de dar a vida pelo seu próprio ideal interior. A verdade ou a falsidade do ideal se torna relativamente irrelevante. O que se admira não é a verdade, mas o heroísmo, a dedicação, a integridade de uma vida devotada e, se necessário, sacrificada no altar a um fim perseguido por si mesmo, por causa de sua beleza ou santidade para o indivíduo que o considera um ideal. Se o ideal é verdadeiro ou não — isto é, se ele se conforma a uma "dada" natureza das coisas — pouco importa.

Essa atitude assume muitas formas. O artista como herói é talvez a mais familiar. O artista é um homem que tem uma visão interior, algo que ele deve realizar a qualquer custo, traduzir em som, cor ou algum outro meio, não para proporcionar prazer aos outros, nem para obter proveito ou glória para si mesmo (embora esses tenham sido motivos respeitáveis o suficiente enquanto o artista era um artesão e, como todos os outros artesãos, exercia seu ofício honestamente para deleite dos outros e para o seu sustento e reputação), mas pura e exclusivamente pelo dever esmagador de expressar o que existe dentro de si, para dar testemunho da verdade ou expressar a sua visão de forma concreta. Acima de tudo, o artista, concebido nesses termos, não deve se vender por sucesso, dinheiro, poder ou qualquer outra coisa. Deve permanecer puro, para permanecer independente. A ele é permitido, quase esperado, excentricidades no modo de vestir, no comportamento, nas maneiras; ele pode ser tão rude e furioso quanto quiser, desde que nunca contemporize, desde que sempre fale a verdade nos lugares mais ilustres, não respeite ninguém no que concerne aos ideais que tem. A imagem de Beethoven que domina todo o século XIX — o gênio pobre e desgrenhado na mansarda, infeliz e violento, um rebelde contra todas as convenções, incapaz e sem vontade de ajustar-se a qualquer um dos requisitos normais da sociedade polida, o dervixe sagrado, um homem eleito e devotado ao cumprimento de uma missão sagrada — era algo muito novo na consciência da humanidade ocidental. Começa sem dúvida com Rousseau, assim como muito do que foi novo no século XIX: mas, claro, é também Karl Moor em *Os assaltantes* de Schiller, o fora da lei malvado, violento e quase criminoso, perseguido e vivendo perigosamente, que rompeu com as convenções da sociedade, porque suas falsidades e transigências lhe são intoleráveis, porque um homem livre não pode se submeter a uma estrutura que lhe é imposta por outros ou pela mão morta do passado, porque a missão de um homem é proclamar os ideais que o dominam, se possível dentro de seu ambiente social, mas, se isso for ali proibido, que seja fora de seu meio e, se necessário, contra seu ambiente.

A ênfase recai cada vez menos na verdade e validade de um tipo de vida ou sistema moral em relação a outro, e cada vez mais no valor supremo de gerar, cultuar ideais e a eles se sacrificar. O que é muito nobre e profundamente admirado é o espetáculo de um homem sozinho, sem ajuda, com todos os valores e forças convencionais contra ele, lançando-se à batalha porque não pode agir de outra maneira, porque um homem deve viver pelo seu ideal, seja qual for, e, se necessário, morrer por esse intento, mas acima de tudo jamais se vender aos filisteus, jamais trair a sua causa, jamais se permitir qualquer conforto que o faça afastar-se um centímetro sequer daquele caminho estreito que a visão dentro dele o manda seguir. Davi contra Golias, Lutero contra as legiões de Roma, eram modelos impressos na imaginação da humanidade protestante; mas eles eram heroicos e nobres porque tinham a razão a seu lado, porque Golias adorava os deuses dos filisteus, que eram deuses falsos, porque os sacerdotes de Roma haviam traído a sua herança. Os grandes hereges só eram admiráveis para quem pensava que eles estavam certos e a Igreja errada, que eles conheciam a verdade e a Igreja estava enganada ou enganava. Mas com a secularização da religião no século XVIII, esses valores religiosos se traduziram em termos morais e estéticos. Não foi porque Beethoven estava num certo sentido *certo*, e seus detratores musicalmente ortodoxos errados, que ele se tornou um herói. Foi a independência inflexível de sua personalidade moral, a veemência e a incapacidade para soluções de compromisso em questões que eram para ele fundamentais — no seu caso questões de música, mas poderiam ocorrer em qualquer esfera. Foi o fato de ele ter questões essenciais — a lutar por princípios como um fanático, sem calcular o custo — que fez sua imagem perdurar por tanto tempo na memória europeia. Carlyle pouco se importava se Maomé, o Dr. Johnson ou qualquer um dos seus outros heróis tinha respostas corretas para os grandes problemas humanos. O heroísmo não era uma questão de intelecto, sabedoria ou sucesso, isto é, ajuste ao plano racional da realidade, mas de força de vontade, de uma expressão violenta, contínua, irresistível da visão interior, uma questão de curvar-se diante do princípio absoluto — o imperativo categórico que significava um desafio completo a tudo o que obstruía e tolhia o homem no culto da sua luz interior.

Não fazia diferença se as chances eram grandes ou pequenas, se a perspectiva era vitória ou morte. Assim que a voz interior falava, não havia como voltar atrás; ou melhor, qualquer compromisso, qualquer evasão era o pecado capital contra a luz, constituía em última análise o único ato desprezível e perverso de que um homem podia ser culpado neste mundo. A voz interior já não precisava ser sobrenatural ou falar a verdade, como se mostrara com Sócrates ou Joana d'Arc, menos ainda ser racional, como fora com Rousseau ou Kant. Bastava que fosse a voz que era. Bons e admiráveis eram aqueles homens — e tão somente estes — que, se necessário, jogavam fora tudo o que tinham sem levar em conta o custo, falavam a verdade, criavam belos objetos, resistiam à injustiça ou, de qualquer outro modo, comportavam-se de maneira desinteressada, não calculista, dedicada. Palavras como "integridade" e "idealismo", com todas as suas conotações éticas, bem como as várias escolas de pensamento que ofereciam ora um, ora outro fim absoluto para o culto da humanidade — o Estado, a personalidade humana, a devoção religiosa ou o culto da amizade e relações pessoais —, o imenso respeito prestado a tudo o que acarreta heroísmo e martírio, seja qual for a causa pela qual é praticado: tudo isso é desenvolvimento dessa atitude mental. Da mesma forma, o culto de personalidades poderosas — Napoleão e Frederico, o Grande — deriva da mesma concepção geral dos propósitos da vida. Napoleão é *l'homme fatal*,[14] o aventureiro corso que veio do nada, sem propósitos claros a não ser a dominação pela dominação. Ele é admirado precisamente por essa razão, por ser o ponto culminante da força de vontade elevada a seu nível mais alto — da possibilidade de impor a sua vontade aos outros, como um fim em si mesmo.

Nada é mais admirável que a realização implacável de tudo quanto arde dentro de alguém, a qualquer custo — ao preço, talvez, da vida e felicidade de outros, ao preço do medo e ódio dos súditos e das vítimas —, porque essa é a função de um homem, agir como a expressão do grande princípio criativo da natureza, que destrói obstáculos no seu avanço irresistível; pois a autoexpressão, a autorrealização, é a meta do homem, como de tudo o mais no universo. O universo cresce em perfeição à medida que seus elementos se tornam conscientes de suas verdadeiras naturezas; mas como tudo nele é menos ou mais ativo, essa autoconsciência deve assumir a forma da autoimposição do consciente e ativo ao relativamente inconsciente ou passivo. Estamos de volta à cidadela interior indestrutível, agora concebida como a fonte do poder. A liberdade é independência de tudo exceto do ideal interior, quer assuma formas humanitárias e benévolas, como no caso dos cientistas e compositores, quer formas brutais, violentas e destrutivas, como no caso de conquistadores e capitães da indústria; mas é sempre uma atividade autorrealizadora desinteressada, cuja meta não é descoberta, mas gerada ou fabricada pela própria atividade, sendo idêntica a ela. Essa doutrina romântica do início do século XIX assume formas anarquistas e autoritárias na segunda metade do século, e domina as teorias estéticas e políticas num grau crescente até os nossos dias.

Pois se a liberdade é uma espécie de autoafirmação desinteressada, um ato de criação, a partir da matéria com a qual o eu se vê confrontado, de algo modelado segundo um padrão que lhe é imposto pelo criador de acordo com seu próprio objetivo interior, seja esse qual for, então o tipo de padrão dependerá de como as noções do eu e da criação são concebidas. Quem sustenta uma doutrina segundo a qual o eu é uma entidade "racional" e toda a criação é a adoção de um plano ou política capaz de ser descrito como racional concluirá que a atividade livre (e toda atividade é livre na medida em que, ao ser condicionada por fatores "externos", já não é atividade) é necessariamente racional, obediente a leis, conforme um padrão. Se o eu é concebido como uma entidade eterna, a liberdade é tudo o quanto é feito por esse agente metafísico, e os atos humanos empíricos executados no tempo e espaço são livres apenas na medida em que provêm das demandas dessa personalidade autossensível e a elas correspondem. Por outro lado, se o eu é algo que nasce e morre em tempos definidos — um padrão de acontecimentos, como supôs Hume, uma série de estados de consciência, cada um a tragar seus antecessores, como pensava William James, uma sucessão de eventos psicofísicos no tempo suscetíveis a uma observação e descrição científica normal, como os psicólogos ou fisiologistas o tratam —, então a liberdade é a imposição de todo e qualquer padrão que esse eu empírico concebe e impõe ao material igualmente empírico que encontra à guisa de objetos materiais ou pessoas. Além disso, se o eu é concebido como um mero fragmento de um conjunto mais amplo, um grupo, uma Igreja, uma sociedade, um Estado, uma raça, uma nação — a própria história —, que é o único verdadeiro conjunto unificado que merece o termo "eu", então a liberdade consiste na atividade dessa organização mais ampla, a que se atribuem qualidades quase pessoais, e os indivíduos que a compõem podem ser chamados livres tanto quanto os membros ou órgãos de um organismo completo, um corpo humano, pois é numa analogia aproximada com esses organismos que tais conjuntos são concebidos.

De fato, muitas das doutrinas sociais e políticas do século XIX empregam o conceito de liberdade dessas várias maneiras. O artista ou profeta inspirado que está no centro do mundo de Schelling é um ser que em momentos de percepção inspirada está consciente da presença dentro de si — de si mesmo como parte — daquele espírito do mundo cujo autodesenvolvimento é a vida do universo. A sensação de iluminação, de compreender as conexões que existem abaixo do limiar da visão comum, entre os ingredientes do mundo — a unidade e a harmonia que estão ocultas "atrás" do mundo de "aparências" conflitantes e caóticas —, é a consciência que o eu tem de si mesmo como parte dessa corrente interior que cria tudo o que existe e ocorre. Portanto, o artista inspirado no momento da criação, o estadista, o soldado ou o filósofo inspirado, tem a sua forma de agir justificada pela sua compreensão intuitiva dessas conexões internas. Talvez não possa explicá-la pelo tipo de raciocínio empregado na argumentação cotidiana, nem pelo cálculo, que não passa de um conjunto mecânico estilizado e profundamente inadequado de padrões lógicos inventados para fins práticos e mentes não esclarecidas que precisam de uma disciplina banal. As "razões" pelas quais um homem de gênio cria uma obra-prima não são explicáveis em termos de lógica indutiva ou dedutiva da mesma maneira como ela é empregada explícita ou implicitamente nas ciências ou na vida comum. Tampouco o estadista inspirado, que pela sua força criativa faz um país ou uma civilização avançar para um grau maior de liberdade, isto é, para a consciência de si mesmo como parte desse processo criativo, "divino", não empírico — uma emanação do "espírito" do mundo —, deve ser responsável pelos seus atos em termos de um raciocínio cotidiano de classe média; pois o seu ato é tão autojustificado quanto o do pintor talentoso ou do poeta inspirado, que fazem o que fazem no momento da mais alta tensão de suas faculdades, em outras palavras, quando "deles se apodera" a visão que é tão somente a percepção da harmonia interior, das relações interiores imperceptíveis a olho nu, e eles se tornam o veículo sagrado pelo qual o espírito criativo avança. A liberdade consiste, portanto, numa espécie de autoidentificação intuitiva, não discursiva, talvez semiconsciente, com a inspiração divina. É um ato "transcendente", isto é, não é inteligível nem analisável em termos empíricos. É uma explosão de energia transformando a matéria morta (que é também potencialmente preenchida por tais fogos criativos, mas apenas potencialmente, precisando, portanto, ser ativada de fora), e isso é o que significa dizer que a mais alta liberdade está no ato criativo, na autoidentificação com o grande rio criativo, na superação dos obstáculos da carne, e do espaço-tempo, algo que é ao mesmo tempo um processo de transformá-los e — porque o eu sabe, nesse sentido quase místico do saber os motivos pelos quais está agindo da forma como está agindo — de compreender a verdadeira essência do universo, a sua textura e as suas metas.

Vale a pena observar que o significado que Schelling parece atribuir a "compreender" é exatamente o oposto do que o termo significa nas ciências empíricas e muito mais próximo do que significa para as artes. Nas ciências, compreender é ser capaz de submeter tudo a leis ou regras gerais, ser capaz de classificar a coisa a ser compreendida de tal maneira que se possa percebê-la como um exemplo da operação de uma lei; isto é, vê-la como um caso dentre um número indefinidamente grande de outros casos semelhantes, todos comportando-se de determinada maneira "por causa de" — por incidirem em — uma mesma lei geral, a saber, uma afirmação que descreve uniformidades ou funções: como qualquer entidade, E, se comporta em circunstâncias C, quando for precedida por algumas circunstâncias antecedentes A. Explicar por que a água ferve a 100º ou por que uma bala atravessando o coração acaba com a vida de um homem é formular um conjunto de leis gerais, cada qual aplicando-se ao comportamento regular e uniforme de todos os ingredientes analisáveis na situação, de tal modo que, de acordo com essas leis, tal resultado é o que seria normalmente esperado de uma conjunção específica deles. Mas explicar "por que" uma certa mancha de cor é "necessária" numa determinada pintura, "por que" um dado som "deve" ocorrer num padrão sinfônico, que sem ele não seria apenas diferente, mas *completamente* diferente — alterando todo o padrão, destruindo a unidade do conjunto, transformando o que seria uma obra de arte talvez numa mera sucessão de sons ou numa justaposição de linhas e superfícies coloridas, não mais inteligíveis ou "belas" —, falar dessa maneira é sugerir que a "explicação" já não é uma questão de leis gerais que acumulam uniformidades entre eventos. "Compreender" uma obra de arte é em algum sentido entender por que todos os seus ingredientes são indispensáveis uns aos outros de um modo único, sem serem capazes de formar leis que se apliquem a outras situações semelhantes em maior ou menor grau: uma mancha de azul, uma corda fazendo soar dó, mi e sol, é indispensável unicamente aqui, nesta obra de arte particular e não necessariamente em nenhum outro lugar e momento.

Essa "necessidade" artística ou é percebida por uma súbita intuição ou não é percebida de modo algum. Tais intuições iluminam igualmente o caráter e a personalidade de indivíduos, como quando compreendo de repente o caráter de meu amigo ou de uma personagem histórica há muito tempo morta. Não se chega a essa compreensão por um processo de raciocínio indutivo, embora sem esse raciocínio em alguma das etapas a intuição talvez nunca ocorra ou se ocorresse poderia revelar algo ilusório. Da mesma forma o "sentido de história", o sentido da ocasião, a percepção do que é e do que não é um momento crítico na vida de seres humanos, nações ou culturas, das características peculiares de povos ou instituições — do que faz certas combinações de características se reunirem em certos momentos da história, por causa de uma certa relevância interna que não deve ser explicada com base em generalizações indutivas —, *esse* é o uso do "porquê" estético, o uso da "explicação" estética, que emprega o conceito da "inevitabilidade" artística, do tipo de conexões que tornam um padrão algo mais que uma mera reunião de fragmentos isolados, que não é causal, não é indutivo, não é lógico no sentido estrito da palavra, que rege a imaginação assim como governa o intelecto analítico. Schelling dava a isso o nome de "razão" e identificava-a com "propósito", com tudo quanto orienta o artista criativo e o pregador inspirado, o estadista num momento de ação decisivo e o historiador que compreende a essência de algum período ou cultura remotos, onde outros veem apenas uma reunião de fatos ou acontecimentos separados, justapostos frouxamente no tempo ou espaço e que acabam nos registros sombrios e mecânicos de arquivistas e antiquários, em oposição à reconstrução criativa de historiadores dotados de uma compreensão da estrutura "interna" do universo, com algum vislumbre do mundo como uma obra de arte em desenvolvimento, criada segundo uma lógica não científica interna pelo Artista Divino no ato ininterrupto da criação eterna.

A liberdade é o estado em que o artista cria. Quanto mais profunda a sua inspiração, mais perto ele chega do coração da força interior que faz todas as coisas serem como são, a fonte de todo movimento, toda mudança, tudo o que é novo, único e irreversível. Aqui encontramos os primórdios não só do culto do artista como sendo a única personalidade inteiramente liberada, triunfante sobre as limitações, os medos, as frustrações que forçam outros homens a seguir caminhos que não escolheram, mas também do medo da democracia como mera conjunção das vontades escravizadas desses habitantes da terra, e também o culto do líder como o ser inspirado em comunhão com o espírito do mundo, a fonte do poder criativo, o visionário inspirado que, em virtude de sua compreensão superior (que não deve ser obtida por aqueles métodos ou habilidades científicos normais que qualquer pessoa competente pode aprender), é capaz de discernir e gerar (pois as duas coisas, como no caso do artista, se misturam indissoluvelmente) a etapa seguinte na autoafirmação de sua sociedade contra a natureza ou outras sociedades, o que constitui o progresso. A liberdade consiste, portanto, em tentar captar o entusiasmo do sublime profeta ou professor, em executar ao seu lado, na medida de nossa capacidade, aquele salto audacioso para o futuro que só uma combinação de fé, imaginação e dinamismo geral — a capacidade de agir sem demasiada reflexão crítica — pode realizar.

Esse é o célebre ato de livrar-se dos grilhões das preocupações cotidianas monótonas que o líder semidivino promete a seus seguidores, o embrião daquela noção de super-homem que se eleva bem acima e zomba da visão mesquinha e dos cálculos sórdidos dos homens e mulheres presos pelos sentidos, por ligações que nascem de convenções ou métodos que eles praticam sem entender e dos quais não podem se "libertar", porque lhes falta a capacidade para "transcender" o nível empírico no qual as ciências realizam tão impotentemente o seu trabalho mecânico servil. E agora não é difícil compreender por que a noção de liberdade como necessariamente racional se desfaz aos poucos nos seus opostos. Se a liberdade é a imposição da personalidade de um ser humano, a destruição de tudo o que lhe resiste em nome de um ideal que é absoluto por ser o próprio objetivo desse ser, ele não conhece nenhuma outra autoridade; e se a racionalidade é identificada com as operações de um certo tipo de lógica, seja do tipo formal rigoroso ou de alguma disciplina transcendental, ou até mesmo com a busca da realização de um sistema coerente ou harmonioso, não poderia ser que o eu, na sua vitoriosa autorrealização, também venha a rejeitá-la, como mero obstáculo ao seu progresso, mero freio que tolhe a sua liberdade total? Se a liberdade consiste em alterar o que encontro, assim como um escultor molda a argila ou um compositor dá forma ao som, independentemente da condição em que encontra a sua matéria-prima, e se um indivíduo à procura de liberdade deve transformar as convenções de sua sociedade ou talvez quebrá-las completamente, caso elas confinem o seu espírito turbulento de um modo contrário a seus objetivos "internos", por que algumas regras, algumas leis deveriam permanecer sagradas?

Qualquer coisa que é finita confina e mata; a liberdade é livrar-se de todas as cadeias, ter liberdade para agir e fazer tudo quanto se queira. As possibilidades de ação devem ser infinitas, senão reclamamos que nossa liberdade não é completa; e qualquer uma dessas possibilidades infinitas deve ser realizável, senão ela é incompleta de novo. Daí a noção irracionalista de liberdade conforme foi desenvolvida pelos românticos extremados na virada do século, por exemplo, no romance de Friedrich Schlegel (ou de sua esposa) *Lucinde*, no qual um bebê chutando e gritando é de repente apresentado como um símbolo de liberdade absoluta, totalmente não confinado pelas leis, convenções, laços sociais — e no qual o casamento é denunciado, e a liberdade de associação entre os sexos é advogada, não como a realização de uma harmonia cujos elementos são representados de algum modo racionalmente relacionados entre si, mas como a livre autorrealização do espírito humano não confinado, rompendo seus grilhões, deixando a terra para estar mais perto da flama infinita e eterna que não conhece lógica nem regras, mas é o infinito que não pode ser expresso pelas categorias humanas mesquinhas, inventadas por seres de mentalidade estreita que passam a vida obedecendo a regras que aceitam por não ousarem questioná-las. Esse é o ideal da anarquia violenta, o triunfo do Gulliver ousado e livre sobre os exércitos raquíticos e cambaios dos habitantes autoescravizados de Lilliput. Stirner, Bakunin, Nietzsche: a sucessão é bastante familiar.

A principal diferença entre essas figuras e aquelas que encontram a liberdade na submissão a este ou aquele padrão social rígido reside na sua interpretação daquilo que estamos realizando quando realizamos o eu. Alguns realizam um eu que é racional e procura submeter-se a padrões racionais, mas é ainda individual. Outros concebem o eu como racional, mas só veem a sua realização numa sociedade com vários graus de coesão e rigidez de organização. Outros ainda consideram o eu uma emanação finita do espírito central do mundo que procede segundo leis, mas leis menos logicamente dedutíveis e mais obedientes a uma "lógica interna" que guia o artista criativo, o profeta, os homens de ação inspirados. E ainda outros acreditam que o eu seja uma fonte violenta de energia que não segue leis, afirmando-se não de acordo, mas contra tudo o que é racional, coerente e, portanto, finito e confinador. Outros novamente veem o eu realizado da forma mais verdadeira na história, raça ou Igreja.

O que une todos esses casos é a noção de que a liberdade é uma espécie de autoabsorção extática numa atividade. O violinista é livre na proporção em que expressa a partitura de forma cada vez mais precisa, obedece às regras de forma cada vez mais completa e fiel, identifica-se com elas, elimina tudo o que é subjetivo, tenta tornar a sua personalidade um meio transparente de expressão. Alternativamente, a liberdade pode assumir a forma de auto-obliteração ao ingressarmos num exército, ao identificarmo-nos com o nosso time num jogo, ao nos sentirmos em união com um sindicato de funcionamento restrito, uma escola, uma burocracia, uma Igreja ou um sistema estatal. Em suas formas histéricas, a liberdade pode assumir a forma de destruição violenta dos outros ou de nós mesmos. Em todos esses casos, a liberdade em questão é o exato oposto da noção *liberal* de liberdade — o indivíduo a que se permite perseguir seus objetivos sem interferência, sem se importar se a realização desses objetivos torna-o feliz ou não, se "o realiza" —, a noção negativa de impedir a interferência de outros que existe no âmago da noção de liberdade conforme concebida por Locke e Hume, Mill e Macaulay, e que ainda funciona, em todo caso, como o ideal ostensivo dos modernos governos democráticos. Duas ideias não poderiam parecer a princípio mais distantes do que, por um lado, a apaixonada autoimolação no altar do Estado, raça, religião, história ou da busca "dinâmica" do poder pelo poder, como o único sintoma de um homem livre entre os fascistas e outros românticos histéricos ou antiliberais amargurados; e, por outro lado, os conceitos de liberdades civis inalienáveis, de limitação de interferências e da santidade de certas áreas devotadas à vida privada que formam a substância do liberalismo individual conforme é defendido contra a intromissão abusiva nas democracias.

A liberdade daqueles que, sabendo disso ou não, absorveram as ideias dos metafísicos idealistas e admiram o Estado ou a Igreja como uma obra de arte moldada por eles mesmos ou por algum poder transcendente, da qual não passam de ingredientes indispensáveis embora rigorosamente controlados, felizes na função única mas inalterável que a história ou algum outro déspota abstrato lhes incumbiu de executar, parece uma escravidão — feliz, talvez, e até extática, mas ainda assim escravidão — para aqueles criados numa civilização mais individualista. E, no outro lado, a liberdade para viver e deixar viver, todos tendo de se haver com a vida por sua própria conta, a possibilidade de uma escolha entre alternativas por nenhuma razão mais apropriada que o fato de um determinado tipo de vida ou uma determinada alternativa propiciar um aumento de felicidade, ou parece atraente em si mesma (e não entra em conflito com razões pessoais semelhantes e quase casuais de outros), ou não parece absolutamente liberdade, mas uma forma de seguir à deriva sem propósito, uma autoindulgência ociosa e informe, uma busca irresponsável de fins de curto prazo, uma moralidade *ad hoc* do mínimo necessário, a que falta toda a dignidade e seriedade de propósitos, sobretudo uma cegueira das vastas potencialidades criativas do espírito "interior" de cada um, que exige libertação e o direito de comandar — essa liberdade parece trivial, precária e vazia para aqueles acostumados ou aspirando a uma forma de autossacrifício coletivo, a uma missão messiânica. E entre esses extremos há muitas versões e tipos de atitude, todas parecidas entre si, assim como os polos extremos entre os quais oscilam, no que se refere a numerosos aspectos não definíveis com precisão.

Há algo certamente paradoxal nas vicissitudes de uma palavra usada no mesmo curto intervalo de tempo por Condorcet num sentido que é quase o exato oposto daquele usado por Saint-Just; por Fichte, para descrever uma forma de vida que era precisamente aquela que Bentham ou James Mill, sob a mesma bandeira de liberdade, lutaram a vida inteira para tornar sempre impossível; que é usada por Mill e Macaulay, Hegel e Nietzsche, Marx, Woodrow Wilson e Lênin como um termo central, o conceito básico em que as suas crenças estão fundadas, tão sagrado a ponto de exigir o maior grau de escrúpulo intelectual e intenso sentimento de que eram capazes, mas que é empregado para descrever ideais que se mostraram conspicuamente incapazes de compromisso, e que colidiram violentamente e tiveram consequências de que nenhum ser vivo no presente precisa ser lembrado. É evidente que o único significado comum que a palavra comporta em todas essas tradições divergentes e até veementemente opostas diz respeito à eliminação de obstáculos na busca de algo que todas acreditam ser o objetivo mais importante da vida. A liberdade como um fim em si mesma revela não ter quase nenhum significado para ninguém. Tem algum significado dizer que um homem deve procurar a felicidade e nada mais; ou o conhecimento e nada mais; ou até o poder para satisfazer seus caprichos e nada mais; mas qual poderia ser o significado de dizer que a liberdade e tão somente a liberdade é o suficiente? A menos que (e parece quase uma obviedade excessiva) alguém quisesse fazer ou ser algo de preferência a outra coisa, não se poderia desejar liberdade para fazer ou ser tal coisa; e a diferença deve derivar das interpretações divergentes do que, segundo as diferentes escolas e tradições, vale a pena fazer ou ser por si mesmo.

A noção de "liberdade positiva" é certamente fundamentada numa confusão, e uma confusão que tem custado um número bem grande de vidas humanas, pois não significa mais do que o fato de todos os homens terem objetivos positivos e sentirem-se infelizes, não realizados, abandonados ao cruel destino ou a senhores cruéis, se esses fins positivos entrarem em violento conflito uns com os outros, com o ambiente daqueles que os buscam ou com os propósitos e comportamento de seus semelhantes; e de que remover obstáculos para a realização deste ou daquele objetivo é de pouca valia para aqueles que não sabem que fins procuram, ou procuram fins incompatíveis entre si, ou fins que são irrealizáveis, ou que estão num conflito demasiado violento com os fins de outros. E a força do argumento daqueles que falam de "liberdade positiva" é que as coisas são assim, e que aqueles a quem a liberdade é dada nessas circunstâncias desfavoráveis não a consideram valiosa e, portanto, não a reconhecem pelo que deveria ser. Mas a liberdade não deixa de ser liberdade porque não é o bem mais valioso em circunstâncias específicas e desfavoráveis. Um cego talvez não aprecie receber de presente uma bela pintura, mas ela continua a ser um presente mesmo assim, nem a pintura se torna menos bela porque ele não a pode ver — o significado de termos como "beleza visual" provém das experiências daqueles que podem ver. As liberdades civis talvez não signifiquem nada para os famintos e os nus, mas por eles não estarem numa condição de desejá-las, nem compreender o que são, não se segue que as liberdades civis são em certo sentido "negativas", quando poderiam ser "positivas". Sem dúvida, o conteúdo concreto do tipo de liberdade em discussão é diferente de acordo com os contextos concretos nas mentes de pensadores com ideias diferentes sobre a natureza humana, as capacidades humanas e os objetivos da vida; e a noção de liberdade irá diferir como seria de se esperar para aqueles que concebem o homem como um fragmento arrancado de um conjunto abrangente inicial, com o qual ele procura acima de tudo unir-se e assim perder a sua identidade (exceto a de condutor de alguma fonte central de luz e força), seja hegeliano ou budista; e para aqueles que concebem o homem como um ser empírico no tempo e espaço, perseguindo os fins que persegue, por quaisquer que sejam as razões, e exigindo, para ser o que deseja ser, uma certa área protegida da invasão de outros, quer as visões desses outros concordem com as dele ou não, quer os outros o aprovem ou não, e quaisquer que possam ser as atitudes gerais dos outros em relação a ele e a seus fins, bem como a atitude dele em relação aos outros e a seus fins.

Pode-se então discutir o tamanho dessa área, e a questão de saber se há algumas ocasiões, e em caso positivo quais, em que essa área pode ser invadida. O que continua constante é a noção de que, se *parte* dessa área não for delimitada na prática (e também na teoria), não podem ser alcançados aqueles fins que, como uma questão de observação comum, são de fato, têm sido e muito provavelmente sempre serão perseguidos pelos homens. E os desejos e os ideais desses homens devem ser respeitados porque de fato (e mais uma vez como uma questão de observação comum) esses homens e esses ideais são considerados suficientemente valiosos por aqueles que ligam esse tipo de significado à liberdade a ponto de merecerem a atenção mais séria possível por si mesmos, como tais, como fins em si mesmos, quase como Kant recomendou, embora talvez não por uma de suas razões explícitas — não por eles serem seres racionais (o que quer que se possa querer dizer com isso) —, mas realmente pela sua outra razão, a de que os homens são fins em si mesmos por serem a única fonte de toda a moralidade, os seres tão somente pelos quais tudo quanto vale a pena fazer é digno de ser feito, porque a noção de fins em si mesmos é um dos fins que os homens inventam para si mesmos, e não há, portanto, nada fora deles a que eles possam em princípio ser considerados dignos de sacrifício.

Essas conflitantes definições humanista e não humanista de liberdade, as últimas de muitos tipos — transcendentalistas e teocráticas, "orgânicas" (nos sentidos hegeliano ou fascista) ou heroicas (em algum sentido byroniano ou nietzschiano), que ordenam que os homens se curvem às demandas da história (como exigiam Burke ou os juristas alemães), da classe, como os marxistas, da raça, como os nacional-socialistas, de um ideal estético de autodestruição no interesse de uma escatologia violenta, ou de um quietismo conforme pregado por Schopenhauer, Tolstói ou os sábios hindus —, todas parecem em última análise depender parcialmente das visões sustentadas de como são os homens, como se comportam e quais são os resultados da interação entre eles e outras forças. Dependem em parte disso e em parte dos propósitos supremos sobre os quais não pode haver no final nenhuma discussão, apenas asserção e contra-asserção, além de tentativas de converter pela persuasão ou pela violência. O uso da palavra "liberdade" é um dos indicadores mais seguros do ideal supremo de vida de quem a emprega, do que deseja e do que evita, consciente ou inconscientemente; e a distância que separa a visão humanista da não humanista da sociedade humana é revelada muito dramaticamente pelo abismo intransponível que se estende entre, digamos, Fichte ou Görres, de um lado, e Mill, do outro.

Veremos que cada um dos grandes pensadores do século XIX está mais perto de um ou de outro desses polos; a tendência geral é inequívoca e não há possibilidade de neutralidade. Os dois ideais não são nem compatíveis, nem capazes de compromisso, e têm dominado as mentes dos homens (muito mais do que, digamos, os opostos de coletivismo e individualismo, espiritualismo e materialismo) desde então. E o uso do termo "liberdade" é um dos indicadores mais precisos da posição de um homem.

4. A marcha da história

A noção de que o método científico é o único que conduz a informações objetivas, isto é, confiáveis, sobre o mundo está hoje bastante difundida para parecer paradoxal em si mesma. Há três tipos de métodos para mostrar que as proposições são verdadeiras: pela inspeção empírica direta, como quando descobrimos que as rosas são vermelhas pelo olhar, ou que têm um perfume doce pelo olfato; pela dedução, que praticamos na lógica, na matemática e em todo e qualquer campo em que essas disciplinas desempenham um papel; e pela indução — supondo que o desconhecido se parece com o conhecido ao menos em alguns aspectos, inferimos do que conhecemos por um dos outros métodos aquilo que por algum motivo não é diretamente apresentado, porque está no passado ou no futuro, ou escondido de nós por obstáculos — físicos, psicológicos ou de outro tipo — à inspeção direta.

O uso sistemático desses métodos com uma percepção de seu alcance apropriado, de como aplicá-los e da maneira como se ajustam uns aos outros é chamado científico, e as várias ciências dependem em parte do seu objeto de estudo e em parte dos métodos que parecem mais úteis para produzir o efeito desejado, isto é, a provisão de informações cuja confiabilidade é, em última análise, verificada pela observação humana real ou por uma relação lógica especificável — como a probabilidade, a coerência e afins — com essa observação.

Dessa forma acumulamos e organizamos nosso conhecimento da uniformidade, do que acontece junto, depois ou ao lado de qualquer outra coisa. Tais informações são consideradas cada vez mais científicas à medida que o número de dados não assimilados se torna menor, o número de generalizações — leis ou regras — passa a ter alcance mais abrangente, e as generalizações são elas próprias organizadas como uma pirâmide, as leis mais específicas sendo diretamente dedutíveis das mais gerais, e o número de leis fundamentais, elas próprias não dedutíveis de nenhuma outra, tornando-se o menor possível. O ideal é derivar todas as leis, em outras palavras, fórmulas para a descrição, predição, correlação e "retrodição" de todos os fenômenos — o comportamento de todas as coisas e de todas as pessoas — de uma única lei ou princípio integrador, do qual tudo o mais é dedutível.

Esse é o ideal da unidade de todas as ciências, uma meta que tem sido objeto de um esforço persistente no pensamento humano desde Tales, e que tem influenciado tanto o pensamento científico como o pensamento sobre ciência de forma particularmente poderosa desde o século XVIII, quando esse alvo, se não alcançado, parecia quase à vista. Entretanto, se nos perguntarmos do que trata a história e como ela é escrita, não está claro como ela deve ser encaixada no padrão geral.

Quando procuramos descrever uma sucessão de eventos históricos, os papéis que povos, grupos ou personalidades específicos neles desempenham, os efeitos desta ou daquela situação histórica, ou a influência de fatores pessoais ou impessoais como o comportamento econômico de uma determinada comunidade ou a influência exercida sobre ela por governos particulares ou governantes individuais particulares, será que procedemos de fato tentando "abstrair" todas as características comuns ao período, à sociedade, aos indivíduos em questão e a outros períodos, sociedades e indivíduos, para extrair generalizações sobre o comportamento do que é comum a diferentes períodos ou pessoas, e para deduzir dessas generalizações o que deve ter acontecido durante o período ou com as pessoas em discussão? Em alguma medida, é claro que procedemos assim; todas as palavras classificam, isto é, representam características que categorizam mais de uma entidade, comparam e contrastam automaticamente coisas ou pessoas em tempos diferentes e em situações diferentes. Conceitos históricos como "mudança", "revolução", "poder político", "governo", "descontentamento popular", "democracia", "tirania" e outros afins tentam, é claro, denotar algo similar em muitas situações diversas, e pressupõem um grau suficiente de semelhança em situações amplamente separadas no tempo e espaço para possibilitar que esses termos comuns sejam usados com proveito. Ainda assim, não basta. Todo o objetivo da química é definir as entidades das quais trata — digamos, moléculas ou valência — de maneira que se elimine tudo o que é irrelevante, de maneira que cada molécula *qua* molécula contenha o princípio estrutural de uma molécula, ou que todas as valências sejam idênticas entre si enquanto de valências, sempre e em todo lugar em que possam ocorrer, mesmo que quaisquer outras coisas possam ser diferentes nessas situações. A biologia tenta com bem menos sucesso definir, digamos, "organismos" de um modo similarmente uniforme, de maneira que, em todo lugar e a todo momento em que se considera a ocorrência de "organismos", eles possuirão muitas características tão integralmente similares quanto possível, para que as generalizações possam cobrir o maior número de casos possível. Esse obviamente não é o modo como a história procede.

Para começar, se descrevemos, digamos, a Revolução Francesa ou o caráter e a influência de Robespierre nesse evento, a última coisa que normalmente devemos fazer é descrevê-la em termos que a tornem o mais indistinguível possível de outras revoluções em outros tempos e entre outros povos. Seria ainda mais estranho se tentássemos descrever Robespierre de tal modo que conseguíssemos fazer com que parecesse, no mais alto grau possível, um gêmeo siamês de outros revolucionários, franceses ou italianos, romanos ou chineses, para demonstrar que ele, agindo como agiu, obedecia às mesmas leis gerais do comportamento revolucionário que induzem todos os revolucionários, em todos os lugares e em todas as épocas, a agir de um modo exatamente semelhante, dadas tais e tais condições de um tipo identificável. O que procuramos fazer — e ninguém seria chamado de historiador (ainda menos de biógrafo) se não o fizesse — é transmitir o que realmente aconteceu numa determinada situação, quer algo muito semelhante tenha ocorrido em outras circunstâncias, quer não. Tentamos transmitir algo que num certo sentido é totalmente único — algo que aconteceu quando, onde e como aconteceu, e que foi o que foi precisamente porque não aconteceu em nenhum outro tempo, em nenhum outro lugar ou em relação a um grupo inteiramente diferente de organismos humanos. Pode ser que a história seja cíclica ou se reproduza com exatidão, e que toda situação histórica se repita com precisão em algum lugar, em algum momento. Mas os historiadores não se interessam por isso. Recorremos a eles para que nos deem o melhor relato possível do que ocorreu, pelo que sabemos, apenas uma vez, num determinado tempo, num determinado lugar — pois é apenas isso que queremos saber. Naturalmente, se perguntamos sobre as causas do que aconteceu, estamos num certo sentido pedindo leis gerais (porque isso é o que são causas), aquele elemento numa determinada situação que, se tivesse acontecido em outro lugar, teria sido — e sempre que de fato aconteceu em outros tempos ou lugares, foi — um exemplo de alguma lei geral que nos diz como tais elementos de fato se comportam em circunstâncias variáveis. E essas leis gerais são sem dúvida "abstraídas" de situações concretas por comparação e contraste, por algum tipo de indução grosseira. Mas apenas enunciar essas leis e suas aplicações não bastaria, pois não explicaria o caráter único do que ocorreu, a forma particular com que ocorreu, as características específicas de um evento, situação ou pessoa que formam o padrão particular que esperamos que o historiador descreva ou analise. O caráter de Napoleão, o curso da Revolução Russa não são dedutíveis de leis gerais, assim como o comportamento dos corpos o é na ciência física.

A sociologia e a psicologia, que por serem ciências prometem ter um dia a capacidade de fazer essas deduções, ainda nem sequer começaram a cumprir a promessa com alguma seriedade; seja qual for a validade de suas afirmações, a história tal como é escrita por historiadores não pretende, na verdade não deseja, imitá-las. Talvez procure ou não demonstrar princípios gerais, leis gerais, empíricas ou *a priori*, materiais ou espirituais, quando elas se mostram com mais clareza no que ocorre; e os historiadores são chamados filosóficos ou não filosóficos na medida em que acreditam estar fazendo exatamente tal coisa. Mas eles não seriam absolutamente historiadores — quando muito filósofos da história ou defensores da eliminação da história da maneira como ela é escrita em favor de alguma outra forma de tratar os fatos — se no mínimo não registrassem em sua ordem os fatos que lhes interessam de maneira a revelar o caráter particular, as qualidades específicas, de eventos ou pessoas históricos, e somente assim nos dando a impressão de que estão de fato descrevendo eventos reais no tempo e espaço real, com indicações de como, quando e onde aconteceram, e não pessoas ou eventos hipotéticos em tempos e espaços possíveis, que poderiam ter ocorrido em qualquer tempo, em qualquer lugar ou simplesmente não ter acontecido — da maneira como, ao falarem de átomos ou até de formações geológicas (dos quais na verdade afirmam a existência), os cientistas mencionam características que os descrevem em termos gerais, isto é, quer existam, quer não.

É claro que em certo sentido a história tal como a conhecemos não é absolutamente uma ciência, mas uma arte, no sentido em que a pintura de retratos é uma arte pela qual se transmite o caráter único de uma personalidade ou uma expressão, e não meramente aquilo que essa pessoa tem em comum com muitos outros homens, o que, digamos, um raio X ou até uma fotografia poderia transmitir — dependendo o sucesso do pintor, em alguma medida, diretamente do grau em que sua pintura é o retrato de um indivíduo único no universo, de tal modo que se há outro exatamente idêntico, essa é uma coincidência irrelevante e peculiar, pela qual ele, como retratista, sente total indiferença.

Além disso, além do seu método, há no mínimo outro fato que distingue a história das ciências — é que ela lida com seres humanos, e lida com eles como criaturas que pensam, sentem, desejam e agem. As ciências naturais estão empenhadas em registrar o que acontece em associação com outra coisa, com que frequência, por quanto tempo e em que extensão; fornecem respostas a perguntas como "o que existe no mundo" e "como se comporta", isto é, "o que faz onde e quando"; e isso não se aplica menos às ciências humanas — sociologia, antropologia, psicologia e assim por diante — do que às ciências naturais, na medida em que as primeiras são apropriadamente chamadas científicas. Mas os seres humanos, como sabemos, porque nós próprios somos humanos, não são apenas corpos no espaço, que se movem e são movidos, mas têm propósitos e motivos e agem sob a influência de outras causas que não as puramente físicas ou biológicas. Se é uma falácia ser antropomorfista, atribuindo falsamente características humanas aos deuses, ou animista, atribuindo-as a planetas, rios ou árvores; se a falácia patética é condenada por atribuir emoções humanas a objetos inanimados ou animais; segue-se ao menos que em algum lugar essas categorias são apropriadas — a saber, na descrição dos seres humanos. E se é um erro estabelecer analogias falsas entre os seres humanos e os objetos naturais (ou a Divindade), deve ser igualmente falacioso aplicar a analogia em sentido contrário — tratar os seres humanos como se seus atributos não fossem diferentes, quanto a aspectos importantes, dos encontrados nas pedras, árvores, pássaros, cachorros ou no sistema solar, como os racionalistas do século XVIII com suas analogias das sociedades de "abelhas ou castores",[1] e seus seguidores dos séculos XIX e XX, inclinavam-se a fazer.

Supomos que César ou Robespierre sentiam emoções ou eram movidos por desejos de atingir certos objetivos, pensando e refletindo de certas maneiras, não com base nas evidências indutivas tênues que talvez existam para essas hipóteses, mas por analogia com nós mesmos, porque temos boas evidências indutivas para acreditar que existiram homens chamados por esses nomes, e se eram homens, não há razão para nos limitarmos às observações do comportamento de seus corpos que os registros talvez tornem disponíveis. Podemos igualmente atribuir-lhes propósitos, por exemplo, e perguntar não apenas como se comportavam, mas por quê. "Por quê?" é uma pergunta que não podemos fazer à natureza, a menos que a consideremos em certo sentido animada ou dotada de propósito; e essa é uma das grandes falácias que discutimos no primeiro capítulo. Mas podemos fazer e realmente fazemos essas perguntas sobre seres humanos, e como a história diz respeito à experiência dos seres humanos, seus propósitos, pensamentos, sentimentos, o impacto de eventos naturais e dos outros homens sobre suas mentes e emoções — como a história não é um relato do comportamento e evolução de corpos humanos ou da estrutura de seus cérebros ou sentidos, o que, por mais relevante que seja, pertence a outras disciplinas — não escrevemos história se não respondemos a perguntas como por que certos indivíduos agiram como agiram, ou o que sentiram sobre isto ou aquilo, ou que tipo de ideias tinham ao agir assim e assado, tudo aquilo que é quase absurdo se indagado sobre flores, peixes ou a Lua. É possível, claro, que os vegetais ou os minerais sejam num certo sentido, como pensava Leibniz, seres sencientes, embora de um modo muito embrionário e rudimentar, mas, em caso positivo, isso nos é opaco e demasiado especulativo. Podemos estabelecer que a maioria das pedras, quando jogadas contra janelas, quebram os vidros, mas se for sugerido que as pedras gostam ou não gostam de fazer isso, que as janelas querem ser quebradas ou, ao contrário, resistem ao máximo, que as mesas literalmente gemem sob as suas cargas, que os prados sorriem e os mares se zangam, não temos evidências disso. Podemos descrever apenas o aspecto "externo", não importa o que possa estar acontecendo no "interior". Mas no caso dos seres humanos podemos distinguir com toda a clareza entre comportamento "exterior", como movimentos corporais, e estados ou processos "interiores", que todo o nosso vocabulário mental e emocional é projetado para descrever. Portanto, num certo sentido, sabemos mais — ou sabemos de um modo diferente — sobre os seres humanos e o que os leva a se comportar como se comportam, e a ser como são, do que sobre os objetos inanimados. Sabemos, em suma, o que é ser um ser humano, e não sabemos o que é ser uma mesa ou uma rocha, apenas o que é ver, tocar, degustar os objetos materiais. Qualquer historiador que tentasse proceder unicamente em termos de características naturais — assim como um zoólogo descreve castores ou um entomologista, formigas — pareceria estar agindo de forma muito estranha, evitando deliberadamente dizer o que conhecia, limitando-se artificialmente ao que é comum entre os homens e os objetos naturais, e assim deixando de levar em consideração aquilo que particularmente distingue os homens, ou ao menos nosso conhecimento sobre eles. Esse tipo de behaviorismo é certamente incompatível com qualquer espécie de descrição histórica, por mais proveitosa que possa ser (e até isso parece mais que duvidoso) em ciências como a economia ou a sociologia.

Na verdade, o que queremos dizer com a palavra "compreender" difere profundamente nos dois casos. Na ciência natural, é em última análise redutível à atribuição adequada de casos individuais ou grupos de tais casos às leis, isto é, às uniformidades, que têm o maior poder vaticinador e classificador. "Compreender" aqui significa conhecer o lugar de determinados fenômenos num mapa — o sistema mais abrangente e detalhado que se possa obter, no qual a maior diversidade possível de tipos de fenômenos estão inter-relacionados; ao passo que compreender fatos históricos, quaisquer que sejam as pressuposições causais também implicadas, acarreta certamente ao menos algum conhecimento do que as pessoas estavam fazendo — como se sentiam, o que queriam, que ideias as influenciavam, como viam o mundo, como reagiam à experiência, que artes e ciências praticavam, por que agiam e o que sofriam; e compreender dessa forma é obviamente afim à maneira como nos compreendemos uns aos outros, quando se diz que compreendemos o que os outros nos dizem, captamos as suas intenções, avaliamos seu caráter, algo que executamos por um processo empírico muito diferente do que ocorre na indução científica; é um sentido em que não se pode dizer que "compreendemos" flores, pedras ou protoplasmas.

Às vezes, é verdade, historiadores ambiciosos que julgam possuir poderes quase institucionais podem ir longe demais para nós a esse respeito. Quando um historiador romano afirma compreender o caráter individual de determinado imperador pelos edifícios que mandou erigir, porque esses edifícios em algum sentido "expressam" a sua atitude para com a vida, "falam a nós" quase como uma carta pessoal o faria, podemos com razão duvidar se isso é totalmente confiável como uma forma de investigação histórica; mas nossas dúvidas se devem à suspeita de que os edifícios não "falam" como as cartas, de que embora possam fornecer algum tipo de evidência sobre os gostos de uma cultura, sobre o aspecto que alguns homens, pelo menos, desejavam ou achavam que desejavam ver nos edifícios, a arquitetura ainda assim não é uma forma de comunicação direta de pensamentos ou sentimentos tal como a fala ou a escrita, nem organizada por um número suficiente de regras convencionais destinadas a tornar esses significados inteligíveis. Mas do fato de que tal abordagem é demasiado imaginativa e requer, portanto, na ausência (e às vezes na presença) de informações diretas, ser completada pelos métodos indutivos normais das ciências (assim como partes deterioradas de manuscritos ou alfabetos pouco compreendidos só podem ser "restaurados" fidedignamente pelo uso de métodos científicos empregados nas ciências naturais) — segue-se que se não quisermos ser demasiado especulativos, devemos retornar ao nível em que tais métodos são apropriadamente aplicáveis, em que "compreender" é o método correto de obter informações, como quando lemos livros (embora estes possam ter sido escritos no passado) e compreendemos e consideramos verdadeiro o seu conteúdo sem testes indutivos para averiguar se as marcas escritas no papel eram usadas pelos escritores mais ou menos como as devemos usar agora. Em outras palavras, a compreensão histórica está diretamente relacionada com aquele sentido de compreensão em que os seres humanos se compreendem ou se desentendem uns aos outros no diálogo normal, ou em que os registros escritos do passado são compreendidos, ou em que se diz que as obras de arte expressam algo sem transmitir informações factuais descritivas. Isso não é compreender no sentido em que se diz que um fenômeno é compreendido quando cientificamente explicado.

Claramente, a explicação histórica inclui inferências indutivas tanto naqueles estudos auxiliares, paleografia, arqueologia e assim por diante, com os quais grande parte da evidência é reconstruída, como também no processo de reconstrução histórica real do passado; mas por implicar um grau tão grande de compreensão num sentido diferente daquele que resulta dos métodos das ciências naturais, a explicação histórica é radicalmente diferente da explicação científica. Em suas categorias — o sentido com que emprega termos como "evidência", "fato" e até "verdade" e "probabilidade", palavras como "porque" e "portanto" —, ela lida antes com a situação única que com leis gerais (pode pressupor essas leis, mas não as formula, nem lhe é exigida essa formulação).

Não procede do particular para o geral ou do geral para o particular, mas, como qualquer outra forma de contar história, do particular para o particular. Procura reproduzir a situação real, sem abstrair características comuns a ela e a outras semelhantes. Suas afirmações são verificadas assim como as conjeturas e crenças do senso comum são conferidas, e não como o são as das ciências especiais. Ela formula questões para as quais as ciências não se propõem dar respostas. Dizer que o fazem ou deveriam fazê-lo, como os que propõem a história "científica" têm feito desde os dias de Holbach e quase de Hobbes, é, como Tolstói observou certa vez, semelhante a forçar um surdo a responder perguntas que não pode ouvir — ele dá respostas que os interrogadores não querem saber, visto que não é isso que estão perguntando.

VICO

A proposição de que a história é única nesse sentido, e a célebre e importante distinção (que tem alternadamente lançado luz e obscuridade sobre seu tema) entre as ciências naturais e históricas, ou ainda mais amplamente, entre as ciências e as humanidades, foi formulada com um *insight* espantoso pelo filósofo italiano Vico, e depois inteiramente ignorada por mais de um século. Ela foi redescoberta independentemente dele, e quando sua imensa originalidade foi revelada a um mundo mais vasto que sua Itália natal, no início do século XIX, outros — Herder, a escola histórica da jurisprudência na Alemanha, Saint-Simon e seus discípulos, os contrarrevolucionários católicos e outros teóricos românticos — já tinham descoberto essas verdades virtualmente por si mesmos. Ainda assim, é nos escritos de Vico que a questão central é exposta com mais clareza e ousadia. É ele que, ao protestar contra o método predominante de Descartes, nega que os modelos das ciências matemáticas e físicas, apesar de todos os seus triunfos em suas próprias esferas, sejam aplicáveis ao estudo da humanidade. E seu raciocínio é formulado no sentido de que só pode ser perfeitamente compreendido por um homem aquilo que ele próprio pode criar. A matemática é na realidade perfeitamente inteligível porque, sustenta Vico, não é a descrição de algo encontrado no mundo exterior, mas uma atividade da mente, de acordo com suas próprias regras, sobre material fornecido por ela mesma. A física é menos inteligível, na medida em que existe nela algo mais que na matemática, a saber, o comportamento da matéria — a matéria bruta que o homem não inventou e cujo comportamento é, portanto, algo dado — imposto ao ser humano pela natureza de acordo com suas próprias leis, que regem o corpo humano como um objeto natural, mas que ele não elaborou para si mesmo, nem conheceu como uma experiência interior no sentido em que seus pensamentos ou emoções lhe pertencem e não fazem parte do mundo exterior.

O método cartesiano parecia pressupor que, embora o mundo "interior" das emoções, desejos e propósitos fosse turvo e incerto, era o mundo "exterior" — de que a física e a matemática tratavam — que oferecia o melhor campo para que fossem descobertas aquelas ideias claras e distintas, tão somente a partir de cuja concatenação necessária era possível construir o verdadeiro conhecimento. Vico se opunha a esse pensamento com toda a pobre eloquência de que dispunha, e a seu modo caracteristicamente confuso, mas ainda assim vívido, sustentava que os processos da natureza nos eram obscuros porque observávamos apenas uma sucessão de aparências; mas a nós mesmos conhecíamos pela introspecção. Somente Deus, que criou a natureza, podia compreender os processos naturais assim como compreendíamos nossos próprios atos criativos. Pois só compreende alguma coisa perfeitamente aquele que a cria pouco a pouco — visto que criar e saber o que e como se está criando é a forma mais cristalina de compreensão; posso explicar perfeitamente a matemática, porque sou eu próprio que faço os meus lances. Gerações posteriores de "historicistas" fornecem exemplos de jogos como o xadrez e as cartas de baralho, em que compreendo tudo, em que tudo é claro, porque faço com que tudo aconteça de acordo com a minha vontade, assim como decido — eu ou outros como eu com quem me identifico, que inventaram eles próprios as regras — e só compreendo perfeitamente aquilo que eu próprio invento, produzo ou poderia ter produzido.

É nesse ponto que Vico dá o seu passo mais ousado e mais original. A história é inteligível como os corpos materiais — a natureza — não o são, pois a história é um ato da experiência humana. As árvores e as pedras podem persistir no tempo, mas não se diz que tenham uma história. E a experiência de um grupo de homens é algo homogêneo com a experiência de qualquer outro, pois é isso o que significa dar aos homens esse nome — que suas experiências não podem ser totalmente diferentes. Compreendo as reações, os pensamentos, os desejos de meus pais ou de meus ancestrais, porque sou um ser que pensa, deseja, reage e pode se colocar imaginativamente na situação de outros homens. Quando, portanto, me falam do passado, os historiadores descrevem o que os homens fizeram e sofreram, pensaram e quiseram, e compreendo como isso teria sido, pois eu próprio poderia ter estado no lugar dos homens descritos. Mas não posso jamais ter estado no lugar de uma pedra ou de uma árvore, e assim nada que Descartes possa me dizer sobre a constituição desses seres é inteligível para mim naquele sentido íntimo em que os pensamentos, as paixões ou ambições de outros são inteligíveis.

Vico agora vai além. Os homens são moldados como são, não apenas pela influência do ambiente físico, embora ele reconheça a força desse elemento, mas por suas relações, conscientes, semiconscientes ou quase totalmente inconscientes, com os outros membros de seu grupo. É algo sofisticado, e tardio no desenvolvimento humano, ser capaz de articular os pensamentos para expressar desejos com palavras claras adaptadas a esse fim. Em eras anteriores, antes que as línguas humanas tivessem se tornado tão diferenciadas e especializadas como mais tarde se tornaram, os homens expressavam suas esperanças e medos, seus desejos e imagens da realidade, em mitos, em obras de arte, em danças, ritos religiosos e costumes sociais. Em vez de considerar as fábulas e os costumes dos antigos uma grande pantomima ininteligível de povos primitivos e selvagens, os verdadeiros historiadores percebem neles a fonte mais rica possível para a compreensão dos estados psíquicos, a serem talvez dificilmente honrados com o título de visões ou opiniões — as atitudes das sociedades primitivas em relação à vida.

Não era somente na mitologia e no ritual que essa evidência estava enterrada, mas na própria língua. As palavras, os símbolos que os homens usavam, as maneiras como os formavam, as estruturas de suas frases, os tipos de sons, a morfologia e a gramática, que formam até agora o objeto de uma acumulação árida, mecânica e antiquada, expressavam — por serem os veículos deles e, mais que veículos, por serem idênticos a eles — os pensamentos, os desejos e as atitudes que os homens nutriam em relação a si mesmos ou em relação uns aos outros. As linguagens primitivas — as epopeias e os contos folclóricos — eram fantasias que transmitiam as maneiras como os homens imaginavam a vida para si mesmos e para os outros. Os homens cantaram antes de falar, e falaram rítmica e poeticamente antes de falar em prosa. As canções e a poesia, os movimentos rítmicos para a dança, a sintaxe de uma frase, as comparações e analogias, as metáforas enterradas na língua e nos ritos primitivos, no comportamento estilizado de todo tipo, não eram meramente evidências da *Weltanschauung* da época, mas eram elas próprias sua expressão direta. Compreendíamos o que nossos ancestrais estavam querendo dizer porque eles eram nossos ancestrais e nós éramos seus descendentes, não apenas por uma espécie de desenvolvimento orgânico (esse, em vez da evolução, era o conceito central de Vico), mas por haver uma única consciência contínua que pertence à raça humana considerada em sua totalidade, assim como uma consciência particular pertence a um indivíduo, e cada geração de homens representa o crescimento dessa consciência humana total, assim como as diferentes idades de um indivíduo representam o seu crescimento, e compreendemos o passado da raça humana, assim como um homem compreende o seu próprio passado individual, por uma espécie de memória cultural coletiva, por uma percepção mais ou menos vaga, mas capaz de ser estimulada pelo uso da imaginação e pela descoberta de evidências concretas, da condição da qual emergimos, que se estende até o passado mais remoto, até o momento em que, como acreditava Vico, católico devoto, o Senhor pela primeira vez insuflou vida no corpo do primeiro homem criativo.

É difícil superestimar os elogios à originalidade de Vico quando nos lembramos da época em que ele viveu. Descartes estava condenando a história por ela ser incapaz de formulação dedutiva precisa, constituindo, portanto, ao fim e ao cabo nada mais que uma coletânea de histórias de comadres. Grotius e Pufendorf estavam tentando formular aqueles princípios *a priori* permanentes da indestrutível lei natural, que eram os mesmos para todos os homens em todos os tempos e em todos os lugares, e dos quais toda a legislação racional devia ser deduzida, assim como os físicos deduziam a constituição do mundo das proposições autoevidentes reveladas pela luz natural à razão natural. Mesmo um teólogo tão relativamente histórico como Bossuet expunha uma visão da história como um plano divino sendo gradativamente desdobrado por uma divindade, cujas partes estavam todas interligadas por relações lógicas e só ocorriam no tempo por causa da natureza finita do homem, que podia percebê-las, num nível empírico, apenas como uma sucessão ilusória de eventos cujo padrão interno era uma totalidade eterna na mente de Deus — uma doutrina de desenvolvimento racional semelhante à de Leibniz, exceto que Bossuet enfatizava a doutrina medieval de uma hierarquia real, pela qual tudo no universo pertencia a uma ordem subordinada à ordem seguinte mais elevada, e os reis eram deuses mortais estabelecidos sobre a ordem social com a mesma autoridade que Deus exercia sobre o universo. Hobbes tentava derivar os princípios políticos daqueles formulados na física e explicar as instituições sem levar em conta a mudança histórica, como efeitos idênticos sempre recorrentes provindo de causas idênticas. Spinoza considerava a história em grande parte um produto do fracasso humano em compreender os princípios racionais permanentes que poderiam explicar de forma cabal por que tudo era como era, uma ciência que poderia ser dominada por qualquer um que possuísse um intelecto suficientemente poderoso em qualquer época, mas que, devido à falibilidade, à vaidade e à instabilidade emocional dos homens, só era revelada, e de forma muito parcial e oportuna, aos grandes filósofos, isolados uns dos outros no tempo e espaço, todos os quais percebiam aspectos da mesma verdade. Mesmo homens tão esclarecidos como Bayle e Saint-Evremond recorriam à história quando muito para fornecer exemplos que encorajassem ou dissuadissem os homens de seu tempo quanto a seguir esta ou aquela crença ou modo de vida.

Nessa atmosfera, tão profundamente pouco propícia ao historicismo de qualquer tipo, Vico, aparentemente por seus próprios esforços, ao longo de uma carreira inteiramente fracassada como escritor de aluguel e palestrante napolitano, humilhado por seus clientes e só reconhecido por suas realizações mais triviais, conseguiu formular uma visão da história que apresentava canhestra e obscuramente, mas que ele próprio sabia provir de um *insight* de gênio. Esse *insight* consistia em perceber que as instituições, pensamentos e atos de uma determinada geração são os produtos da interação de forças especificamente sociais; que nada na vida dos homens é inteiramente desprovido de relação com qualquer outro elemento na vida desses homens e dos outros homens que formam com eles uma sociedade humana organizada; que a partir das formas gramaticais é possível obter uma compreensão da vida econômica de um país, porque é provável que certas palavras só passem a existir em resposta a certas necessidades sociais, que por sua vez surgem apenas num certo estágio do crescimento político, econômico ou social de uma determinada sociedade.

Vico, é claro, não nasceu inteiramente armado da cabeça de Palas Atena. Foi um filho do seu tempo; ele também falava da história como útil por causa de suas lições morais, porque nos ensinava o que fazer e o que evitar, e enfatizava o espiritual em detrimento dos fatores materiais que influenciam os homens, a fim de refutar os materialistas e os ateístas para a maior glória da única Igreja verdadeira. Nesses aspectos, qualquer teórico católico devoto procurando refutar o novo materialismo e atomismo usava os mesmos argumentos, quer fosse um platônico de Cambridge, quer um teólogo anglicano, quer um lógico jesuíta. O que é verdadeiramente original em Vico é a noção de que compreender alguma coisa é compreender o modo como ela veio a ser o que é, e o modo como está ligada por relações que não fossem a necessidade lógica ou a mera copresença ao lado de outras coisas em desenvolvimento, junto com as quais forma um único padrão em evolução; de que isso é mais facilmente compreendido no caso da experiência humana, porque o estudioso, que é ele próprio um ser humano, pode compreender imaginativamente o curso da evolução, tanto social como individual, de outros seres humanos bem melhor do que tudo quanto causa mudanças na natureza; de que o sistema de conexões causais que atribuímos à natureza é algo com o qual não estamos diretamente familiarizados, assim como nos são familiares os motivos, as intenções e as políticas, que são as molas de nossas ações; e de que portanto a história, que é o produto de atitudes e motivos humanos, é transparente para nós num sentido em que a natureza permanece opaca; de que a história humana é feita por seres humanos por meio de suas relações voluntárias e involuntárias entre si e com a natureza, e que estamos como que no interior desse processo, nós mesmos os criadores; de que os monumentos e antiguidades que possuímos à guisa de registros das maneiras como os homens falavam, pensavam, serviam e celebravam seus deuses, obtinham seus prazeres ou solenizavam vários empreendimentos públicos e privados, não deviam ser estudados como a geometria ou a astronomia devem ser necessariamente estudadas — pelo método indutivo, que não é senão a segunda melhor maneira, um longo caminho ao redor do ponto em que não é possível o conhecimento direto — mas como tentaríamos descobrir os fatos para as nossas próprias autobiografias ou as biografias de outros, em que os nossos critérios e métodos para estabelecer a verdade e a probabilidade, o que é possível, importante, trivial, permanente ou efêmero, chegam a nossas mãos pelo conhecimento íntimo de nós mesmos, do que é ser humano, conhecer, querer, sentir, aprender, labutar, sofrer, amar e odiar, ocupar-se de todas as várias atividades em que as vidas das famílias, as seitas, as cidades, os países ou culturas inteiras consistem.

Para ilustrar a profundidade da concepção de Vico, basta mencionar o seu tratamento da mitologia como um modo simbólico de representar o mundo, tanto os fatos como os valores, para nós mesmos, que cresceu insensivelmente entre os homens primitivos; os seus vagos prenúncios das lutas de classe como um fator capital no desenvolvimento histórico, e a evidência desse elemento nas práticas religiosas ou na estrutura etimológica da língua; a ênfase na língua como talvez o exemplo mais característico de uma instituição social que não depende de nada tão artificial como o Contrato Social para o seu crescimento e reflete em sua própria formação a vida complexa e semiconsciente de culturas consideradas como "organismos", dos quais os indivíduos são quase — o próprio Vico não vai assim tão longe — abstrações, membros separáveis no pensamento, mas não na realidade.

Quer Montesquieu tenha lido Vico ou não, seu relativismo histórico e sua visão de que os homens são como são por causa das diferenças de condições materiais, educação ou caráter nacional, por mais sensata, original e interessante que seja, é muito inferior à de Vico em termos de profundidade e ousadia de concepção. O contraste entre a inteligibilidade da história porque a criamos — pois só podemos compreender totalmente o que nós próprios criamos, e não o que é lançado sobre nós do "exterior", já pronto por assim dizer — e a impenetrabilidade da natureza é um passo imaginativo muito distante do Montesquieu metafísico sóbrio e mais ameno. Entretanto, as misteriosas "relações das coisas" a que as instituições humanas devem ser forçadas a corresponder, se quiserem funcionar, são certamente algo afim ao progresso espiritual da humanidade, a experiência coletiva de uma sociedade inteira — da qual Vico fala tão eloquentemente — à medida que seus membros não desenvolvem apenas armas tecnológicas, mas artes, ciências e "ideologias" em resposta ao ambiente e às suas relações recíprocas.

Vico concebia a história humana como um processo pelo qual as almas imortais dos homens procuravam alcançar a unidade com o seu Criador e o Grande Protótipo, mas não precisamos tratar da sua teologia. Não é isso, nem tampouco a visão similar de Herder o fundamento de sua grande tese. Talvez seja bastante acrescentar que Vico não só estabeleceu os fundamentos das modernas ciências da etnologia, antropologia e filologia comparadas e outras afins, mas descobriu algo sobre o método histórico — sobre a diferença entre a maneira como os botânicos e historiadores ou filólogos chegavam a suas conclusões mais esclarecedoras — que transformou o pensamento sobre esses temas.

A *Nova Ciência* de Vico, em suas várias versões, permaneceu ignorada até que um jurista napolitano, Cuoco, chamou a atenção do mundo filosófico para sua obra perto do final do século XVIII. É possível que Galiani tenha chamado a atenção de seus amigos entre os enciclopedistas em Paris algumas décadas antes disso, e que Herder tenha aproveitado alguma coisa do livro — e talvez até que o grande estudioso de grego Wolff deva sua visão de que Homero não foi um único autor, mas o epítome de uma grande quantidade de poemas épicos populares, antes o fruto de uma cultura que de um único indivíduo, às sugestões extraordinárias de Vico sobre esse assunto, e que Niebuhr e Savigny devam mais do que se dignam reconhecer aos ecos das visões de Vico sobre história romana e o desenvolvimento histórico das leis. Mas são meras conjeturas. A reputação de Vico no século XIX foi construída por Michelet, que extraiu da obra do napolitano a noção de história como algo criado pelo homem para si mesmo com e contra a natureza recalcitrante, e ele o saudou num célebre ensaio como o primeiro a perceber que a história não relatava o destino dos homens como entidades passivas manipuladas por forças externas, mas o empenho ativo dos homens, unidos em classes, nações e civilizações, para criar sua vida à luz dos ideais que eles próprios modelavam para si mesmos no longo processo de luta para se realizar de acordo com uma força interior — um impulso enérgico de autoafirmação que não pode jamais ser extinto.

Entretanto, muito antes de 1825, quando Michelet divulgou para o mundo sua notável descoberta, começava a crescer e a dominar o pensamento ocidental a concepção de forças impessoais — a história, "o povo", a humanidade, a tradição nacional ou religiosa — como sendo fatores mais poderosos que as vontades individuais ou os pactos artificiais em influenciar a vida humana, e os únicos a justificar e causar as ações humanas.

HERDER

O maior nome na história desse movimento é o de Herder, que numa prosa alemã vaga, mas eloquente e às vezes comovente, falava da história da humanidade como sendo não uma sequência de eventos rigidamente determinados, cada um exterior ao outro, mas como um processo semelhante ao da criação de uma obra de arte. Vico foi professor de retórica e católico devoto e Herder, pastor luterano, mas ambos eram homens profundamente piedosos e acreditavam em Deus como o criador pessoal do universo. Para Herder, a história era semelhante ao plantio de sementes na terra por um semeador, ou à pintura de um quadro por um artista. As leis que determinavam esses processos são as leis da vida "interior". Qualquer um que já tenha se envolvido em qualquer processo criativo sabe o que é ser dominado pelo ideal interior a cuja realização tudo o mais está subordinado; o que é estar nessa condição inspirada em que os elementos que se combinam para formar a obra de arte final não atuam em obediência a alguma lei mecânica, nem de maneira aleatória, sem obedecer à necessidade cega ou ao acaso cego, mas por causa do princípio peculiar pelo qual cada elemento é visto como indispensável a qualquer outro, bem como ao padrão do conjunto que não pode ser reduzido a categorias explícitas, logicamente organizadas. Herder rejeitava o dualismo kantiano do mundo da aparência causalmente determinado e o mundo da liberdade e propósitos racionais, ao qual Schiller tinha dado tanta importância, porque ofendia a sua visão do universo como uma única totalidade crescente em que as sementes plantadas por Deus — as almas individuais, o espírito das instituições humanas, sociedades, Igrejas, movimentos artísticos — desenvolviam-se todas de acordo com um propósito interno para o qual tinham sido criadas.

A originalidade de Herder consiste em negar a uniformidade humana. Ele sustentava que a diversidade dos indivíduos e sociedades humanos, o que ninguém podia negar, não podia ser explicada com base na pressuposição de que existia na natureza uma entidade chamada homem, passível de ser considerada suficientemente uniforme para fornecer dados a uma ciência natural, que em teoria poderia deduzir todo fato sobre o passado, o presente e o futuro, tanto social como individual, desde que houvesse evidências factuais suficientes — evidências tão adequadas como, digamos, as que os químicos ou físicos possuem ou possuiriam claramente um dia em seu campo. Os dados a partir dos quais esses futuros sociólogos procuravam explicar a diversidade humana eram relativamente constantes — nem o clima, nem o solo, nem órgãos humanos ou necessidades materiais tinham se alterado apreciavelmente durante os milênios da existência humana, mas as diferenças entre as sociedades humanas eram grandes, e a história, digamos, da arte era dificilmente dedutível de dados anatômicos ou geográficos. Herder sustentava que qualquer um que tivesse olhos para ver podia perceber diferenças morfológicas entre as culturas, podia constatar que havia algo comum à música alemã, à pintura alemã, à perspectiva política e atitude geral para com a vida apresentadas por alemães de qualquer dado período — um espírito comum que os tornava reconhecivelmente alemães e diferentes de tudo o que era característico dos franceses ou italianos; assim como tudo o que era típico do século XVIII diferia em certas maneiras muito perceptíveis do que era típico da Grécia clássica, de Roma ou da Judeia.

O ideal do Iluminismo alemão, segundo o qual toda e qualquer coisa que fosse boa, verdadeira ou bela poderia ser descoberta por qualquer um em qualquer tempo e introduzida em qualquer sociedade simplesmente em virtude de seu próprio valor intrínseco — de modo que a arte romana descoberta por Winckelmann (apesar de ele supor que fosse a da Grécia clássica) podia atuar como um modelo adequado para os homens modernos —, era instintivamente reconhecido como falso. Todo povo tinha um espírito interior próprio —seu *Volksgeist* — que moldava sua perspectiva e condicionava a forma concreta que a expressão dessa perspectiva adotava. O que é tão caro a um alemão a respeito dos sons e formas das palavras e letras alemãs não é apenas o fato de que são familiares, de que seus ancestrais antes dele expressaram seus pensamentos com esses meios, mas o fato de que somente eles transmitem a atitude alemã em relação ao mundo — a própria caligrafia, os acentos sobre as palavras e, de um modo bem mais amplo, a poesia e a arte primitiva de um povo são o que são porque fluem da — e consistem na — expressão exterior de um sentimento e uma visão que constituem a contribuição peculiar de cada povo histórico à soma total da civilização humana. Os costumes de um povo, sua poesia primitiva, tudo o que é a expressão "natural" de seu espírito interior nunca é vulgar, mas sempre comovente e verdadeiro, porque sentimos que transmitem uma visão genuína da vida, que são a realização genuína da personalidade de um determinado povo — uma personalidade que é às vezes chamada sua cultura.

As culturas diferem tanto quanto os indivíduos. Elas têm uma fisionomia peculiar própria, e quando atribuímos sem hesitar uma determinada canção, pensamento filosófico ou construção a uma determinada nação, não é porque estamos classificando de acordo com uma teoria abstrata inventada pelos filósofos franceses — os *philosophes* — pela qual tais e tais condições materiais não podem deixar de produzir tais e tais obras de arte, pensamento ou ação, mas porque temos uma percepção da relevância interna que relaciona tudo o que flui dessa perspectiva comum, que é o padrão histórico que torna os povos o que são — empresta-lhes seu sabor individual — e ao mesmo tempo forma e justifica o que há de melhor em tudo o que fazem. É vão explicar o sentimento de lealdade em relação à comunidade alegando que se trata de um cálculo utilitário de benefício mútuo; e tentar erradicá-lo em favor de algum arranjo utilitário sem ligação com um determinado passado e com as memórias e perspectiva de uma determinada sociedade é ao mesmo tempo pouco prático — não sobreviverá — e choca as sensibilidades morais dos membros patrióticos da sociedade.

O que é lealdade? O que é patriotismo? Para Herder não é nem a expectativa de benefício provindo da ajuda mútua que os membros de uma comunidade dão uns aos outros, nem um mero impulso cego para a solidariedade que não pode ser explicado a não ser por fisiologistas ou zoólogos. É a concepção do fato, por parte de um indivíduo, de que ele "pertence" a uma determinada cultura, passado, lugar, tempo e tradição; de que ele é parte essencial de uma rede de relações que não é um monte aleatório, uma mera coexistência de elementos que só por um acidente causal poderiam ter ocorrido em alguma outra ordem ou sem ordem alguma, mas que tem com seu ambiente uma relação como a que uma nota musical possui com a harmonia total, cuja criação é a única coisa que torna um determinado som significativo e necessário. A lealdade para Herder é o reconhecimento de que os propósitos de cada um são um elemento intrínseco num padrão maior, do qual os outros elementos são os atos e propósitos de outros seres humanos no presente, passado e futuro. Somente quando sei até que ponto e de que maneira a minha vida, atos e palavras "estão unidos", contribuem para a corrente total da vida social de minha comunidade, é que posso descobrir algum valor neles por mim mesmo; e depois de uma reflexão mais profunda, descubro que quero o que quero e sou o que sou porque em minha natureza expresso — e não posso deixar de expressar — as aspirações, esperanças, medos, atitudes para com a vida que são inteligíveis — que posso justificar, se questionado — somente porque sei que eles estão unidos com o passado da sociedade da qual eu próprio surgi e que me tornou o que sou. Esse surgimento a partir do passado e a continuidade com esses tempos remotos, esse sentimento de que sou um membro intrínseco de uma cultura específica e não de todas as outras culturas, por mais que as admire, é menos a percepção de alguma relação causal *de facto* que uma espécie de conexão que uma das partes de uma obra de arte tem com outra qualquer, que os estágios de um desenvolvimento orgânico têm uns com os outros, a espécie de unidade que só os padrões possuem, a relação não de causa e efeito, mas de meios e fins, do potencial e real, que os homens experimentam, por exemplo, no processo de aprendizado, quando o aumento gradativo do conhecimento e da compreensão condiciona e justifica ao mesmo tempo as etapas particulares pelas quais o aprendiz passa no processo de iluminação.

É essa noção de direção, que apenas a noção de propósito pode proporcionar — um propósito interior que a sensação de pertencer a um movimento, a uma religião ou a uma sociedade dá a seus membros —, apenas isso pode explicar fenômenos como a lealdade, a devoção a uma causa, ou o orgulho em relação a sua cidade, nação ou civilização. Um alemão só pode se desenvolver segundo linhas alemãs, um francês, somente segundo linhas francesas. Sem dúvida eles podem ser transplantados, mas a sensação de estar em solo estranho, que um homem nascido numa cultura experimenta quando deslocado para outra, não pode ser explicada pelo mero desconhecimento de seu ambiente, facilmente sanado com um curso de instrução. Uma planta só pode florescer num solo que lhe seja peculiarmente natural; o pleno desenvolvimento das faculdades de um indivíduo só pode ocorrer em ambientes nos quais essas faculdades se entrelaçam com o que tenha uma relação de parentesco e afinidade com elas.

Herder denuncia o cosmopolitismo como um falso ideal e o homem em geral como um abstração oca. O curso da história não pode ser explicado a não ser por aqueles que compreendem que os conjuntos peculiares de características, que servem para definir as culturas e povos e para distingui-los uns dos outros, estão relacionados entre si por ligações íntimas e só podem ser compreendidos quando se percebe que formam uma harmonia única, que realizam na sua totalidade um propósito único. Cada pedaço foi dotado pela história ou por Deus com uma função específica a ser executada, e suas características são aquelas que tornam possível que essa e não alguma outra função seja executada com sucesso singular, e o dever do homem é em primeiro lugar compreender para que lugar foi designado no mundo, a que povo pertence, a combinação e cooperação com que os homens desenvolverão mais plenamente os seus dotes naturais e os deles.

Para Herder, todo *Volk* tem uma missão, uma contribuição peculiar que somente ele está equipado para executar. Ele é um alemão patriótico, mas ainda muito filho do século XVIII para não se entregar a uma megalomania nacionalista. Todos os povos têm a sua tarefa sagrada a executar e são capazes de respeitar os valores e modos de vida especiais uns dos outros, ainda que não possam participar deles: a meta é a autorrealização de todos os povos com base no respeito mútuo, e sobretudo no amor de uns pelos outros, pois é somente o amor que revela os ideais interiores de outros, ideais que têm um direito tão grande a serem respeitados quanto os meus próprios. Herder substitui os indivíduos de Kant pelos povos ou culturas; os valores, os ideais, os fins máximos são os padrões de vida, cuja realização é uma cultura histórica contínua. Eles são absolutos e sagrados porque representam as aspirações de culturas, porque são as metas que o espírito do povo gerou, propôs a si mesmo, e o único dever absoluto é aquele que desenvolve as verdadeiras potencialidades dos seres humanos.

A noção de um ser humano isolado é uma abstração perversa, pois todos os seres humanos são o que são e agem como agem porque são filhos de um processo histórico e se encontram desde o nascimento já envolvidos em certas relações concretas entre si, que não constituem senão a tradução, em termos materiais, das forças espirituais interiores que criam as grandes unidades da história — os povos. Quanto aos grandes homens, eles são aqueles que compreendem a sua situação, aqueles que melhor compreendem os propósitos da sociedade em que nasceram; em parte por uma espécie de visão inspirada concedida a muito poucos, em parte pelo conhecimento que pode ser obtido estudando-se as antiguidades de uma sociedade — as raízes de sua vida, as tradições antigas, os costumes sociais e as cerimônias religiosas, as canções e a poesia, a pintura e o pensamento, acima de tudo a linguagem dos primeiros dias — a juventude do povo — que são as expressões mais reveladoras de suas tendências mais profundas, de seus propósitos e seu temperamento, de sua perspectiva e seus modos de vida, que formam um todo único e inconsútil, pois esse é o padrão da história, as maneiras como de fato o caráter humano é moldado e os ideais humanos nascem, o processo que ao mesmo tempo supre as condições e os ideais que tornam e sempre tornarão os homens o que eles são.

Esse *Volksgeist*, a diferença fundamental de padrão entre conjuntos sociais, só audível ao ouvido espiritual, o único a perceber os tons históricos discordantes que são as diferenças das culturas humanas, impõe um limite à maleabilidade da natureza humana. Não se pode obrigar um francês a fazer o que um alemão faz por natureza, nem se deveria fazer tal coisa. Além das características naturais — força física, sagacidade intelectual — há as nacionais, que são no mínimo ainda mais fundamentais. Por isso, é utópica a fé que os planejadores sociais depositam na possibilidade de mudar os seres humanos mudando seu ambiente ou educação. O padrão da orquestra impede que uma flauta seja transformada num violino — a cada cultura o seu tom, o seu próprio alcance de possibilidades, o seu próprio tipo de composição musical. Um grupo de instrumentos pode ser tão valioso quanto qualquer outro e igualmente indispensável à harmonia do conjunto, mas as diferenças são ao menos tão importantes quanto as semelhanças.

A qualidade específica de tudo o que os membros de uma cultura sentem, conhecem e fazem sobressai muito vividamente em contraste com os produtos muito dessemelhantes de outra. Esse contraste não precisa resultar em tensões ou guerras. Na visão otimista e benévola de Herder, tudo é conciliável. Deus em sua bondade criou homens que, se ao menos se realizarem segundo seu próprio veio natural interior — dentro da estrutura de sua própria tradição ou de seu próprio solo natal, respondendo às vozes de seu próprio passado único —, acabarão se ajustando àquela harmonia fundamental que é aceita como natural por Herder tanto quanto por Condorcet, Adam Smith ou os outros pensadores que supõem que os valores verdadeiros em princípio não podem jamais se contradizer uns aos outros. Ainda assim, a cada povo a sua própria função única e separada, que a totalidade de sua história progressivamente revela e consagra.

Essa visão difere, por exemplo, da proposta por Burke, na medida em que não põe sua ênfase principal nos próprios fatos do crescimento e caráter único, mas nos objetivos, nos resultados valiosos, de adaptar-se aos padrões inatos numa dada cultura; e tenta criar uma nova ciência da história insistindo, numa linguagem muito mais explícita e com evidências muito mais empíricas que Vico, na luz a ser obtida, no estudo de uma manifestação do gênio nacional, com a análise de outras manifestações da vida do mesmo povo, ou da interconexão de todas as manifestações de uma única sociedade. A moral de tudo isso é diminuir as barreiras entre as várias artes e ciências. Se o estudo da música francesa tem menos a nos ensinar sobre o desenvolvimento da música alemã, o estudo da pintura alemã tem mais a nos ensinar sobre esse tópico do que os cosmopolitas haviam suposto. Para Burke, a justificação desta ou daquela forma de vida política reside no próprio fato de ela ter crescido por etapas imperceptíveis a partir de alguma forma anterior, de ela ser o produto das muitas causas diminutas que se combinam obscuramente para produzir uma forma particular de desenvolvimento — na própria ideia de crescimento, da espontaneidade em oposição à artificialidade, do instinto contra a razão e o cálculo, da fé e de uma percepção do passado contra as invenções fantasiosas ou interesses mesquinhos de especialistas estreitos cegos às necessidades reais dos povos, à força e ao valor de suas naturezas não racionais. Herder cultua não menos apaixonadamente a espontaneidade, o crescimento, o passado, mas vê a fonte suprema de justificação, tanto moral como política, não no mero fato do crescimento e espontaneidade *per se*, mas no fato de que eles exemplificam a busca sem peias daquele ideal que é natural para civilizações ou povos separados, e em direção ao qual as explosões de espontaneidade e inspiração que informam as obras de gênio de artistas conscientes e da arte popular anônima constituem igualmente muitos passos — muitas etapas na ascensão inevitável à liberdade universal e ao bem universal.

Politicamente, o ideal de Herder é uma livre associação de associações nascidas de forma espontânea, as expressões do "espírito do povo" conforme ele se encarna seguindo suas próprias leis internas nesta ou naquela instituição peculiar ao gênio de um determinado povo. Herder é o fundador do culto aos antigos ritos e costumes, à dança folclórica e às baladas populares, à expressão livre e sem peias do espírito nacional interior, com que Schiller ficou tão fortemente infectado, e que deu origem, por sua vez, aos movimentos da juventude tipicamente alemães e a várias tentativas, às vezes grotescamente exageradas, de comungar com o antigo espírito germânico em todo e qualquer lugar em que se poderia imaginar que essa força sombria ainda pudesse ser descoberta. Mas ele também deu um forte impulso não só ao estudo cuidadoso de todas as instituições sociais, e em particular à filologia comparada, mas também à forma de nacionalismo romântico que procurava em toda parte as fontes — as expressões mais vívidas — de sua essência interior. O paraíso perdido era procurado em toda parte: na Idade Média e na Antiguidade clássica, no seio da natureza e na experiência mística, em festivais populares e nas lojas maçônicas, nas primeiras experiências da infância e na arte dos selvagens primitivos, na sabedoria sagrada encerrada em contos de fada, lendas antigas ou línguas exóticas — em toda parte exceto nas construções artificiais dos homens, quer fossem os cientistas esclarecidos congregados em Paris, quer os rígidos burocratas que dirigiam os assuntos dos principados alemães.

Politicamente, a filosofia de Herder era hostil à autoridade do Estado porque este constituía uma limitação mecânica ao livre espírito humano, porque decretava leis e impunha obediência a regras que não levavam em conta, nem podiam levar em consideração, as ricas diferenças do espírito humano em todos os seus múltiplos aspectos, porque pressupunha uma uniformidade entre os homens, tratava-os como se os seus propósitos legais ou políticos fossem semelhantes, ao menos dentro dos limites das propriedades ou hierarquias em que os graduava. E isso era em si uma falsificação dos fatos, porque a produtividade de uma cultura se assentava na maior diversidade possível daqueles que a traziam no peito, dentro do padrão unificador da cultura. Sem dúvida as leis eram indispensáveis para a conduta de vida entre homens que eram imperfeitos, e por loucura ou maldade poderiam causar danos uns aos outros e esmagar os poderes uns dos outros. Igualmente indubitável, as formas particulares de governo, a menos que cruamente impostas do exterior por um conquistador negligente, eram elas próprias a excrescência do espírito nacional, como qualquer outra instituição do povo. Ainda assim, na medida em que as leis e sua execução eram rigidamente impostas e não tinham permissão para se desenvolver ainda mais naquela labuta espontânea em busca do ideal interior que era o único criativo e valioso, elas eram uma cadeia para o esforço humano, o aprisionamento de um ser humano livre; e sua autoridade devia ser reduzida, portanto, ao mínimo compatível com a preservação da ordem pública e da segurança.

Burke simpatizava bastante com o antiutilitarismo e o anticosmopolitismo de Herder, mas chegava a conclusões muito diferentes. Para Herder, a revolução poderia ser uma explosão espontânea de energia criativa, um lampejo do gênio do *Volk*, um imenso salto adiante em direção à autorrealização, a tentativa de tornar concreta uma revelação política e moral inevitável que o povo nas profundezas de sua "alma popular" havia nutrido inconscientemente durante muitos anos de calma aparente ou opressão política. Para Burke, qualquer rompimento com o passado era errado em si mesmo e significava a rejeição gratuita de toda a sabedoria acumulada da raça, todos aqueles preconceitos e superstições que não passavam de crenças testadas na fornalha da experiência real, uma oposição cega à única autoridade política final que poderia haver — a herança do passado, os laços com os ancestrais, a união indissolúvel entre os vivos e os mortos, a grande sociedade que, como o futuro ainda não existia, só podia olhar para o passado em busca da luz sobre como viver.[2] Burke detestava as teorias francesas, não só porque eram revolucionárias, mas também porque eram apriorísticas, porque não tinham fundamento na experiência humana real, porque não levavam em consideração como as sociedades humanas viviam e mudavam, não prestavam atenção a esses valores reais pelos quais os homens viviam e nos quais, sendo organizados como eram e descendendo do que descendiam, não podiam senão acreditar.

Em Herder, há um elemento poderoso do *a priori* — a convicção apaixonada de que pessoas excepcionalmente talentosas podem discernir não somente a voz do passado, para a qual talvez bastem a piedade, a erudição histórica e a sensibilidade ao perfil da cultura, mas também a voz do futuro, da história prestes a rebentar os laços do presente e tomar uma nova direção. Sempre e em toda parte ele procurava evidências de novas formas sociais desenvolvendo-se a partir das velhas, do inesgotável espírito criativo assumindo novas manifestações espantosas e, ao seu olhar encantado, cada vez mais perfeitas. Por isso, se num certo sentido Herder estabeleceu os fundamentos do conservadorismo romântico, com sua hostilidade a qualquer coisa que fosse contra o padrão preestabelecido do espírito de um determinado povo, e com sua doutrina da imersão do indivíduo no clima intelectual da própria cidade ou país, da própria época, do lugar desse indivíduo no plano geral das coisas, para ser identificado com as correntes sociais que, se ele fosse um verdadeiro filho de seu povo, repercutiriam também em seu coração e em sua alma; por outro lado, ele inspirou o desejo de autoafirmação romântica, de desmoronamento das barreiras obsoletas, de autorrealização espontânea da natureza humana não corrompida, de imposição audaciosa da vontade alemã própria se o sujeito fosse alemão, exatamente como César foi grande porque impôs sua vontade romana ao seu ambiente; e assim Herder conduziu diretamente ao primeiro jacobinismo de Fichte, à sua aceitação rapsódica do grande ato de libertação constituído pela Revolução Francesa, que expressou muito verdadeiramente a profunda paixão francesa pela liberdade, igualdade, fraternidade — a missão histórica dos gauleses ou dos francos.

Os sermões de Herder provocavam igualmente as atitudes apocalípticas daqueles poetas e artistas românticos alemães que só encontravam liberdade em alguma região livre dos grilhões da vida cotidiana e da opressão arbitrária de reis, governos e sistemas legais, na autoabsorção mística, na procura da flor azul que o olhar comum não consegue ver, no culto da noite, da morte e da destruição que é o único capaz de libertar a alma de seus laços terrenos e desfazer os nós górdios, as contradições morais e intelectuais que atormentam o artista e o impelem a voar para regiões distantes à procura da liberdade — as eras remotas, as terras exóticas do Oriente, as fantasias sobrenaturais pelas quais tão somente ele pode se expressar e encontrar a paz. Por último, sua doutrina também provocou não só as atitudes antipolíticas daqueles anarquistas — tanto pessimistas como otimistas — de quem a Alemanha parecia particularmente bem provida, os quais desafiavam e denunciavam toda autoridade, e em particular toda autoridade política e religiosa, como uma tirania monstruosa sobre a liberdade humana, e exigiam o desencadeamento das forças elementares confinadas, como sustentava Bakunin, nas massas populares adormecidas, ou da vontade de poder do super-homem, a quem Nietzsche descreveu numa linguagem que tem raízes numa tradição alemã tão genuína e duradoura que nem o brando Herder podia acusar de ser artificial ou de ter uma origem estrangeira indesejada.

Herder também influenciou Schelling e a doutrina do indivíduo criativo que expressa o espírito do mundo em sua forma nacional. A doutrina de Schelling sobre a religião como mitologia, e verdadeira precisamente por ser uma mitologia, porque só pelos mitos é que as verdades esotéricas muito acima do nível da ciência natural e dos fatos do senso comum podem ser levadas a atacar a consciência individual com o estro violento apropriado; também o seu irracionalismo e a teoria heroica de governo — o fascismo romântico, segundo o qual o Estado é uma obra de arte e o líder, como seu modelador, justifica seus atos como o artista que combate e ultrapassa a moralidade convencional ou os conceitos de bem e mal, à luz dos quais os homens menos talentosos conduzem suas vidas, e procura elevar as pessoas a seu próprio nível sem ser responsabilizado, se nesse processo os seus súditos, desacostumados e resistindo a tal vivissecção, gritam contra o que *prima facie* parece crueldade violenta e opressão —, tudo isso também procede do nacionalismo e "espontaneidade" de Herder.

Uma vez mais, o conceito de liberdade, assim como Herder parece usá-lo, está muito distante de qualquer significado que lhe era atribuído na tradição anglo-saxônica. A teoria das profundas diferenças entre as culturas e dos significados únicos que as palavras adquirem numa tradição nacional é confirmada pela distância que separa os significados dessa palavra fatal. Certamente a liberdade nos lábios dos bandos de estudantes e burgueses nas manifestações de protesto, em quem o padre Jahn ou o poeta Arndt insuflavam uma fúria patriótica, pode ter brotado de alguma camada profunda do sentimento alemão que Herder havia imprudentemente revelado. Possuía pouca semelhança reconhecível com os ideais dos homens civilizados na França, Inglaterra ou América daquele tempo. Mas à parte sua importância em despertar emoções, as ideias de Herder tiveram uma influência decisiva no desenvolvimento do pensamento crítico na Europa, tanto histórico como estético. Sua concepção do desenvolvimento humano tem em seu centro a noção metafísica do *Volksgeist* como a fonte ativa de toda vida material e espiritual dos indivíduos que compõem o *Volk*, os quais são eficazes ou ineficazes em proporção direta à adequação com que expressam e compreendem essa força central. A noção de causas imateriais de efeitos observáveis — do espírito interior objetivo, imperceptível aos sentidos ou aos métodos normais de investigação, praticados na ciência ou na vida cotidiana — é mais prontamente aceita numa era em que a teologia estava se tornando secularizada, ainda que sob a forma de metafísica retivesse todos os seus atributos não empíricos, do que no tempo presente, quando a tendência a explicar o conteúdo do mundo exterior invocando entidades intangíveis mas onipotentes, indescritíveis — que não podiam ser inferidas — por quaisquer métodos normais de inferência a partir das características do mundo exterior, já não é levada a sério enquanto método de explicação por cientistas ou filósofos.

Ainda assim a rejeição das explicações metafísicas como tais tende a cegar os pensadores modernos à profundidade e originalidade das ideias fundamentais, frequentemente expressas em termos obscura e loucamente fantasiosos, dos metafísicos alemães do período romântico. Herder foi virtualmente o primeiro pensador a chamar atenção para o fato de que existia o que se poderia chamar padrões de grupo, sendo discerníveis no comportamento humano: de que é possível identificar nas obras de arte, nas formas políticas e sociais ou nos hábitos de comunidades inteiras certos padrões comuns que pertencem ao comportamento de grupos, e não de indivíduos; de que a afirmação, verdadeira ou falsa, de que os alemães eram um povo jovem e vigoroso com um gênio peculiar para a autoexpressão espiritual espontânea, que assumia antes a forma de música e filosofia que de pintura ou poesia épica, não podia ser decomposta em afirmações sobre os alemães individuais, mas era uma descrição das propriedades coletivas do povo alemão em geral, historicamente examinado. Da mesma forma, quando os juristas históricos[3] — Hugo, Savigny e seus discípulos —

declararam que a lei não era nem uma aproximação de algo chamado lei natural, apenas discernível por um tipo *a priori* especial de visão, pois isso era claramente uma ficção; nem baseada nos comandos arbitrários de governantes individuais, pois uma vez que os direitos naturais e divinos eram dados por findos, isso já não possuía autoridade; mas que ela derivava das relações históricas em evolução que os homens tinham de fato uns com os outros — das maneiras reais como os homens se comportavam e achavam correto comportar-se dentro de comunidades e como conjuntos comunais *vis-à-vis* uns aos outros — e que essa rede elaborada de relações não era nem algo passível de ser decomposto em arranjos utilitários conscientes, nem um comportamento dedutível do que podia ser descoberto sobre o hábito anatômico, físico e fisiológico de indivíduos, mas só podia ser compreendida da mesmo forma que o membro de uma família entendia o padrão de vida familiar de que ele próprio era parte, aceitando as regras dessa vida não por ela poder ser deduzida de princípios abstratos, nem por ter sido ordenada por um superior específico, mas porque aceitar essas regras era em alguma medida levar esse tipo de vida, e isso fazia parte dos hábitos, perspectiva e moralidade naturais daqueles que constituíam a família; à época em que isso foi dito, expressavam-se ideias que não poderiam ser concebidas senão com a transformação de todo o campo da história e relações sociais efetuada por Herder.

Os juristas históricos, os filósofos metafísicos, os críticos de arte e religião falavam das variedades da experiência humana como a autoexpressão do espírito infinitamente variado da nação, do povo, da história ou do universo. E isso tem desorientado muitos, levando-os a rejeitar todo esse modo de pensamento como uma fantasia metafísica sem valor. Mas quaisquer que sejam seus defeitos enquanto modelo de arquitetura metafísica, o veículo em que os românticos expressavam seus pensamentos não deve nos cegar para o fato de que eles usavam termos como "o espírito" ou "o absoluto", ao menos em algum grau, para transmitir a unidade dos padrões sociais e históricos, a interconexão entre aspectos aparentemente muito diferentes da vida humana, a existência de características que não se aplicam a indivíduos, mas apenas a um coletivo de indivíduos, e cuja presença nos faz falar desses coletivos antes como conjuntos, sistemas ou organismos que como meros amontoamentos ou agregados. Como não havia vocabulário para expressar noções como a do surgimento de padrões, nas vidas de indivíduos ou grupos, análogos aos encontrados em obras de arte — ou a de interconexões entre as características de processos ou atividades que, embora de propósitos amplamente divergentes, parecem lançar luz umas sobre as outras, tais como, digamos, as da música e arquitetura num dado período —, eles tendiam a expressá-las falando de emanações do espírito do mundo; isto é, tendiam a atribuir o único tipo de unidade que lhes era relevante — o da personalidade humana — para chegar a expressar a ideia de unidade. Mas por agirem assim, não devemos perder de vista o fato de que era preciso agir dessa maneira; de que os cânones da razão no século XVIII, indutiva ou dedutiva, *a priori* ou *a posteriori*, deixavam de explicar a marcha dos acontecimentos; de que a decomposição de tudo em seus átomos constituintes uniformes, como recomendado por Descartes e mais tarde por Helvétius e o Iluminismo alemão, um método de análise que propiciou realmente triunfos magníficos nas ciências naturais e na matemática, e desmascarou e refutou muitas reivindicações teológicas e metafísicas confusas de um território em que espalhavam apenas escuridão, impediu, por outro lado, a descrição e o exame das artes, da vida social e da história nos únicos termos que se ajustavam a essas disciplinas inexatas — em termos de padrões de crescimento, diferenças de características regionais, nacionais e históricas, a ocorrência de relações entre os seres humanos e seu ambiente, das quais eles talvez nem tivessem consciência, mas sem cuja pressuposição o surgimento da arte e das instituições primitivas — a epopeia anônima ou os arranjos sociais, judiciais e religiosos mais tarde atribuídos a fundadores mitológicos — dificilmente poderia ser explicado.

Se a linguagem metafísica de Herder, Schiller, Fichte, Schelling e dos juristas históricos é traduzida, na medida do possível, numa linguagem mais clara e mais empírica, em termos da qual é possível descrever o mundo em linguagem mais sensível a seus contornos que as análises exageradamente simples e militantemente cruas do materialismo dos séculos XVIII e XIX, vamos descobrir que esses pensadores demonstravam uma compreensão crítica e histórica de grande profundidade e alcance. Como tudo o que pode ser tocado, visto e ponderado deve ser assim tratado no interesse da precisão e da ciência, e como esses trabalhos cuidadosos eram frequentemente substituídos por misteriosas generalizações metafísicas, com resultados desastrosos, não se segue que não haja no mundo elementos imponderáveis e imateriais, nem que esses não precisem ser comentados em termos que possam revelar a sua existência e importância; e como as sociedades não são de fato entidades independentes bem acima dos indivíduos que as compõem, assim como as sinfonias não são entidades independentes bem acima dos sons em que consistem, e atribuir-lhes uma personalidade independente, como Rousseau começou a fazer, e como Hegel certamente fez, não constituía meramente uma falácia, mas um erro que causou muito estrago tanto para os pensamentos dos homens como para suas relações mútuas, não se segue que as sociedades não se pareçam com as sinfonias por ambas possuírem características coletivas que os indivíduos ou sons isolados não possuem — qualidades do padrão, uma *Gestalt* — e que talvez essas sejam as suas características mais essenciais, unicamente em virtude das quais elas possuem interesse e importância. A negação deliberada dessas características coletivas por positivistas fanáticos ou autoiludidos faz com que seus públicos sintam que algo familiar, importante e valioso — o coração da questão — foi omitido em suas análises, o que os leva a voar para o praticante metafísico ou teológico mais próximo, que ao menos parece compreender sua necessidade e procurar satisfazê-la da melhor maneira possível. Certamente aqueles que liam nas obras de Herder ou de seus muitos discípulos conscientes ou inconscientes que a comunidade era um conjunto indissolúvel de pessoas procurando servir a um objetivo comum, ligadas por relações imateriais de língua, parentesco e sangue, bem como por um solo comum e uma experiência comum ao longo de muitos séculos, procurando realizar uma forma de vida que somente eles compreendiam, amavam e sentiam ser a sua, e pela sobrevivência da qual estavam prontos a morrer se necessário, não podiam ser censurados se achavam que essas formulações chegavam mais perto de sua própria experiência que qualquer coisa que pudessem escutar de Bentham, Spencer ou Russell sobre os propósitos racionais da sociedade, o seu uso como um instrumento para a provisão de benefícios comuns e para a prevenção de colisões sociais, desgraças e injustiças entre os indivíduos, cada um inclinado a realizar os seus próprios propósitos, esfera além da qual o controle social devia ser severamente reprimido. Os liberais e os anarquistas bem que podiam estar com a razão, e os metafísicos românticos talvez tenham dado origem ao triunfo do irracionalismo em nossos dias, mas os últimos fizeram o que os primeiros deixaram de fazer — descreveram os fatos da vida social e da história, e de tudo na vida do indivíduo que pode ser chamado criativo ou inventivo em termos amplos, com uma sutileza e profundidade de imaginação, empregando comparações e metáforas perigosas mas iluminadoras, que os fazia parecer, como em algum grau de fato eram, pensadores mais profundos que seus opositores. Ignorar ou desacreditar sua realização é, portanto, tão injusto e filistino quanto é e tem sido insensato e perigoso: o descobrimento e a propagação do conhecimento são valiosos em si mesmos, e sua supressão faz com que a fome de conhecimento seja saciada de maneiras inadequadas e socialmente destrutivas.

HEGEL

Se Herder deu uma explicação mais satisfatória sobre o que comove os seres humanos quando ouvem as canções de seu país, veem a sua bandeira ou sentem-se parte de algo que descrevem como sendo maior que eles próprios — uma classe, uma nação, uma tradição histórica; se Fichte lançou uma luz poderosa, se bem que intermitente, sobre a noção de volição — impondo a vontade de cada indivíduo, concretizando ideais concebidos em termos da realização de algum eu real "interior", acima de tudo o sentido de eleição, de dedicar-se a uma missão contra quaisquer que sejam as chances, por causa do sangue, da raça, da tradição, da classe ou capacidade intelectual, que dá ao indivíduo o direito moral de seguir um caminho contra todos os obstáculos, naturais ou humanos; se Rousseau expôs pela primeira vez a ideia de liberdade como a imposição a si mesmo de uma lei derivada de premissas supridas pela razão, que é comum a todos os homens e dá a qualquer homem racional o direito de agir em nome de todos os outros; se a tradição escolástica, por um lado, e Vico, por outro, continuaram a tradição dos filósofos gregos a respeito da mudança como desenvolvimento, em outras palavras, a concretização gradativa do potencial, o vir-a-ser, segundo leis inteligíveis à razão, de algo que desde o início estivera "potencialmente" presente na circunstância que está mudando — foi Hegel quem combinou esses elementos num vasto sistema unitário, rígido e elaborado em seus detalhes, que tentava explicar todo aspecto do homem e da natureza, dar a resposta final a toda questão que tivesse até então desconcertado ou aturdido os homens.

Mas somente os aspectos políticos dessa metafísica gigantesca nos interessam aqui. Hegel aceitava a noção romântica de que explicar alguma coisa, obter seu conhecimento, é conhecer o caminho em que está se desenvolvendo assim como é, desde as suas origens até aquela culminação final que representa o propósito ou a razão de sua existência. Nesse sentido, tudo deve ser explicado historicamente. Conhecer uma coisa, um processo ou uma pessoa é compreender as leis que o levam a se comportar como se comporta, e a compreensão filosófica apropriada revelará que essas leis não são aquelas que apenas se repetem interminavelmente em circunstâncias idênticas, conforme representadas nas ciências naturais, mas que progridem de um modo único e numa única direção, desde um início totalmente simples — um todo indiferenciado, impossível de ser descrito, porque nada nele pode ser contrastado com nenhuma outra coisa — até formar diferenças e mesmo contradições; essas diferenças se dividem e diferenciam ainda mais, como células num organismo. O processo não é de uma progressão sem atritos, pela qual o simples torna-se gradativamente mais complexo, o mau torna-se melhor, o estúpido mais sábio, o brutal mais humano, como foi representado pelos otimistas liberais dos séculos XVII e XVIII. Para explicar por que as coisas não permanecem para sempre as mesmas, por que a mudança ocorre, Hegel adota uma ideia a ser encontrada em Kant e Vico, uma ideia tão antiga quanto os gregos, segundo a qual é a luta e o conflito que causam o movimento — um conflito perpétuo, que ocorre em todos os níveis da vida, e na matéria inanimada também faz com que cada um dos elementos em luta se desenvolva no próprio ato de procurar vencer e superar seu opositor.

Todo processo, para Hegel, pode ser examinado nessa condição de conflito perpétuo: qualquer análise que diga respeito a uma mudança como uma transição sem atritos de um estado para outro é insuficiente. Uma compreensão mais profunda mostrará que em todo processo devem ser encontradas sempre duas tendências, uma oposta à outra, uma operando contra a outra. Dessa tensão de opostos, operando para se destruírem mutuamente, nasce o movimento, a mudança, o progresso. Nenhum dos lados vence na luta, cada um destrói o outro numa espécie de vitória de Pirro, mas de sua destruição recíproca surge um terceiro elemento em que tudo quanto era requerido por qualquer um dos aspectos do processo é retido e transformado. Essa é a célebre síntese da tese e antítese em que consiste a dialética hegeliana. Entretanto, a síntese, assim que é criada, traz em si as sementes de sua destruição na forma de sua própria antítese, que entra numa luta de vida e morte com ela, acabando por destruí-la e também a si própria, gerando por sua vez uma síntese "mais elevada", e assim por diante indefinidamente. Esse processo não é aleatório, claro, mas tende a seguir numa direção, isto é, ele é condicionado a mover-se na direção em que se move pelo "propósito interior" de todo o processo do mundo — na direção da destruição progressiva da matéria e sua transformação em espírito.

Para compreender o que Hegel pretendia dizer com isso, apesar de todo o caráter sombrio de sua linguagem, devemos primeiro lembrar que ele, como os gregos e os escolásticos, concebia a mudança como a realização de um plano interno pelo objeto em mutação; o plano possuindo uma estrutura lógica como, digamos, o sistema euclidiano de geometria. Dentro de um sistema lógico é possível falar da relação do fundamento com a consequência. Os axiomas e as regras do sistema euclidiano, considerados como um todo, acarretam logicamente os teoremas particulares que decorrem logicamente deles; nesse sentido, pode-se dizer que o fundamento é sempre maior e mais amplo que suas consequências, assim como o sistema euclidiano é maior e mais amplo que o — ou logicamente anterior ao — teorema de Pitágoras, que é ao mesmo tempo parte e consequência do sistema, e assim como uma porção de uma planta térrea arquitetônica é mais estreita que a planta completa do arquiteto, está nela contida, é acarretada por ela, e dela decorre. É nesse sentido que os escolásticos concebiam o universo como a realização de um plano lógico eterno ao longo do tempo, sempre presente na mente do Grande Arquiteto — o próprio Deus.

Uma das realizações mais célebres de Hume consistiu em divorciar essas ideias, traçando uma linha nítida entre uma relação puramente lógica como a do fundamento e consequência, e uma relação espacio-temporal entre acontecimentos como a existente entre causa e efeito — a primeira sendo dedutível por um cálculo racional de premissas formalmente enunciadas, a última sendo fundamentada nas observações de coisas e eventos reais, o que aconteceu com que, depois de que e em que condições. Nesse sentido, o mundo da teoria abstrata e o dos fatos eram mantidos nitidamente distintos, e as relações do primeiro com o último — da teoria com a prática, dos esquemas formais com o mundo real conforme registrado por uma observação cuidadosa — tornavam-se um problema separado para os empiristas.

Em comum com todos os outros metafísicos, Hegel negava ou ignorava essa diferença e considerava o sentido de causa e efeito proposto por Hume como uma mera classificação superficial de eventos em sua justaposição temporal ou espacial. Uma verdadeira descrição do universo em mutação representaria tudo o que acontece como acontecendo segundo leis logicamente inexoráveis, representaria tudo não apenas acontecendo *de facto* mas *de jure*, tendo de

302

acontecer — por assim dizer, sendo logicamente impossível de não acontecer, assim como a soma dos ângulos internos de um triângulo é logicamente impossível de não ser igual a 180 graus, dadas as premissas ou "fundamentos" de Euclides.

Ora, se a história nesse sentido deve ser compreendida como uma espécie de sistema lógico em que tudo é estritamente exigido por tudo o mais, e nada apenas é, mas sempre deve ser o que é, a mera observação de acontecimentos em sua sucessão ou copresença casual não é suficiente; o que se faz necessário é uma compreensão mais profunda, uma faculdade filosófica especial para discernir necessidades por baixo do mero fluxo da experiência. Isso significava que a história empírica, o mero relato dos acontecimentos — as vidas de reis e grandes homens, de guerras e tratados — é uma atividade superficial que pode descrever, mas não explica por que tudo o que ocorre acontece como acontece. Isso só pode ser feito relacionando-se tudo o que acontece com o plano supremo do universo em geral, exatamente como uma "explicação" de uma nota musical ou de uma parte de um projeto arquitetônico só pode ser realizada mostrando-se a necessidade única e inevitável desse elemento, e de nada mais, no lugar específico que ocupa no projeto do conjunto, que é por sua vez único e deve ser como é. Além disso, Hegel acreditava com Vico que a história é fundamentalmente a história da atividade espiritual, não apenas porque só é inteligível aquilo que em algum sentido "participa da" natureza da razão que o examina — se a história fosse alguma outra coisa diferente da razão não poderia ser absolutamente apreendida ou compreendida — mas porque a explicação de relações como a necessidade, o "deve" entre os eventos ou as coisas, forma uma categoria lógica e não natural, no sentido de que não pode ser descoberta pelos sentidos; até esse ponto Hume estava certo, mas o que isso provava não era, como Hume supunha, que não fosse possível nenhuma "explicação" dos eventos no sentido em que a matemática ou a lógica eram "explicáveis", mas, ao contrário, que o universo só era explicável na medida em que participava da natureza da lógica ou de outra atividade mental.

Hegel tinha como premissa que todos os problemas devem ser passíveis de soluções verdadeiras e que a pergunta "Por que as mudanças ocorrem como ocorrem?" é uma pergunta genuína, que se o universo não fosse como o pensamento, como a atividade mental, como a lógica, não seria propriamente explicável — seríamos deixados face a face com "os simples fatos brutos", que teríamos de aceitar sem sermos capazes de dizer por que estavam ali assim como estavam, para que fim serviam, de quais premissas lógicas eles eram as consequências concretizadas. Seguia-se que o universo, se fosse um sistema racional, capaz de satisfazer a razão inquiridora, devia ter um caráter mental ou espiritual, devia ser a história de uma consciência em expansão. A essa consciência, ele ora chama "ideia", ora "o espírito do mundo", ora Deus. Nesse sentido, é um seguidor de Platão e Spinoza — isto é, no sentido de considerar tudo no universo como descritível em termos racionais, a saber, daquelas maneiras que satisfazem a razão com bastante rigor, assim como o fazem as verdades lógicas *a priori*, que, uma vez conhecidas como verdadeiras, são verdadeiras para sempre e universalmente. E como Hume fizera o seu ataque bem-sucedido à identificação grosseira das verdades factuais com as necessárias, Hegel era forçado a concluir que, se o que era factual devia ser representado como sendo também necessário, deveria ser representado como sendo a única atividade em que a necessidade podia ser encontrada — isto é, como sendo lógico; em outras palavras, mental ou espiritual.

O universo é, portanto, um todo espiritual (do contrário não estaria ligado por relações necessárias) que se desenvolve por si mesmo (pois que outra coisa poderia desenvolvê-lo?). Seu desenvolvimento é o que o desenvolvimento espiritual sempre é — autoesclarecimento, progresso da ignorância para o conhecimento, do inconsciente para o consciente e para o autoconsciente; da escuridão para a luz, da ignorância para a observação e contato com o que existe, e daí para uma compreensão progressiva de por que deve ser como deve ser e por que será o que será, por que logicamente não pode ter sido ou ser ou estar prestes a ser de modo diferente do que foi e é e será. Mas assim como o pensamento, nesse processo de ganhar clareza no conhecimento, passa pela argumentação dialética consigo mesmo ou com o pensamento de outros, pela qual ele primeiro estrutura uma hipótese ou generalização inadequada que alega ser a resposta final a um problema, sendo depois devidamente oposta por outra generalização que a contradiz, ela própria alegando, com igual falta de direito, ser a resposta final; e do conflito dessas duas nasce alguma resposta que retém tudo quanto havia de valioso e parcialmente verdadeiro nas duas respostas anteriores mutuamente contraditórias, ela própria sendo uma resposta melhor e mais abrangente do que as duas soluções parciais anteriores, mas ainda não perfeita ou final, e fadada a encontrar seu oponente e morrer na batalha com ele, dando lugar a uma "generalização" mais elevada que, por sua vez, absorve o que havia de verdadeiro nos dois litigantes anteriores, e assim por diante — esse sendo o processo de aprender por tentativa e erro, pelo argumento, pela disputa, pela autocrítica, hipótese sucedendo hipótese, visão de mundo sucedendo visão de mundo, mas cada sucessor sempre superior a seu predecessor, um aumento constante de luz — assim no mundo material dos objetos físicos, e nos mundos social, político e jurídico dos seres humanos em suas relações mútuas, esse é o princípio do progresso: na natureza, o conflito dos elementos; na sociedade humana, conflitos de indivíduos, competição de classes, guerras de religião e de sociedade.

Hegel acreditava que o progresso da escuridão para a luz, coincidente como era com o núcleo interior espiritual do universo (objetos materiais, espírito inconsciente; plantas e animais mais conscientes, mas nem sempre autoconscientes; grandes homens conscientes de si mesmos e de sua era — no estágio atingido na autoconsciência do espírito absoluto que é idêntico ao universo), não era fluido nem contínuo, mas pontuado por momentos em que a tese e a antítese finalmente se entrelaçavam num conflito mortal. Nesses momentos ocorriam saltos de um nível, o da tese e antítese, para o nível mais elevado da síntese — a fênix que surgia das cinzas dos contendores anteriores. Esses saltos, quando ocorriam na história do pensamento, eram aqueles momentos de iluminação, as revoluções espirituais que ocorriam nas almas dos indivíduos ou nas perspectivas de civilizações inteiras. No mundo material assumiam a forma de conflitos, guerras, revoluções, que transformavam a história de um povo ou um continente, precipitando-o do nível em que anteriormente estava para algum novo nível que era um estágio — um estágio inevitável — no seu progresso, no crescimento do autoconhecimento daquela matéria de que o mundo é feito, o espírito cujos centros finitos eram os seres humanos individuais.

Essa era uma metafísica ousada e extraordinária, e para Hegel e seus seguidores parecia explicar muitas coisas que antes tinham se mostrado desconcertantes. Explicava a natureza do mal, pois este estava atado à necessidade de conflito e destruição. A menos que a tese que tivera o seu dia fosse destruída, nenhum avanço poderia ocorrer, e embora a destruição de uma simples teoria no desenvolvimento, digamos, da ciência da biologia não pudesse ser acompanhada de sofrimento agudo — de algo mais que frustração intelectual entre os biólogos obsoletos deixados para trás pelos inovadores científicos —, a morte de uma ordem política ou social que, estando atada a um certo estágio na realização do espírito, a uma perspectiva particular expressa nas artes, nas ciências, nos hábitos e costumes morais, intelectuais e pessoais de um dado estágio de civilização, só poderia desmoronar numa violenta explosão resultante do conflito final da tese e antítese, causaria necessariamente muito sofrimento corporal e espiritual. A dialética contém necessariamente "momentos negativos" que encarnam as forças destrutivas inevitáveis que matam o antigo para dar lugar ao novo. Esses momentos destrutivos podem assumir a forma de desastres naturais — o terremoto de Lisboa que tanto perturbou os amantes otimistas da natureza no século XVIII — ou de invasores brutais que exterminam nações inteiras, ou a destruição de classes inteiras por outras classes a quem a história chama para representar o papel que lhes cabe no grande drama cósmico sobre o palco universal.

Hegel concebe o universo como uma espécie de espetáculo no qual indivíduos, classes, grupos, nações são chamados a desempenhar seu papel antes de serem destruídos pelo próximo ator necessário a ser convocado. Se eles não são filósofos e não compreendem que a "ideia", em sua marcha inevitável para a autoconsciência, necessita dessas ocorrências, talvez nunca compreendam por que estão agindo como agem. Hegel fala da "astúcia da razão",[4] pela qual a razão usa os homens, os exércitos ou as sociedades para seus próprios fins, ignorados por seus agentes, que podem pensar que estão agindo por diversos motivos egoístas ou altruístas, que podem em sua ignorância imaginar que estão perseguindo diversos objetivos, mas a menos que esteja escrito no livro da razão que esses objetivos devem ser realizados, eles permanecerão, apesar de todos os esforços dos que os perseguem, irrealizados. Hegel fala da história como o "matadouro"[5] da humanidade — como um processo em que muito do que é considerado belo, nobre e bom no seu próprio tempo é destruído, aparentemente sem razão, por forças consideradas más, injustas e brutais, que ainda assim a razão utiliza para seus próprios fins. Esses fins são impenetráveis a todos exceto ao filósofo que, por compreender a si mesmo e ao progresso da história, é portanto automaticamente um agente em sua autorrealização, pois um aumento de compreensão *é* progresso. Compreender não é meramente um registro de eventos, pois os próprios eventos não passam de aspectos externos de um processo espiritual, e compreender, que é um ato espiritual, por seu próprio desenvolvimento também altera automaticamente a realidade material — que não passa de um sintoma externo. Os verdadeiros atores da história humana são as ideias. Os eventos externos — reis e governos, tratados e guerras, lutas econômicas e a vida cotidiana dos povos — não passam do tegumento externo das ideias, cujo amadurecimento, tanto nas mentes dos pensadores como nos atos dos homens de ação, às vezes procedendo suavemente, mas no final sempre executando o salto revolucionário, a colisão catastrófica que marca cada estágio do progresso, é o que o universo é — um processo de autorreconhecimento.

Para Hegel, o universo é uma entidade panteísta que pensa, sente e deseja por meio de seus vários "aspectos" — o mundo inanimado, plantas, animais, homens, comunidades, Igrejas, Estados. O progresso é a consciência crescente da ideia de liberdade, por razões muito semelhantes às propostas por Rousseau e Fichte. Toda mudança, toda ação ocorre de acordo com leis, e todas as leis são em última análise, como as leis da lógica, transparentemente inteligíveis, evidentemente necessárias; é o que significa chamá-las racionais. Como essas leis regem aqueles processos pelos quais o universo — o espírito eterno — se realiza, obtém o que quer, elas são autoimpostas como por quem participa de um jogo. Assim o progresso — a realização de atos de vontade de acordo com leis racionais autoimpostas — é um crescimento da liberdade. O propósito, o objetivo final do universo, é a racionalidade total, a saber, a total autocompreensão por tudo que nele existe. Compreender tudo é compreender por que tudo deve ser como é. Agir e agir livremente é agir de acordo com uma vontade que persegue fins, para os quais não há alternativas superiores racionais ou imagináveis. Portanto, uma entidade totalmente racional é totalmente autogovernada, totalmente livre. Essa é a meta para a qual tudo no mundo marcha, e é em termos da distância dessa meta que se pode avaliar o *status*, o valor, a importância, o interesse de qualquer entidade para o filósofo. O universo é assim um exército em marcha, e suas vanguardas são aqueles seres que a história utiliza para seus fins últimos, aqueles mais próximos do propósito supremo — quer na forma de generais conquistadores que destroem um sistema antiquado, como Napoleão, quer filósofos e poetas cujo gênio consiste em perceber os contornos do futuro e em discernir a diferença entre o que está morrendo e o que deve vir, e que desse modo trazem automaticamente o futuro para mais perto.

Hegel traça a ascensão do homem desde a condição em que ele é guiado pelas operações ocultas da razão, pela razão ainda não plenamente consciente de si mesma, assumindo assim a princípio a forma de instintos puramente apetitivos, e mais tarde daqueles sentimentos e desejos normais cuja satisfação e harmonização é a função das leis, dos arranjos econômicos e do resto da ordem social e política que constitui a sociedade. A "sociedade civil",[6] como Hegel a chama, é a condição normal dos homens ainda não esclarecidos nem sequer pelos primórdios da compreensão verdadeiramente racional de suas próprias naturezas e posição no universo. A sociedade nesse estágio é determinada pelos fins empíricos dos indivíduos, grupos, associações e assim por diante, sendo projetada para fornecer a esses agentes tanta satisfação de seus desejos quanto seja compatível com a sobrevivência e a provisão de certos bens mínimos. Esses fins econômicos são rapidamente analisados por um conceito utilitarista de moralidade, os propósitos do Estado e assim por diante, e os contratos sociais de qualquer tipo, quer entre os próprios cidadãos, quer entre eles como grupo e seus governantes, representam esse tipo de arranjo para proveito mútuo e nada mais. A liberdade, que para Hegel como para Fichte consiste na absorção do que é externo, alheio e, portanto, uma força exterior e um obstáculo para o sistema do eu, assume aqui a forma de arranjos de propriedade: a posse de uma propriedade é aquisição de liberdade na medida em que possuir uma propriedade é estender o próprio eu sobre os objetos — meios de ação e objetos de desejos — em vez de ser dominado ou ter o alcance de sua ação tolhido por outras pessoas ou coisas.

Mas ainda estamos nos movendo num nível que Hegel chama subjetivo, isto é, a satisfação de desejos individuais, a dominação de imagens do mundo e da sociedade que o indivíduo forma para si mesmo, a prevalência de concepções que pertencem a indivíduos e partes da sociedade e em que a razão "objetiva" — a criadora e a explicação racional do universo — penetra, se é que isso acontece, muito fracamente. Mas, claro, só o que é verdadeiramente racional é verdadeiramente real. E por "racional" Hegel quer dizer algo muito maior que a razão que rege o pensamento consistente, ou o tipo de compreensão que ocorre no senso comum normal ou nas ciências. A razão, movendo-se pelas contradições dialéticas, ora por acumulação gradual, ora em saltos revolucionários, é a senhora do universo, ao mesmo tempo o fundamento do qual todos os acontecimentos, estados e situações são consequências; a meta para a qual todas as coisas tendem; o espírito, cujo reconhecimento de sua estrutura interna por si mesmo é o mundo e a totalidade em desenvolvimento; o padrão em termos do qual tão somente algo possui significado, em termos do qual sua função pode ser discernida, de modo que em última análise tudo está interligado e forçado a ser o que é por sua posição única no sistema, que torna possível iluminar um aspecto do conjunto total, digamos, a arte de um determinado período, acomodá-lo a outras manifestações do espírito, digamos, a religião ou a ação política, que tendemos a classificar em categorias artificiais, mas que de fato são manifestações "organicamente" inter-relacionadas da mesma força suprema — a razão — em seu autodesenvolvimento.

A presença dessa força, ao mesmo tempo central e abrangente, é o que cria aqueles sentimentos de lealdade a instituições que podem ser o reflexo emocional confuso do que, num nível racional, se torna obediência racional à marcha da história, da qual eu mesmo sou uma parte intrínseca, e à qual, tendo reconhecido meu papel nesse movimento, obedeço livremente porque só obedeço àquilo que é racional em mim. A célebre proposição de que o real é o racional e o racional o real deve ser compreendida nesse sentido: que só o que pertence ao plano central é racionalmente necessário, significativo, com probabilidade de sobreviver, ter influência, ser a chave para a compreensão do próprio processo, e o trabalho dos filósofos é, em certa medida, nada mais que distinguir o que é racional do que não é, acelerar o aparecimento do grão a sair da casca, da liberdade avançada que é a meta do progresso da autoconsciência por parte do espírito racional, cada vez mais racional à medida que se reconhece como tal.

Esse processo de reconhecimento é sempre a percepção das relações inevitáveis que tornam as coisas e as pessoas o que elas são em termos de algum sistema ou contexto mais amplo a que pertencem e a que são intrínsecas. Esse é o significado da insistência perpétua de Hegel no "caráter concreto" de noções como civilizações ou sistemas de pensamento inteiros em oposição ao "caráter abstrato" de elementos particulares com respeito a seu contexto — indivíduos, por exemplo, que são meras abstrações, se considerados em separado, e só podem ser apropriadamente compreendidos ou compreender a si mesmos (e assim tornar-se mais "reais") pela percepção da rede de relações de que formam quando muito um mero ponto de cruzamento ainda que indispensável —, o foco de um número finito de características. Essa é uma inversão exata do significado de concreto e abstrato, uma vez que na linguagem comum, bem como na prosa filosófica normal, "concreto" significa particular — aquilo que pode ser percebido, experimentado, aquilo que é real, que tem uma posição específica no tempo e espaço, por exemplo, homens, coisas, eventos em oposição a termos gerais — nomes de qualidades, relações ou tipos de situação que não existem eles próprios como entidades, embora sejam etiquetas convenientes para classificar o que existe desse modo.

Usando essa distinção nítida entre o nível racional e a consciência meramente utilitária ou outras formas de consciência pré-racional, Hegel desenvolve sua noção de Estado e seu conceito de grandeza, ambos os quais tiveram uma influência talvez maior que a de qualquer outra de suas doutrinas. Como a liberdade é para ele a expansão da personalidade, uma espécie de agarrar, aproveitar tudo quanto possa ser um obstáculo à autorrealização do indivíduo, o desenvolvimento de todas as suas faculdades em quaisquer direções em que elas são mais bem desenvolvidas, o Estado lhe parece ser a organização totalmente racional das vidas dos seres humanos, porque eles são meras abstrações a menos que considerados em sua totalidade, e por isso cada um condiciona a vida dos outros e ocupa um lugar único no sistema social. O Estado perfeito é a estrutura perfeitamente racional em que os homens compreendem de forma plena suas relações inevitáveis entre si e com tudo o mais, e que eles perpetuam desejando-o livremente, porque são seres racionais com vontades racionais — vontades, isto é, que só desejam o que verdadeiramente satisfaz suas naturezas.

Se esse é o Estado perfeito, os Estados imperfeitos são aqueles em que não todos, mas apenas alguns — a quem a história nomeou para compreender e governar — apreendem mais ou menos claramente o processo histórico pelo qual todas as desgraças, tiranias e opressões, quando consideradas do ponto de vista da razão, parecem ser inevitáveis e, portanto, estágios racionalmente desejados no progresso dialético do universo. Hegel concebe a história não como uma acumulação empírica de dados e o estabelecimento, pelos meios precários de que dispomos, de generalizações e hipóteses — não da maneira que a pesquisa histórica é de fato realizada —, mas como uma intuição racional do processo sublime do universo, acessível apenas ao metafísico. O resto é mera história empírica e, tal como a lei empírica, como todas as instituições da sociedade civil, sobrevive sem dúvida na era racional, mas apenas como um estágio moribundo e obsoleto da pesquisa histórica. A história concebida metafisicamente é a percepção do desdobramento do vasto padrão racional composto por todas as coisas: e não apenas a sua contemplação, embora essa seja bastante valiosa, mas a atividade em seus termos, pois uma das maneiras de conhecer é a ação. Conhecemos as leis, compreendemos o conjunto social de que fazemos parte, não contemplando-os de algum ponto de observação distante como um observador desinteressado, mas vivendo dentro deles no modo que eles impõem — esse tipo de vida sendo ela própria a vida da lei, a vida da instituição, ou a vida da sociedade; a mera contemplação implica realmente que essa forma de vida já está morrendo. O historiador profissional, num certo sentido, é sempre um obituarista; uma civilização só pode ser revista em sua totalidade quando está finda. Compreendemos os gregos a partir de "fora", mas a nós mesmos por sermos o que somos, por exercermos alguma atividade, por darmos ordens e obedecermos, por lutarmos realmente nas batalhas. Não adquirimos primeiro e depois aplicamos o nosso conhecimento: agir é adquirir. Falar da diferença entre compreender, ser e fazer é em última análise uma abstração, um despedaçamento arbitrário do tecido inconsútil da realidade.

OBJETIVIDADE, ELOGIO E CENSURA

Se a história é a compreensão da natureza das coisas em geral e, portanto, automaticamente uma autoidentificação consciente com tudo o que existe, há algo de trivial e absurdo em elogiar ou condenar o processo. Estar ciente do vasto processo em termos do qual tudo é explicável — a totalidade objetiva — e depois elogiar algumas de suas partes porque nos agradam, e condenar outras porque parecem conter crueldade, injustiça ou desperdício é meramente entregar-se a estados de espírito subjetivos, aos valores da sociedade civil — econômicos, morais, legais — que pensadores pouco profundos como Locke discutem, os valores que temos como cidadãos privados, como indivíduos não plenamente conscientes da marcha da razão, vivendo à nossa maneira pacífica, limitada, burguesa, em oposição aos verdadeiros valores objetivos que são aqueles em termos dos quais a história realiza sua obra. Observar uma imensa sublevação humana e condená-la, condenar algo que não pode deixar de ser, é algo muito tolo e desprezível. Quem pode querer saber o que X ou Y sente a respeito de acontecimentos de importância cósmica? Esses são fatos triviais sobre os sentimentos passageiros de alguém. Ser verdadeiramente digno da ocasião é elevar-se ao seu nível, perceber que algo imenso e decisivo está ocorrendo, ter o senso da ocasião histórica, quando talvez um novo nível esteja sendo atingido pela humanidade, que transformará automaticamente a contemplação tanto dos fatos como dos sistemas de valores.

Em Hegel, há uma distinção nítida, que permeia toda a sua obra, entre, de um lado, o subjetivo, emocional, pessoal, utilitário, pequeno-burguês, individualista, que é sem dúvida um estágio necessário no desenvolvimento humano, mas uma fase transitória e pelo início do século XIX já suplantada; e o objetivo, demonstravelmente racional, poderoso, inexorável, decisivo, concreto, "histórico-universal". Ele é fascinado pelo conceito do grande homem que é o criador e destruidor de sociedades, o ser em quem naquele momento a história concentrou sua poderosa e irresistível força; que é ao mesmo tempo o instrumento e o fim da marcha impiedosa da história. Para ele, questões como se o grande homem, o de suma importância, é bom, virtuoso ou justo são sem sentido e mesquinhas, porque os valores sugeridos por essas palavras são eles próprios criados e suplantados por aquelas mesmas transformações, das quais o grande homem é o agente hercúleo. Hegel nunca para de sublinhar a importância desse tipo de realismo (que ele considera racional), a necessidade de estar consciente do que importa, do que é relevante, de onde está o verdadeiro centro de gravidade da situação histórica, de onde está ocorrendo a grande marcha ou o imenso e repentino salto revolucionário; além disso, qualquer preocupação com os valores morais normais — bondade, compaixão, honestidade, ódio contra a injustiça e sofrimento — que não esteja de acordo com essa concentração de poder, eficácia, tudo em grande escala e permanente em oposição ao pessoal e efêmero, é mera evidência de estar-se firmemente preso em alguma fase anterior da história, quando esses valores talvez tivessem alguma importância histórica; um resultado de atraso histórico que nos cega para a importância esmagadora da "onda do futuro" pela qual em qualquer dado momento a humanidade pode estar passando. Acima de tudo, deve-se lembrar a necessidade moral de se identificar com essa onda, porque tudo quanto resiste está fadado a ser derrubado, tudo quanto é subjetivo, pessoal, é fraco, patético, está sujeito a sofrer, a ser sacrificado na marcha inexorável da história; e assim condenado como trivial, sem valor, irracional — os destroços carregados com razão pela corrente — com razão, porque o que é direito e errado é o que a história cria e rejeita; porque a única fonte objetiva da retidão está na "direção" dos próprios fatos, não um julgamento individual, não qualquer código particular de leis, não um conjunto imutável de princípios morais, mas os "imperativos" da própria história, aquilo que ela, estando o mundo em evolução, o próprio processo divino impõe, prosseguindo onde e como o faz, esmagando tudo quanto deve ser esmagado, entronizando aquilo cuja hora de dominar soou.

Esse culto da energia, poder, o movimento da força pela força, penetrou muito mais profundamente na consciência europeia do que às vezes supomos. Ele pode ser encontrado não só nos heróis de Carlyle ou nos super-homens de Nietzsche, ou nos movimentos que manifestamente cultuam o poder como o marxismo e o fascismo, ambos (a seus variados modos) derivando a moralidade do sucesso histórico (os marxistas mais fiéis a Hegel o encontram em classes que realizam as ordens racionais da história, os fascistas nacionalistas concedendo mais espaço para a imposição da vontade individual violenta e imperiosa). Ele está também na raiz do contraste entre os grandes homens e os seres humanos comuns — lutadores que abrem caminho e elevam a humanidade a um novo nível em oposição às meras formigas do formigueiro humano, que executam sua tarefa sem efetivamente questionar se é necessário carregar esses fardos. Está por trás do uso cotidiano das palavras "real" e "irreal", quando falamos de seres humanos, governos ou situações como "irreais", atribuindo à palavra um significado bem próximo do que Hegel tinha em mente,[7] que eles são artificiais, ineficazes, não genuínos, historicamente ralos, com a implicação de que deveriam ser varridos de cena pelo "real", o violento, o genuíno, o forte — não só deveriam ser, mas serão varridos de cena pelos "seres humanos reais" e pelos "fatos reais" em termos dos quais essas condenações são comumente feitas.[8]

Há aqui também um pouco da distinção de Rousseau entre a realidade da pessoa simples e honesta em oposição às artificialidades ocas de intelectuais ou cortesãos. Entretanto, Hegel não extrai essa ideia do critério de intimidade com a natureza apresentado por Rousseau, mas da noção um tanto similar, mas ainda assim diferente, da capacidade de sobrevivência histórica — a história sendo o único árbitro, a história no sentido, devemos dizer mais uma vez, de acontecimentos não como são concebidos por historiadores de mentalidade empírica, mas como o processo "real", o desdobramento da razão, como o padrão interno visível apenas a metafísicos inspirados ou homens de ação inspirados. Quando ele fala da história, e ainda mais quando fala do Estado, Hegel tende a considerá-los personalidades. A descrição do Estado como Deus sobre a Terra, as referências extáticas a Napoleão, nascem da noção da autoridade do Estado

— ou dos homens que são as últimas e, portanto, provavelmente as mais perfeitas encarnações da corrente vital — como aquela ordem racional, aquele ponto mais avançado atingido pelo autodesenvolvimento da razão. Cultuar a razão é ao mesmo tempo demonstrar que se é uma pessoa séria que procura satisfação efetiva somente onde ela de fato existe, naquilo que a história vai produzir, e não naquilo que ela condena para sempre; e também ser livre, porque a liberdade consiste no pleno autodesenvolvimento, na realização da harmonia interior que os seres humanos não podem atingir individualmente (pois um homem considerado em si mesmo é uma abstração), mas apenas como partes da imensa rede que formam entre eles. Essa rede é realizada como uma totalidade unida ao superar tudo quanto lhe é exterior — matéria externa, hábitos físicos, tudo o que é imperfeitamente racionalizado, tudo o que se torna imperfeitamente transparente para si mesmo, as emoções, os objetivos econômicos, todos os valores morais neles fundamentados. Esses são superados pelo que é inteiramente racional, portanto, inteiramente harmonioso, que propicia apenas um caminho a ser seguido, uma única solução para cada problema genuíno, e cujo despotismo na forma do Estado — aquela hierarquia em que tudo tem seu lugar apropriado segundo os ditames da razão "objetiva" encarnada na história "concreta" — é o despotismo da parte racional de um homem sobre o restante de si mesmo, o despotismo que força o matemático a não quebrar as leis da sua ciência, o artista a criar apenas em termos da insistente visão interior que é a Divindade falando dentro dele, o soldado e o estadista a impor e conquistar em obediência à voz da história, que os transformou em seus instrumentos eleitos.

Essa noção do instrumento eleito é tão forte em Hegel quanto em Fichte. Alguns indivíduos são "históricos" porque trazem dentro de si, e em alguma medida devem saber disso, uma missão histórica — a tarefa de transformar as coisas conforme são impostas pelas demandas da razão. Eles podem perecer na tentativa, mas terão atingido sua plena estatura, terão sido "plenamente reais", terão se liberado da "subjetividade", da moralidade burguesa, das visões e opiniões da manada. Da mesma forma, há nações históricas, e a história lhes tem dado o direito de se afirmar, de promover a marcha da história subjugando e tragando as nações não históricas, aquelas que ou tiveram o seu momento e transformaram-se num mero monte de escória de material humano gasto, ou que nunca foram chamadas a desempenhar um papel e não possuem um papel no drama cósmico.

A civilização começa no Oriente, no despotismo, onde somente um homem é livre — o déspota. Ela se desenvolve na civilização greco-romana, onde apenas uns poucos são livres — os senhores de escravos e as oligarquias. A tarefa histórica do cristianismo foi tornar todos os homens livres. Essa liberdade não devia assumir a forma oca, exterior, artificialmente niveladora da igualdade, conforme demandado pelos democratas franceses ou americanos, que é apenas uma categoria econômica, algo ligado à sociedade civil, abaixo do nível da razão; deveria ser aquela liberdade que consiste no fato de que todo ser senciente se realiza em sua própria posição apropriada, cumprindo seus deveres apropriados no organismo social elaboradamente articulado, no qual todo elemento deve executar sua tarefa "livremente", percebendo que com isso está se realizando sem limite como parte do todo social, executando sua parte apropriada na orquestra histórica, considerando aquelas mesmas restrições que ainda ontem lhe pareciam obstáculos — os deveres do serviço ao Estado, a obediência aos superiores hierárquicos — como a liberdade mais plena possível, uma vez que essas restrições, que pareciam fazer pressão do exterior arbitrariamente, são agora aquilo que a razão de todo ser demanda para a mais plena perfeição do todo com o qual a sua própria perfeição está inevitavelmente ligada — do qual ele é na verdade um elemento logicamente necessário.

O mundo de Hegel é um mundo do Estado, leis, disciplina, de obediência àqueles que a história designou para serem líderes: e ele faz soar uma nota que então reverberou cada vez mais alto nos séculos XIX e XX, de desprezo por aqueles que se revoltam contra os sistemas como tais, que desejam opor o seu senso moral pessoal e privado à marcha da história. Há um elemento quase sardônico que penetra em seus escritos, e igualmente nos de Marx, quando ele fala do destino terrível mas inevitável e inteiramente merecido que utopistas[9] simples mas bondosos, moralistas burgueses, gente trivial que busca a felicidade pessoal, filantropos e pessoas benévolas e mentalmente confusas de todo tipo estão preparando para si mesmos, quando o vulcão, condenado pela história, sobre o qual constroem suas casas tolas, otimistas, patéticas, entra devidamente em erupção e a história os destrói em sua marcha.

Hegel, como Marx, está ao lado da lava: e contempla-a com uma alegria maldosa. Talvez isso se deva à fraqueza e dispersão da Alemanha diante dos Estados mais poderosos da Inglaterra e França; ou a uma paixão pela autoridade e unidade teológicas; ou a algum culto inato do poder pelo poder e a um amargo antiliberalismo; mas ele detestava amargamente tudo o que era espontâneo e indisciplinado, quer na forma da moralidade individual, quer na de explosões de sentimento popular a que Herder dava tanta importância. Continua certamente verdade que Hegel foi o maior entre os que estabeleceram essa tradição de cultuar o que é forte, eficaz e inevitável — a marcha da história, o caráter quase sagrado dos Estados e dos titãs que os criam e mantêm, cultuados menos como objetos de contemplação estética — como seres superiores — que por encarnarem a força de vida, a natureza em ação, cujas leis são a razão, que é inteiramente inteligível, inteiramente racional e, portanto, inteiramente boa e livre — porque o bem significa aquilo que um ser racional procura racionalmente para sua satisfação, que a história, sendo inteiramente racional, está assim obrigada a produzir. Isso, por sua vez, conduziu aos conceitos de indivíduos superiores ou Estados ou nações superiores, acima das leis utilitárias que os obrigam *de facto* — pois no processo da dialética os indivíduos estão fadados a abrir caminho através de leis existentes e convenções existentes em nome de valores mais elevados, o estágio seguinte que a história, em outras palavras, a razão, está prestes a utilizar. Da mesma forma, não haverá avanço nem progresso, apenas uma estagnação burguesa, apenas um mundo de satisfações materiais, se os Estados não guerrearem entre si, cada um em nome de sua própria moralidade — a moralidade que seu próprio estágio histórico providenciou. Aquele Estado cuja moralidade estiver de acordo com o ponto mais alto atingido pela razão vencerá de fato a batalha, absorvendo no curso de sua vitória aqueles estágios inferiores personificados pelo Estado derrotado, cujos cidadãos só podem se beneficiar ao obterem o direito de usufruir da cultura mais elevada, ao terem suas faculdades intensificadas — tornadas "mais reais" — pelo conflito da guerra, pela participação no processo histórico, pela identificação com a grande força que ao mesmo tempo é e rege o mundo.

As regras metafísicas de Hegel têm sido desacreditadas, e com razão, por muitos anos. Sua identificação de causa e efeito com motivo e consequência foi um erro lógico. Sua pressuposição de que as instituições podiam ser racionais no sentido em que as pessoas o são, que existe um espírito histórico real — uma personalidade — que se encarna em tribunais de justiça, livros ou guerras tanto quanto em pessoas, é uma peça de mitologia difícil de ser levada a sério hoje em dia. A noção de que o bem deve ser definido em termos do desejo, e que por essa razão o bem comum deve ser definido em termos do desejo do que só pode ser descrito como um eu comum, baseia-se como no caso de Rousseau numa falácia lógica, porque quando dizemos que a Inglaterra espera que todo homem cumpra seu dever, há literalmente uma pessoa cujo nome é "Inglaterra", que "espera" assim como os seres humanos "esperam". Quando alguém diz que uma comunidade é antiga, é como se sugerisse que ela talvez tenha uma barba grisalha.

Esse tipo de argumento é hoje demasiado familiar para que precise de insistência. Mas a perspectiva geral de Hegel é uma força muito poderosa, talvez ainda mais no presente que em seu próprio tempo. Suas categorias históricas levaram certamente a grandes avanços no tratamento histórico de muitos temas. Ao representar tudo evoluindo de acordo com a razão e inteligível apenas nesses termos, ele aumentou enormemente a importância do conceito de história. Contribuiu para que ela parecesse a atividade mais importante a que um ser humano poderia se dedicar — o processo da autocompreensão, do autoprogresso, sem o qual não havia salvação final.

HISTÓRIA

O culto quase religioso da história proposto por Hegel e sua ênfase na afirmação de que selecionar os fatos, considerar alguns bons e outros ruins, era uma atitude subjetiva, cega e trivial — de que todos os fatos tinham num certo sentido igual valor, de que acima de tudo não se devem fazer diferenças morais — criaram essa noção de história objetiva que militava contra o viés pessoal, moral, social ou estético, e formaram o fundamento de uma grande escola de história e jurisprudência históricas alemãs, bem como a crítica histórica em geral. Um grande papel foi também desempenhado pela noção hegeliana do espírito de uma era, expresso em todos os seus vários fenômenos, tanto em suas roupas como em suas leis, tanto em sua música como em sua política, que daí em diante tornou impossível conceber a história como um amálgama de biografias, informações de antiquários supridas com estatísticas ocasionais e tentativas de generalização sociológica. A própria noção da história das instituições como tais, e mais tarde de períodos e civilizações inteiros, na qualidade de no mínimo estruturas e no máximo princípios constitutivos, exclusivamente em termos dos quais a vida dos povos, o significado das instituições, a importância dos fatos e acontecimentos podem ser compreendidos, é um efeito direto da filosofia hegeliana.

Aplicando suas categorias a si mesma, ela própria foi fruto do surgimento tanto do individualismo como do nacionalismo — da visão que os indivíduos adquiriam de si mesmos absorvendo e dominando tudo o que podiam obter por si mesmos, e, por um processo paralelo, da concepção das nações como indivíduos procurando desenvolver suas vidas como conjuntos institucionais, não só pelo aumento da interdependência ou subordinação de seus membros, como por sua oposição cultural ou militar contra outras nações. Um aspecto intelectual e espiritual desse processo social, político e tecnológico foi a sua expressão consciente em palavras que, tanto na prosa como na poesia, enfeitiçou grande parte de uma minoria civilizada da Europa Ocidental, e por meio deles aumentou o ritmo e o alcance da centralização e concentração de forças que se crê ser a força central da história, e cujas virtudes e poder esses intelectuais pregavam.

Suas consequências produziram uma transformação das atitudes dos homens em relação a si mesmos e a seu passado e futuro, não sem cobrar um preço alto pelos erros que geravam. Foram necessárias duas gerações para dissipar a magia dos métodos apriorísticos de reconstruir o passado, de interpretar os fatos para que se ajustassem a sistemas dogmáticos, de escapar da necessidade de um estudo empírico minucioso e escrupuloso, sobre o qual a nova filosofia despejava tanto desprezo. O hegelianismo gerou também a moda de considerar a história como se estivesse descendo por uma grande avenida central — escolhida pelo espírito conquistador — que era a direção determinada e inevitável, da qual só os tolos ou ignorantes tentavam escapar; com o resultado de que os historiadores tendiam a negligenciar todas aquelas possibilidades não realizadas, que em algum estágio anterior poderiam ter vindo a ser se os homens tivessem escolhido de outra forma, e portanto a considerar todas as baixas e os fracassos do processo histórico — os mártires e as minorias — não só como infelizes, mas também como fundamentalmente imorais. Os valores dos homens — o que era bom e correto, as verdadeiras razões para a obediência ou por terem esta e não aquela forma de governo — eram supridos pelas exigências da própria história, e querer que as coisas fossem diferentes, ainda mais querer alterar o seu curso, era opor-se aos desejos do espírito. Como o espírito — a razão ou a história, a nação ou a sabedoria, a cultura ou qualquer forma em que se considerasse ter encarnado — era o único criador do bem, do propósito correto (a "vontade boa" de Kant então engrandecida e pervertida na vontade da grande força impessoal que modela os nossos fins), opor-se a ele era não apenas vão, mas vil.

Don Quixote não era meramente ridículo: ele já não era patético; já não era o emblema do idealismo humano procurando em vão dominar um ambiente mau e hostil, mas no máximo um blasfemo contra a retidão, um gerador de erro e crime, ou no mínimo um exemplar da ruína humana banal continuamente varrida ou pulverizada pela marcha dos grandes exércitos da humanidade. Hamlet já não podia ser considerado, num certo sentido, como a encarnação de uma condição espiritual trágica e valiosa em si mesma, mas como um homem preso na contradição de tentar conciliar a sua própria escala de valores estreita e subjetiva com o grande mundo objetivo a pressioná-lo. A sua tragédia, mais do que um conflito inevitável entre valores genuinamente inconciliáveis, era um "momento" na transcendência da perspectiva da sociedade "civil" por meio da organização superior e da disciplina social superior da razão encarnada no Estado. O conflito do bem contra o bem de que Hegel falara ao definir a tragédia não é um conflito real, porque o sábio metafísico sabe que nem Antígona nem Creonte compreendem o mundo como ele deve ser compreendido, ainda que no seu estágio de desenvolvimento não se possa esperar que nenhum dos dois o compreenda. O Estado hegeliano presumivelmente resolverá e dissolverá o conflito em sua síntese mais elevada.

Essa perspectiva valorizava tanto a força, o sucesso e a pura eficácia histórica — em oposição ao inútil protesto individual ou à oposição heroica em nome de crenças individuais contra a pressão externa, oposição que não tinha a garantia de vencer, cujo valor na verdade, para os primeiros românticos, consistia na pureza dos princípios adotados ou na paixão desinteressada com que eram defendidos contra grandes desvantagens ou não — que conduzia inevitavelmente ao conservadorismo político, ao conformismo e a uma espécie de submissão extática à autoridade, aos líderes e oradores de todo tipo, pelos quais os alemães viriam a se tornar tão famosos.

O hegelianismo possui um elemento revolucionário em sua doutrina do conflito inevitável pelo qual a dialética avança, de modo que as paixões negativas e destrutivas tinham ali o seu lugar e a ação revolucionária era justificada se lutasse ao lado da razão dinâmica contra a realidade estática, se encarnasse aquela crítica do passado e sua destruição sem a qual o futuro não podia nascer, frequentemente com imensa dor e dificuldade. Entretanto, essa originalidade e excentricidade, em que Humboldt e Mill enxergavam a própria vida de uma civilização, não podia ser permitida a menos que se justificasse provando ter sido o veículo da razão vitoriosa, isto é, por seu sucesso. Essa ênfase no sucesso e realização como o único critério daquilo que era interessante, importante, correto, digno de esforços e de comentários escritos, enquanto militava contra sistemas subjetivos baseados em emoções, inclinações ou preconceitos efêmeros, substituía os valores, quer relativos quer absolutos, do liberalismo — que atribuíam algum valor a todos os fins que os homens desejassem com bastante intensidade e que enfatizavam as imperfeições e, portanto, a falta de autoridade universal de qualquer ideal individual ou social — pelo único critério pragmático do progresso real, por meio do qual o mundo cobria de benefícios os formidáveis, porque eles eram os únicos verdadeiros profetas e criadores do futuro.

Essa doutrina chegou por fim a dizer que os valores, os objetivos apropriados dos homens, eram aqueles atos e formas que a elite em qualquer sociedade desejava, não porque a elite tivesse uma visão mais clara de algo objetivo e absoluto, mas porque era a elite que o desejava e, por ser o poder que a história havia atingido numa determinada fase, era ela própria uma encarnação da manifestação mais elevada da história, e sua vontade era a própria força de vida, orientando o caminho da humanidade. Não adiantava que os defensores de Hegel, tanto no passado como no presente, apontassem que ele não acreditava no irracionalismo, que é um elemento no fascismo, que ele acreditava no *Rechtsstaat*, na burocracia prussiana metodicamente organizada, que ele enfatizava que se deviam respeitar os funcionários talentosos e os administradores competentes em vez das explosões de paixão elementar ou exaltação religiosa, a que Schelling nos seus últimos anos devotos parecia inclinado. Hegel certamente acreditava na organização racional, porém a organização em termos dos ideais mais avançados da humanidade atingidos até aquele momento. Mas esses ideais eram derivados das exigências da marcha objetiva dos acontecimentos, em nome da qual toda e qualquer coisa podia e devia ser forçada a se submeter ou devia ser destruída. Os governantes de uma sociedade, a encarnação terrena de suas instituições imortais, agindo em nome de entidades superpessoais — a própria ordem eterna, o Estado ou a lei — eram livres para invadir qualquer domínio. A noção de direitos individuais, de áreas de privacidade, de liberdade de escolha dentro de limites mesmo confinados eram meras aspirações subjetivas e podiam ser "transcendidas", isto é, abolidas na medida em que não se ajustavam ao padrão objetivo, a *Weltgericht*, a história ao mesmo tempo onipotente e liberadora — liberadora porque a liberdade é consciência da necessidade, o conhecimento de que só sou livre quando tudo o que é privado, pessoal, "subjetivo" foi sacrificado à razão dentro de mim, àquilo que me une ao padrão central a que tudo obedece.

A escolha é entre a obediência cega, tal como as pedras ou as árvores obedecem, como os escravos obedeciam nos antigos Estados, como os derrotados obedecem aos vencedores, como os hereges idealistas iludidos descobrem que devem obedecer ao braço da lei do Estado, e a obediência voluntária, feliz e consciente ao Estado que encarna em suas instituições tudo o que é racional em mim. Não há outra escolha: procurá-la é querer que as coisas sejam diferentes do que são, é ser irracional ou ao menos infantil, insuficientemente maduro e adulto, é precisar de disciplina, é atrair o menosprezo, a acusação ou a coerção. Isso se assenta em premissas *a priori*, que ninguém exceto os hegelianos precisa aceitar, sobre a existência da razão objetiva, sobre as leis inevitáveis da história, sobre a identidade do que é bom com o que é inevitável e da liberdade com a racionalidade nesse sentido metafísico peculiar. Como nenhuma dessas premissas é autoevidente ou dedutível de dados empíricos ou autoevidentes, não é preciso acreditar nelas. Com efeito, não é fácil levá-las mais adiante em linguagem clara e inteligível; mas é claro que elas agradam a um veio conformista entre os seres humanos, ao desejo de se submeter em lugar de decidir por si mesmo, à troca da liberdade pelo contentamento concedido apenas por um sistema totalmente estreito que resolve os problemas abolindo-os, que cria condições sob as quais aqueles que poderiam propor questões são acostumados à incapacidade de concebê-las, e assim promove harmonia eliminando aqueles fatores em que os liberais viam o único valor dos indivíduos, mas que impedem o funcionamento completamente tranquilo e unido do mecanismo social.

Num nível mais humilde, o método hegeliano influenciou proveitosamente o pensamento. Embora não haja absurdo maior do que as tentativas de formulação de Hegel e seus seguidores das atividades "inferiores", as ciências naturais e a matemática, no caso dos ramos imprecisos do conhecimento — as ciências históricas, a crítica da literatura e da arte, e aquilo que se poderia denominar as humanidades em geral —, eles desempenharam em primeiro lugar a útil tarefa de aumentar a percepção da interdependência de atividades humanas aparentemente separadas, de impedir aquele esquematismo e classificação escolástica em compartimentos estanques que havia transformado esses temas em grupos áridos de fatos não esclarecedores; e de insistir, na sua encarnação marxista, na importância dos fatores econômicos e sociais, bem como ambientais, na formação das atividades intelectuais e artísticas, e na explicação das relações dos seres humanos no passado. Além disso, ao insistir em que toda dedução mecânica da conclusão a partir da premissa — na verdade, todos os sistemas que tentam representar os acontecimentos como uma transição ou evolução suave de uma fase anterior para outra posterior, cada uma das quais está quase contida em sua predecessora — descrevia erroneamente e simplificava por demais a corrente turva e o conflito interior da vida real e da história real, os hegelianos certamente serviram para aprofundar o tratamento desses temas. Eles sustentavam que dentro de todo processo há um conflito interno com algum outro processo que procura subvertê-lo; e sem tomar isso demasiadamente ao pé da letra, não há dúvida de que, se em vez de classificar, digamos, os escritores como clássicos ou românticos, tratamos essas categorias como provisórias e formais, e procuramos descobrir o que é caracteristicamente romântico em textos geralmente descritos como clássicos, ou o que é clássico no que se concebe como predominantemente romântico, atingimos uma aproximação mais precisa da textura e do conteúdo talvez fundamentalmente não analisáveis da arte.

E o mesmo acontece com a história. A tentativa de classificar em movimentos, épocas, tipos de governo, perfeitamente etiquetados, com a qual Montesquieu havia apenas continuado a tradição de Aristóteles, conduz frequentemente a um esquematismo pedante que obscurece tanto quanto revela. Ao exigir que todo processo contenha o seu oposto, que toda classificação necessariamente desmorone, que toda categoria seja necessariamente incompleta e possa tornar-se paradoxal, o hegelianismo aumentou sobremaneira a agudeza crítica, o senso de realidade dos investigadores naquelas regiões em que as entidades idealizadas da ciência e da matemática são de pouca utilidade, se é que têm alguma, e dessa forma criou a abordagem moderna dos estudos humanos e históricos.

Apêndice
Ética subjetiva *versus* ética objetiva

A ênfase na natureza como uma fonte de sabedoria moral ou social está, claro, intimamente ligada ao desejo de estabelecer os princípios de conduta numa base "objetiva", isto é, conferir-lhes a mesma autoridade das leis da natureza estabelecidas pelos cientistas naturais; e isso, por sua vez, se deve à crença, presente em todas as discussões sobre esse tópico, de que se assim não for feito, a única sanção para esta ou aquela regra ética ou política será "subjetiva", ou seja, construída sobre a areia movediça dos gostos e inclinações individuais de determinadas pessoas, em determinadas circunstâncias, em determinados momentos de suas vidas — isto é, sujeita às mudanças de pessoa para pessoa e momento para momento, e assim incapaz de formar a base para modos permanentes de comportamento, quer para indivíduos, quer para grupos ou nações.

Essa subjetividade e essa relatividade nunca foram consideradas fatais, por exemplo, para visões estéticas ou determinados códigos, como os de comportamento — ou hábitos sociais adotados em associações livres como sociedades ou clubes, em jogos, etiqueta e assim por diante. Mas as regras do comportamento político e social, e sobretudo da ação moral, destinadas a reger as vidas interiores e exteriores dos homens, são obviamente de suprema importância; e parecem requerer uma base mais sólida que os caprichos do temperamento individual ou extravagâncias casuais sujeitas a influências transitórias. Com o colapso da autoridade da teologia e da metafísica escolástica e a descrença associada a outros sistemas racionalistas derivados das tradições platônica ou aristotélica (devido ao fato de os empiristas negarem as faculdades intelectuais especiais pressupostas por esses sistemas), o perigo de um caos de opiniões individuais conflitantes, sem critério para se decidir entre elas, foi uma fonte de profunda inquietação, eventualmente algo até mesmo assustador, no século XVIII, e também nos séculos XIX e XX. Quando Hume negou que tais faculdades racionais existissem e analisou as proposições éticas como se não traduzissem mais do que os sentimentos de indivíduos ou grupos (ele nunca desenvolveu nenhuma doutrina clara que distinguisse entre esses dois, nem os relacionou sem ambiguidade ao utilitarismo que ele também apoiava de modo geral), considerou-se, tanto em seus dias como nos nossos, que essas noções reduziam a ética a um conjunto de crenças subjetivas — em contraste com as crenças objetivas dos cientistas ou até do senso comum inculto sobre que tipo de objetos existe no mundo e como esses objetos se comportam.

Parece claro que um dos principais motivos para a procura de uma ética "objetiva" era o desejo de escapar desse subjetivismo, não meramente um desejo de conhecimento seguro que só o que era "objetivo" parecia prometer — embora esse anseio fosse bastante forte — mas também um reconhecimento bastante sólido do fato de que existem realmente diferenças nítidas e profundas entre declarações de gosto ou inclinação pessoais e declarações sobre as finalidades da vida e os direitos e deveres dos indivíduos. Sistemas objetivos como aqueles de Kant, dos filósofos idealistas, em particular Hegel e seus seguidores alemães, britânicos, italianos e americanos; a ética evolucionista dos darwinianos e também a ética antinaturalista de *Principia Ethica* de G. E. Moore e das escolas de pensamento que o seguiram, não só em círculos filosóficos, mas em rodas políticas e literárias na Inglaterra e em outros lugares; os fenomenólogos alemães e seus discípulos e outros movimentos relacionados — todos se preocupavam em enfatizar essa diferença profunda e oferecer uma ética, e por implicação uma política, com uma "base objetiva".

Seja qual for o mérito intrínseco dessas doutrinas, elas tinham origem parcialmente em um profundo erro de compreensão da revolução levada a cabo por Hume. Ele certamente transformou a história do pensamento com sua demonstração conclusiva de que as proposições éticas — aliás como todas as proposições normativas — diferiam daquelas que asseveravam conexões *a priori*, de um lado, e daquelas que descreviam questões de fato, de outro; que, desses dois tipos de afirmativas, a primeira, para ser válida, dependia de regras criadas pelo homem, ou em todo caso aceitas pelo homem, as quais regem disciplinas artificiais como a lógica, a matemática e a estrutura de jogos, isto é, regras que em última análise derivam do modo como escolhemos usar as palavras, símbolos, fichas de jogo ou qualquer outra coisa; enquanto a última dependia de apelos à experiência normal, para a qual "verificação por meio dos sentidos" talvez fosse uma descrição demasiado estreita, mas que consistia naqueles métodos empíricos, quaisquer que pudessem ser nas mais variadas situações, por meio dos quais verificamos se uma afirmativa sobre o mundo é verdadeira ou não. Mas as afirmativas normativas, segundo Hume, diferiam de ambas essas categorias na medida em que sua correção não dependia do modo como decidimos usar os símbolos com que nos expressamos, nem do tipo de inspeção necessária para a verificação de afirmativas empíricas comuns. No caso dessas duas categorias, a distinção entre subjetivo e objetivo era claramente válida, e equivalia a distinguir entre os tipos de evidência sobre as quais as conclusões eram fundamentadas ou os tipos de métodos pelos quais elas eram alcançadas. Uma afirmativa objetiva da matemática diferia de uma subjetiva por usar métodos reconhecidos como adequados pelos matemáticos ou outras pessoas que usam métodos matemáticos — se era alcançada por conjeturas, intuição mística ou ao acaso, ou acreditada com uma obstinação que repelia os esforços para modificá-la no sentido de que o método usado não era aquele que, por definição, constituía o único método da matemática, essas visões eram descritas como caprichosas, irracionais ou subjetivas. Da mesma forma, se alguém afirmava que a Terra era chata ou que a água nunca fervia, isso era considerado não só uma inverdade, mas uma declaração subjetiva, porque não podia ser atestada pelos métodos empíricos de investigação considerados apropriados para o tema em questão, isto é, em termos dos quais a verdade em tais assuntos era definida ou compreendida.

Mas embora o próprio Hume tenha com efeito tentado reduzir a ética à psicologia, isto é, a um ramo do procedimento científico ou do senso comum que descreve o fato empírico, pode-se mostrar facilmente que o seu argumento leva a uma conclusão um tanto diferente. Se o tomamos ao pé da letra, uma proposição ética seria objetiva se o estado de espírito de um indivíduo ou grupo (suas aprovações ou desaprovações, para usar seus termos não muito felizes) fosse corretamente descrito — isto é, por meio do uso de métodos reconhecidos como apropriados ao descobrimento desses estados de espírito — e subjetiva se deixasse de usar tais métodos, mas empregasse um modo de proceder ilícito, isto é, não comumente reconhecido. Mas, claro, as objeções daqueles que viam toda a ética ser transformada, apesar dessa distinção, em algo subjetivo não eram com isso afastadas. Se tudo a que estávamos nos referindo eram estados de ânimo passageiros ou aprovações ou desaprovações variáveis — quase gostos e aversões — de grupos ou de indivíduos, o fundamento da ética parecia terrivelmente incerto.

Isso se assenta numa falácia. Pois se percebemos que essa espécie de subjetividade das proposições normativas — as regras e os ideais da vida pessoal, social ou política — torna-as de algum modo mais precárias, menos autorizadas, mais fracas, porque atadas às flutuações imprevisíveis da vida emocional do indivíduo, isso implica a crença de que carecem de um elemento "objetivo" que poderia estabilizá-las; em outras palavras, que, se os princípios éticos de nossos pais costumavam ser firmes, verdadeiros para todo sempre, tão pétreos como os da álgebra, agora a base de tudo isso fora removida, e estávamos mergulhados num mar de dúvidas e vacilações sem regra nem bússola. A sensação era a de que estaríamos sendo roubados de alguma coisa, gravemente empobrecidos; algo que costumava ser objetivo foi degradado até tornar-se meramente subjetivo. Podemos ainda querer acreditar que a ética é objetiva, mas a lógica impiedosa de Hume refuta essa crença e devemos ter a coragem de enfrentar a conclusão dolorosa a que nossas premissas nos levaram. Dado esse estado de espírito, não é surpreendente que aqueles que procuram princípios permanentes de ação social ou política acusem a doutrina de Hume de subverter a ordem moral e de gerar desilusão, cinismo e um pragmatismo cruel e oportunista.

A falácia dessa posição consiste na pressuposição tácita de que a ética, que é, ai de nós, subjetiva, poderia ter sido em princípio objetiva, embora tenha sido demonstrado pelo raciocínio frio de Hume que de fato não é assim. Mas se Hume tem razão, ao menos em sustentar que as proposições normativas não podem descrever entidades chamadas valores que existem no mundo, que possuem um ser independente no sentido em que se pode dizer que as coisas, os acontecimentos ou as pessoas o possuem — porque a noção desses valores objetivos mostrou-se, sob exame, ininteligível —, ele está com efeito sugerindo (embora ele próprio nunca tenha visto esse ponto com bastante clareza) que as afirmativas éticas são em princípio diferentes, na maneira como são usadas, das afirmativas lógicas ou descritivas e que talvez se venha descobrir que a distinção entre subjetivo e objetivo não se aplica absolutamente a elas.

Kant e alguns dentre os idealistas alemães tiveram um vislumbre desse ponto ao supor que as proposições normativas não são proposições de fato, mas ordens, comandos, "imperativos", não provindo nem de uma convenção artificial, como a matemática, nem da observação do mundo, como as proposições empíricas. E se seguirmos essa linha de pensamento, torna-se claro que as proposições normativas deixam de ser subjetivas não no sentido de que poderiam ter sido objetivas, mas no sentido de que são inteiramente diferentes do tipo de proposições (ou crenças ou pensamentos) a que se aplica a distinção de subjetivo e objetivo. A minha visão de que o assassinato é errado é meramente subjetiva. Por que "meramente"? O que poderia torná-la objetiva? O que falta a uma proposição subjetiva cuja presença a tornaria objetiva, a ponto de acharmos defensável aplicar-lhe o advérbio restritivo "meramente", que parece privá-la de uma propriedade que procura em vão porque não pode obter? É possível conceber um mundo em que as proposições normativas adquiriam "status objetivo"? Somente quando percebemos que essa é uma sugestão sem sentido — que o tom depreciativo que a palavra "subjetivo" frequentemente expressa provém do que tem sido chamado um "pseudolamento", porque deplora a ausência não de algo que poderia estar presente (ainda que impedido de ali estar por causas empíricas ou metafísicas), mas de algo cuja presença não pode ser concebida, a respeito do qual dizer que está presente é proferir uma frase sem sentido —, somente então é que compreendemos a inadequabilidade de um epíteto como "subjetivo" quando aplicado à ética, à política e a outras disciplinas normativas.

As proposições políticas não são subjetivas no sentido de não serem objetivas — pois o leitor deveria se perguntar como seria possível transformar, por qualquer tipo de magia metafísica, a resposta à pergunta "Por que devo obedecer ao governo?" em algo "objetivo". Ao não conseguir responder à questão ele compreenderá que, seja qual for a verdade sobre como funcionam essas perguntas e suas respostas, sobre quais são as perguntas corretas e como devem ser obtidas suas respostas corretas, não se trata do fato de que algumas teorias possam sustentar que as respostas são objetivas — o que é consolador, mas falso — e que outras teorias sustentem que a resposta é necessariamente subjetiva — o que talvez seja perturbador, mas tem a vantagem de ser verdade. Ele compreenderá — embora isso requeira algum esforço intelectual da parte daqueles criados numa tradição diferente — que as proposições de valor, por exemplo, as afirmações da política, não são nem subjetivas nem objetivas, mas de um tipo totalmente diferente dos tipos de afirmação que o são.

Uma compreensão clara dessa questão deve dissipar os sentimentos de insegurança e empobrecimento moral a que a relação entre proposições até então consideradas firmes, eternas e objetivas e a classe de asserções incertas, relativas e subjetivas com tanta frequência induziu. A tendência de chamar os princípios políticos de objetivos deriva, como dissemos acima, em parte da percepção correta de sua grande importância na condução da vida. Essa importância não é diminuída nem alterada por uma percepção mais clara da confusão sobre o seu status lógico. Eles continuam tão importantes ou desimportantes quanto antes, mas não são nem subjetivos, nem objetivos: são *sui generis*, a serem avaliados por métodos que lhes são apropriados (como, na verdade, sempre foram, exceto por aqueles obcecados por uma visão metafísica desorientadora) e já não passíveis de ser modificados sob o pretexto de que são meramente subjetivos e, portanto, carecem de suficiente autoridade. Os princípios pelos quais os homens vivem e agem, os fins pelos quais lutam e morrem, são o que são, sejam válidos ou não e independentemente do que constitua validade nessa esfera, e não perdem nada do seu caráter sagrado porque já não são descritos desorientadoramente em termos ou categorias que não se aplicam a eles. O ceticismo, o cinismo e todo o restante não parecem ser as consequências de uma visão desconcertantemente clara dos fatos, mas das confusões que frequentemente se seguem das falsas analogias com outras regiões da experiência, tais como, neste caso, a matemática, a física e a história. Essa é a contribuição duradoura de Hume para a história do pensamento humano: o seu argumento é tão fatal para o subjetivismo e o relativismo na ética quanto para o seu igualmente ininteligível oposto.

Resumos das Conferências Flexner

O semanário College News *de Bryn Mawr publicou os seguintes resumos, por vezes um tanto imprecisos, das Conferências Flexner de Berlin nos seus números de 13 de fevereiro a 19 de março de 1952*

1. DR. BERLIN APONTA "MODERNISMO" EM TEORIAS DOS ROMÂNTICOS: SUSTENTA QUE PENSAMENTOS DE HELVÉTIUS E HOLBACH EVIDENCIAM UMA "VISÃO CENTRAL" QUE ABALA A TRADIÇÃO

Segunda-feira à noite, 11 de fevereiro, o dr. Isaiah Berlin discutiu, na primeira Conferência Mary Flexner de 1952, "A natureza e a ciência da política", conforme dada a conhecer por Helvétius e Holbach, primeiros teóricos políticos da era romântica. As próximas conferências do ciclo também discutirão "O surgimento das modernas ideias políticas na era romântica: 1760-1830". O dr. Berlin explicou primeiramente que havia escolhido esse período para a sua discussão porque é mais parecido com a era moderna do que qualquer outro. Depois propôs a questão da qual toda a teoria política se ocupa. A questão é: por que uma pessoa deve obedecer a uma outra pessoa.

Os pensadores dessa época tinham uma qualidade comum de profunda sagacidade. Possuíam uma "visão central" que impunham a seus ouvintes, substituindo as visões convencionais das pessoas. Não respondiam simplesmente as perguntas dentro de uma estrutura do universo, mas abalavam a própria estrutura, continuou dr. Berlin. A teoria popular na época era a da "harmonia divina da natureza". A essência dessa teoria é a de que toda entidade no universo tem uma função e deve realizar bem tal função para obter a harmonia, que é a felicidade. Segundo essa ideia, a obediência é necessária para que os indivíduos cumpram as suas partes no modelo divino.

A física newtoniana teve um grande efeito sobre o pensamento desse período. Segundo Newton, tudo na natureza deve ser decomposto em suas partes constituintes. Depois devem-se formar hipóteses a respeito dessas partes. A seguir as hipóteses são reduzidas ao menor número possível e obtém-se um princípio universal para a explicação de tudo. Helvétius e Holbach foram expoentes extremos dessas ideias, disse o dr. Berlin, sendo assim "extremamente lúcidos" nas suas explicações. Uma ideia newtoniana que afetou particularmente esses filósofos foi a de que uma questão só é real quando pode ser respondida. É essencial saber que tipo de resposta é requerida e como pode ser obtida.

Helvétius primeiro declarou a necessidade do método científico newtoniano no lugar do método intuitivo aplicado aos problemas da ação sociológica humana. Ele propunha que os seres humanos são dominados unicamente pelos atos de buscar o prazer e evitar a dor. Helvétius ainda queria produzir moralidade científica por meio da educação do povo, levada a efeito por especialistas morais e políticos: psicólogos e sociólogos. Esses especialistas deveriam ensinar interesse pessoal ao povo, "aproveitá-lo", e empregá-lo para o bem mais amplo. Essa ideia resultou num choque entre as escolas com interesse no indivíduo e com interesse social.

Dizia Helvétius que a legislação deve criar a maior felicidade para o maior número de pessoas. O educador deve moldar os homens à imagem do Estado ideal, estimulando a felicidade e punindo a melancolia. Os líderes esclarecidos são necessários para uniformizar o mundo e produzir a atividade semiautomática de seres humanos condicionados.

Dr. Berlin expõe a ideia da natureza conforme proposta pelos filósofos românticos: Helvétius, Holbach

Várias das pressuposições em que se baseia essa filosofia são falsas, continuou o dr. Berlin. Em primeiro lugar, ela se ocupa de questões factuais da política e da moral, ao passo que as questões reais que devem ser respondidas dizem respeito ao valor. Essas questões de "Por que devo fazer?" e não "Por que vou fazer?" são difíceis de responder factualmente. Helvétius supõe que a natureza pode responder tais questões.

Holbach reiterou e expandiu as ideias de Helvétius. Asseverou que a natureza dita a resposta a todas as coisas. A natureza fala a todos os homens, mas com uma voz diferente para cada homem. Esse é um dos rudimentos da ideia de que a natureza é intermediária entre Deus e o homem. A definição da natureza proposta por Holbach é teleológica. Ele afirmava que há um universo dotado de propósito em que todas as coisas boas estão em harmonia. Isso indica uma pressuposição de que boas coisas não podem colidir e causar tragédia. O universo está numa harmonia divina e um déspota esclarecido científico pode manter essa harmonia num mundo pacífico comunicável.

As pessoas que atacaram essa visão serão discutidas nas próximas conferências.

2. 1. BERLIN EXPÕE OS CONCEITOS DE ROUSSEAU DE LIBERDADE POLÍTICA: A TEORIA DE ROUSSEAU PREOCUPA O PALESTRANTE; VALORES DA LIBERDADE, REPRESSÃO EXISTEM HARMONIOSAMENTE

O sr. Isaiah Berlin discutiu "A liberdade política e o imperativo ético, Kant e Rousseau" na segunda Conferência Flexner, segunda-feira à noite, 18 de fevereiro. Diante das circunstâncias, concentrou-se em Rousseau e disse que discutiria Kant na sua conferência seguinte.

O sr. Berlin discorda da opinião de muitos países anglo-saxões de que as teorias de Rousseau não eram originais. Acha que Rousseau tinha definitivamente um novo conceito de liberdade, substituindo a teoria negativa de que havia apenas certas fases da vida de uma pessoa em que ninguém poderia interferir, de que um ser humano devia ser protegido dentro de certas áreas da experiência para fazer quase o que deseja. A extensão *versus* repressão da liberdade tem sido um problema constante.

Rousseau considerava a liberdade como um valor absoluto, não só para fases específicas da vida. Sentia que um homem não tinha importância se não fosse completamente livre. A liberdade está ligada à personalidade do homem, à sua capacidade de fazer escolhas. Não é a razão, mas a responsabilidade, a vontade de agir, que cria a diferença entre o homem e o animal.

A escravidão é uma negação da humanidade. Forçar os homens a agir contra a natureza rouba-lhes as qualidades humanas. Em vez de forçar os homens a seguir as regras e puni-los pela desobediência, Rousseau acreditava que as pessoas deveriam ser educadas para reconhecer o que é correto; se deveria mostrar às pessoas os valores da justiça, para que elas quisessem fazer o que é correto.

A sua crença na liberdade absoluta era acompanhada, entretanto, por uma crença na autoridade absoluta. Existem certas regras morais que regem o universo. Segundo essas regras, há atos que são corretos e aqueles que são errados. Os fortes não são necessariamente corretos.

Rousseau deu uma resposta para o problema da coexistência da autoridade absoluta e da liberdade absoluta, explicando que duas coisas boas não podem colidir, porque a natureza está em harmonia. Elas não podem se opor uma à outra, assim como duas proposições verdadeiras não podem se contradizer. Se parecem colidir, isso mostra uma falta de compreensão da pessoa que vê a colisão.

O sr. Berlin interpreta a liberdade e a autoridade

Foi ao resolver esse problema que Rousseau se revelou um pensador original. Os dois elementos desse pensamento eram um raciocínio rígido, lógico, e um senso intuitivo de retidão. A sua resposta ao problema de a liberdade absoluta existir com a autoridade absoluta é que o máximo de liberdade e o máximo de autoridade são como duas linhas que se cruzam. No ponto da interseção, elas são a mesma linha. O máximo de liberdade e o máximo de obediência coincidem; portanto, por causa dessa coincidência, não há necessidade de conciliar a liberdade com a autoridade. O desejo humano por repressão é uma filosofia cristã.

Os homens querem ser felizes. Há certas regras que os tornam felizes. Uma vez conscientes de que as leis são benéficas, que elas propiciam a felicidade, eles vão querer as leis. Devemos criar o tipo de leis que os homens querem impor a si mesmos, de modo que eles vão querer obedecer a essas leis; eles vão desejar a autoridade.

Rousseau tinha consciência da relação do homem com a natureza. Achava que os homens devem observar o que é bom na natureza, a sua integridade e simplicidade, e ajustar-se às condições da natureza. Os camponeses estavam mais próximos da natureza por causa da simplicidade e sinceridade nas suas vidas. O natural é sábio, e o sábio, natural.

Todas as pessoas devem desejar as mesmas qualidades num Estado ideal. Se não desejam a mesma coisa, a liberdade deve ser imposta às pessoas. Depois que a provarem, elas vão desejá-la. Se possuem uma natureza racional, os homens vão saber o que é correto. Se não sabem, devem ser educados para o que é correto; devem ser educados para a liberdade.

3. BERLIN EXPLICA A PONTE QUE LIGA KANT E FICHTE: TEÓRICO POSTERIOR APLICA O IMPERATIVO ÉTICO AO ESTADO

Continuando a sua discussão das ideias políticas na era romântica, o sr. Isaiah Berlin proferiu a terceira das Conferências Flexner na segunda-feira à noite, 25 de fevereiro, no Goodhart Auditorium. Sua palestra versou sobre o conceito do imperativo ético de Kant, que foi seguido pelo prolongamento dessa ideia ao Estado conforme a proposta de Fichte.

Começando com uma discussão geral dos conceitos de liberdade da Europa do século XIX, o sr. Berlin explicou que as duas ideias comumente aceitas àquela época tinham muito pouca similaridade. A primeira era a defendida pelos liberais britânicos e franceses, que consideravam a liberdade um conceito negativo, o privilégio de não sofrer interferências na vida.

Os liberais reconheciam um padrão geral do universo e sustentavam que deveria ser dada a todo homem suficiente liberdade para que cumprisse a sua parte no plano. Qualquer tentativa de invadir essa área era, assim pensavam, contra o plano. Assim, a liberdade era definida como não interferência.

Kant apresentou a seus seguidores uma visão diferente de liberdade. Parecia-lhe que, sendo a maioria dos homens malvados, estúpidos e tiranos, qualquer tentativa de tomar decisões próprias é frustrada pelo acaso ou por outras pessoas. Em vez de procurar em vão apaziguar os desejos, seria melhor suprimi-los. Se alguém quiser procurar a liberdade, é necessário que diminua a sua área de vulnerabilidade, retirando-se para dentro de si mesmo, e que construa uma cidadela interior que ninguém possa atingir. A base desse conceito estava na ideia das "uvas verdes", de que nada que pudesse ser tomado a alguém tinha valor.

A ideia do eu interior de Kant se expande em Fichte

Os seguidores de Kant tentaram compensar a sua falta de liberdade exterior com o desenvolvimento de uma alma interior, uma "imigração impessoal para dentro de si mesmos", aonde ninguém poderia chegar. Sustentavam que o homem verdadeiro é o homem interior e que um desejo eliminado é um desejo satisfeito. O emprego dessa "noção", disse o sr. Berlin, era "análogo à confusão entre segurança e liberdade". No mundo exterior do eu empírico, a liberdade não tinha sentido; apenas no mundo interior das ideias pessoais é que alguém poderia ser livre.

Ao descrever a ponte entre Kant e Fichte, o sr. Berlin discutiu a questão do imperativo ético. Antes de Kant, as questões morais eram consideradas questões de fato. Kant foi o primeiro pensador europeu a afirmar que as respostas para as questões éticas não eram afirmativas de fato, mas comandos. E por "comando" ele queria dizer força externa, pois considerava que o homem comanda a si mesmo.

Fichte também aceitava essa teoria, acreditando que a conduta de alguém era justificada pelos ideais que criava para si mesmo. Isso gerou uma visão ética da moral em que os conceitos políticos e éticos não eram considerados proposições, mas atitudes mentais desenvolvidas e projetadas.

O segundo conceito comum a Kant e Fichte era o da "integridade" e "imparcialidade". O mundo antigo valorizava o conhecimento e a verdade; o martírio era admirado porque defendia um princípio que era correto e verdadeiro. Entretanto, o início do século XIX trouxe uma transformação do pensamento. A integridade era valorizada como tal; as pessoas estavam dispostas a abandonar tudo para seguir um ideal por causa da devoção a esse ideal, quer fosse digno, quer não. A ênfase estava no martírio pelo martírio, e não no princípio que ele defendia.

Com Fichte, o eu interior kantiano original tornou-se um demiurgo real. O eu não empírico era considerado pura atividade, pela qual os seres humanos geram ideais dentro de si mesmos, ideais a que passam a servir apaixonadamente. Assim o eu não empírico tornou-se sobre-humano, identificado com a base de tudo. Segundo essa ideia, a liberdade tornou-se a única razão moral ou política para fazer qualquer coisa, a força interior pela qual o homem se curva à sua própria vontade.

O conceito da criação de um ideal interior e a subsequente imposição desse ideal ao mundo exterior foi aplicado por Kant somente ao indivíduo. Mas o indivíduo era concebido por Fichte como sendo um fragmento de uma unidade central, lutando para se reintegrar na flama central da qual era uma centelha. O homem não era meramente um indivíduo, mas um produto social, parte de uma rede social.

A partir disso cresceu a noção de que o povo alemão como um todo possuía uma alma interior que era o fator unificador do povo, que a própria nação dava à luz um ideal, e as pessoas eram animadas por algo mais forte que elas mesmas, o fato de que elas, como indivíduos, estavam ligadas por um único tipo de experiência, um ideal comum.

Assim surgiu o conceito fichteano do homem como uma entidade espiritual, parte de um grande padrão divino; e das nações como uma "união de espíritos não terrestres ligados pelos laços perpétuos de impor os seus ideais aos indivíduos". Disso seguia-se o conceito de liberdade de Fichte como a capacidade, por parte da unidade, de se realizar, muito distante da ideia de liberdade dos liberais, a de alguém estar livre de interferências.

4. BERLIN TRAÇA UM ESTUDO FILOSÓFICO DO PASSADO: HERDER E HEGEL MARCARAM VALORES HUMANOS NA HISTÓRIA

Que influência os filósofos Herder e Hegel tiveram sobre o nosso atual conceito de história? Como é que os nossos métodos de estudar história evoluíram a partir de uma análise rigorosamente científica dos acontecimentos? Essas foram as questões que Isaiah Berlin procurou responder na quarta Conferência Flexner apresentada na noite de segunda às oito horas no Goodhart Auditorium.

O sr. Berlin começou a sua conferência, intitulada "Liberdade individual e a marcha da história", com um resumo de alguns comentários feitos em 1837 pelo poeta alemão Heine, alertando os franceses do perigo futuro, quando o leão alemão, rearmado, destruiria a civilização ocidental numa conflagração ao lado da qual a Revolução Francesa pareceria um "idílio pacífico". A partir de seu próprio estudo da história, Heine compreendeu o espírito guerreiro alemão.

Foi o filósofo italiano Vico, um obscuro advogado napolitano, quem primeiro distinguiu entre o estudo das ciências naturais e das humanísticas. A sua ideia era a de que se dava demasiada importância ao método científico e analítico de estudar história. Vico pensava, segundo o sr. Berlin, "que isso era dizer bem menos do que se conhecia". O método científico era totalmente adequado para o conhecimento exterior que exigia apenas descrição e classificação, mas a história devia ser um estudo das razões por que os seres humanos faziam certas coisas, e esse conhecimento interior exigia que o estudioso compreendesse os ideais e sentimentos humanos. Assim, um estudo de história devia transmitir uma atitude de vida.

Os enciclopedistas não podiam explicar as diferenças entre os povos porque ignoravam a experiência interior do espírito. Tomando o espírito humano como uma soma de tudo o que fazemos, Herder dizia que havia um espírito entre o povo unindo toda a nação por uma rede imponderável e complicada de similaridades. Ele acreditava que cada cultura tinha uma unidade que se expressava de maneiras diferentes na música, na política, na manufatura de sapatos. Depois, quando essas unidades, essas almas-grupos, treinassem para considerar com bondade outras almas-grupos ou modos de vida, deveríamos ter uma humanidade feliz.

Os valores humanos estão realmente conectados, disse o sr. Berlin, mas a ideia de Herder de uma alma-grupo, contida definitivamente dentro dos limites de cada grupo, tem sido uma "tremenda fonte de obscuridade humana". Quando essa analogia entre o humano e a alma-grupo é levada mais adiante, chegamos à conclusão falaciosa de que todo grupo e nação tem a mesma missão para cumprir. Embora essas ideias de uma alma-grupo contenham alguma coisa de plausível, há uma falácia básica no raciocínio de Herder, porque não há nenhum grande padrão subjacente, mas antes um grande número de padrões dentro dos limites de um grupo ou nação.

Os seres humanos precisam personificar, ser leais à totalidade: continuar no padrão e evitar a autodestruição

Há realmente uma necessidade de personificar e ser leal à instituição ou à "totalidade" da qual os humanos são uma "parte" menos importante. Quem desafia o padrão e, como Dom Quixote, discute com moinhos de vento está negando o propósito do universo, que é "bom", e assim, ao opor-se ao progresso da sociedade, está destinado a ser destruído.

Segundo Hegel, a história não se move numa linha reta, mas antes em círculos por um contínuo conflito interno de acordo com o próprio plano secreto da história para usar os seres humanos. Ele lançou luz sobre o fato de que tudo o que acontece na história resulta da colisão dos planos humanos. (Hegel, disse o sr. Berlin, tende a se identificar com a força da história.) Para Hegel, a história era tudo e por meio dela somos capazes de ver tudo em relação lógica com tudo o mais.

Naquele tempo, concluiu o sr. Berlin, a história se tornou primeiro um estudo das instituições, segundo a teoria de que o todo é maior que suas partes.

5. A CONFERÊNCIA DE BERLIN EXPLICA IDEIAS DO FILÓSOFO: SAINT-SIMON REPROVA OS IDEAIS ABSTRATOS DE LIBERDADE

O sr. Isaiah Berlin escolheu como tópico para a sua quinta conferência da série Mary Flexner, proferida no Goodhart Auditorium na segunda-feira, 10 de março, "Saint-Simon e seus discípulos". A tese mais importante de Saint-Simon, disse o sr. Berlin, era a de que a sociedade humana deveria ser reconstruída como uma grande fábrica, na forma de uma pirâmide, com a ditadura tecnocrática de cientistas, artistas, industrialistas e banqueiros.

Todo membro da sociedade tem o seu lugar nessa grande fábrica, deve procurá-lo e ali permanecer quando o encontra. Dessa maneira, será produzida uma superabundância das necessidades da vida, cada pessoa será mantida ocupada e não haverá motivos para brigas entre os homens. Segundo Saint-Simon, a liberdade, a igualdade e a democracia são concepções absurdas que só embaraçam a existência humana. A clareza técnica deve tomar o lugar das teorias políticas abstratas.

Saint-Simon, um nobre francês do século XIX, ainda assim acreditava com muita força na doutrina moderna da evolução histórica. A Revolução Francesa havia fracassado, afirmava ele, porque o povo não compreendera as leis da história. As pessoas devem se adaptar às necessidades humanas de sua era particular, que não são necessariamente os requisitos de outra era.

A ordem social ideal da pirâmide, nas palavras de Saint-Simon

A evolução do homem deve ser compreendida de modo a que se perceba quais são as necessidades da sua própria era, e tais necessidades devem ser então satisfeitas. A sociedade está em transformação contínua. Para Saint-Simon, essa ideia da evolução era a maneira mais eficiente de inserir seres heterogêneos num sistema. Como a existência humana está sempre num fluxo, nenhuma base de vida é válida, a menos que se desenvolva em resposta a necessidades humanas. Por exemplo, Lutero era um "arquivilão" para Saint-Simon porque ele "atava a religião a um livro", a Bíblia.

Para Saint-Simon, o ideal humano é "o mais rico, o mais amplo desenvolvimento das faculdades humanas em todas as direções". A felicidade é encontrada nesse pleno desenvolvimento e criação incessante dos poderes intelectuais, imaginativos e emocionais do homem. Isso só pode ser feito com uma organização eficiente da sociedade, com os especialistas de uma era particular agindo como líderes e cada pessoa no emprego de que gosta. Ninguém é inútil se for colocado numa posição produtiva e não for permitido que se torne um parasita. Uma sociedade de produtividade infindável, com especialistas científicos, industrialistas e banqueiros como líderes, conduzirá os homens aos fins que realmente desejam, alimento, abrigo e cultura, e não a direitos como liberdade e igualdade, que na verdade eles não podem usar e dos quais não necessitam. Toda a organização da sociedade deve perseguir esses fins produtivos.

Na pirâmide da sociedade, as classes devem ser em geral alinhadas da seguinte maneira: a classe dos ofícios de engenheiros, poetas e pintores na base, o corpo crítico de examinadores (físicos, biólogos e químicos) a seguir, e os organizadores (banqueiros e administradores) no topo. Com esse plano, a fartura ilimitada será produzida e distribuída corretamente. O ideal é um vasto império industrial em que a política não é necessária: uma empresa eficiente que funciona com toda a sua capacidade.

Perto do fim da sua vida, continuou o sr. Berlin, Saint-Simon viu que não podia pregar apenas essa doutrina econômica e social. Consequentemente, desenvolveu a ideia de "Fraternidade". A essência dessa doutrina era instruir as massas ensinando-lhes preceitos diferentes, mais simples que os das classes superiores. Dessa maneira as massas podiam compreender e acatar as moralidades das classes superiores. Pela noção de um Deus pessoal, os grandes princípios científicos em que a sociedade se baseia podem ser levados ao entendimento da populaça. Saint-Simon tornou-se realmente mais religioso no fim da sua vida, disse o sr. Berlin, e seus seguidores ateístas achavam que ele estava começando a acreditar na sua própria filosofia de um Deus pessoal, que havia postulado apenas por ser útil.

Para Saint-Simon não havia vícios, apenas desajustamentos. Se as pessoas encontrarem seus lugares apropriados na grande "oficina" da vida e se, uma vez nos seus postos, não tentarem abandoná-los, tudo ficará em completa ordem e cada pessoa se sentirá autorrealizada. Essa doutrina totalitária rigorosa não deixava espaço para que a liberdade "cometesse erros grosseiros". A evolução do homem deve ser sempre na direção da perfeição. A Era Dourada, disse Saint-Simon, estende-se diante de nós como uma imensa oficina internacional, em que todo o mundo está idealmente adaptado ao seu emprego. Essas ideias, afirmou o sr. Berlin, eram extremamente perspicazes e "têm algo a ver com as ideias do século XX".

6. BERLIN EXAMINA MAISTRE NO FIM DA SÉRIE FLEXNER: GENERALIDADES IGNORANTES FALSAMENTE DISPARADAS PELOS ACUSADORES

O sr. Isaiah Berlin proferiu a última de suas conferências sobre as ideias políticas da era romântica em Goodhart na noite de segunda-feira, 17 de março. Nesse fecho da série Flexner, ele discutiu Maistre, um filósofo do final do século XVIII e início do XIX. Devido à sua oposição às teorias subjacentes à Revolução Francesa, Maistre é frequentemente posto de lado com duros epítetos: defensor da "trindade ímpia do ditador, papa e carrasco", católico fanático, reacionário demente, eloquente. O sr. Berlin apontou as crenças de Maistre, num esforço para dissipar as depreciações ignorantes e para mostrar a sua influência no pensamento dos séculos XIX e XX, particularmente no que o sr. Berlin chamou o "fascismo romântico" de nosso tempo.

Escrevendo sobre os dias trágicos e sangrentos da Revolução Francesa, Maistre sentia que o movimento havia fracassado porque seus defensores trabalhavam sob "uma grave ilusão a respeito da natureza humana em geral". Fundamentavam sua luta a partir da crença na bondade intrínseca do homem, na confiança de que a razão poderia ser guia em direção a uma administração política sábia e na convicção de que os homens podiam lucrar mais sob um governo progressista, livre, claramente definido.

O filósofo francês Maistre refutava a razão: julgava a natureza destrutiva, violenta, furiosa

Maistre, por outro lado, afirmava que os homens eram intrinsecamente "perversos, fracos e indefesos", que a razão era inútil para governar um Estado, e que apenas um governo estável, absoluto, místico poderia beneficiar adequadamente os seus governados.

Ao citar Maistre, o sr. Berlin deu vários exemplos da teoria do filósofo de que "Tudo o que é racional desmorona; tudo o que é irracional sobrevive". Maistre mostrou que as eleições livres, lógicas, racionais na Polônia, onde a pessoa mais apropriada fora ostensivamente escolhida para cada posição, criaram apenas inquietação e desordem, enquanto o sistema monárquico no resto da Europa, onde um homem se tornava governante pela razão insatisfatória de que seu pai ocupara antes o posto de regente, fora capaz de manter a paz, a unidade e a estabilidade. Nesse ponto a razão tombava diante de políticas irracionais.

Maistre acreditava que às leis da natureza também faltava a razão que lhes era comumente atribuída. Parecia-lhe que a natureza era destrutiva, violenta e furiosa. A terra estava "perpetuamente mergulhada em sangue", e o homem, pela sua própria natureza, era um animal matador; matava por comida, adorno, ataque, defesa, abrigo e até por matar. Assim como o homem exterminava os animais por essas necessidades e prazeres, assim também, pensava Maistre, mataria outros homens se não fosse controlado. Como seu instinto era destrutivo, devia ser instituído um governo para controlar esse instinto e promover a ordem.

Assim o governo deveria ser baseado em certos princípios que são as sementes da desconfiança de Maistre com relação ao homem e à razão. Como a crítica, a incerteza e a liberdade de expressão e pensamento são meios para a afirmação da individualidade violenta do homem, esses ideais são nocivos para o Estado poderoso e autoritário. A única maneira de exercer controle total sobre os seres humanos é basear a sua sociedade em algo que não podem questionar, nem tornar alvo de sua rebelião, nem criticar. O centro de sua autoridade deve ser misterioso, "algo que é aterrorizador, algo que é escuro". Apenas a total obediência a esses "algos" assustadores, incompreensíveis e seguros poderia impedir a razão de se apoderar da mente de um homem e destruir a autoridade dogmática.

O governo proposto por Maistre é totalmente contrário ao Contrato Social, que era a teoria recém-aceita de seus contemporâneos liberais. Para Maistre, o Contrato Social assumia a forma de uma série de concepções errôneas que levavam a um sistema irrealista. Ele não podia aceitar a proposição de que uma promessa era uma relação natural entre os homens; não podia aceitar o selvagem como um homem com hábitos de tão grande valor quanto os hábitos das comunidades civilizadas; não podia aceitar a sociedade como confiança mútua e crença nas boas intenções dos semelhantes. A sua visão da estrutura social consistia em que ela se achava construída sobre o desejo humano de suprimir os próprios instintos perversos, sacrificar o mal individual para a sua própria proteção. Esse elemento de autossacrifício estaria ligado ao desejo inato no homem de ser obediente a algum poder. Ao dar ao homem um poder supremo ao qual obedecer, os governos poderiam manter a paz e a segurança.

O poder que, segundo Maistre, o homem necessitava e queria era, claro, desprovido de razão. Uma de suas passagens mais famosas fala do carrasco como "o terror da sociedade humana, mas (...) também o poder que a mantém unida". O castigo sombrio e violento representado pelo carrasco é o laço que mantém o governo vivo. Se a razão é negada, a dúvida e a refutação não podem existir, e a oscilação que causa a queda do governo é assim eliminada.

Para acabar com o poder misterioso, irracional, absoluto, Maistre advogava a abolição do testar, da atividade de examinar e questionar da ciência e da literatura, e uma fé cega no passado, no mistério da tradição, mantida pelo "potencial terror". Os inimigos de Maistre, como ele os definia, não eram apenas aqueles que diferiam de seus preceitos básicos, mas todos os que não queriam se conformar à obediência irracional, irrefletida, "todas as pessoas que, de uma ou outra maneira, questionam a ordem".

Para se alcançar uma sociedade absoluta, imóvel, estável, a reverência pelo mito, pela autoridade e pelo terror absolutos providenciavam a melhor repressão do indivíduo e, segundo Maistre, a única direção prática de seus instintos naturalmente destrutivos.

O sr. Berlin terminou com um resumo de suas cinco conferências anteriores, e o dr. Nahm[1] expressou a gratidão da faculdade pela oportunidade de escutá-las.

Nota do organizador para o autor

O seguinte texto datilografado é uma reconstrução da maior parte de um livro inacabado. É baseado no que você chama nas suas notas a "versão longa" das Conferências Mary Flexner, reforçada por uma "Introdução" [aqui com o novo título de "Prólogo"] que parece ter sido escrita para a versão impressa das conferências — certamente se encaixa.

No outono de 1952 (outubro-dezembro), claro, você proferiu outra versão das mesmas conferências no Third Programme sob o título "A liberdade e sua traição". Acredito que a primeira ideia de Anna Kallin[1] foi que essas conferências deviam ser as Conferências Reith de 1952, mas ela não encontrou apoio para tal ideia nos escalões mais elevados da BBC — não descobri por que, nem quando. A melhor introdução para a gênese inicial do texto datilografado principal assume a forma de uma carta que você escreveu à srta. Kallin em 11 de dezembro de 1951. Cito:

> Esta é uma nota apressada, quase oficial para responder o seu último *cri de coeur* sobre a data das conferências; a posição é a seguinte. É sem dúvida verdade que estou agora em processo de ditar histericamente o rascunho bruto dessas conferências e é bem claro que não haverá nada semelhante a um texto terminado quando tiver de começar a proferi-las em 11 de fevereiro. Não preciso, evidentemente, entregar

um manuscrito para publicação imediatamente depois do término das conferências no final de março e, embora talvez tenha bastante material — com a ajuda de Deus e a boa vontade da dama que vai datilografar esta carta — confio mais na última que no primeiro — para tornar possível a realização das conferências, esse material estará num estado terrível, sem todas as referências históricas que vão não só confirmar as loucas generalizações aqui contidas, mas de fato checar a sua verdade no que me diz respeito. Você vai perceber facilmente que uma coisa é falar sobre isto e aquilo de modo geral a um público, e outra muito diferente é confiar palavras a um prelo frio ainda que possa ser apenas o *Listener*. Devo chegar à Inglaterra apenas no final de abril. Comigo terei (*a*) o rascunho bruto das conferências, em parte datilografado, em parte na minha fantástica letra; (*b*) possivelmente uma transcrição da gravação em fio das próprias conferências;[2] (*c*) uma coletânea iniciada de referências avulsas colhidas aqui e ali, que podem ou não corresponder ao texto e que precisarão ser suplementadas por muita pesquisa à Blunt[3] antes que se possa atingir qualquer coisa parecida com a abordagem de uma verdade confiável. Portanto, antes de poder entregar um texto nas mãos da Oxford Press, vou precisar trabalhar ao menos três meses em todas essas fontes originais (aquilo que os pensadores examinados nas minhas conferências realmente disseram em oposição ao que deveriam ter dito para fundamentar as minhas teses sobre eles), e isso não estará pronto, se começar a trabalhar em maio, antes de, digamos, agosto, se é que darei conta de tudo até então. Certamente não proponho enviar um texto para a Press daqui (nos Estados Unidos) antes de 1953, embora talvez seja capaz de fazê-lo em, digamos, novembro de 1952. Por outro lado, devo ter um texto adequado, se trabalhar direito, por agosto ou início de setembro, e a partir desse texto será viável fazer uma condensação para um programa radiofônico. Sei que você executa milagres cortando, condensando, cristalizando, etc., mas não acredito que terei as conferências passadas a limpo para entregar mesmo nas suas mãos mágicas no final de abril, o que, de qualquer modo, será um pouco tarde demais. Nem você nem a BBC vão querer publicar no *Listener* afirmativas cujo grau de precisão não serei capaz de garantir sobre tópicos dos quais existe muito conhecimento exato oferecido por estudiosos benévolos, quanto mais por rivais capciosos. Você talvez pergunte com razão por que eu não pensei em tudo isso antes de sugerir maio. Ao que a resposta é — como sempre deve ser — erro, puro erro da minha parte, cálculo errôneo do tempo que levo para escrever um livro e garantir [a] exatidão razoável das afirmativas que ele contém. Não nego que devo ser capaz de produzir conferências de improviso de um tipo um tanto especulativo até maio — mas claro que isso não seria publicável no *Listener*,[4] o que é por certo indesejável. Assim, por esses motivos — principalmente, isto é, por causa da provável ausência de uma versão condensável das minhas conferências no início de maio — devo implorar, com grande culpa e um reconhecimento da minha natureza incorruptivelmente oblomoviana,[5] que o compromisso seja adiado até outubro ou novembro e prometo religiosamente entregar um texto elástico nas suas mãos em setembro. É realmente melhor assim; o texto ficará muito melhor se escorado por uma "pesquisa" sólida, ainda que ela não venha a aparecer no texto; eu ficaria terrivelmente envergonhado e você não gostaria de ter um esboço bruto e caótico quando pode ter o artigo bem acabado, ainda que pobre, ainda que insípido. Em todo caso, não posso voltar para casa antes do final de abril — e quanto tempo isso deixará para a preparação dos textos? Imagine a pressa frenética dessas últimas horas, os erros cometidos, as desculpas depois exigidas e, no lugar de tudo isso, tranquilidade, distanciamento, harmonia, cultura e o restante em setembro. Por favor, transmita minhas desculpas mais humildes a Harman Grisewood[6] etc. — percebo que esse é um álibi que temos a permissão de usar apenas quando na agonia do desespero genuíno.

Nesse estado infeliz, envio-lhe meus cumprimentos com os últimos resquícios de minhas forças debilitadas.

Isso representa indubitavelmente uma subestima considerável do valor até do manuscrito sem emendas! Em todo caso, as revisões foram devidamente feitas, como explico abaixo, e incorporadas ao texto.

Faltam os dois últimos capítulos ao texto datilografado — aqueles que correspondem às conferências centradas sobre Saint-Simon e Maistre. Talvez a falta de tempo tenha impedido você de esboçar esses dois textos, ou talvez eles estejam escondidos em algum lugar. Dos capítulos que realmente existem, os primeiros em particular foram revisados muito minuciosamente até com sua própria letra, em alguns pontos chegando a mais que o dobro da extensão do texto datilografado original. O deciframento dessas excrescências foi uma tarefa capital (envolvendo, por exemplo, fotografar através de um filtro ultravioleta uma folha de papel que em algum momento deve ter sido exposta ao sol, a fim de revelar a escrita que tinha se tornado quase invisível), mas acho que já não restam mistérios quanto ao significado. A minha conjetura é que grande parte da sua reescrita ocorreu depois da realização das conferências e representa assim os primeiros estágios da preparação da versão para publicação.

Os arquivos BBC sugerem que a reutilização do material Flexner no Third Programme tinha sido planejada de antemão; mostram também que a concepção das conferências mudou entre a época em que foram discutidas pela primeira vez na BBC e a sua realização. Um memorando interno da BBC de 19 de setembro de 1950 de Anna Kallin à Diretora, Conferências (então Mary Somerville), apresenta os seguintes títulos:

1 De Maistre (e o fascismo)

2 Marx

3 Os enciclopedistas — Diderot etc. — e seus seguidores no século XIX

4 Hegel e os românticos (que incluirá todos os românticos — até os suíços)

5 St-Simon e Co.

6 Bentham (ou o que Isaiah Berlin chama "Os calculistas")

Uma transcrição (muito pouco precisa) da quarta conferência, datada de 16 de maio de 1952, intitulada primeiro "Liberdade individual e a marcha da história: Herder e Hegel", depois "Herder e Hegel e a marcha da história", tirada presumivelmente de uma gravação feita durante as Conferências Flexner, marca uma mudança subsequente no alcance da mesma. Um memorando interno da BBC de 11 de junho de 1952, mais uma vez de Anna Kallin para Mary Somerville, indica o título global como "Ideias políticas na era romântica: a fonte das ideias políticas modernas"[7] e o seguinte sumário:

1 A ciência da política — Holbach e Helvétius

2 A natureza e o imperativo moral — Rousseau

3 Dois conceitos de liberdade (romantismo e liberalismo) — Fichte

4 A marcha da história — Vico, Herder e Hegel

5 A organização da sociedade e a era dourada — St-Simon e Fourier

6 A contrarrevolução — de Maistre e Görres

Os títulos dados nesse memorando sob os números 1, 3 e 4 são (quase) os mesmos que aparecem no texto datilografado para os capítulos 1, 3 e 4. Na verdade, os títulos no memorando dão presumivelmente uma boa ideia do que foi realmente apresentado nas conferências dos Estados Unidos.[8]

Na época em que as conferências da BBC vieram a ser proferidas, elas eram ainda mais centradas nas seis figuras nomeadas em seus títulos.[9] (Antes do título final ser escolhido, são referidas no arquivo da BBC como "Seis inimigos da liberdade".)

Uma palavra sobre duas convenções usadas no texto datilografado: chaves — {} — identificam a sua marginália escrita à mão (a maior parte notas que apontam para revisão adicional), aqui apresentadas como notas ao pé da página. Os colchetes marcam comentário ou intervenção editorial.

1992

Notas

PREFÁCIO DO ORGANIZADOR (pp. 11-22)

1. *Spectator*, 17 de outubro de 1998, p. 38.

2. Carta a Henry Hardy, 10 de março de 1992, ao ser informado da extensão aproximada deste livro: ver p. 16.

3. *Grundrisse* ("Fundamentos"), de Karl Marx, é o nome dado aos primeiros esboços de 1857-8 para o seu projeto de vida inteira, uma "crítica das categorias econômicas", parte do qual foi mais tarde publicado como *Das Kapital* (1867). *Grundrisse* foi primeiro publicado em alemão, em 1939 e 1941, numa rara edição soviética de dois volumes, reimpressa em alemão para circulação geral numa edição de um volume em 1953, e traduzido pela primeira vez para o inglês em 1973.

4. A metáfora tornou-se menos apropriada com o passar do tempo: em vez de acrescentar os membros que faltavam ao torso, Berlin o despedaçou em textos menores. Espero ansiosamente ler algum dia um livro intitulado *O torso como pedreira: o autoparasitismo intelectual de Isaiah Berlin*.

5. *Karl Marx: His Life and Environment* (Londres e Toronto, 1939).

6. Originalmente talvez chegasse a esse tamanho mais a metade: ver abaixo, nota 14 do Prefácio.

7. *Freedom and its Betrayal: Six Enemies of Human Liberty* (Londres e Princeton, 2002), pp. xii-xv.

8. Datada de 2 de maio de 1950.

9. No final Berlin não discutiu o marxismo, embora tivesse incluído um capítulo sobre os precursores históricos de Marx — Vico, Herder e Hegel.

10. Um contrato para a contribuição de Berlin a essa série (a Oxford History of Modern Europe, editada por A. L. C. Bullock e F. W. Deakin) ainda existe entre muitos outros que foram oferecidos, aceitos ou assinados para livros que ele nunca escreveu. O livro foi discutido pela primeira vez com Berlin num jantar em Wadham College, Oxford, em 1948, e deveria intitular-se *Ideias na Europa: 1789-1870* (embora a última data varie).

11. Carta a Anna Kallin de 11 de dezembro de 1951: ver p. 341.

12. Há também uma folha não datada (MS. Berlin 570, fo. 23) nos Berlin Papers na Biblioteca Bodleian, Oxford, na qual Berlin escreveu o que parece ser uma versão intermediária de seu plano: "O surgimento do pensamento político moderno / 1. Natureza, direitos & o novo espírito científico (Os *philosophes* do século XVIII & os enciclopedistas) / 2. O problema da liberdade (Rousseau & Kant) / 3. Idealismo & romantismo (Vico, Herder, Fichte & o movimento romântico) / 4. A organização da sociedade (St. Simon & os primórdios do socialismo) / 5. A revolta contra a razão (De Maistre & Görres) / 6. História & o indivíduo (Hegel & Marx)".

13. Carta de 20 de novembro de 1951 a Mrs. Samuel H. Paul, Bryn Mawr.

14. Carta de 29 de janeiro de 1952. A contagem das palavras não é necessariamente confiável, mas talvez indique que ele rascunhou realmente toda a obra (ver abaixo, nota 20 do Prefácio). I.B. continua: "Eu deveria gostar da cátedra de Cole em Oxford: talvez o livro ajude nesse sentido: estou sendo bem franco". Ele sempre disse mais tarde que a versão BBC das conferências ajudou-o a ganhar essa mesma cátedra em 1957.

15. Carta de 23 de fevereiro de 1952.

16. Carta de 20 de janeiro de 1952.

17. Carta de 22 de janeiro de 1953.

18. Carta de 27 de março de 1956.

19. Carta a Dan Davin de 11 de novembro de 1959.

20. Reproduzido nas pp. 341-5 como "Nota do organizador para o autor".

21. Carta de 3 de março de 1952.

22. Em novembro de 1951, ele escreve a seus pais: "Fico em Harvard de qualquer jeito até o Natal. Depois tenho um mês e pouco para terminar as conferências de Bryn Mawr. [...] Então vou continuar trabalhando — corrigindo todos os seis capítulos do livro que os capítulos de Bryn Mawr vão formar". Nessa fase, é claro, os últimos capítulos poderiam ter sido mais planejados que realmente ditados, mas em 21 de fevereiro de 1952 ele escreve (mais uma vez a seus pais): "*Escrevi* o primeiro rascunho de um *livro*. O que é um acontecimento. Vou levar mais outros 6-8 meses para arrumá-lo, mas ele deverá ser publicado em 1953". E em 7 de novembro do mesmo ano, ele escreve a T. S. Eliot a respeito das conferências da BBC: "Tenho o MS. do texto em que as conferências são baseadas, ainda mais longo, mais pleno, mais tedioso, com um aparato de notas". Não é provável que tivesse se expressado assim se dois capítulos ainda não tivessem sido escritos, por maior que fosse o seu exagero ao se referir a "um aparato de notas".

23. Ver, por exemplo, pp. 80, 81, 86-7, 113-5, 136.

24. L 290 ff., 319.

25. TCE 278.

26. "O Ouriço e a raposa", PSM 437.

27. George Crowder, *Isaiah Berlin: Liberty and Pluralism* (Cambridge, 2004), pp. 56-7.

28. Ver pp. 70-1.

29. Publicado em Bryan Magee (ed.), *Men of Ideas: Some Creators of Contemporary Philosophy* (Londres, 1978), pp. 14-41.

30. John Gray, *Isaiah Berlin* (Londres, 1995), p. 136.

31. FIB 1, L 168. Aparece também em "Ainda existe a teoria política?" (PSM 64) e em "O nascimento do individualismo grego" (L 293).

32. Ver p. 260 (o "sentido de realidade" aparece nas pp. 252 e 320).

33. Ver pp. 41-5.

34. Comunicação pessoal.

35. Ver LI 141, nota 1.

AS IDEIAS POLÍTICAS DE ISAIAH BERLIN (pp. 25-60)

1. Keynes 1926, 16. As referências completas podem ser encontradas na p. 9 e na bibliografia ao final deste ensaio (pp. 53-8).

2. Ver p. 266. As demais referências a PIRA nesta introdução são indicadas apenas pelo número da página.

3. Sobre a relação entre esses dois conceitos — um tema de considerável controvérsia na literatura recente sobre Berlin —, ver Gray 1995, Galston 2002, Crowder 2002 e particularmente Crowder 2004.

4. Sobre a última, ver suas cartas a Herbert Hart, início de outubro de 1944 e 23 de fevereiro de 1945, e a Sir Anthony Rumbold, 11 de janeiro de 1945, LI 498, 518, 534.

5. L 168.

6. L 167.

7. p. 12, grifo acrescentado.

8. Ibid. Uma exposição posterior sobre como Berlin concebia a natureza e sobre a importância que atribuía às ideias e sua relação com a história, plenamente coerente com as ideias apresentadas em PIRA, pode ser encontrada em Jahanbegloo 1991, 24.

9. P. 13.

10. Pp. 1-2; cf. PSM 86-7. Essas passagens refletem o abismo que separa a visão de Berlin sobre a relação entre a história das ideias políticas e o presente, da visão, por exemplo, de J. G. A. Pocock, Quentin Skinner e seus seguidores. Sem que se procure fazer uma afirmação a favor de qualquer uma das duas abordagens, deve-se observar ainda assim que é extremamente difícil levar a sério a alegação de que as questões políticas incendiárias dos anos 1950 eram "literalmente idênticas" às dos anos 1800. Tal asserção é também um desvio notável do ensaio de Berlin de um ou dois anos antes, "As ideias políticas no século xx" (Berlin 1950b), no qual ele tinha argumentado que havia uma diferença fundamental entre a perspectiva do século xx e a do xix.

11. P. 2.

12. Por exemplo, Berlin a Lady [Shirley] Anglesey, 9 de maio de 1949.

13. Embora ele tenha permanecido profundamente cauteloso quanto aos ataques de F. A. von Hayek a todas as formas de controle do Estado, apresentadas como postes ao longo da "estrada para a servidão".

14. Por exemplo, Berlin 1962a e 1972.

15. Ver o texto perspicaz de Ignatieff 1998, 199-200, 231, 237. Essa tensão entre o compromisso e o alheamento, o entusiasmo e a ironia, reflete-se nas avaliações conflitantes que Berlin continua a inspirar; ver, por exemplo, as reações discordantes ao primeiro volume das cartas de Berlin em Lee 2004 e Kirsch 2004.

16. Pp. 17, 19; cf. FIB 1, L 168.

17. Ver, por exemplo, Arendt 1951, Hayek 1944, Niebuhr 1945, Popper 1945, Talmon 1952.

18. Ver, por exemplo, Adorno et al. 1950, Fromm 1942, Hoffer 1951, Riesman et al. 1950.

19. Berlin 1949b, 1, 5, 4.

20. Ibid., pp. 4, 3, 5, 5, 1, 1, 4, 3. Essa descrição do comunismo talvez tenha sido inspirada pelo encontro de Berlin com uma mulher durante sua visita a Moscou em 1945, a qual declarou que "se não há espaço para o pensamento livre na física — um homem que questiona as leis do movimento é obviamente ignorante e louco — por que nós, marxistas, que descobrimos as leis da história e da sociedade, devemos permitir o pensamento livre na esfera social? A liberdade de estar errado não é liberdade [...] A verdade liberta: somos mais livres do que vocês no Ocidente" (PI2 212). Como Berlin lembrava ter observado à época (provocando como reação um silêncio de pedra), essa afirmação provinha diretamente de Comte; por isso, em parte, sua associação do comunismo soviético ao positivismo do século XIX. Ecoa também a afirmação da escritura sagrada (para os comunistas soviéticos) de Lênin de que "aqueles que estão realmente convencidos de terem contribuído para o progresso da ciência não exigiriam liberdade para que as novas visões continuassem a existir lado a lado com as antigas, mas a substituição das antigas visões pelas novas". Lênin 1937, 14.

21. Berlin 1949b, 3.

22. Berlin 1949a, 1.188.

23. L 78, 61.

24. L 81.

25. L 91-2.

26. L 92-3.

27. L 342.

28. L 339.

29. Pp. 88-92, 94-5, 155-6.

30. Pp. 112, 116-8, 121, 123-5, 134-6, 140-5.

31. Pp. 151-3; FIB 58-9, 62-2.

32. Pp. 153-4.

33. FIB 50-2.

34. Pp. 156, 160-1, 163, 165-6.

35. PIRA esclarece assim a compreensão errônea, expressa em alguns textos do pensamento de Berlin, que associa a liberdade positiva ao Iluminismo e a liberdade negativa ao romantismo.

36. SR 54.

37. Essa era, pelo menos, a visão de Berlin no início dos anos 1950; à medida que o pluralismo se tornava cada vez mais importante em sua obra, e ele ficava mais e mais fascinado pelos pensadores antirracionalistas do Contrailuminismo, as opiniões sobre Kant que ele expressava em seus escritos se tornavam mais críticas. Mas o compromisso com o princípio kantiano de tratar os seres humanos como fins em si mesmos, bem como a ênfase na importância de categorias

conceituais derivadas de Kant e de filósofos neokantianos posteriores, continuaram a marcar a obra de Berlin por toda sua vida. Em relação a Rousseau, ele foi consideravelmente, e injustamente, muito menos generoso.

38. Pp. 206-7.

39. Ryan 2004. Esse julgamento, como todas as afirmações sobre Berlin, precisa ser lido com ressalvas. O foco da obra de Berlin não era certamente a história cotidiana por trás das ideias. Mas embora fosse excelente no delineamento das ideias e personalidades, Berlin as via nascendo de contextos históricos particulares, e todos os seus retratos intelectuais são elaborados contra um pano de fundo histórico esboçado com traços perspicazes e seguros. Isso vale particularmente para *Karl Marx* (que tem o significativo subtítulo *Sua vida e seu ambiente*), com sua narrativa vívida e extensa da vida entre os estudantes universitários alemães e os exilados revolucionários em Paris nos anos 1830, e os políticos socialistas alemães que vieram depois de 1848; mas é também uma característica notável de seus textos sobre o romantismo, que enfatizam o ambiente social e os interesses políticos dos primeiros românticos alemães.

40. Jahanbegloo 1991, 183.

41. Conforme atestado por Wokler 2003, 20.

42. John Keats, numa carta de 27 de outubro de 1818 a seus irmãos George e Thomas Keats, usou esse termo para descrever o dom que entra em ação "quando um homem é capaz de estar entre incertezas, mistérios, dúvidas, sem nenhuma irritação que o faça sair em busca do fato e da razão". Isso é frequentemente glosado como um processo de esvaziar a personalidade e os preconceitos, o que é coerente com as palavras de Keats, mas talvez ainda vá um pouco mais além. Alguns têm argumentado que a concepção de Keats da capacidade negativa incluía uma capacidade de empatia; mas esse é um passo que o próprio Keats não parece dar nessa passagem.

43. Como disse Ernest Gellner: "Maquiavel, Vico, Herder, Tolstói [...] surgem com um ar suspeitosamente parecido — Niccolo Berlini, Gianbattista Berlino, Johann Gottfried Berliner e Lev Nicoláievitch Berlinov". Gellner 1995, 56. Isso talvez seja mais espirituoso que exato; o Maquiavel, o Vico, o Herder e o Tolstói de Berlin são todos certamente filtrados por suas percepções, mas não são, de fato, muito parecidos — na verdade, são todos (à exceção de Maquiavel) retratados como seres humanos vividamente individuais e reais. Além disso, embora Berlin enfrente cada um desses pensadores em seus próprios termos, ele também deixa claro o modo como as crenças e temperamentos deles diferiam agudamente dos seus.

44. Borges 1962.

45. Ver Cassidy 1991.

46. Deve-se acrescentar que contestação e refutação são duas coisas diferentes. Os textos sobre Rousseau e Hegel contidos em PIRA parecem a este autor incompletos e injustos, além de excessivamente influenciados, como tão grande parte da obra de Berlin sobre a história das ideias, pelas oposições e pressuposições ideológicas do período em que ele escrevia. Entretanto, não são implausíveis sob todos os aspectos. Embora Berlin negligencie muitas dessas compreensões complexas e ambíguas que tornam Rousseau e Hegel temas tão fascinantes de estudo, ele identifica elementos genuinamente importantes no pensamento de cada um deles, elementos que foram reconhecidos pelos contemporâneos e sucessores de cada pensador e que os impressionaram profundamente.

47. Ver, por exemplo, as fortes objeções a uma das narrativas posteriores de Berlin sobre o Iluminismo e seus críticos em Gay 1999.

48. Ver, por exemplo, Porter e Teich 1981, Outram 1995, Pocock 1999a e 1999b, Porter 2000, Schmidt 2000 e Himmelfarb 2004. Defesas recentes da ideia de um único Iluminismo podem ser encontradas em Israel 2001, Robertson 2003 e Robertson 2005.

49. Essa mudança tem modelado a erudição recente sobre o Iluminismo bem como outros temas históricos: ver, por exemplo, Darnton 1971a e 1971b, Jacob 1991, Goodman 1994, Roche 1998, Munck 2000. Uma aplicação excelente dessa abordagem do tema favorito de Berlin, o Contrailuminismo, é McMahon 2001.

50. As mais claramente opinativas das grandes histórias do Iluminismo são provavelmente a crítica curta e elegante de Becker 1932 e a obra monumental, vigorosa e simpatizante de Gay 1966-9. De tom mais olímpico são Cassirer 1932 e Hazard 1946. A crítica poderosa de Berlin à tradução inglesa da obra ainda padrão de Cassirer oferece um dos relatos mais reveladores de como praticar a história das ideias que ele já escreveu: ver Berlin 1953c. Uma notável tentativa recente de voltar à espécie de investigação realizada por Cassirer, Gay e outros — que, como eles, apresenta uma visão do Iluminismo categoricamente diferente da proposta por Berlin — é Dupré 2004. As obras mais importantes sobre o romantismo que seguem os passos de Berlin — embora explorem o terreno com muito mais cuidado — são as de Frederick Beiser; ver, por exemplo, Beiser 1987, 1992, 2003. Outros estudos recentes importantes que apresentam uma visão ampla do romantismo como um movimento intelectual filosófica e politicamente importante são Riasanovsky 1992 (que é dedicado a Berlin) e o conciso Larmore 1996.

51. Horkheimer e Adorno 1944; Talmon 1952. O texto de Berlin sobre Talmon é encontrado em Berlin 1980.

52. Uma discussão mais plena dessa faceta do pensamento de Berlin é encontrada em Hanley 2004. Berlin tratou desses temas de forma muito direta em Berlin 1954b, 1957, a seção inicial de 1958, e 1961.

53. Ver pp. 12-3.

54. P. 11; cf. Berlin 1960b, 1975; RR 119-46.

55. A alegação de que a oposição objetiva/subjetiva simplesmente não se aplicava à ética foi asseverada, a partir de uma perspectiva kantiana, por Heinrich Rickert, a quem Berlin elogiou tanto no início como no fim de sua vida (Berlin 1952; Hausheer 2003, 49, nota 8); ver, por exemplo, Rickert 1902. A natureza dos valores e afirmações morais, e sua relação com os fatos e as afirmações factuais, era um tema de grande relevo na filosofia britânica do século XX; ver, por exemplo, Moore 1903, Ayer 1936, Hare 1952, Weldon 1953, Warnock 1960, Foot 1978, MacIntyre 1967, 1981. A leitura de Hume proposta por Berlin e o contexto intelectual dessa interpretação são examinados no livro de Wokler prestes a ser publicado.

56. Allen 1998, Berlin 1930, 1953b, 1960a, 1961, 1974; ver também L 167.

57. Ver, por exemplo, RR 118-20; CTH 28-30, 32, 40-3, 181-4, 199; esses exemplos são tirados de textos publicados ou proferidos como conferências em 1959, 1965 e 1978.

58. Sou grato a Jonathan Allen pela caracterização da visão berliniana do eu como "proteico" (num texto inédito sobre Berlin).

59. Uma reação possível a essa sugestão é que há uma diferença entre ser moldado à força por outros e moldar a si mesmo com liberdade, e a primeira opção é que se mostra censurável.

Isso é parte do que Berlin sustentava (é também um exemplo do modo como o pensamento de Berlin inclui um elemento de liberdade positiva, pois o ponto em debate nessa afirmação não é só uma questão de interferência ou não interferência, mas também de quem exerce controle sobre mim, e um dos principais valores a que a afirmação recorre é o do autodomínio). Mas ele também parece, ao menos às vezes, ir além e afirmar que todo ato de enfiar as aspirações e percepções humanas em camisas de força ditadas por crenças dogmáticas e simplistas sobre como os seres humanos "devem" ser, é censurável, ainda quando resultado de autoimposição.

60. A afirmação de Berlin sobre essa crítica pode ser encontrada, por exemplo, em CTH 203-4.

61. A afirmação clássica é Berlin 1954a; esse tema também aparece em 1953a, 1953b e 1960a.

62. Por exemplo, "elogiar e culpar são atitudes subjetivas afugentadas pelo avanço do conhecimento", L. 154; cf. L 138. Uma excelente discussão desse tópico pode ser encontrada em Hanley 2004, especialmente à p. 329.

63. Ver Berlin 1956; Jahanbegloo 1991, 68-76; Berlin 1992.

64. A esse respeito sua posição era semelhante à de Horkheimer e Adorno; ver, por exemplo, Horkheimer e Adorno 1944, 7-8. Sobre uma expressão típica dessa visão do Iluminismo depois da composição de PIRA, ver, por exemplo, AC 148.

65. Sobre esse ponto, ver Bernard Williams, Introdução de CC, e Roger Hausheer. Introdução de AC; a associação feita por Berlin entre o positivismo lógico e o Iluminismo pode ser encontrada em Berlin 1937b.

66. Ver, por exemplo, L 337-43; Berlin 1959.

67. Ver pp. 10-1, bem como Jahanbegloo 1991, 201, e os ensaios coligidos em PI, particularmente aqueles sobre Churchill, Roosevelt e Weizmann.

68. Encontram-se contribuições para esse debate em Arieli 1990, Galipeau 1994, Lilla 1994, Lukes 1994, Siedentop 1994, Gray 1995, Margalit 1995, Steinberg 1996, Garrard 1997, e os ensaios coligidos em Mali e Wokler 2003.

69. Pp. 33-4, 40-2, 48-50, 113.

70. Pp. 38-9, 57-8, 61-5, 73-82.

71. Pp. 68-71, 78-80, 122, 126-7, 130.

72. Em outro texto, discutindo as batalhas entre monismos conflitantes que compõem grande parte da história da filosofia, Berlin comparava os proponentes de cada posição ao homem que oferece demonstrações convincentes da loucura de outro que afirma ser Napoleão, só para acrescentar como argumento final que ele próprio é Napoleão. CC 69. Cf. os comentários de Berlin sobre Rousseau, p. 106.

73. Com "humanismo liberal" quero dizer uma perspectiva ética que atribui prioridade moral à dignidade e ao bem-estar dos seres humanos individuais, que associa a dignidade humana com a capacidade de escolha e autodesenvolvimento, e que define o bem-estar, na sua forma mais básica, em termos de liberdade de pensamento e comportamento (ao menos desde que o comportamento em questão não cause dano a outros), segurança física e proteção contra a dor, o medo e a humilhação.

74. Embora algumas das principais afirmações da crítica do monismo apresentada por Berlin sejam propostas em Berlin 1937a.

75. P. 19.

76. Sobre Rachmilevich (a cuja memória este livro é adequadamente dedicado), ver Ignatieff 1998, 42-4, 80-1.

77. Essa percepção foi claramente influenciada pelos teóricos, líderes e ativistas comunistas posteriores, com seu elogio do progresso e sua atitude de condenar seus opositores ao "lixo da história". Isso não surpreende, dado o tremendo impacto que os encontros pessoais de Berlin com o comunismo russo lhe causaram, e o fato de que começara a estudar o Iluminismo e o hegelianismo através das primeiras obras de Marx. Assim, ele tendia a considerar esses primeiros pensadores à luz dos posteriores — ironicamente, sua crítica do próprio pensamento teleológico implicava uma forma de pensamento teleológico. Igualmente decisiva para a percepção berliniana de Hegel, da história das ideias e daqueles pensadores que a formaram de modo mais geral, foi a influência do pensamento russo do século XIX; e como ele próprio reconhecia, e até enfatizava, as ideias dos pensadores ocidentais tendiam a ser exageradas e simplificadas nas mãos ou mentes de seus ardentes discípulos e antagonistas russos. O Hegel de Berlin (apesar de toda sua semelhança com o de Popper, pelo qual Berlin foi certamente influenciado) é antes o Hegel de Bielinsky, Bakunin e Herzen que o Hegel histórico.

78. Ver, por exemplo, L 113 (e em outros textos de Berlin 1954a); Berlin 1950a, 1962b; CTH 179-80; TCE 350. Sobre o anti-hegelianismo de Berlin, ver Chamberlain 2004, 282-3.

79. Uma expansão dessa ideia pode ser encontrada em Hanley 2004 e Cherniss 2002. Sobre uma contribuição semelhante para o estudo da história, ver Berlin 1960a e Cracraft 2002.

80. RT viii.

81. L 250.

82. CC 78. Este último comentário é provavelmente uma alusão à declaração de Wittgenstein no *Tractatus* de que "Aquilo de que não podemos falar, devemos deixar passar em silêncio". Wittgenstein 1922, proposição 6.57.

83. POI 34-5.

PRÓLOGO (pp. 61-76)

1. [Uma referência à descrição da sociedade por Edmund Burke, como "uma parceria não só entre os que estão vivos, mas entre os que estão vivos, os que estão mortos e os que hão de nascer". "Reflections on the Revolution in France": p. 147, em *The Writings and Speeches of Edmund Burke*, ed. Paul Langford (Oxford, 1981-), vol. 8, *The French Revolution*, ed. L. G. Mitchell (1989).]

2. Esse irracionalismo negro e feroz, particularmente em suas formas seculares — poesia *révolté* e literatura "negra" —, assim como o niilismo e o obscurantismo igualmente ferozes dos extremistas antiliberais, na sua forma fascista, existencialista ou anarquista, eram considerados na sua época contribuições peculiares do século XIX ao pensamento político.

3. Vastas consequências, não menos influentes quando formam uma combinação mal arrumada do novo e do velho, ajustando-se igualmente mal às categorias proporcionadas pelos dois lados, e assim constituindo problemas filosóficos típicos.

4. *Zur Geschichte der Religion und Philosophie in Deutschland*, livro 3: p. 228, linhas 16-24, em *Heines Werk*, Säkularausgabe, vol. 8, ed. Renate Francke (Berlim/Paris, 1972).

5. Se Mussolini tivesse continuado marxista, a Itália poderia ter se tornado comunista, e o destino da Alemanha poderia ter sido muito diferente; é ao menos tão plausível argumentar que a falta de um Lênin foi o que causou o fracasso da Revolução Espanhola quanto afirmar que sua presença não foi indispensável ao sucesso da revolução que de fato realizou.

6. [Visconde Henry St. John] Bolingbroke, *Letters on the Study and Use of History*, carta 2: vol. 2, p. 177, em *The Works of Lord Bolingbroke* (Londres, 1844). [Bolingbroke diz que acha ter lido o comentário em Dionísio de Halicarnasso, e ele está certo (ver *Ars rhetorica* II. 2), exceto que a *Ars rhetorica* já não é atribuída a Dionísio. O Pseudo-Dionísio atribui sua versão — "A história é filosofia a partir de exemplos" — a Tucídides, mas na verdade ela é uma paráfrase criativa do que diz Tucídides em I. 22. 3.]

1. A POLÍTICA COMO CIÊNCIA DESCRITIVA (pp. 77-148)

1. "Peu importe que les hommes soient vicieux; c'en est assez, s'ils sont éclairés [...] Les lois font tout." *De l'homme* 9. 6.

2. "O supremo tribunal, o árbitro final de tudo o que nos é proposto, contra o qual não há apelação possível, é a Razão." *Commentaire philosophique* (1686), parte 1, cap. 1; vol. 2, p. 368, col. 1, em *Oeuvres diverses de Mr. Pierre Bayle* (Haia, 1737).

3. "À l'égard du peuple [...c]e sont des boeufs, auxquels il faut un joug, un aiguillon et du foin." Carta a Jean François René Tabareau, 3 de fevereiro de 1769. Cf. *Oeuvres complètes de Voltaire* [Ed. Louis Moland] (Paris, 1877-85), vol. 19, pp. 208, 623, vol. 24, p. 413.

4. Referindo-se aos reis num sermão sobre os deveres régios proferido em 2 de abril de 1662, Bossuet citou "Vous êtes des dieux!" ("Vós sois deuses!": Salmo 82: 6; cf. Êxodo 22:28); *Oeuvres complètes de Bossuet*, vol. 1 (Besançon, 1836), p. 507, col. 2. Luís XIV voltou-se para o leste, mas seus cortesãos voltavam-se para ele. Autoridade, hierarquia, disciplina cega, obediência cega e, para evitar o desespero sombrio, renúncia — não havia outra maneira de viver no vale de lágrimas. Se o rei da França vende terras para o rei da Inglaterra ou para o rei da Espanha, o que devem pensar os seus súditos? Não devem dizer nada, nem pensar nada; não têm o direito de pensar. O rei faz o que quer com o que é seu. Essa é a visão de Jacques Esprit, que representa, reconhecidamente, a posição extrema. Meu argumento é que tanto essa doutrina como as críticas que lhe faziam os defensores das asserções da lei natural, da autoridade da Igreja e da Bíblia, ou do desejo humano de felicidade, eram igualmente fundamentadas num apelo aos "dados". Há discordância sobre quais dados, mas não quanto ao princípio de que só a evidência dos fatos pode decidir a questão.

5. Loc. cit. (nota 2 do cap. 1).

6. *Leviathan* (1651), parte 1, cap. 13.

7. Há uma relutância marcante, entre os seguidores franceses e italianos de Locke, em admitir que em questões de moral e religião (e também de política) o mestre se baseava naquelas mesmas intuições de verdades absolutas *a priori*, como os direitos naturais e a diferença absoluta entre o certo e o errado, que foi sua proeza mais notável ter excluído de sua teoria do conhecimen-

to do mundo externo. Mas como suas conclusões eram corretas e o levavam a favorecer a tolerância e a defender as liberdades civis, e como sua posição devia muito aos reflexos da glória de
Newton, a presença em seu sistema de uma grande camada de metafísica *a priori* escolástica e
cartesiana era de modo geral polidamente tolerada.

8. *De l'esprit des lois,* livro 1, cap. 1.

9. A diferença entre as leis no sentido de regularidades inexoráveis e as leis no sentido de
decretos criados pelo homem é necessariamente indistinta em qualquer sistema teleológico: as
leis da natureza são tanto as regras que escarnecemos inevitavelmente à nossa própria custa, como
as uniformidades causais que regem o nosso comportamento e são, portanto, a base para as
regras.

10. *The Theory of Moral Sentiments* IV 1. 10, p. 184 na Edição Glasgow (Oxford, 1976); *An
Enquiry into the Nature and Causes of the Wealth of Nations* IV ii 9, p. 456 na mesma edição (Oxford,
1976). Cf. *Essays on Philosophical Subjects,* "History of astronomy" III 2, p. 49 na mesma edição
(Oxford, 1980).

11. *De l'esprit* 2. 15 (início do penúltimo parágrafo).

12. Ver a citação de Helvétius no início deste capítulo (p. 17 acima).

13. "Pois nenhum homem pode ser um juiz tão bom quanto o próprio homem sobre aqui-
lo que lhe dá prazer ou desprazer". *Introduction to the Principles of Morals and Legislation,* cap. 15,
seção 2. 4: vol. 1, p. 84, em *The Works of Jeremy Bentham,* ed. John Bowring (Edimburgo, 1843).

14. [Nesse ponto, Berlin acrescenta: "— até Helvétius sobre as ovelhas", uma referência à
passagem que ele introduz em FIB nos seguintes termos: "Ele nos pede que imaginemos o que os
minúsculos mosquitos ou moscas que vivem na grama alta devem sentir sobre os outros animais
que ocorrem no seu mundo. Eles veem um animal grande, aos nossos olhos uma ovelha pastando
pacificamente num prado, e dizem: 'Vamos fugir desse animal ganancioso e cruel, desse monstro
em cujas mandíbulas vorazes nós e nossas cidades seremos tragados. Por que ele não se comporta como os leões e os tigres? Esses animais bondosos não destroem as nossas moradias, não se
regalam com o nosso sangue. Apenas vingadores do crime, eles punem as ovelhas pela crueldade
que as ovelhas nos infligem". *De l'esprit* 2. 2; FIB 22.]

15. {Ver Becker [Carl L. Becker, *The Heavenly City of the Eighteenth-Century Philosophers*
(New Haven, 1932), por exemplo p. 6; embora a nota de Berlin esteja localizada conforme indi-
cado acima, o tratamento da ideia de natureza apresentado por Becker no seu segundo capítulo
é relevante para toda a frase.]}

16. Ver acima, nota 8 do cap. 1.

17. Bentham não tinha virtualmente nada a acrescentar a essa teoria. Quando reconheceu,
o que fez de boa vontade, a sua dívida para com Helvétius, poderia ter acrescentado que havia
adotado a sua teoria quase sem nenhuma modificação. No que diz respeito à teoria, as reflexões
dispersas dos pensadores anteriores, notavelmente Hutcheson e Mandeville, para não falar de
Hobbes, dos primeiros materialistas e epicuristas, foram desenvolvidas por Helvétius num sistema lúcido, a que nem Bentham, nem James Mill acrescentaram nada exceto algumas sugestões
práticas sobre como o sistema poderia ser concretizado. Bentham, na verdade, gastou muito
tempo e muitas páginas de prosa implacavelmente tediosa elaborando as várias "dimensões" do
prazer, sua intensidade e duração, sua segurança e caráter remoto, sua fecundidade e pureza,
apresentou sugestões (absurdas) sobre como essas dimensões poderiam ser multiplicadas umas

pelas outras, e como se poderia estabelecer um cálculo pelo qual a quantidade máxima de prazer atingível por uma dada pessoa numa dada situação poderia ser determinada. {NB: Ele era mais individualista — *não* queria a vivissecção — "Cada homem é o melhor juiz da própria felicidade" [loc. cit. (ver acima, nota 13 do cap. 1)] — consultar Robbins.} Há objeções fatais, tanto lógicas como empíricas, às propostas de Bentham — na verdade, ele oferece um exemplo curioso de um pensador cujas visões sobre reformas práticas eram notáveis por seu bom-senso sóbrio, esclarecido e incorruptível, acompanhado, assim que ele passa à teoria, pelos próprios vícios que ele castiga de forma tão aguda: casuísmo, pedantismo, uma fantasia temerária, uma paixão por detalhes rebuscados sem relação com os fatos, bem como uma ausência quase uniforme da capacidade de pensamento abstrato da ordem mais primitiva. Numa era de escritores tão fascinantes como Voltaire e Diderot, Helvétius escrevia com dificuldade e, apesar de sua lucidez e sinceridade, não podia ser lido com muito prazer; mas o que ele diz é incomensuravelmente mais original do que as discussões de Bentham sobre o mesmo tópico; e como uma exposição clássica do utilitarismo, suas duas obras mais famosas são muito superiores a qualquer texto que se encontre em qualquer outro autor.

18. [Citação de origem não identificada.]

19. O argumento passou a dizer com bastante frequência que o mundo parecia um instrumento com propósito como um relógio, em vez de um sem propósito como uma pedra. Mas como a própria diferença entre um relógio e uma pedra baseava-se na existência desses contrastes no mundo, pelos quais se distinguia o que fora feito para um propósito e o que não o fora, era impossível, sem cair num absurdo lógico, aplicar esses contrastes a todo o universo, sustentar que ele se parecia mais com aqueles de seus conteúdos que tinham um propósito do que com aqueles que não o tinham; pois tanto os ingredientes com propósito como os sem propósito eram igualmente partes do mundo; e o que se aplicava a partes de uma totalidade em contraste com outras partes da mesma totalidade não podia ser aplicado à totalidade inteira sem um conspícuo absurdo. Dizer que o universo como um todo tinha um propósito só era significativo se houvesse algo com que contrastá-lo — digamos, um universo imaginário que não tivesse propósito. Mas como a própria noção de propósito só era inteligível dentro do universo, ao distinguir alguns de seus elementos dos outros, e como a noção de algo fora do universo não tinha sentido, porque *ex hypothesi* era tudo o que havia, não se podia conceber nada empírico com que o universo pudesse ser contrastado. Por isso, a proposição de que o universo como um todo tinha um propósito, tratada como uma declaração empírica, era a identificação do todo com uma de suas próprias partes e, portanto, fundamentada numa gritante falácia lógica — era muito semelhante a dizer que havia muitas cores no universo, mas que elas eram, em última análise, todas azuis.

20. {Inserir algo sobre Frederico, o Grande, observando esse ponto: também sobre o determinismo como uma teoria puramente antiobscurantista, secularista: também Jacques, o Fatalista [*Jacques Le Fataliste et son maître* (Jacques, o Fatalista, e seu mestre), 1796, romance de Diderot].}

2. A IDEIA DE LIBERDADE (pp. 149-215)

1. Goethe, *Dichtung und Wahrheit*, livro 11: vol. 28, p. 68, linha 17, em *Goethes Werke* (Weimar, 1887-1919).

2. Não precisamos nos preocupar aqui com as razões peculiares de Leibniz para supor que nenhuma entidade pode perceber diretamente outras entidades, mas apenas por meio de um complicado sistema de espelhos.

3. Leibniz viveu numa era de música polifônica, na qual cada voz ou instrumento fazia soar uma melodia distinta ou um padrão melódico próprio, que se podia compreender sem necessariamente escutar ou conhecer sua relação com as outras vozes ou instrumentos, com os quais estava em harmonia ou contraponto. Escrevendo numa época em que a música sinfônica era composta de sons que, fosse qual fosse o efeito de sua combinação, já não eram divididos em conjuntos melódicos vocais ou instrumentais independentemente inteligíveis, Hegel pode usar a metáfora da harmonia sem sugerir que o executante precise "compreender" os sons com que a história o impele a contribuir para a sinfonia como um todo. Não devemos enfatizar demasiado a importância dessa evolução da metáfora, mas é ainda assim um indicador significativo da mudança de significado da "harmonia no plano racional", que tinha ocorrido no meio século crucial que separa Bach de Beethoven.

4. Num certo sentido, tampouco Helvétius ou Bentham acreditaram: Helvétius achava que os interesses colidiam genuinamente e só podiam ser integrados numa política única por meio de pressão social. Mas ele fala frequentemente como se essa pressão fosse, em última análise, inevitável. Bentham seguia Hume ao supor que a "natureza" não garantia nada: mas foi muito mais radical e otimista em sua fé no egoísmo e razão humanos.

5. [Os subtítulos de Berlin, especialmente neste capítulo, têm uma forma um tanto provisória e aparecem (deixam de aparecer) um tanto erraticamente; além disso, nem sempre correspondem rigorosamente ao texto que os segue. As tentativas de aperfeiçoá-los se mostraram frustrantes, porque é o texto que precisa de reorganização tanto quanto os títulos; assim nos pareceu melhor deixar as coisas como estavam, mas com este aviso anexado.]

6. "Ele não inventou ['découvert'] nada, mas pôs fogo em tudo", disse Madame de Staël com malícia característica. Madame de Staël, *De la littérature considerée dans ses rapports avec les institutions sociales* (1800): [vol. 2,] pp. 280-1 na edição de Paul van Tieghem (Genebra, 1959).

7. "Rousseau [...] produziu mais efeito com sua pena do que Aristóteles, Cícero, Santo Agostinho, Santo Tomás de Aquino ou qualquer outro homem que já viveu." Herbert Paul lembrando Acton em *Letters of Lord Acton to Mary, Daughter of the Right Hon. W. E. Gladstone*, ed. com um ensaio introdutório de Herbert Paul (Londres, 1904), p. xii.

8. {Citar Liberdade = o próprio Homem. Perder a liberdade é cometer suicídio.}

9. [Nesse ponto aparece no texto original a seguinte passagem: "A liberdade para ele é a essência da humanidade, ser realmente uma pessoa; se não somos livres, não somos absolutamente nada, um escravo, um objeto material, um pedaço dos restos históricos que o mar traz à praia; se não podemos querer, não podemos lutar pelo que nos parece verdadeiro, correto ou nobre, não somos absolutamente uma alma imortal, o repositório sagrado e inviolável da moralidade e da fé, a fonte e o critério de todos os valores terrenos, cujos direitos e deveres, sofrimentos e angústias, ideais e atos bons e maus importam. E se os homens não importam, o que importa? E se eles estão à mercê de forças externas, como podem importar? Se somos passivos — escravos de outros homens ou circunstâncias — não somos uma pessoa, mas uma coisa. O que nos torna homens, responsáveis, um foco de problemas e valores, não é nosso intelecto contemplativo, mas a nossa vontade, o nosso direito indestrutível de nos realizar, dizer o que pensamos, fazer alguma coisa,

ser algo — viver, sofrer e criar". Junto a isso, Berlin escreve: "repetido na p. [173]. Escolher um ou outro. *Mais tarde*: O outro está melhor".]

10. Na Inglaterra, a situação era um tanto diferente. Exibia-se uma cautela maior — o dr. Johnson não acreditava mais profundamente na perfectibilidade humana, na possibilidade de soluções radicais para os problemas sociais, em nobres selvagens ou déspotas esclarecidos, do que os grandes controversistas religiosos do século XVII; Hume se permitia um ceticismo que acarretava uma espécie de empirismo conservador, que só lhe era perdoado porque ele residia em Edimburgo e não em Paris, e porque seu país ainda simbolizava o senso comum esclarecido e a resistência bem-sucedida ao despotismo.

11. [Este é o parágrafo que duplica a passagem apresentada na nota 9 do cap. 2.]

12. {Não estou seguro disso [diz respeito a esta frase e à seguinte].}

13. {Apêndice sobre a Vontade Real aqui?} [Isso se refere à seção seguinte, datilografada em folhas separadas no texto datilografado original, e marcada "(a ser incluída na seção sobre Rousseau?)".]

14. The Book of Common Prayer, Ordem para a Oração da Manhã, segunda coleta (pela paz): "Ó Deus [...] cujo serviço é a perfeita liberdade"; cf. Santo Agostinho, *De quantitate animae* 34. 78: "*in cuius servitio placere perfecta et sola libertas est*".

15. Sobre Rousseau a respeito do direito da sociedade de forçar os homens a serem livres, ver Jean-Jacques Rousseau, *Oeuvres complètes*, Ed. Bernard Gagnebin, Marcel Raymond e outros (Paris, 1959-95), vol. 3, p. 364 [a partir deste ponto: OC iii 364].

16. Dostoiévski, *Os demônios*, parte 2, cap. 7, seção 2.

17. Irving Babbitt, *Rousseau and Romanticism* (Boston e Nova York, 1919), especialmente cap. 3, "Romantic imagination"; ver também pp. 160-7. [No texto datilografado, a nota de Berlin está colocada no final da frase anterior.]

18. Em 1791, um jacobino em Nantes escreve: "Para ser um bom eleitor, não é preciso ser rico, não é necessário ser culto; basta ter intenções puras, ser um homem bom, e sobretudo um bom *Patriote*". *Journal de la correspondence de Paris à Nantes*, número 23, 17 de junho de 1791, 400; citado por Alfred Lallié, "Les sociétés populaires à Nantes pendant la Révolution", *Revue de Bretagne et de Vendée* 4 (1890), 345, que por sua vez é citado por Crane Brinton, "Political ideas in the Jacobin clubs", *Political Science Quarterly* 43 (1928), 249-64, à p. 253.

19. "Estado da alma."

20. [Neste ponto faltam duas folhas (cerca de novecentas palavras) no texto original. Uma indicação do que Berlin talvez tenha continuado a dizer sobre Helvétius pode ser encontrada em FIB 18-9. É incerto qual seria o outro material aqui perdido, mas a seguinte conjetura culta de George Crowder (comunicação pessoal) talvez seja útil: "No resto da passagem perdida, Berlin provavelmente vincula a ênfase de Rousseau na autoridade ética da vontade real às suas conclusões políticas. Uma possibilidade é que Berlin retorne à identificação da vontade real com a vontade geral para o bem comum, estabelecida por Rousseau. Pode ser também que Berlin descreva o tipo de condições sociais e políticas que, segundo Rousseau, são necessárias para assegurar que os cidadãos continuem concentrados mais no bem comum que em seus interesses pessoais egoístas. Essas condições incluem a hierarquia íntima da comunidade política, o ato de evitar a desigualdade econômica em grande escala, a rejeição de 'associações parciais' ou grupos de interesse (ou sua multiplicação para que uns equilibrem os outros), e a profissão de uma 'religião

civil' compartilhada". Outras sugestões para o que Berlin pode ter escrito neste ponto são encontradas em sua palestra sobre Rousseau em FIB.]

21. {Demasiado histórico para Rousseau. Isso é puro Burke.}

22. {"forçando a serem livres" = a doutrina da Igreja do herege punido pelo pecado contra a sua própria alma imortal, pela Igreja = sua própria alma.} [Sobre "forçando a serem livres", ver acima, nota 15 do cap. 2.]

23. *Du contrat social,* livro 4, cap. 1: OC iii 437. [As expressões de Berlin nas citações deste parágrafo sugerem que ele usou, pelo menos às vezes, a tradução de G. D. H. Cole das obras de Rousseau: *The Social Contract, Discourses* (Londres, 1913); da qual ao menos duas reimpressões constavam na biblioteca de Berlin.]

24. Ibid., cap. 1: OC iii 440.

25. *Discours sur l'économie politique:* OC iii 245.

26. Ibid.: OC iii 251.

27. *Du contrat social,* livro I, cap. 6: OC iii 360.

28. *Considérations sur le gouvernement de Pologne:* OC iii 973.

29. {"O apêndice [isto é, a seção intitulada 'A noção de vontade real', pp. 179-86] é um desenvolvimento disto?"}

30. Crane Briton, op. cit. (acima, nota 18 do cap. 2), 257.

31. Ver acima, nota 11 do cap. 2.

32. Não há dúvida quanto ao tom teológico da doutrina de Rousseau. É uma forma da doutrina medieval sobre a heresia extirpadora: o herege é forçado pela Igreja — a guardiã de seu eu mais íntimo — a expiar os seus erros contra a sua própria alma imortal. O direito da Igreja de curar, ou, nos casos extremos, decepar o membro ofensivo deriva de sua identificação com a melhor natureza do pecador. A esse respeito, ninguém é menos liberal, mais violentamente em desacordo com quem acredita deveras na tolerância como Voltaire ou Condorcet, do que Jean-Jacques. E os românticos políticos alemães, bem como os reacionários católicos franceses mais tarde, consideravam-no um aliado inesperado contra o Iluminismo.

33. {Inserir: governo da maioria; dupla lealdade (Igreja Romana, religião civil); a Vontade de Todos; os bois da Constituição Corsa e o conservadorismo das maneiras; a *phalanstère* de Wolmar é patriarcal; ("a boa moral e a felicidade mais importantes que o emprego de possíveis talentos, alguns dos quais são danosos e mais úteis quando negligenciados" (Wolmar, *Nouv. Héloïse*)); massa e psicologia; espírito de equipe e inspiração; lampejo e estrondo da revelação. Karl Moor [herói da peça de Schiller *Os bandoleiros*] é *Naturmensch* [homem da natureza]: Humanidade v. corrupção: "Ai de nós se as massas começarem a raciocinar" Voltaire [talvez uma paráfrase de "quando as massas se põem a raciocinar, tudo está perdido", *The Complete Works of Voltaire*, ed. Theodore Besterman e outros, vol. 114 (Banbury, 1973), 155]. "Em questões intelectuais, a sua [das massas] voz é cheia de malignidade, estupidez, desumanidade, perversidade, preconceito. Cuidado com essa voz em questões morais: ela é ignorante e idiota; o hedonismo a seus olhos é loucura. É incapaz de atos nobres ou fortes." *Encyclopédie* sobre "Multidão" [uma versão mais acurada encontra-se em FIB 21]. Os mandarins da China, uma minoria esclarecida, liderando habilmente uma massa de fanáticos e tolos.}

34. Atribuído por J. S. Mill em *Utilitarianism,* perto do final do cap. 5: vol. 10, p. 257, em

Collected Works of John Stuart Mill, ed. J. M. Robson e outros (Toronto/Londres, 1963-91). A versão de Mill diz: "todo mundo valendo por um, ninguém por mais de um".

3. DOIS CONCEITOS DE LIBERDADE: O ROMÂNTICO E O LIBERAL (pp. 216-69)

1. {Reescrever a frase.}

2. {Citar aqui Helvétius sobre a liberdade.}

3. Ver acima, nota 34 do cap. 2.

4. "Aquilo que é acreditado em toda parte, sempre, por todo mundo". Vicente de Lérins, *Commonitorium* 2. 3.

5. {Deve-se contrastar isso com o otimismo do século XVIII: isto é, ou dominar a natureza, a loucura e o vício; ou dizer que são *ilusórios*.}

6. {mencionar a impotência política como capaz de criar a absorção na vida interior e propiciar uma curiosa liberdade interior *au dessous de la mêlée* ["abaixo da confusão"] — ανω e κατω ["para cima" e "para baixo"] sendo a mesma coisa. Maneira curiosa de encontro[?]. Tese cristã[?] e dostoievskiana?]. Também a não resistência de Gandhi: e de Schopenhauer: *música*: livrar-se da monotonia: o mundo determinista que acaba com os meus desejos por ser brutalmente o que é.}

7. {omitir: falacioso.}

8. {Inserir nota sobre os dois significados de "Por que" aqui. "Isso pode ser dito de outra maneira, isto é, 'Por que ajo como o faço?'" Explicação sociopsicológica *versus* fins absolutos.}

9. {isolacionismo: tarifas: planejamento: *dirigisme*: o eu como *directeur*[?]}

10. O filósofo francês Maine de Biran disse mais ou menos a mesma coisa quando criticou o princípio de Descartes "cogito ergo sum" e declarou que ele devia ter dito "volo ergo sum". ["[P]ar '*je pense*' j'entends, '*je veux...* donc je suis...['] [Por 'eu penso', compreendo 'eu quero... logo sou...']: *Notes de M. de Biran sur l'idée de l'existence* (1824), Première Partie, Les Principes, 2. L'idée de substance et l'idée de force: pp. 50-1 em [parte 2 de] Pierre Tisserand, *L'Anthropologie de Maine de Biran...* (Paris, 1909); também em *Oeuvres*, 14 vols. (1920-49), vol. 14, p. 63. Henri Gouhier, *Maine de Biran par lui-même* ([Paris], 1970), p. 125, escreve: "il explique pourquoi revenir à Descartes et jusqu'où le suivre: je veux serrer le poing, donc je suis." ["ele explica por que voltar a Descartes e até que ponto segui-lo: quero resistir em silêncio, logo sou."]

11. [O conceito tomista e spinozista um tanto obscuro de *natura naturans* — "natureza criadora" — escolhe, de modo muito tosco, o aspecto ativo da natureza, em oposição a *natura naturata* — "natureza criada", seu aspecto passivo.]

12. [cf. p. 245-6. Essa expressão hegeliana (aparentemente não é uma citação direta de Hegel, nem de Engels, a quem é às vezes atribuída) tem origem em Spinoza.]

13. {Ver passagem anterior [pp. 243-5]: ou/ou.}

14. [As origens dessa expressão são obscuras. Ocorre duas vezes na obra de Jean-Louis Guez de Balzac (1594-1654). Em seu *Socrate chrestien* (1652), Discurso 8: "Il devoit perir, cét Homme fatal (nous le considerasmes il y a quelques jours dans l'Histoire de l'Empire de l'Orient) il devoit perir des le premier jour de sa conduite, par une telle ou telle entreprise; Mais Dieu vouloit servir de luy, pour punir la Guerre humain, & pour tourmenter le Monde: La Iustice de Dieu se vouloit

venger, & avoit choisi cét Homme pour estre le Ministre de ses vengeances." ["Ele deveria morrer, esse Homem fatal (nós o consideramos há alguns dias na História do Império do Oriente) deveria morrer desde o primeiro dia da sua conduta, por este ou aquele empreendimento; Mas Deus queria se servir dele, para punir a guerra humana, & para atormentar o Mundo: A Justiça de Deus queria se vingar, & havia escolhido esse Homem para ser o Ministro de suas vinganças."] E em seu *Dissertations critiques / de critique* (1654), Dissertação 26: "Denis fut ainsi deschiré, en la personne du Cyclope Polypheme: E comme Tibere a esté, apres sa mort, l'image de l'Homme fatal; durant sa vie, Agamemnon estoit l'image de Tibere." ["Denis foi assim dilacerado, na pessoa do ciclope Polifemo: E assim como Tibério foi, depois de sua morte, a imagem do Homem fatal; durante a sua vida, Agamemnon era a imagem de Tibério."] Ver *Les oeuvres de Monsieur de Balzac* (Paris, 1665), vol. 2, pp. 237, 679. Entre seus usos posteriores está o de Wellington por Chateaubriand, *Mémoires d'outre-tombe* (1849-50): vol. 2, p. 474, na edição de Maurice Levaillant (Paris, 1948).]

4. A MARCHA DA HISTÓRIA (pp. 270-322)

1. Condorcet, *Discours prononcé dans l'Académie Française, le jeudi 21 février 1782, à la reception de M. le Marquis de Condorcet*: vol. 1, p. 392, em *Oeuvres de Condorcet*, ed. A. Condorcet O'Connor e M. F. Arago (Paris, 1847-9).

2. Ver nota 1 do Prólogo.

3. {Escola Hist.}

4. Georg Wilhelm Friedrich Hegel, *Sämtliche Werke*, ed. Hermann Glockner (Stuttgart, 1927-51), *passim*, vol. 11, p. 63.

5. Ibid. 49.

6. "*Bürgerliche Gesellschaft*".

7. {Jena.}

8. {Também "realismo" como verdade desagradável [?] justificando comportamento insensível [?] — brutalidade[?], escravidão[?] etc.} [Cf., por exemplo, "Realismo na política" de IB, em sr.]

9. {Tolos.}

RESUMOS DAS CONFERÊNCIAS FLEXNER (pp. 329-42)

1. Milton Charles Nahm (1903-1991), filósofo, professor e (1946-72) presidente do departamento de filosofia em Bryn Mawr.

NOTA DO ORGANIZADOR PARA O AUTOR (pp. 343-7)

1. A produtora do Third Programme do autor. (Esta e outras notas sobre esse item não estavam presentes na versão original enviada a Berlin.)

364

2. Essa gravação não encontrei — se é que chegou a existir.

3. Uma referência à pesquisa intensiva e extensa empreendida por Anthony Frederick Blunt (1907-83), um historiador, autoridade em Poussin, antigo espião comunista, que à época dessa carta era Avaliador dos Quadros do Rei.

4. As conferências radiofônicas não foram publicadas no *Listener* (nem em parte alguma). O editor do *Listener* disse que eram demasiado longas. Como Berlin escreveu a T. S. Eliot em 7 de novembro de 1952: "Quanto às conferências na BBC, elas são uma versão semi-improvisada das minhas conferências em Bryn Mawr: & por contrato devo publicar essas conferências ou alguma coisa parecida com elas. *The Listener*, ouso dizer com razão, recusou ter alguma coisa a ver com conferências de tamanha prolixidade; possuo o manuscrito do texto em que as conferências são baseadas, ainda mais longo, mais detalhado, mais monótono, com todo um aparato de notas, &, pelo contrato com Bryn Mawr, destinado à Oxford University Press. As conferências parecem, portanto, condenadas a perecer: & tanto melhor, penso eu. Vou preservar as transcrições para a BBC melancolicamente por um ou dois meses, e depois perdê-las ou destruí-las". Felizmente, ele não fez nem uma coisa nem outra.

5. O personagem principal no romance epônimo de Ivan Gontcharov *Oblomov* (1859) é um sonhador bem-intencionado que passa a maior parte de sua vida no quarto, vestido com um penhoar ou deitado na cama; perde toda a capacidade de tomar decisões ou agir, e não realiza nada.

6. O controlador do BBC Third Programme 1948-52.

7. O título que adotei para publicação provém de uma carta subsequente do autor a Anna Kallin.

8. Agora confirmados (embora Vico, Herder, Fourier e Görres se tornem figuras menos centrais do que essa lista poderia sugerir) pelos resumos semanais publicados no *College News* de Bryn Mawr (reimpressos nas pp. 327-40); não tinha visto esses resumos em 1992. Há também uma folha de papel (MS. Berlin 570, Fo. 24) nos *Berlin Papers* (ver acima, nota 12 do Prefácio) em que aparece uma lista de títulos para as conferências numa letra que não é a de Berlin (talvez a de um secretário?), muito corrigida por Berlin. Parece ser um rascunho da lista na carta a Katherine McBride de 20 de novembro de 1951.

9. Helvétius, Rousseau, Fichte, Hegel, Saint-Simon, Maistre.

Índice remissivo

Acton, John Emerich Edward Dalberg Acton, 1º barão, 164

afirmações e questões normativas, 44, 81-3, 92, 324, 326-7

Age of enlightenment, The (ib), 19

Agostinho, Santo, 61-2, 363

Alemanha: declínio depois da Guerra dos Trinta Anos, 157; iluminismo (*Aufklärung*), 157, 159, 161, 287, 298; Kant e Fichte sobre, 335; visão da história, 278; visão de Herder do espírito da, 286-7, 289-93, 295-6

Alembert, Jean Le Rond d', 107, 175

Alexandre, o Grande, 242

Allen, Jonathan, 45

alma, 134, 203

Althusius, 86

altruísmo, 110

ambiente: efeito sobre o homem, 110-1

anarquismo, 264, 358

Antígona (personagem dramática), 319

antiprocrustianismo, 45, 50, 52, 53

antiutopismo, 52

Aquino, S. Tomás de, 205

Arc, Joana d', 258

Aristóteles: e a noção de liberdade, 153; e os teólogos, 110; investigações, 124; originalidade, 61; racionalismo, 87, 233; sobre a esquematização da história, 322; sobre as partes e o todo, 158

Arndt, Ernst Moritz, 295

arte: como jogo, 235; e a liberdade, 262; e a moralidade, 236; necessidade na, 261, 262

artistas: como heróis, 256-7

Athanasius, 95

austeridade, 190

autarquia, 229

autoexpressão, 33

autoridade: e a liberdade, 34, 172-81, 216-7; e a soberania, 199, 200; e a vontade real, 184, 200, 201; essencial para o governo, 68; *ver também* obediência

autoritarismo, 47

Babbitt, Irving, 188

Babeuf, François Noel ("Gracchus"), 107, 204

Bakunin, Mikhail Aleksandrovitch, 225, 264, 295

Balzac, Jean-Louis Guez de, 365

Bayle, Pierre: ceticismo, 102; filosofia, 62; sobre o poder da razão, 77, 94; visão da história, 282

Becker, Carl Lotus, 360

Beethoven, Ludwig van, 256, 257

Beiser, Frederick, 356

bem comum, 191, 208

bem, o: desejando, 178, 180, 182; e desejo, 316; imposição do, 183, 185; tentativas de definir e descobrir, 181, 183, 185

Bentham, Jeremy: e a busca de felicidade, 106, 113, 209, 223, 361; e a razão, 99; e os homens naturais, 64; empirismo, 224; otimismo, 362; sobre a engenharia social, 113; sobre a igualdade humana, 212, 224; sobre a liberdade, 223-4, 266; sobre a natureza, 107, 144; sobre o bem, 181; sobre o comportamento humano, 121; sobre os direitos naturais, 227; utilitarismo, 43, 65, 132, 360, 361; visão social, 299

Bergson, Henri, 62

Berkeley, George, bispo de Cloyne, 96

Berlin, Isaiah: Cátedra de Teoria Política e Social, 27; como historiador, 37-8, 42, 51; desenvolvimento do pensamento, 25, 29, 51, 54; e o compromisso político, 30; identifica-se com os temas, 38, 39; julgamentos políticos, 30; personalidade, 39; profere as Conferências Mary Flexner, 12, 14; temas, 42

Bíblia: como verdade literal, 95

biologia, 272

Blunt, Anthony Frederick, 367

Bodin, Jean, 119, 173

Bolingbroke, Henry Saint-John, 1º visconde, 74

Borges, Jorge Luis, 39

Bossuet, Jacques Bénigne: e a Revolução Americana, 74; sobre as tradições nacionais e o conhecimento, 85; visão da história, 281

Boyle, Robert, 96, 99, 159

British Broadcasting Corporation (BBC) ver Conferências Reith

Bryn Mawr ver Conferências Mary Flexner

Broad Church [Igreja Ampla] (Inglaterra), 96

budismo, 229

Büchner, Georg, 190

Buffon, George-Louis Leclerq, conde de, 99

Burke, Edmund: influência, 62, 67; sobre a liberdade, 268; sobre a natureza da sociedade, 358; visão do desenvolvimento histórico, 291, 293

Burrow, John, 38

Butler, Joseph, bispo de Durham, 93, 96, 159

Calvin, Jean, 176, 177, 191, 193, 201

Carlos Magno, imperador, 242

Carlyle, Thomas, 62, 257, 313

catolicismo romano: disciplina, 68; e a lei natural, 86; e a obediência, 84, 154, 359; e fonte de conhecimento, 100; e o racionalismo aristotélico, 87; na França, 97, 99; punição da heresia, 257, 364; sobre a liberdade e a autoridade, 173; sobre o pecado original, 139

Cecil, Lord David, 14

César, Júlio, 275

Chernishevski, Nikolai Gerasimovitch, 75

Cherniss, Joshua Laurence, 20-1

Churchill, Sir Winston Spencer, 357

ciências: como libertadoras, 155; e a observação, 102, 117, 119, 270, 276; e as doutrinas sociais, 146, 147; e o comportamento humano, 119, 136, 141; e o conhecimento, 90, 94, 118; e o determinismo, 141; e o governo, 115; e o ideal de unidade, 271; hostilidade de Rousseau às, 174; leis das, 99, 276; limitações práticas, 114; método e objetividade, 270; sobre o uso das informações do mundo, 135

ciências humanas: e leis discerníveis, 91, 93, 94; estudo científico das, 102, 104

cientificismo, 48, 53

cientistas sociais, 29

clima, 114

Cole, George Douglas Howard, 352
Collingwood, Robin George, 50, 74
comandos, 121, 122
comportamento (humano): ciência do, 119; e o conhecimento, 91; e padrões de grupo, 296; padrões de, 120; razões para, 237
Comte, Auguste: crença no progresso, 232; sistema social, 146, 214; sobre a natureza humana, 114; sobre verdade e liberdade, 354
comunismo: IB se opõe ao, 29-30, 32; linguagem, 62; rivalidade com o liberalismo, 29, 31
Condillac, Étienne Bonnot de, 134, 175
Condorcet, Marie Jean Antoine Nicolas Caritat, marquês de: como inovador, 163; crença no progresso, 232; descrença religiosa, 226; destino pessoal, 139; doutrinas sociais, 214; e a lei natural, 102, 107, 227; e as lições da natureza, 133; filosofia, 62; sobre a unidade das disciplinas, 135, 291; sobre abelhas e castores, 366; sobre liberdade, 266; sobre meios científicos para fins, 148; tolerância, 364
Conferências Mary Flexner, Bryn Mawr, 12, 16, 19; resumos de, 329, 342
Conferências Reith (BBC, 1952), 16, 19, 343, 347
conformismo (social), 179, 180
conhecimento: e a investigação racional, 86, 88; e as ciências físicas, 92; fonte divina de, 100; limites, 82, 85; virtude como, 89-90, 128, 180
Constant, Benjamin, 35, 52
contrailuminismo, 49, 354
contrato social, 169, 176, 192, 199, 226, 284, 341
cosmopolitismo, 289
Cowling, Maurice, 11
Creon (personagem dramática), 319
criação, 93, 94
criatividade, 235-6, 239, 242, 251, 260-1, 279
crime: como ofensa aos propósitos da natureza, 126, 128
cristianismo: austeridade, 190; e a compreensão histórica, 283; e a doutrina estoica, 228, 229; e a liberdade, 153, 315; e o corpo de Cristo, 193; e o martírio, 255; e propósito na natureza, 125; sobre a ordem divina, 153, 154

Croce, Benedetto, 50
Crooked Timber of Humanity, The (IB), 16
Crowder, George, 18, 363
crueldade: impulso para, 210
cultura: diversidade da, 286-91, 295, 336-7
Cuoco, Vincenzo, 285

Dante Alighieri, 61
Darwin, Charles, 94
darwinismo, 324
David, rei de Israel, 257
Declaração de Independência (EUA), 217
democracia: e liberdade, 227
"Democracia, comunismo e o indivíduo" (palestra de IB), 31, 47, 49
Descartes, René (e o cartesianismo): condena o caráter vago da história, 281; declara cogito ergo sum, 365; dúvida, 117; e as leis naturais, 95, 98, 101, 102, 279; lógica, 67; racionalismo, 118; sobre a decomposição em átomos constituintes, 298; sobre a intuição e a moralidade, 87; Vico refuta, 278, 280
desejo: supressão do, 229, 231
desigualdade: como parte da natureza, 107; e a liberdade política, 220, 221
despotismo: esclarecido, 113, 185
determinismo (histórico): e as ciências naturais, 361; Holbach e Condillac, 175; IB se opõe a, 47
Deus: como fator causal na história, 140; como Primeiro Motor, 121, 154; e o mal, 126; e o propósito, 125, 134
serviço a, 153; ver também cristianismo
dever, 206, 210
dialética, 124, 301, 306, 319
Diderot, Denis: como reformador, 163; doutrinas sociais, 214; dúvidas sobre a liberdade, 162, 175; e a natureza, 107, 132; e as caminhadas de Rousseau, 166; Jacques le fataliste,

361; modifica as visões de Helvétius, 114; nega a alma, 134; opõe-se a Rousseau, 65; sobre a natureza emocional do homem, 165; sobre o efeito do ambiente, 111; sobre o ensino das ciências naturais, 120

Diggers [Cavadores], 171

Dionísio de Halicarnasso, 359

direitos naturais, 81, 106, 225, 226, 227

"Dois conceitos de liberdade romântico e liberal" (IB), 35, 37

"Dois conceitos de liberdade" (IB), 19, 30, 32, 34, 45

Dostoiévski, Fiódor Mikhailovitch, 190, 204, 365; *Os Demônios*, 185

educação: e desenvolvimento da personalidade, 237; efeitos da, 111, 114; imposição da, 186; Rousseau sobre a, 188, 191

Eliot, Thomas Stearns, 352, 367

empirismo: a investigação racional, 89; crença de IB no, 49; e a busca de felicidade, 106; e as leis naturais, 158; pragmatismo, 117

enciclopedistas, 63, 107, 114, 210, 336

Engels, Friedrich, 365

Epicuro, 61, 103, 153, 360

escravidão, 151, 170, 212, 219, 231, 332

Esprit, Jacques, 359

Estado, o: conceito de Hegel do, 310, 313, 316, 319; e a coerção, 113, 185, 187; e a obediência, 100, 122; e o eu, 240; hostilidade de Herder à autoridade do, 292; interferência com a liberdade, 221, 222; poder sobre os indivíduos, 32

Estados Unidos da América *ver* Declaração de Independência

estoicos, 125, 152, 153, 190, 205, 229, 230, 243

ética: e afirmativas normativas, 92, 236; e o imperativo, 33-4; Kant sobre, 66, 327, 333-4; subjetiva e objetiva, 43-4, 197, 323-8

"Ética subjetiva versus ética objetiva" (IB), 43-7, 323, 328

eu: como entidade racional, 260, 261; conhecimento do, 241; e a busca de fins, 45, 239, 259;

Fichte sobre, 201, 239, 242, 244, 245; noção de Rousseau do, 201, 208; realização do, 245, 264

Euclides, 302

existencialistas, 65, 358

experiência: e a observação científica, 116, 117, 118; e o subjetivismo, 118; pressuposições absolutas da, 74

falácia patética, 274

fascismo: e a força, 313; e a liberdade, 268; e o irracionalismo, 358; IB se opõe a, 29, 32; linguagem, 62; Schelling e, 295

fatos: e conhecimento, 82, 85; e definições normativas, 92; e o valor, 123; e observações científicas, 116, 117, 119; Kant sobre, 121

Faulkner, William, 29

felicidade: busca da, 65, 104, 105, 108, 110, 115, 130, 132, 209, 223, 224, 333; e a virtude, 111; e a igualdade, 212

Fénelon, François de Salignac de la Mothe, 93

Fichte, Johann Gottlieb: e a natureza, 242; e o romantismo, 76; influência, 29, 62, 66; jacobinisno, 294; linguagem metafísica, 298; sobre a liberdade, 266, 268, 308, 333, 334, 335; sobre instrumento eleito na história, 314; sobre o eu, 201, 239, 241, 242, 244, 245, 250; sobre o imperativo ético, 333, 334; sobre o pensamento científico, 244; sobre o universo, 253; sobre volição, 300

filosofia: IB define, 19

fins (metas), humanos, 46

física: e afirmações descritivas, 91, 92; e o determinismo, 141; leis da, 99; Vico sobre, 278, 279; fisiocratas, 29, 107, 109, 113

força, 313, 316

força do mundo, 240, 242, 243

forçar a ser livre, 203, 363

force majeure, 219

Fourier, François Charles Marie, 225

França: e direitos do homem, 217; poder da Igreja na, 97, 98, 99

Frankfurter, Marion, 14

Frederico II, o Grande, rei da Prússia, 242, 258, 361

Freedom and its betrayal (IB), 12, 18, 21

Freud, Sigmund, 94

Galiani, Ferdinando, 134, 285

Galileu Galilei, 99

Gandhi, Mohandas Karamchand, 365

Gellner, Ernest, 355

Godwin, William, 138, 225, 226

Goethe, Johann Wolfgang von, 157, 236

Golias, 257

Gontcharov, Ivan: *Oblomov*, 345, 367

Görres, Johann Joseph von, 68, 268

grandeza; Hegel sobre, 310, 312, 315

Gray, John Nicholas, 19

Grisewood, Harman, 345

Grotius, Hugo: e os fundamentos da lei e da moralidade, 205; originalidade, 61; sobre a intuição e a moralidade, 87; sobre a investigação racional, 86; sobre a lei natural, 80, 86, 96, 101, 102, 128, 281

guerra: inevitabilidade da, 69

Guerra dos Trinta Anos, 157

Gulliver, Lemuel (figura fictícia), 264

Hamann, Johann Georg, 52, 67

Harrington, James, 119

Harris, Ian, 20

Hart, Herbert Lionel Adolphus, 353

Harvey, William, 99

Hayek, Friedrich von, 353

Hegel, Georg Wilhelm Friedrich: admiração pela força e pelo poder, 313, 315, 316; advoga o despotismo do Estado, 185; conferências de IB sobre, 351; crítica de IB, 40, 51, 355; dialética, 301, 306, 319; e o subjetivismo, 312; influência política, 29, 30; linguagem, 62; regras metafísicas desacreditadas, 316; rejeita causa e efeito de Hume, 302; sistema unitário, 300, 302; sobre a concretude das civilizações, 309; sobre a ética objetiva, 324; sobre a harmonia musical, 362; sobre a li-berdade, 157, 266, 268, 308, 309; sobre a natureza, 133; sobre a obediência, 79; sobre a personalidade independente das sociedades, 320; sobre o autodesenvolvimento do universo, 305, 307; sobre o progresso da história, 300, 311, 312, 313, 318, 322, 335, 337; sobre o real e o irreal, 313; sobre os direitos individuais, 320

Heine, Heinrich, 75, 336

Helvétius, Claude Adrien: advoga recompensas e castigos, 195; como inovador, 163; decomposição em átomos constituintes, 298; e a moralidade, 205; e a tecnocracia, 76; em *Freedom and its betrayal* de IB, 18; estilo de escrita, 361; filosofia, 62, 66; ideais, 116; influência, 75, 103; nega a alma, 134; sobre a busca de felicidade, 106, 131, 132, 223; sobre a ciência da política, 329, 330; sobre a integração de interesses conflitante, 362; sobre a natureza, 107, 130, 132, 133, 329, 330; sobre a onipotência da educação e legislação, 112, 114, 120, 148; sobre fins individuais, 147; sobre o comportamento humano, 123; sobre o estudo científico do homem, 103, 104, 120; sobre o poder das leis, 77; sobre ovelhas e insetos, 360; sobre política e conhecimento, 99; sobre propósitos, 129; utilitarismo, 43, 65, 113, 131

Herder, Johann Gottfried: conservadorismo romântico, 294; e a liberdade racional, 157; e a natureza, 242; expressivismo, 39; IB profere palestra e escreve sobre, 20, 50, 51, 351; idealiza a espontaneidade, 291, 292, 293; influência, 67; integridade indissolúvel da comunidade, 299; linguagem metafísica, 298; piedade luterana, 286; sobre a diversidade humana e cultural, 286, 291, 293, 296, 336; sobre a intuição, 205; sobre educação, 236; sobre o status do homem, 209; visão da história, 278, 284, 285, 300, 335, 336

heresia, 203, 204, 364

heróis, 255, 258

Herzen, Alexander, 39, 52

história: e a experiência humana, 274, 275, 279; e a filosofia, 76; e a objetividade, 311, 318, 321; e a teoria cristã, 283; e o raciocínio indutivo, 270, 277; estudo e método, 272, 278; falta de definições e leis, 89, 271, 274; Hegel sobre, 300, 311, 313, 322; relatos de IB da, 37, 41, 51; visão de Herder da, 278, 284, 285, 300; visão de Vico da, 205, 278, 285

historicismo, 50

Hitler, Adolf, 204

Hobbes, Thomas: e os fatos, 119; e um Deus mortal, 193; conferências de IB sobre, 13; empirismo, 209; influência sobre Helvétius, 360; originalidade, 61; pessimismo, 98, 99, 110, 210; rejeita metafísica, 97, 98; sobre a base da moralidade, 87, 106; sobre a história científica, 278; sobre a lei natural, 81; sobre a liberdade e a autoridade, 173; sobre a obediência ao estado, 122, 171; sobre a sociedade civil, 169; sobre o contrato social, 226; sobre princípios da política, 282; sobre propósitos, 129; sobre um mundo sem propósito, 102; utilitarismo, 170

Holbach, Paul Heinrich Dietrich, barão: antipatia à religião, 120; botânica, 175; como inovador, 163; descrê na providência histórica, 139; determinismo, 175; e a história científica, 278; e a natureza, 107, 132, 133, 138, 329, 330, 331; e a razão, 99; ideais, 116; materialismo, 156, 234; nega a alma, 134; opõe-se a Rousseau, 65, 66; otimismo, 110; sobre a ciência da política, 329, 330; sobre fins individuais, 147; sobre o comportamento humano, 123; sobre o estudo científico do homem, 104, 120; sobre propósitos, 129

homem natural, 115

Homero, 285

Hooker, Richard, 173

Horkheimer, Max, e Adorno, Theodor Wiesengrund, 41

Hugo, Gustav, 296

Hugo, Victor, 190

humanismo, 36, 37

humanismo liberal, 49, 357

Humboldt, Wilhelm von, 236, 320

Hume, David: busca da felicidade, 106; descrê na garantia de melhoramento universal, 160, 161; e o racionalismo, 142, 143, 146, 147; e o utilitarismo de Helvétius, 132; empirismo, 161, 163, 209, 248, 363; moralidade, 163; opõe-se a Rousseau, 65; opõe-se ao antropomorfismo da natureza, 198; otimismo, 110; rejeita a metafísica, 97; sobre a história, 303; sobre a liberdade, 161; sobre a liberdade e a autoridade, 173, 265; sobre a lógica e os eventos, 302; sobre a natureza, 132, 134, 136; sobre a natureza emocional do homem, 165; sobre a razão não fundamentada, 113; sobre o bem, 181; sobre o eu, 259; sobre o pragmatismo inconsciente, 118; sobre os direitos naturais, 227; sobre os valores humanos, 47; teoria ética, 44, 324, 325, 326, 328

Hutcheson, Francis, sênior, 96, 110, 165, 360

Huyghens, Christian, 99

Ibsen, Henrik, 190

"Ideia da liberdade, A" (IB), 19

"Ideias políticas no século XX" (IB), 32, 47, 353

Idealismo absoluto, 250

idealistas (alemães), 152, 162, 193, 230, 324, 327

Ideas in Europe 1789-1870 (IB), 352

Ignatieff, Michael, 354

igualdade, 42, 212, 224, 225

iluminismo: alemão (*Aufklärung*), 157, 161, 287, 298; descrição de IB do, 41, 48, 49; doutrinas opostas, 68, 69; e liberalismo, 29, 354; moralidade, 191; na história das ideias, 37

imparcialidade, 211

imperativo categórico, 207, 257; *ver também* Kant, Immanuel

imperialismo, 29

individualismo, 176

Inglaterra: liberalização, 98, 99

Jacobi, Friedrich Heinrich, 157
jacobinos, 133, 201, 203, 239, 363
Jahn, Friedrich Ludwig, 295
James, Henry, 190
James, William, 259
jansenistas, 191
jesuítas: influência, 74; sobre a obediência, 84; sobre o racionalismo aristotélico, 87
Jesus Cristo: corpo místico de, 193 milagres, 96, 159
Johnson, Samuel, 257, 363
Josué (personagem do Antigo testamento), 159
Julius II, papa, 21
juristas históricos, 296, 297, 298

Kallin, Anna, 16, 343, 346, 352
Kant, Immanuel: defende a dignidade humana, 227; diferenças em relação a Helvétius, 66; e a ética objetiva, 324; e a lei moral (imperativo categórico), 206-13, 227, 250; e a voz interior, 258; e o nacionalismo, 19; e os espíritos livres, 234; e questões normativas, 82; ética, 66, 327, 333, 334; Herder rejeita dualismo de, 286, 290; influência, 212, 214, 215; influência de Rousseau sobre, 206, 213, 214; noção de imparcialidade, 211; sobre a busca do propósito, 211; sobre a liberdade, 34, 36, 64, 333, 334; sobre a razão, 232; sobre a vontade boa, 319; sobre a vontade racional, 254; sobre dois eus, 208, 234, 236; sobre o eu, 34, 201, 238; sobre o homem ativo, 250; sobre o mundo como uma coisa única, 134; sobre os homens como fins em si mesmos, 212; sobre questões de fato, 121; visão da história, 301
Karl Marx (IB), 355
Keats, John, 39
Kepler, Johannes, 99
Keynes, John Maynard, 25
Kierkegaard, Sören, 62

La Mettrie, Julien Offray de, 99, 120, 163, 194
laissez-faire, 107, 109, 141, 142, 223

Lawrence, David Herbert, 62
Le Trosne, Guillaume François, 109
lealdade, 288, 309
Leeuwenhoek, Antoni van, 99
lei: a realização da felicidade, 130, 131, 333; como prescritiva, 163, 164; derivação da natureza, 101; diversidade da, 128, 129; e a obediência, 80, 123; e a salvaguarda da liberdade, 217; efeitos da, 112, 114, 130, 131, 140, 148; visão dos juristas históricos da, 297
lei natural: Adam Smith sobre, 109; como explicação, 162, 163, 164; como matéria, 233; compreensão da, 123, 124, 125, 158; e a faculdade racional, 101; e a legislação justa, 123; e a liberdade, 225; e a moralidade, 104, 105, 106; e a obediência, 80, 86, 123, 330; e as metas humanas, 106; e o mundo do espírito, 232, 234; Grotius sobre, 80, 86, 96, 101, 102, 128, 281
Leibniz, Gottfried Wilhelm von: e as leis naturais, 95, 96; e os teólogos, 110; filosofia, 62; metafísica, 157, 160; sobre a intuição e a moralidade, 87; sobre a natureza do homem, 196; sobre o desenvolvimento racional, 281; sobre vegetais e minerais como seres sensíveis, 275
Lênin, Vladimir Ilitch: influências sobre, 75; sobre a liberdade, 204, 266 sobre a liberdade e a ciência, 354
Leônidas, 217, 255
Lessing, Gotthold Ephraim, 97, 165, 209; *Nathan the Wise*, 159
liberalismo: e o indivíduo, 34, 35 e o indivíduo, 32; preocupação de IB com, 25, 29, 31, 34, 42, 53; romantismo e, 35, 49; social e político, 149, 150
liberdade: absoluta, 227; cristianismo e, 153-4, 315; coerção da, 185-87, 200-1, 203, 254, 364; como ato transcendente, 260, 262-63; como ideal, 225; como imposição da personalidade, 263; como indicador humano, 25; como percepção da necessidade, 252; concepções conflitantes da, 266-9; definições,

373

216-20, 221-2; e a autoridade, 173-81; e autorrealização, 245, 264; e a compreensão das leis universais, 152-4, 155-6; e a criação artística, 262; e a eliminação dos desejos, 229-31; e a realização de metas positivas, 228, 246-7; e a satisfação dos desejos, 202; e assimilação dos mundos exterior e interior, 242-4; e a vontade, 254-8; e criatividade, 234-5, 238-9, 242, 250; e cumprimento de regras, 247, 250, 264; e escolha, 249-50; e limitações econômicas, 219-22; e materialismo *versus* o espírito, 232-4; e o contrato social, 169; e o despotismo, 315; e vontades ativas, 233, 250-2; Fichte sobre, 266, 268, 308, 334-5; Hegel sobre, 157, 266, 268, 308-9; Kant sobre, 34-6, 64, 333-4; Mill sobre, 222-3, 227, 265; obstáculos sociológicos a, 218; positiva, 217, 228-30, 254-5, 266-7; privação forçada da, 204; restrições sobre a pessoal, 149-51, 161, 216-20, 264; Rousseau sobre, 164, 168-81, 194-6, 211-2, 300, 331-2, 363; visão de Herder da, 295; visão de IB da, 31-3, 34-7, 149-53

Licurgo, 202

Lincoln, Abraham, 62

língua: e a compreensão humana, 281; no desenvolvimento histórico, 283, 284

Listener (revista), 344, 345, 367

Locke, John: ceticismo, 102; crenças gerais, 97; e a harmonia universal, 157; e julgamentos subjetivos, 311; e o contrato social, 169; conferências de IB sobre, 13; influência sobre a Revolução Americana, 74; originalidade, 61; sobre a intuição e a moralidade, 87, 359; sobre a liberdade e a autoridade, 173, 176, 265; sobre a política e o conhecimento, 99; sobre a propriedade privada, 107; sobre o funcionamento da mente na aquisição de conhecimento, 104; sobre o método científico, 118; sobre os direitos naturais, 226

Luís XIV, rei da França, 98, 359

Lutero, Martinho, 173, 191, 213, 257, 338

Mably, abbé (Gabriel Bonnot de Mably), 66, 75, 107, 132, 133, 134, 144

macabeus, 255

Macaulay, Thomas Babington, barão, 265, 266

Magus of the North, The (IB), 19, 21

Maine de Biran, François Pierre (Gonthier), 365

Maistre, Joseph de: e a natureza, 133, 137, 340, 341; IB profere conferências e escreve sobre, 12, 16, 52; influência, 29, 62, 68, 339, 340, 341; sobre o bom homem comum, 204; teoria política, 341

mal, 126, 305

Mandeville, Bernard, 210, 360

Maomé o profeta, 84

Maquiavel, Nicolau: IB profere conferências sobre, 13; originalidade, 61; sobre a base da moralidade, 87; utilitarismo, 170

martírio, 255, 258

Marx, Karl Heinrich: admira Heine, 75; crença no progresso, 232; e o despotismo de Estado, 185; hostilidade aos moralistas burgueses, 315; IB escreve biografia, 11, 27, 50, 355; influência sobre Lênin, 75; sistema social, 146; sobre a liberdade, 266; sobre privar outros da liberdade, 204; visão de mundo, 94

marxismo: e a força, 313; IB propõe realizar conferências sobre, 12; limita a liberdade de pensamento, 354; sobre a liberdade, 268; sobre a natureza humana, 197

Masaryk, Jan, 62

matemática, 278, 279, 325

Maurras, Charles, 62

Mazzini, Giuseppe, 62

McBride, Katherine, 12, 15, 348, 367

Mercier de la Rivière, Pierre Paul François Joachim Henri La, 109

Meslier, Jean, 134

metafísica: e as leis naturais, 154; e o conhecimento científico, 92, 102; Hobbes rejeita, 97, 102; no iluminismo alemão, 161

Michelangelo Buonarroti, 21

Michelet, Jules, 62, 285

milagres, 96, 159

Mill, James: e o utilitarismo, 360; sobre a liberdade, 223, 266; sobre a natureza humana, 113, 114, 205, 206

Mill, John Stuart: filosofia, 62; liberalismo, 29, 35, 52; sobre a disparidade nas leis, 163; sobre a liberdade, 222, 223, 227, 266, 268; sobre a natureza, 143, 144; sobre a originalidade na civilização, 320; sobre obedecer à maioria, 199; sobre os direitos naturais, 227

misticismo, 89

mitologia e ritual, 280, 283, 295

Moisés o legislador, 132, 217

monismo, 42, 43, 49

Montesquieu, Charles Louis de Secondat, barão de: cautela, 163

e a disparidade nas leis, 163, 164; e a natureza, 107, 132; e os fatos da vida social, 119; filosofia, 62; influência, 74, 75; *O espírito das leis*, 129; relativismo histórico, 284; sobre a diversidade dos valores, 105, 117, 123, 128, 161; sobre a esquematização da história, 322; sobre a moralidade e a arte, 236; sobre as leis humanas, 101, 102; sobre o bom governo, 168; sobre o clima, 114; sobre o comportamento humano, 120

Moore, George Edward: *Principia Ethica*, 324

moralidade: como invenção, 238; e a arte, 236; e a natureza do bem, 104; e a obediência, 121, 122; e liberdade, 34; e o conhecimento, 89, 90, 91, 93; Kant sobre, 206, 211, 213; preocupação de IB sobre, 42, 44; Rousseau sobre, 188, 191, 194, 196, 205, 206, 214

Morelly, 107, 132, 134

Morley, John, visconde: e o liberalismo, 29; filosofia, 62

Mount Holyoke College (EUA), 31

Müller, Adam, 133

música: e a harmonia, 362

Mussolini, Benito, 204, 359

nacionalismo, 19

não humanismo, 36, 37

Napoleão I (Bonaparte), imperador francês, 64, 108, 242, 258, 273, 313, 357

natura naturans, 242

natureza: apelo dos *philosophes* à, 106, 143; como fonte de sabedoria social ou moral, 323; como mestra da humanidade, 132, 133, 136; compreensão da, 95, 108; contrastada com as artes e as ciências, 143; e a artificialidade, 144; e a função das entidades, 125; e a harmonia global, 115, 116, 126, 134, 136, 156, 160, 168; e o crime, 126, 128; e o sobrenatural, 103; ensaio de J. S. Mill sobre, 143, 145; eventos destrutivos, 144; impessoalidade, 153; Maistre sobre, 340; no conceito de liberdade de Rousseau, 168, 205, 333; propósito e ordem na, 107, 108, 123, 127, 129, 133, 134, 145, 146, 198, 225; subjugação científica da, 242, 243; visão mecanicista da, 115

natureza humana: descrição da, 53 inalterabilidade, 114; preocupação com, 42, 43, 45, 46; Rousseau sobre, 197; sobre assuntos humanos, 43

nazismo, 31, 32, 268

Nehru, Jawaharlal, 62

neoplatonismo, 125; *ver também* platônicos

New Deal, 29

Newton, Isaac, 92, 94, 99, 102, 115, 330

Niebuhr, Barthold Georg, 285

Nietzsche, Friedrich, 62, 204, 264, 266, 268, 295, 313

"Notas sobre o caminho" (IB), 32

Novalis (pseudônimo de Friedrich Leopold von Hardenberg), 201

obediência: à maioria, 199; cega, 69 como fundamental, 19; e a vontade geral de Rousseau, 179, 332; e a vontade real, 184; e o acordo social, 170; Hegel sobre, 309, 315, 320, 321; Herder se opõe a sua imposição pelo Estado, 293; Igreja e, 84, 85;

375

justificação para, 77, 79, 81, 85, 86, 92, 100, 120, 123, 327, 329

Oxford
    filosofia, 44, 45

Oxford History of Modern Europe, 15, 352

Paine, Thomas, 133, 226, 227

paixão: sobre desejar o impossível, 155; valor da, 112

panteísmo, 245

Pascal, Blaise: moralidade, 191; originalidade, 62

patriotismo, 288, 289, 300

Paul, Mrs. Samuel H., 352

paz: e a liberdade, 230

pecado original, 98, 125, 140

peripatéticos, 125

philosophes: compreensão da natureza, 106, 113, 116, 132, 134, 136; diferenças de Rousseau com, 174; e diferenças culturais, 287; sobre a base material do homem, 139; sobre o progresso, 139, 140, 147

pietistas, 208

Pitágoras, 302

Platão: *A República*, 151, 184; e a moralidade, 205; e a racionalismo, 249, 304; originalidade, 61; sobre a dialética, 124; sobre a liberdade e a autoridade, 179; sobre a natureza do bem, 71, 89; sobre a natureza do homem, 196; sobre as partes e o todo, 158

platônicos, 96, 152, 153; *ver também* neoplatonismo

Plekhanov, Georgy Valentinovitch, 50

pluralismo: e complexidade humana, 46; Herder sobre, 286, 289; preocupação de IB com, 20, 25, 43, 47, 49, 50, 52, 354

Pocock, John Greville Agard, 38, 353

política: como invenção, 204; e a investigação factual, 86, 197; e as afirmações normativas, 92; estudo histórico da, 27, 28; filosofia e teoria da, 72-3, 77, 79

Politics in the romantic age (IB): origens, 11-17; conteúdo e estrutura, 12-20, 42-3; e o de-

senvolvimento do pensamento de IB, 26-7, 35

Polônia, 340

Pope, Alexander, 93, 133, 148

Popper, Karl, 64

positivismo lógico, 44

positivistas, 63, 66, 106, 299

pragmatismo, 117, 118

procustianismo, 46, 47

progresso, 139; crença no, 232; e o desenvolvimento político, 28, 160

propriedade: e liberdade, 308

protestantismo: como rebelião, 164; e a lei natural, 86; e a luz interior, 232; moderação, 97; sobre o conhecimento, 84, 85

Proteu, 46

Proudhon, Pierre Joseph, 66

Pseudo-Dionísio, 359

psicologia, 273

Pufendorf, Samuel, barão de, 86, 97, 281

puritanos, 191

quacres, 203

Quesnay, François, 115, 144

química, 272

Quixote, Dom (personagem fictícia), 319, 337

Rachmilevich, Solomon, 50

racionalismo: e a aplicação da lógica, 264; e a liberdade, 249, 252; e a natureza, 124; e a ordem social, 146; e o descobrimento dos fins, 142; e o progresso humano, 141, 143; Hume sobre, 142, 146; oposição a, 67, 68; Rousseau abraça, 29

Raynal, Guillaume Thomas François, 133, 134

razão: Boyle sobre o poder da, 77, 94; e a compreensão da natureza, 106; e as leis do espírito, 232; e Hegel sobre a natureza da, 306, 308, 313, 321; Hume sobre a não fundamentada, 113; indivisibilidade, 94; na busca da verdade, 90; sobre descobrir as metas da vida, 108

376

regras: compreendendo e seguindo, 247, 251, 264

Reid, Thomas, 118

religião: e as metas humanas, 159; e o ceticismo científico, 103, 104; e o conhecimento, 84, 85, 100; e o mundo transcendental, 232

Revolução Americana, 74

Revolução Francesa: como divisor de águas, 28, 61, 66, 72, 74; descrição histórica da, 272; e conflitos sobre a liberdade, 162; Heine sobre, 336; Maistre sobre, 339, 340; Saint-Simon sobre, 338

Revolução Russa (1917), 75

Rickert, Heinrich, 356

Robespierre, Maximilien, 75, 107, 202, 204, 272, 275

romantismo: alemão, 66, 157, 355, 364; contribuição de Herder para, 294; e a revolução ética, 45; e a voz interior, 259; e o conceito de liberdade, 35, 49, 250; e o princípio de unidade, 245; e pluralismo, 43; humanismo, 48; idealiza o martírio, 255; interesse de IB no, 47, 48; rompe com o monismo, 43; Rousseau como progenitor, 188

Roosevelt, Franklin Delano, 357

Roots of romanticism, The (IB), 19, 20, 21

Rousseau, Jean-Jacques: absolutismo, 172, 175-6, 194-5, 205; anti-intelectualismo e vida boêmia, 166, 174-5, 189, 202, 313; caminhadas, 166; críticos e opositores, 65, 66; confiança em certos outros, 188-90; consciência de classe, 167-8, 175; denuncia a escravidão, 212; descrê da divindade, 226; *Discourses*, 172; e a alma, 134; e a privação da liberdade, 204; e a vontade real, 181, 184, 363; e a voz interior, 258; *Émile*, 172, 189, 213; e o herói rebelde, 256; e personificações, 316-7; escritos educacionais, 188, 191; estilo, 165-6, 193; fanatismo, 194-6; individualismo, 176; influência, 75, 164, 165, 172, 201, 215; *La Nouvelle Héloïse*, 172, 189; *O contrato social* (*Du contrat social*), 172, 177, 199, 201; originalidade, 331-2; palavras e imagens, 62; romantismo, 188; sobre a desigualdade, 107; sobre a liberdade e a autoridade, 34, 36, 164, 168, 181, 194, 196, 205, 211, 300, 331, 332, 363; sobre a moralidade, 188-91, 194-96, 205-6, 208, 214; sobre a natureza, 132-33, 137, 198, 205-6, 333; sobre a natureza humana, 195; sobre a personalidade independente das sociedades, 299; sobre a vontade geral, 192, 196, 199, 202, 203, 204, 208; sobre a vontade geral, 76, 177, 191; sobre desejar o bem, 178, 180-1, 191; sobre o Contrato Social, 169, 176, 192, 199; sobre o eu, 201, 207-8; sobre os direitos naturais, 227; sobre os homens naturais, 64, 132, 133, 168, 333; sobre o *soi commun* (o eu social único), 191-2, 199; status como pensador político, 30, 34; visão de IB de, 29, 40, 54, 331, 332, 355; visão social, 43, 191, 193

Rowse, Alfred Leslie, 14

Rumbold, Anthony, 353

Russell, Bertrand, 73, 299

Rússia: intelectuais na, 30

Ryan, Alan, 38

Sade, Donatien Alphonse François, marquês de, 210

Saint-Evremond, Charles de Saint-Dennis, sieur de, 282

Saint-Just, Louis de, 202, 266

Saint-Simon, Claude-Henri, conde de: crença no progresso, 232; conferências de IB sobre, 12, 16; doutrinas sociais, 214, 337, 338, 339; influência, 29, 63; romantismo materialista, 66; sobre a liberdade, 337, 338; sobre ideias de gênio, 76; terminologia, 62; visão da história, 278

Savigny, Friedrich Carl von, 285, 296

Savonarola, Girolamo, 123

Schelling, Friedrich Wilhelm Joseph von: e a liberdade racional, 157; escritos, 62; heróis, 260; influência de Herder sobre, 295; linguagem metafísica, 298; panteísmo, 245; sobre a compreensão, 261; sobre a paixão em política, 320; sobre a razão e o propósito, 262; sobre o homem ativo, 250

Schiller, Johann Christoph Friedrich von: *Os bandoleiros*, 256

Schiller, Johann Christoph Friedrich von: 190, 234, 235, 236, 286, 292, 298

Schlegel, August Wilhelm, 245

Schlegel, Friedrich von, 245; *Lucinde*, 264

Schleiermacher, Friedrich Daniel Ernst, 157, 242

Schlesinger Jr., Arthur, 15

Schopenhauer, Arthur, 268, 365

sense of reality, The (IB), 21

senso comum, 137

Shaftesbury, Anthony Ashley Cooper, 3º conde de, 96, 110, 133, 165, 209

Skinner, Quentin Robert Duthie, 38, 353

Smith, Adam, 65, 109, 116, 165, 223, 291

soberania, 199, 200

sociedade: e a harmonia natural, 115, 116; e o bem comum, 192; elite na, 320; estudo científico da, 102, 114; Hegel sobre a sociedade civil, 308; leis da, 100; manipulação da, 113; Saint-Simon sobre, 214, 337, 339; visão de Rousseau da, 169; vontade e propósito na, 198, 202

sociologia, 273

Sócrates, 184, 255, 258

Sólon, 202

"Some procrustations" (IB), 45

Somerville, Mary, 346

Sorel, Albert, 39, 52, 66, 204

Spencer, Herbert, 146, 299

Spinoza, Baruch de: advoga a eliminação das paixões, 112; ateísmo, 156; e a noção de liberdade, 152, 154, 230; sobre a história, 282, 304; sobre a lei natural, 81, 156; sobre a natureza como matéria, 233; sobre o mundo sem propósitos, 102; sobre vontades e propósitos individuais, 85, 129

Staël, madame de (Anne-Louise Germaine Necker, baronesa de Staël-Holstein), 362

Stirner, Max, 225, 264

subjetividade, 44

suicídio, 231

Talmon, Jacob Leib, 41

Tântalo (figura mitológica), 220

teleologia, 129, 147

teologia: e as ciências físicas, 92, 95, 96, 102, 103; e conhecimento, 87, 88; Hobbes rejeita a, 97, 102

terremoto de Lisboa (1755), 160, 306

Thomasius, Christian, 133

Three critics of the enlightenment (IB), 20

Time and Tide (revista), 32

tirania, 33, 34

Tocqueville, Alexis de, 35, 52

tolerância, 160

Tolstói, conde Lev Nicoláievitch, 65, 66, 190, 268, 278

tomistas, 208

tortura, 204

totalitarismo, 31, 53

tragédia, 197, 198, 319

Tucídides, 359

Turgot, Anne Robert Jacques, barão do Aulne, 65, 232

União Soviética: governo, 31

utilitarismo: e a busca de felicidade, 131; e a engenharia social, 113; e a natureza, 137; e liberalismo, 29; oposição a Rousseau, 43

valores: como criação humana, 43; como fatos, 45, 47, 71; diversidade dos, 105, 117, 123, 128; e as metas humanas, 70, 71, 89, 90; e o romantismo, 47; Hume sobre, 326; natureza dos, 70, 71; origens, 45, 46

Vico, Giambattista: *A Ciência Nova*, 285; esquecido, 67; IB apresentado a, 50, 51; IB profere conferências e escreve sobre, 19, 20, 351; IB se identifica com, 39; piedade católica, 281, 285; sobre a história, 205, 278, 285, 291, 301, 303, 336; sobre a intuição, 205

378

Vincent de Lérins, 365

virtude: como conhecimento, 89, 90, 128, 162, 180; e a promoção da felicidade, 111

Volksgeist ("espírito do povo"), 287, 289, 290, 292, 293, 296

Volney, Constantin François Chasseboeuf, conde de, 138, 139, 214

Voltaire, François Marie Arouet de: *Cândido*, 160; ceticismo, 102; como reformador, 163; doutrinas sociais, 214; dúvidas sobre a liberdade, 162, 175; e a harmonia universal, 156, 157; e a natureza, 107; influência, 97, 156; opõe-se a Rousseau, 65; sobre a natureza humana, 113; sobre controlar o povo, 77; tolerância, 364

vontade: como força impessoal, 319; e autoridade, 184; e liberdade, 254; Fichte sobre, 300; Hegel sobre, 321

vontade geral: doutrina de Rousseau da, 75, 177, 178, 191, 196, 199, 202, 204

vontade real, 181, 184, 363

Weizmann, Chaim, 357

Wellington, Arthur Wellesley, 1º duque de, 366

Wilson, Woodrow, 29, 62, 266

Winckelmann, Johann Joachim, 287

Wittgenstein, Ludwig, 358

Wolff, Christian, 96, 159, 285

Wordsworth, William, 144

1ª EDIÇÃO [2009] 1 reimpressão

ESTA OBRA FOI COMPOSTA PELA SPRESS EM MINION E IMPRESSA EM OFSETE
PELA GRÁFICA BARTIRA SOBRE PAPEL PÓLEN SOFT DA SUZANO S.A.
PARA A EDITORA SCHWARCZ EM ABRIL DE 2022

A marca FSC® é a garantia de que a madeira utilizada na fabricação do papel deste livro provém de florestas que foram gerenciadas de maneira ambientalmente correta, socialmente justa e economicamente viável, além de outras fontes de origem controlada.